Der Microsoft 365 Trainer
Microsoft 365 Certified: Enterprise Administrator Expert

Vorbereitung zur Prüfung MS-100

Nicole Laue

Der Microsoft 365 Trainer
Microsoft 365 Certified: Enterprise Administrator Expert

Vorbereitung zur Prüfung MS-100

Verlag Nicole Laue

FSC
www.fsc.org
MIX
Papier aus verantwortungsvollen Quellen
Paper from responsible sources
FSC® C105338

Bibliografische Information der Deutschen Bibliothek:
Die Deutsche Bibliothek verzeichnet diese Publikation in der Deutschen Nationalbibliografie; detaillierte bibliografische Daten sind im Internet über http://dnb.ddb.de abrufbar.

Herstellung: BOD, Books on Demand, Norderstedt
Titelfoto: iStock.com/ johnason
ISBN: 978-3-937239-98-9

Inhaltsverzeichnis

Für wen ist dieses Buch?

Dieses Buch ist für alle diejenigen geschrieben, die sich mit dem Themengebiet „Microsoft 365“ auseinandersetzen möchten.

Dieses Themengebiet entspricht der Microsoft 365-Prüfung MS-100 „Microsoft 365 Identity and Services“ und ist als Vorbereitung zum Bestehen dieser Prüfung zu sehen.

Hierbei ist besonders an zwei Hauptgruppen gedacht worden:

- Privatleute, die sich die Kenntnisse im Selbststudium aneignen möchten
- Schulungsunternehmen, die eine Schulungsunterlage benötigen

Dieses Buch ist für beide Personengruppen gleichermaßen geeignet, da es sowohl für das Selbststudium geschrieben wurde, als auch als hochwertige Schulungsunterlage eingesetzt werden kann.

Ein Schulungsbuch kann nur gut sein, wenn das Erlernte sofort in praktischen Übungen ausprobiert werden kann. Aus diesem Grund werden exakte Installationsanleitungen mitgeliefert, die Ihnen die Möglichkeit geben, alle praktischen Übungen absolvieren zu können.

Übungsumgebung

Die Hardwarevoraussetzungen für eine Übungsumgebung sind hoch. Sie benötigen einen Computer, der folgende Mindestvoraussetzungen erfüllt:

- 32 GB Arbeitsspeicher
- 500 GB freien Festplattenspeicher

Für die Übungen installieren Sie eine Virtualisierungssoftware, hier können Sie beispielsweise Microsoft Hyper-V benutzen.

In einer Klassenumgebung sollte jeder Teilnehmer einen eigenen PC mit Hyper-V zur Verfügung haben. Jede Hyper-V Maschine benötigt Internetzugang.

Einrichten der virtuellen Maschinen

Bevor Sie mit dem Kurs beginnen, sollten Sie die virtuellen Maschinen vorkonfigurieren.

Virtuelle Maschine „DC“

Erstellen Sie eine virtuelle Maschine mit Namen „DC“. Achten Sie darauf, dass der virtuelle Switch „Extern“ konfiguriert ist, denn alle virtuellen Maschinen benötigen Internetzugang.

Installieren Sie Windows Server 2016 oder 2019 und konfigurieren Sie diese Maschine als Domänencontroller.

Virtuelle Maschine „Server1“

Erstellen Sie eine virtuelle Maschine mit Namen „Server1“ mit Internetzugang.

Installieren Sie auf diesem Server ebenfalls Windows Server 2016 oder 2019 und treten Sie der Domäne bei.

Virtuelle Maschine „Server2“

Erstellen Sie eine virtuelle Maschine mit Namen „Server2“ mit Internetzugang. Diese Maschine benötigt mindestens 8 GB RAM.

Installieren Sie auf diesem Server ebenfalls Windows Server 2016 oder 2019 und treten Sie der Domäne bei.

Installieren Sie auf dieser Maschine SharePoint Server 2019.

Virtuelle Maschine „SCCM“

Erstellen Sie die virtuelle Maschine mit Namen „SCCM“ mit Internetzugang.

Diese Maschine benötigt mindestens 8 GB RAM.

Installieren Sie auf diesem Server ebenfalls Windows Server 2016 oder 2019 und treten Sie der Domäne bei.

Installieren Sie auf dieser Maschine den System Center Configuration Manager Current Branch.

Virtuelle Maschine „W10“

Erstellen Sie die virtuelle Maschine mit Namen „W10“ mit Internetzugang. Treten Sie der Domäne bei.

Virtuelle Maschine „W10-Azure“

Erstellen Sie die virtuelle Maschine mit Namen „W10-Azure“ mit Internetzugang.

Diese Maschine wird außerhalb der Domänenumgebung betrieben.

Software

Für die Übungen benötigen Sie folgende Evaluierungskopien:

- Windows Server 2016 oder 2019
- Windows 10 ab Version Enterprise
- SharePoint Server 2019
- System Center Configuration Manager Current Branch

Die meisten dieser Evaluierungskopien können Sie bei Microsoft erhalten. Natürlich können Sie auch Vollversionen verwenden, die dann nicht aktiviert werden müssen.

Während des Kurses werden noch einige Tools heruntergeladen.

Danksagung

An dieser Stelle möchte ich mich bei den vielen hilfreichen Freunden und Mitarbeitern bedanken, die erst ermöglicht haben, dass dieses Buch entstehen kann.

Sie waren mir als Betaleser eine große Hilfe und haben freiwillig ihre Freizeit geopfert. Mit ihrem großen Fachwissen waren sie ein wichtiger Bestandteil der Entstehung dieses Buches.

1 Design und Implementieren von Microsoft 365-Services

Prüfungsanforderungen von Microsoft:

- Management von Domains
- Planen einer Microsoft 365-Implementierung
- Einrichten von Microsoft 365-Mietverhältnis und -Abonnement
- Management des Microsoft 365 Abonnements und Mietverhältnis-Zustands
- Planen der Migration von Nutzern und Daten

Quelle: Microsoft

1.1 Einführung in Microsoft 365

In diesem Buch beschäftigen wir uns mit den Funktionen von Microsoft 365. Der Schwerpunkt hierbei liegt auf der Verwaltung der Identitäten und der Dienste.

Dies ist in einer Unternehmensumgebung auch häufig ein großer Teil der Verwaltungsarbeit. Es müssen für alle Benutzerkonten sichere Umstände für die Verwaltung angeboten werden, egal, ob sich die Benutzer direkt in der Cloud oder zunächst am On-Premise Active Directory verifizieren.

Auch die Dienste, die in der Cloud zur Verfügung gestellt werden, müssen für die gewünschten Benutzer verwaltet und gesichert werden.

Generell gibt es zwei grundsätzliche Vorgehensweisen bei der Verwaltung und Wartung von Benutzern und Diensten:

- On-Premise
- Cloudbasiert

On-Premise

Dies ist die bis dato herkömmliche Herangehensweise, in diesem Fall existiert eine Active-Directory-Domäne, in der alle Benutzer, Gruppen, Geräte und Dienste verwaltet werden.

Abbildung 1.1: Active Directory

Verwaltung und Wartung finden hier innerhalb der Domäne mit den gegebenen Möglichkeiten statt.

Cloudbasiert

In letzter Zeit gewinnt das Azure Active Directory immer mehr Bedeutung. Hier findet die Verwaltung von Benutzern, Gruppen, Geräten und Diensten nicht mehr ausschließlich in der Active Directory Domäne statt, sondern kann teilweise oder ganz in das Azure Active Directory ausgelagert werden, das ein Online-Service von Microsoft ist.

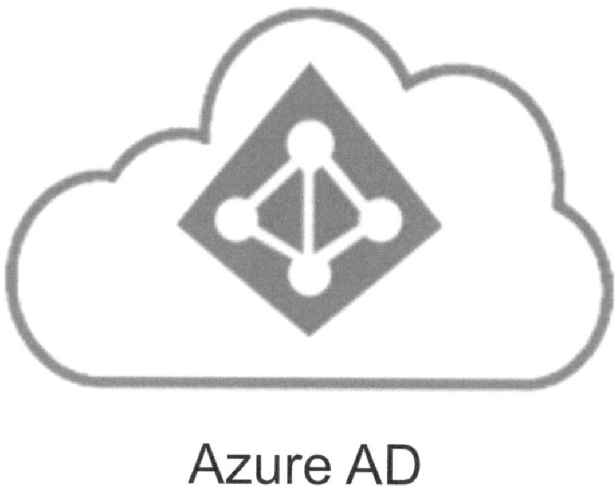

Abbildung 1.2: Azure Active Directory

Azure Active Directory ist Bestandteil des Abonnements Microsoft 365, einem neuen Produkt, mit dem Sie eine Unternehmensumgebung verwalten können.

Microsoft 365 besteht aus

- Windows 10 Lizenzen
- Office 365
- und diversen Verwaltungswerkzeugen mit Namen „Enterprise Mobility + Security“

Microsoft 365 wird als Abo angeboten.

Betrachten wir die Komponente „Enterprise Mobility + Security”.

Dies ist in erster Linie eine Sammlung von diversen Verwaltungswerkzeugen, mit deren Hilfe Sie Ihr Unternehmen abbilden können.

Folgende Tools sind enthalten:

- Azure Active Directory
- Microsoft Intune
- Azure Information Protection
- Advanced Threat Analytics

1.1.1 Einrichten von Azure Active Directory

Azure AD verfolgt eine andere Philosophie als das On-Premise Active Directory.

Während Sie bei Active Directory eine Stammdomäne anlegen, in der Sie alle Konten verwalten, und bei Bedarf auf untergeordnete Domänen hinzufügen können, legen Sie bei Azure Active Directory einen „Mandanten“ an, der die komplette Unternehmensumgebung in gleicher Hierarchieebene darstellt.

Sobald Sie sich für Office 365, SharePoint oder Exchange Online registriert haben, werden Sie automatisch ein Azure AD-Mandant und können alle Benutzer im Unternehmen sowie die Kennwörter, Berechtigungen, Benutzerdaten usw. verwalten.

Bereits vorhandene On-Premise Active Directorys können mit einem Tool mit Namen „AD-Connect“ an ein Azure Active Directory angeschlossen werden.

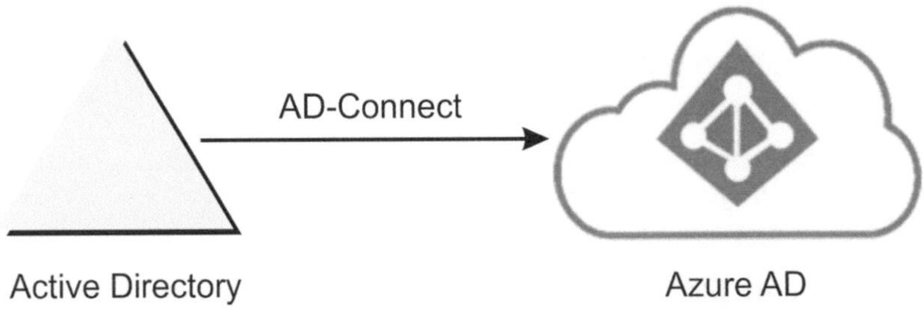

Abbildung 1.3: AD-Connect

Hierbei synchronisieren sich alle im Active Directory vorhandenen Benutzer ins Azure Active Directory.

Damit stehen Ihnen alle Funktionen sowohl der Domäne als auch alle Azure Funktionen nach einer einzigen Anmeldung zur Verfügung.

> **Bitte beachten Sie:**
>
> Microsoft überarbeitet und verändert die Konsolen von Azure Active Directory, Microsoft Intune und weiterer Tools häufig. Manchmal werden sie auch an eine andere Stelle ausgelagert. Es kann sein, dass diese bereits ein anderes Aussehen haben, wenn Sie mit diesem Buch arbeiten.

1.2 Management von Domänen

Der allererste Schritt, um mit Microsoft 365 arbeiten zu können, ist das Einrichten eines Zugangs.

Während der Einrichtung müssen Sie bereits einen Domänennamen angeben, von dem Sie sich nur das Präfix aussuchen dürfen, das Suffix ist immer

.onmicrosoft.com.

Beispielsweise könnten Sie sich folgenden Namen aussuchen:

Meistertrainer.onmicrosoft.com.

Abbildung 1.4: Namensgebung

Dieser Name ist für die Dauer der Benutzung von Microsoft 365, also für die Dauer des Mietverhältnisses nicht änderbar.

Zunächst einmal erhalten dadurch auch alle angelegten Konten das Suffix

<IhrGewählterName>.onmicrosoft.com.

Abbildung 1.5: Konten in Azure AD

Allerdings ist ein Domänenname, der auf „onmicrosoft.com“ endet, nicht sehr eingängig und auch nicht wirklich für ein Unternehmen geeignet.

Deswegen können Sie jederzeit eigene, individuelle Domänennamen hinzufügen. Diese Domänennamen können dann als alternative Suffixe für alle erstellten Konten benutzt werden.

Abbildung 1.6: Alternativer Domänenname

Microsoft 365 unterstützt bis zu 900 zusätzliche Domänennamen, die mit dem Mietverhältnis verknüpft werden können.

Für jeden zusätzlichen Domänennamen gilt:

- Sie müssen die Rechte an dieser zusätzlichen Domäne haben
- Sie müssen Zugriff auf die Konfigurationseinstellungen dieser Domänen haben, insbesondere auf die Einträge im DNS-Server

Es liegt auf der Hand, dass das Benutzen von eigenen Domänennamen viele Vorteile bringt, wie beispielsweise das Benutzen von E-Mailadressen, die mit diesem Domänennamen verknüpft sind.

Außerdem können Sie sogar eigene On-Premise Domänen anschließen, und diese dann sowohl in der Domäne als auch in Microsoft 365 verwalten.

1.2.1 Hinzufügen und Konfigurieren von zusätzlichen Domänen

Lassen Sie uns nun betrachten, wie Sie einen eigenen Domänennamen zu Microsoft 365 hinzufügen können.

Die Voraussetzung ist, dass Sie diese Domäne entweder selber hosten oder bei einem Provider Zugriff auf die Konfigurationseinstellungen, wie die öffentlichen DNS-Server haben.

Es ist außerdem empfehlenswert, dass Sie eine Domäne für die Anbindung benutzen, die sonst keinerlei andere Funktionen hat. Beispiele hierfür sind Webseiten, die nach der Konfiguration eventuell nicht mehr zur Verfügung stehen und manuell erneut eingerichtet werden müssen.

An dieser Stelle sollten wir kurz die Grundlagen für das Hinzufügen einer eigenen Domäne zu Microsoft 365 betrachten.

In den meisten Fällen werden Sie einen Domänennamen bei einem Provider buchen, und alle Konfigurationseinstellungen nehmen Sie dann auch im Konfigurationsmenü des Providers vor.

An dieser Stelle sollten Sie beachten, dass es sehr günstige Hostingpakete gibt, die nicht kompatibel mit der Einbindung an Microsoft 365 sind.

Wenn Sie nicht sicher sind, fragen Sie bei Ihrem Provider nach.

Grundsätzlich ist der Kernpunkt der Konfiguration einer Domäne für

Microsoft 365, dass die Einträge der DNS-Server nicht mehr auf die Server des Providers deuten dürfen, sondern auf die Microsoft DNS-Server weitergeleitet werden.

Die DNS-Einträge legen fest, auf welchen Server welche Anfragen weitergeleitet werden.

Bei einer Domäne, die bei Ihrem Provider gehostet wird, gilt normalerweise, dass die DNS-Server Ihres Providers genutzt werden.

Abbildung 1.7: Namensserver des Providers

Wenn Sie allerdings Ihre Domäne mit Microsoft 365 verbinden möchten, wird die Verwaltung der DNS-Einträge komplett auf Microsoft übertragen, also die Einträge werden nun nicht mehr vom Provider verwaltet.

Abbildung 1.8: Namensserver werden von Microsoft verwaltet

Das ist natürlich am Einfachsten, wenn Sie alle Einträge der Domäne umleiten können, da Sie keine anderen Komponenten, wie beispielsweise eine Website, mit diesem Domänennamen verwalten.

Für diesen Fall gibt es einen Assistenten, der die komplette Umstellung automatisch vornimmt.

Sollten Sie nicht alle Einträge umleiten können, müssen Sie die Einrichtung mit der Hand vornehmen, was sehr komplex sein kann.

Betrachten wir nun die Vorgehensweise der Einbindung.

Wir haben für diese Schulungsumgebung eine Domäne mit dem Namen „Meistertrainer-Cloud“ auf den Verlag registriert.

Alle Einstellungen an dieser Domäne nehme ich in der entsprechenden Konsole meines Providers vor.

Um diese Domäne in Microsoft 365 einzubinden, öffnen Sie die Verwaltungskonsole und wählen „Alle anzeigen“. Danach stehen Ihnen alle Auswahlmöglichkeiten zur Verfügung. Nun navigieren Sie zu

- Setup
- Domänen

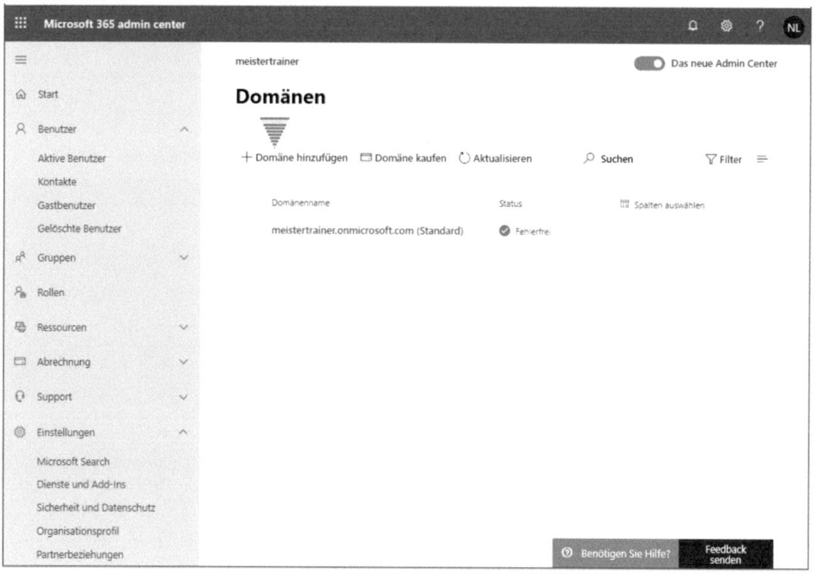

Abbildung 1.9: Domänen

An dieser Stelle wählen Sie „Domäne hinzufügen“.

Im ersten Schritt geben Sie nun den Domänennamen an, den Sie dem Microsoft 365 Mietverhältnis hinzufügen möchten.

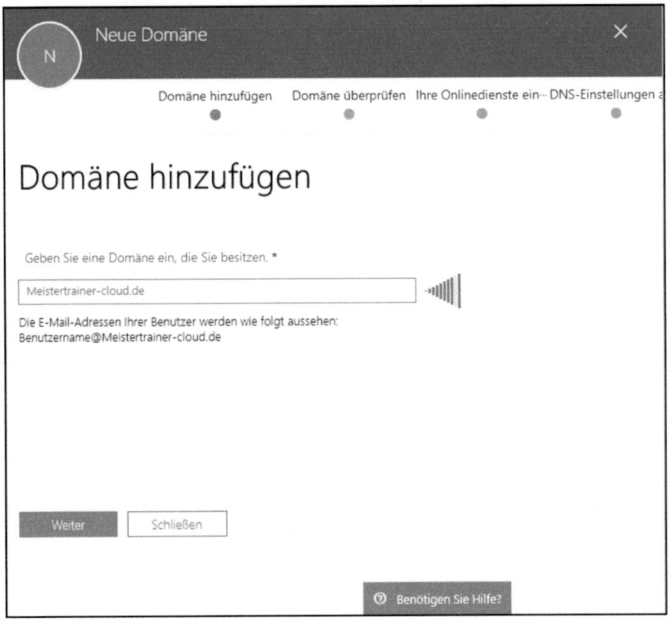

Abbildung 1.10: Angabe des Domänennamens

Nach einem Klick auf „Weiter" werden Sie aufgefordert, den Besitz dieser Domäne nachzuweisen.

Dieser Nachweis ist sehr einfach zu erbringen, wenn Sie Zugriff auf die Konfiguration der Namensserver haben.

So gibt es beispielsweise folgende Einträge:

Eintrag	**Bedeutung**
A	Host IPv4
AAAA	Host IPv6
CNAME	Verweis auf einen Hostnamen anstelle einer IP-Adresse
MX	Mail Exchange (Mailserver)
NS	Subdomäne eines Namensservers
SRV	Diensteinträge
TXT	Freier Text

Noch hostet der Namensserver Ihres Providers alle Einträge, unter anderem diverse Einträge, die sich auf die zur Verfügung gestellten Funktionen beziehen.

Um nun den Besitz einer Domäne nachweisen zu können, müssen Sie einen TXT-Eintrag erstellen, dessen Inhalt von Microsoft 365 vorgegeben wird. Es ist immer ein Eintrag in der Form

MS=msXXXXXXXX

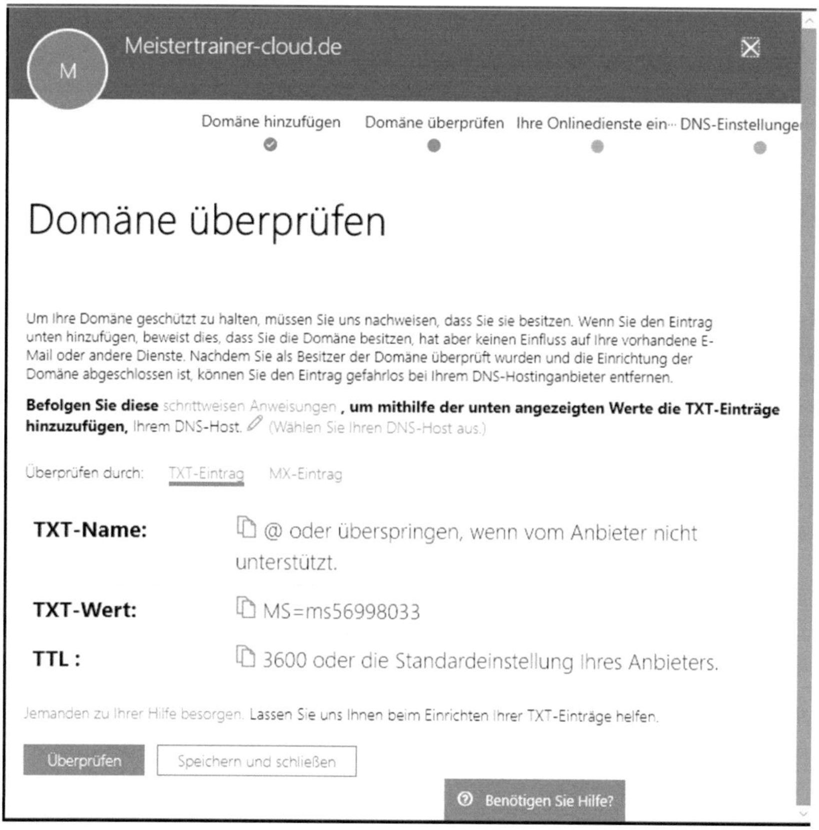

Abbildung 1.11: TXT-Eintrag

Erstellen Sie nun in der Verwaltungskonsole Ihres Providers den Eintrag.

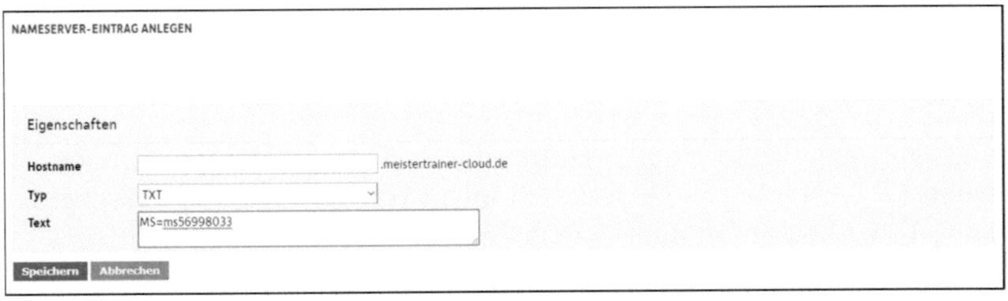
NAMESERVER-EINTRAG ANLEGEN

Eigenschaften

Hostname	.meistertrainer-cloud.de
Typ	TXT
Text	MS=ms56998033

Speichern Abbrechen

Abbildung 1.12: TXT-Eintrag wird erstellt

Die Vorgehensweise ist natürlich bei jedem Provider etwas unterschiedlich, betrachten Sie dafür die Dokumentation.

Nachdem Sie in Ihrem Namensserver diesen Eintrag erstellt haben, klicken Sie auf „Überprüfen".

Microsoft 365 versucht nun, Kontakt mit der zuvor angegebenen Domäne aufzunehmen und überprüft dabei, ob auf dem entsprechenden DNS-Server der eben erstellte Eintrag vorhanden ist.

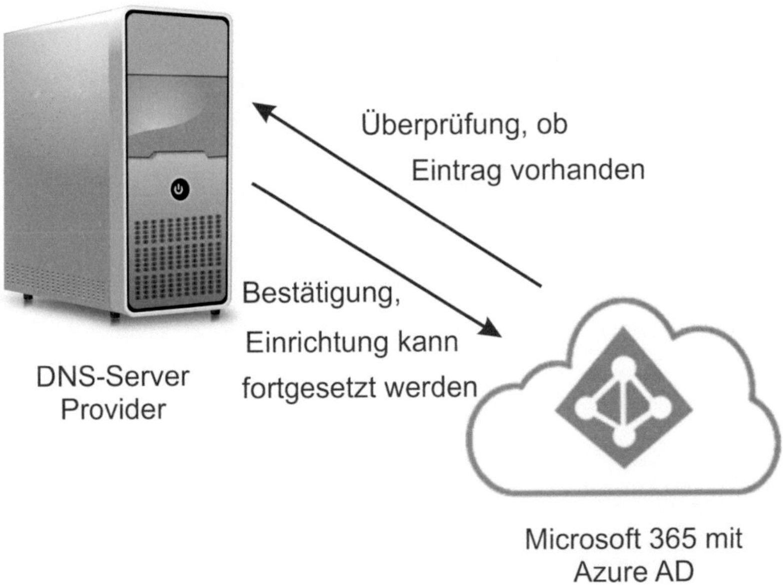

Abbildung 1.13: Überprüfung TXT-Eintrag

Eine zweite, alternative Möglichkeit ist, einen MX-Eintrag zu erstellen. Auch hier wird der Inhalt vorgegeben.

Wenn die Prüfung positiv ausgefallen ist, können Sie die Konfiguration fortsetzen.

Allerdings kann es einige Stunden dauern, bis der Eintrag verfügbar ist, da er zunächst im Internet repliziert werden muss.

Hier ist also Geduld angesagt!

Sollten Sie mehrere Domänen zu Ihrem Mietverhältnis hinzufügen wollen, müssen Sie natürlich für jede einzelne Domäne einen Texteintrag im entsprechenden Namensserver hinterlegen.

Diese Einträge werden nur für eine einmalige Verifizierung benötigt und können danach wieder entfernt werden.

1.2.2 Einrichten der Onlinedienste

Nachdem die Domäne verifiziert ist, können Sie die Onlinedienste einrichten.

Bisher sind noch keine Änderungen an der Konfiguration der Domäne vorgenommen worden, die Prüfung der TXT-Datei war lediglich eine Abfrage, ob Sie auch tatsächlich Verwaltungszugriff auf die Einstellungen haben. Damit sind Sie als berechtigter Besitzer der Domäne verifiziert.

Im nächsten Schritt werden die benötigten Änderungen für die Onlinedienste getätigt.

Als Onlinedienste werden Exchange, Skype und das Mobile Device Management bezeichnet.

Um diese Dienste unter Microsoft 365 nutzen zu können, müssen Einträge im Namensserver erstellt werden, die auf diese Dienste verweisen.

Prinzipiell gibt es zwei Möglichkeiten, wie Sie Ihre Domäne für die Verwendung der Onlinedienste konfigurieren können:

- Automatische Einrichtung (empfohlen): in diesem Fall werden die DNS-Abfragen auf die Microsoft Namensserver umgeleitet
- Manuelle Einrichtung: bei dieser Auswahl wird der jeweils eigene Namensserver konfiguriert und verweist auf die Microsoft 365 Dienst-Server

Automatische Einrichtung

Normalerweise sollten Sie „Meine Onlinedienste für mich einrichten“ wählen. Dann müssen Sie nur noch wenige Schritte selber vornehmen, da die relevanten Einstellungen von den Microsoft Namensservern ohne Ihren Eingriff verwaltet werden.

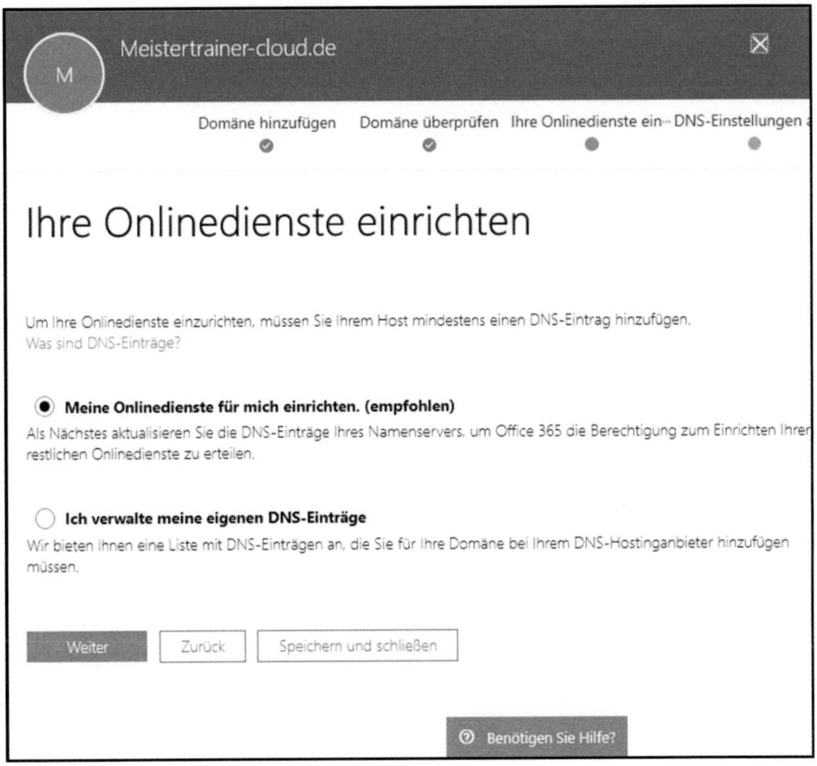

Abbildung 1.14: Einrichten von Onlinediensten

Zunächst wählen Sie, welche Onlinedienste Sie einrichten möchten.

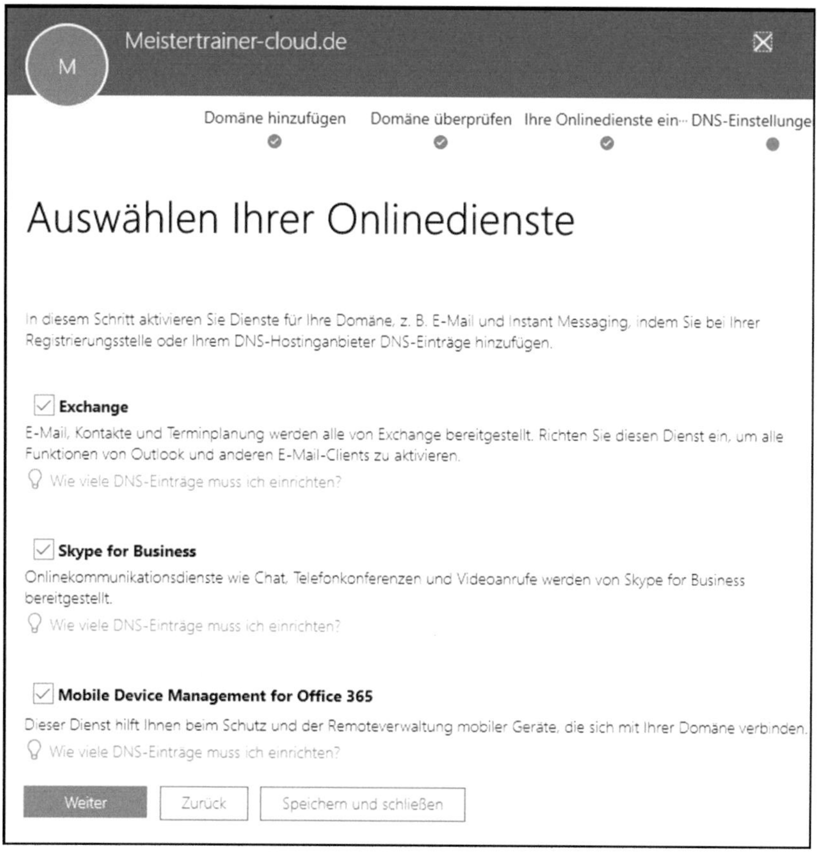

Abbildung 1.15: Auswahl der Onlinedienste

Setzen Sie die Haken vor den gewünschten Diensten und klicken Sie auf „Weiter".

Nun untersucht Microsoft 365 die Einträge auf Ihrem Namensserver.

Diese werden ausgelesen, auf den Microsoft Namensserver kopiert und dort angepasst.

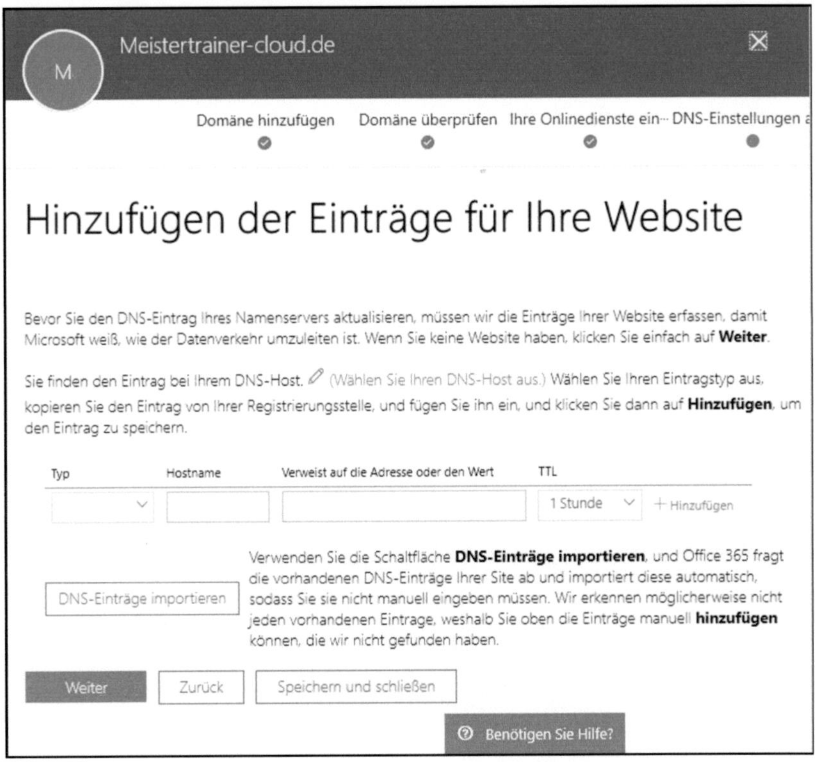

Abbildung 1.16: Auslesen der DNS-Einträge

Im einfachsten Fall klicken Sie auf „DNS-Einträge importieren“. Danach erscheinen die von Ihrem DNS-Server ausgelesenen Einträge.

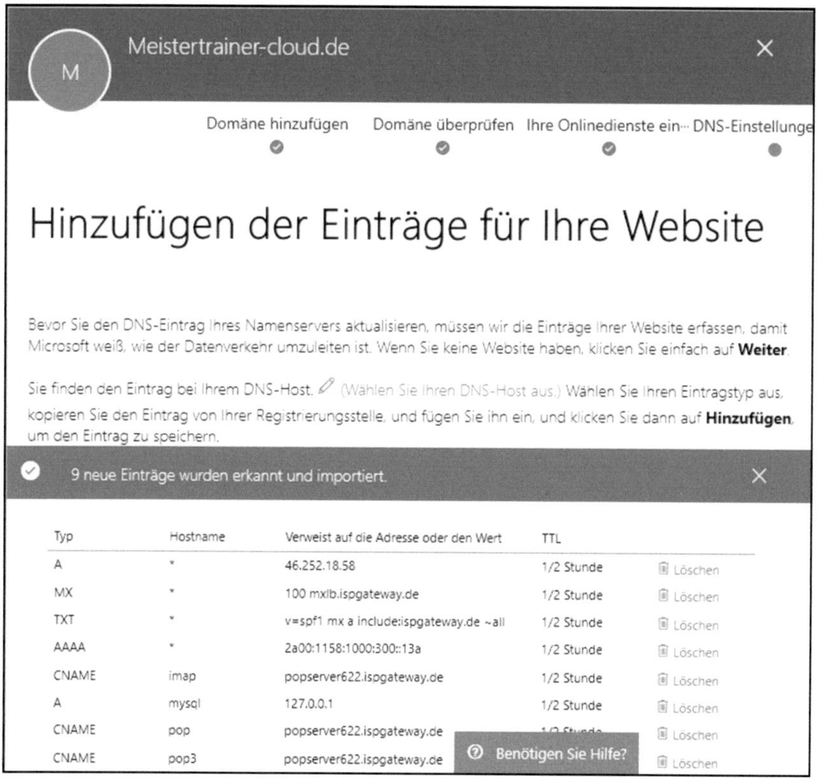

Abbildung 1.17: Einträge wurden erkannt

Sollte dies nicht funktionieren, oder wenn Sie nicht alle Einträge umleiten wollen, müssen Sie die Einträge manuell kopieren.

Nach einem Klick auf „Weiter“ erhalten Sie nun noch eine Liste der Microsoft Nameserver.

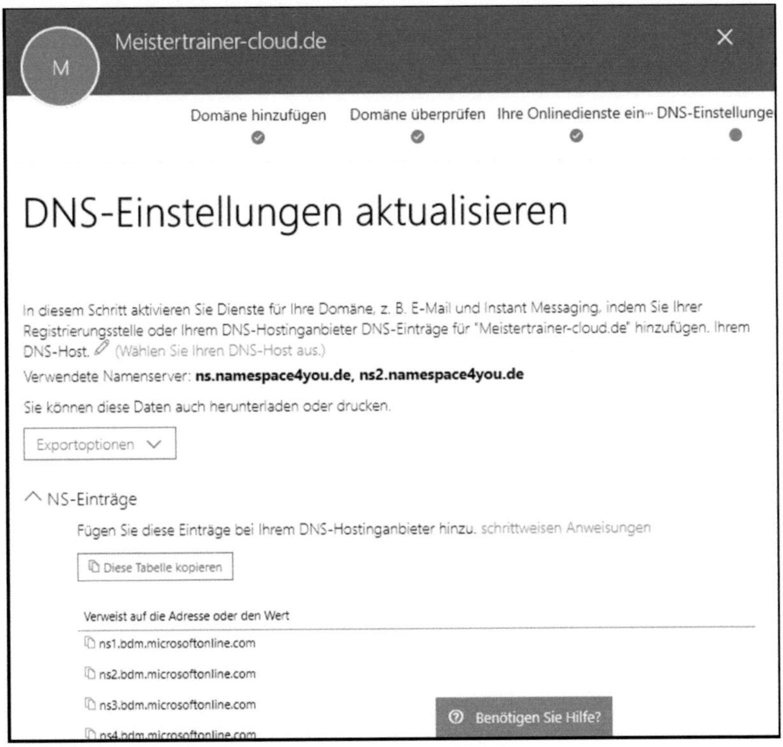

Abbildung 1.18: Namensserver

Diese Einträge geben Sie nun bei Ihrem Provider ein.

Abbildung 1.19: Eingabe der Microsoft-Namensserver

Damit wird der Datenverkehr ab sofort nicht mehr von den Namensservern Ihres Providers verwaltet, sondern von den Microsoft Namensservern, auf denen die benötigten Einträge erstellt worden sind.

Nach der Umleitung der DNS-Server sieht das Konfigurationsmenü Ihres Providers folgendermaßen aus:

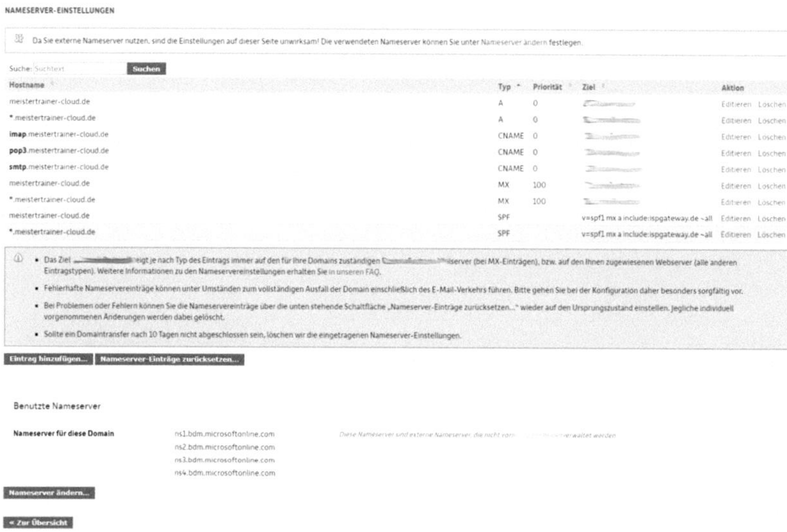

Abbildung 1.20: Konfigurationsmenü Provider

Sie erkennen deutlich, dass die ursprünglichen DNS-Einträge zwar noch vorhanden sind, aber keine Bedeutung mehr haben, da der komplette Verkehr der Namensauflösung über die Microsoft-DNS-Server läuft.

Damit ist die Einrichtung abgeschlossen und Sie können alle Onlinedienste verwenden.

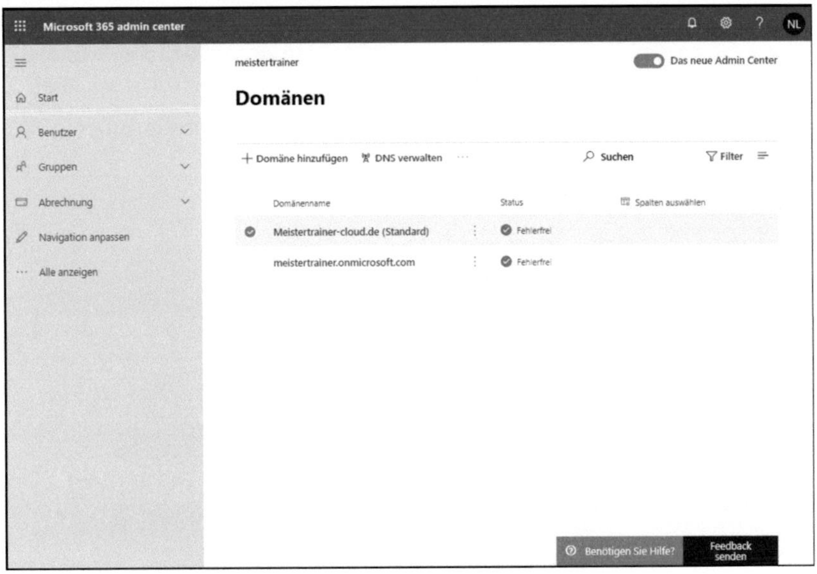

Abbildung 1.21: Einrichtung komplett

Manuelle Einrichtung

Die zweite Möglichkeit ist, dass Sie weiterhin Ihre Namensserver benutzen, und nur bestimmte Einträge manuell umleiten.

Abbildung 1.22: Manuelle Verwaltung

In diesem Fall müssen Sie natürlich die Einträge auf Ihren Namensservern anpassen.

Sie erhalten eine Liste mit den Einträgen, die Sie anlegen müssen.

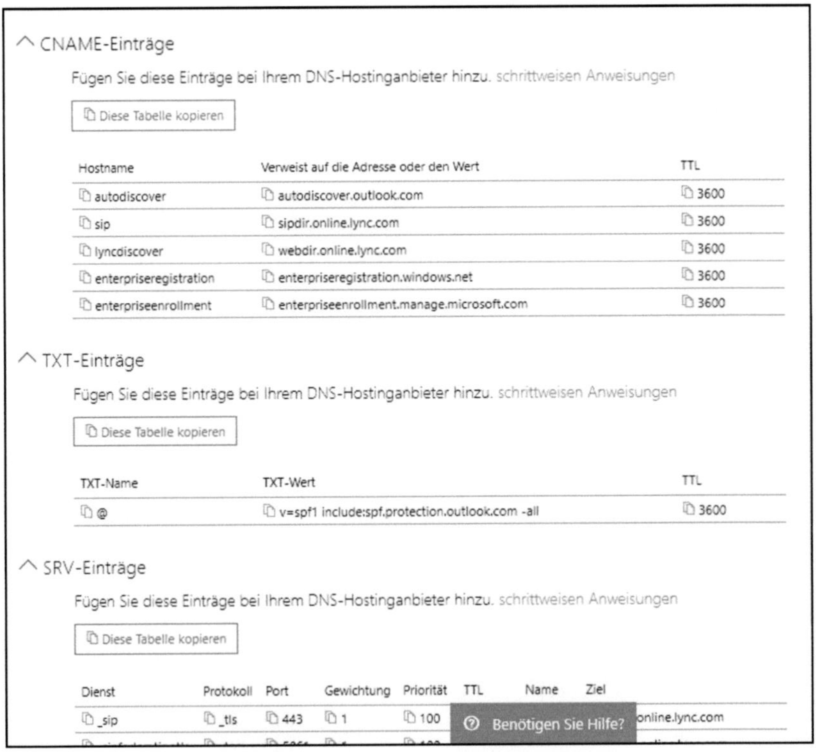

Abbildung 1.23: Liste mit den Einträgen

Die Vorgehensweise ist von Provider zu Provider unterschiedlich, Sie sollten hierfür auf die Dokumentation Ihres Providers zurückgreifen.

Abbildung 1.24: Einträge erstellen

1.2.3 Standarddomäne

Nach dem Einrichten einer Domäne ist diese automatisch als Standarddomäne definiert.

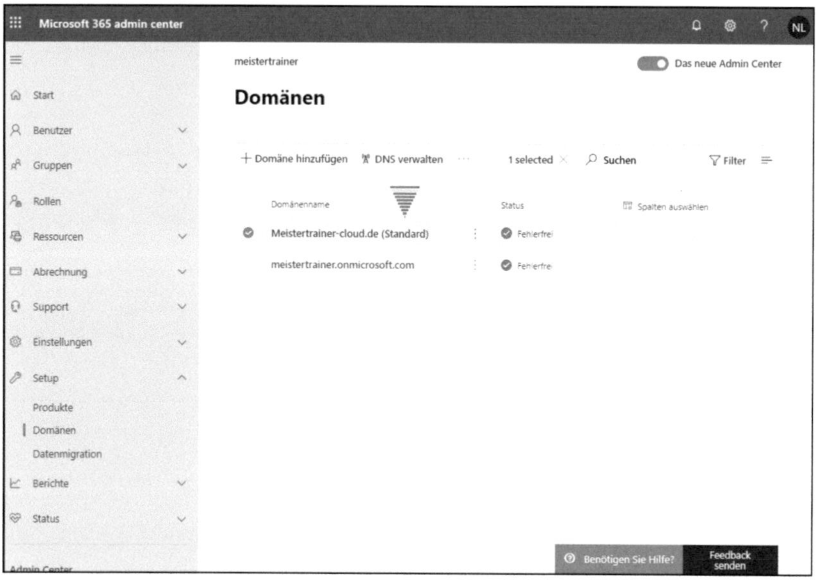

Abbildung 1.25: Standarddomäne

Das bedeutet, dieses Domänensuffix wird automatisch benutzt, wenn ein neuer Benutzer angelegt wird, und nicht mehr das alte Domänensuffix mit der Endung „onmicrosoft.com“.

Dies gilt für alle Benutzer, die im Azure AD von Microsoft 365 angelegt werden.

Aber es gibt noch eine zweite Stelle, an der eine Standarddomäne definiert werden kann:

Exchange Online.

Auch Exchange arbeitet mit Domänensuffixen.

Das Besondere ist, Sie können in Exchange Online eine andere Domäne als Standard definieren, als in Microsoft 365.

Um für Exchange Online die Standarddomäne zu definieren, wechseln Sie zu:

- Exchange
- Nachrichtenfluss
- Akzeptierte Domänen

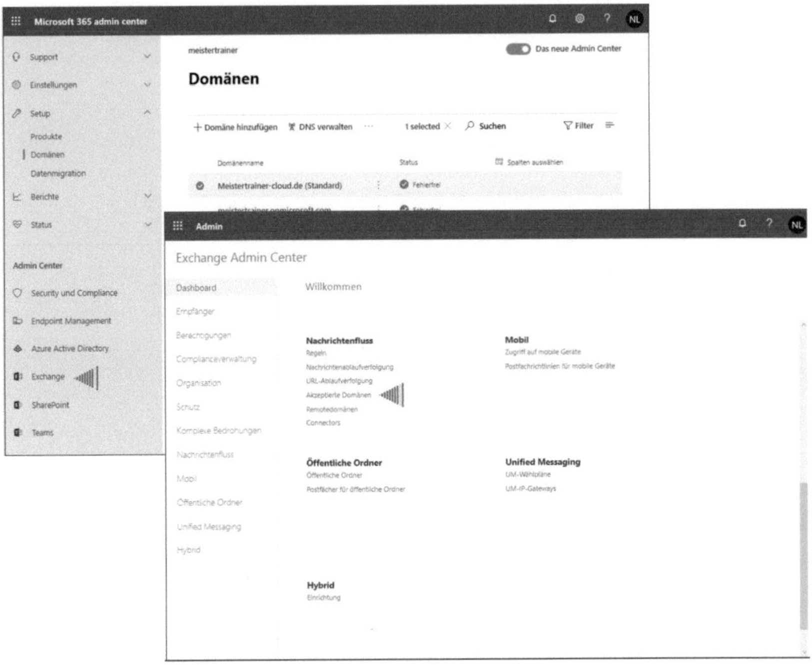

Abbildung 1.26: Einstellungen für Exchange Online

Hier wählen Sie nun die von Ihnen gewünschte Standarddomäne aus und klicken auf das Symbol des Stiftes.

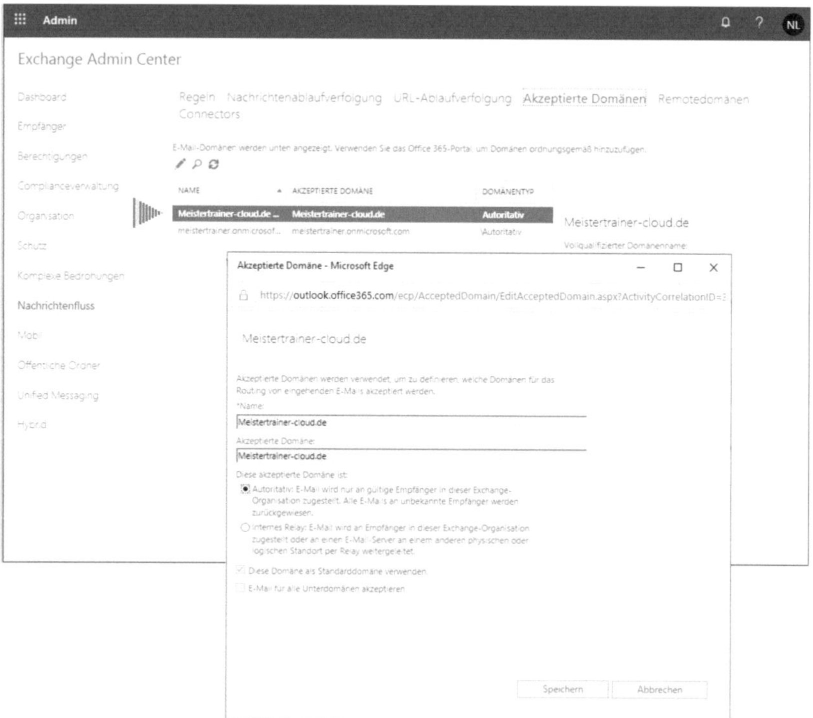

Abbildung 1.27: Exchange Online Standarddomäne

An dieser Stelle können Sie die Standarddomäne für Exchange Online festlegen.

1.2.4 Konfigurieren von Nutzeridentitäten für neuen Domainnamen

Nachdem Sie die neue Domäne eingebunden haben, können Sie Benutzer auch mit dem neuen Domänensuffix anlegen.

Das ist sehr einfach.

Sie wechseln zu

- Benutzer
- Aktive Benutzer
- Benutzer hinzufügen

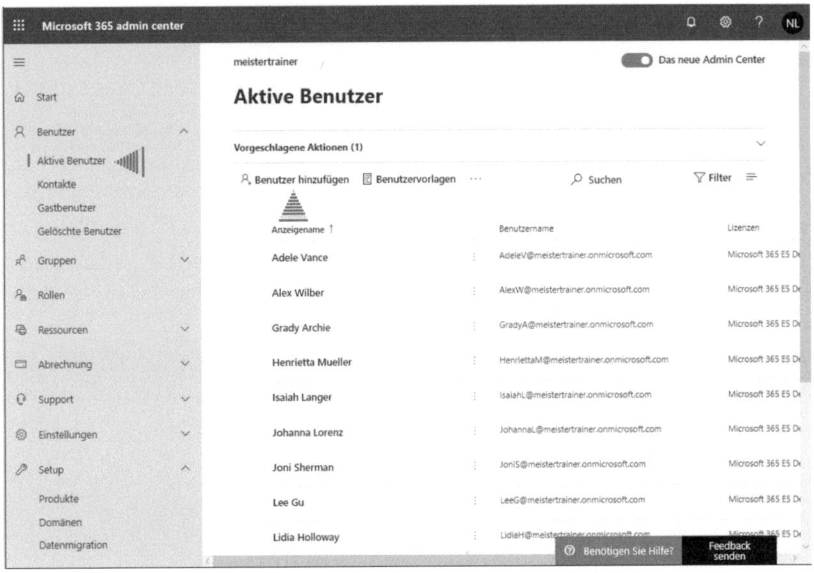

Abbildung 1.28: Benutzer anlegen

Nun geben Sie die gewünschten Daten ein.

Als Domänensuffix wird Ihnen das Suffix der Standarddomäne angeboten, Sie können aber natürlich auch ein anderes Suffix wählen.

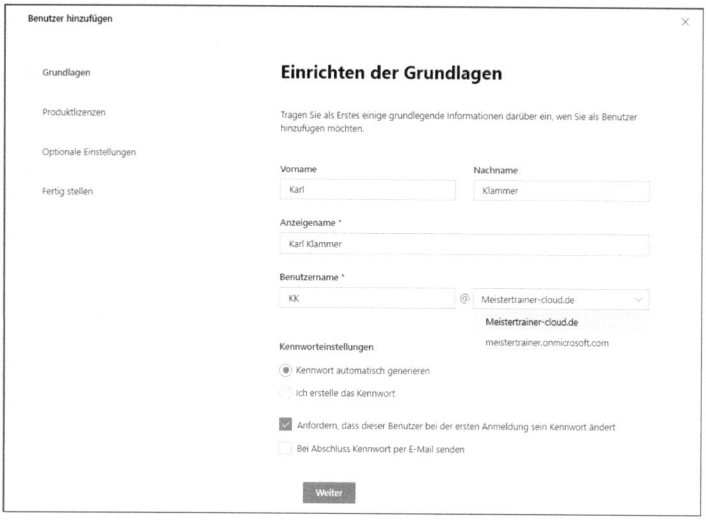

Abbildung 1.29: Domänensuffix

Nun wählen Sie einen Speicherort.

Das Ausfüllen dieses Merkmals ist sehr wichtig und auch verbindlich, denn damit legen Sie den Speicherort in der Cloud fest.

Danach weisen Sie noch die Produktlizenzen zu.

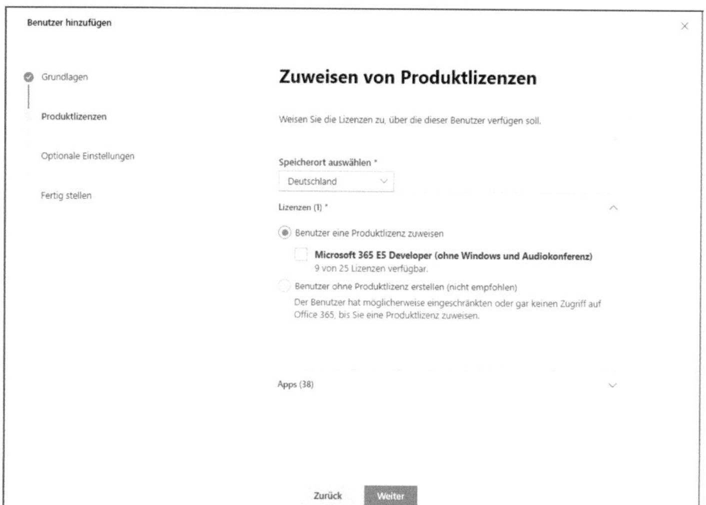

Abbildung 1.30: Produktlizenzen

Die Produktlizenzen definieren, auf welche Dienste und Office Programme der Benutzer später Zugriff haben soll.

Auf der Seite „Optionale Einstellungen“ haben Sie die Möglichkeit, dem Benutzer Rollen zuzuweisen.

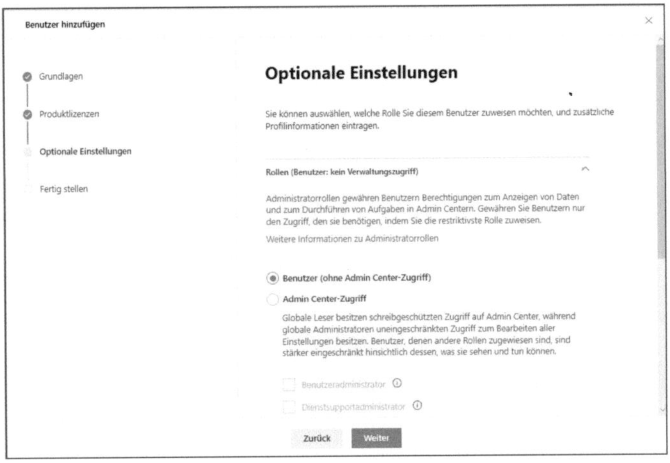

Abbildung 1.31: Rollen

Rollen sind zusammengefasste Berechtigungen.

Wenn Sie keine Änderungen vornehmen, bekommt das neue Konto die Rolle „Benutzer“ mit eingeschränkten Rechten.

Im unteren Teil können Sie noch Profilinformationen angeben.

Sie erhalten noch eine Zusammenfassung, danach ist der Benutzer angelegt und kann sich anmelden.

Ändern des Domänensuffixes

Wenn Sie eine zusätzliche Domäne später hinzufügen, kann es sein, dass es bereits einige Benutzer gibt.

Die älteren Konten haben dann ein anderes Domänensuffix, da sie zu einer Zeit angelegt worden sind, zu der es die neue Domäne und damit das neue Domänensuffix noch nicht gab.

Das kann zu Problemen führen, denn der Anmeldename ist eine Zusammenstellung von Anzeigename und Domänensuffix. Diese Kombination fungiert auch als primäre E-Mail Adresse.

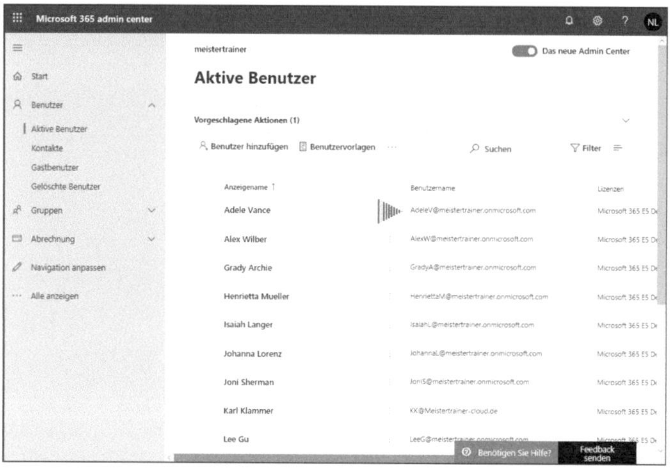

Abbildung 1.32: Anmeldename

Das Domänensuffix und damit die primäre E-Mailadresse anzugleichen, ist aber kein Problem.

Sie wählen den Benutzer aus, dessen Anmeldenamen Sie ändern möchten und klicken im oberen Bereich auf die drei Punkte.

Es erscheint ein Menü. Hier wählen Sie „Benutzernamen bearbeiten“.

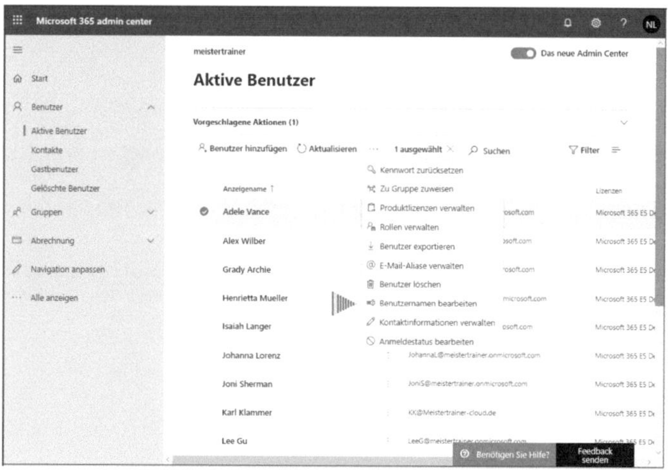

Abbildung 1.33: Benutzernamen bearbeiten

An dieser Stelle können Sie aus allen vorhandenen Domänensuffixen auswählen.

Abbildung 1.34: Auswahl der Domänensuffixe

Der Anmeldename ist auch die Standard-Mailadresse.

Abbildung 1.35: E-Mail-Alias

Wenn Sie als Mailadresse eine andere Kombination möchten, sei es, mit einem anderen Domänensuffix oder auch mit einem anderen Präfix, können Sie einen E-Mail-Alias anlegen.

Diese ist dann als zusätzliche E-Mailadresse hinterlegt und kann alternativ verwendet werden.

1.3 Planen einer Microsoft 365-Implementierung

Eine Microsoft 365 Implementierung muss bereits im Vorfeld sorgfältig geplant werden, denn das Konzept ist anders als die meisten es bisher von einer lokalen Netzwerklösung her kennen.

Der wichtigste Punkt ist, dass eine schnelle und jederzeit verfügbare Internetverbindung benötigt wird, um sich mit den benötigten Diensten zu verbinden.

Im Gegensatz zur lokalen Lösung liegen alle Anwendungen und eventuell auch einige oder alle Daten in der Cloud.

Das Netzwerkkonzept muss auf diese Anforderungen abgestimmt sein.

In größeren Firmen mit mehreren Geschäftsstellen ist es manchmal üblich, den externen Datenverkehr zunächst über WAN zur Hauptgeschäftsstelle zu leiten und von dort aus einen Zugang zum Internet bereit zu stellen.

Dies ist bei einer lokalen Lösung eine gute Option, aber nicht für eine Implementierung mit Microsoft 365.

Hier wäre es auf jeden Fall die bessere Lösung, jeder Zweigstelle einen direkten Zugang zum Internet bereitzustellen. Ein möglicher Weg dafür ist, dass alle Abfragen an externe Hosts direkt an einen öffentlichen DNS-Server geleitet werden.

Ein weiteres Thema ist die Konfiguration der Firewall.

Die folgende Tabelle stellt die Ports und die entsprechenden Dienste und Anwendungen dar.

Passen Sie Ihre Firewall dementsprechend an.

Port	Dienste und Anwendungen
TCP 443	• ADFS • Microsoft Online Services Portal • My Company Portal • MS Outlook 2007/2010 • MS Entourage 2008 EWS / Outlook 2011 for Mac • Outlook Web App • SharePoint Online • Lync 2010 Client
TCP 25	• Mail routing
TCP 587	• SMTP relay (TLS)
TCP 143/993	• Simple IMAP migration tool
TCP 995	• Pop3 (SSL)
TCP 80 und 443	• Microsoft Online Services Directory Synchronization Tool • Simple Exchange Migration Tool • Simple IMAP Migration Tool • Staged Exchange Migration Tool • Exchange Management Console • Exchange Management Shell
PSOM/TLS 443 STUN/TCP 443 STUN/UDP 3478 RTC/UDP 50000-59999	• Lync Online

Quelle: Microsoft

1.3.1 Planen einer Identitäts- und Authentifizierungslösung

Wenn Sie mit Microsoft 365 arbeiten möchten, haben Sie folgende Möglichkeiten der Authentifizierung:

Cloud-Only-Authentifizierung

Bei einer Cloud-Only-Authentifizierung authentifizieren sich alle Benutzer in der Cloud am Azure Active Directory.

Der einfachste Weg hierbei ist, wenn alle Benutzerkonten ausschließlich im Azure Active Directory angelegt sind und dort verwaltet werden.

Dies ist immer dann der Fall, wenn Sie keine lokale On-Premise Domäne verwalten oder diese nicht in Azure Active Directory einbinden wollen.

Authentifizierung mithilfe von Azure AD Hybrid Join

Wenn Sie bisher die Authentifizierung in einer On-Premise Domäne vorgenommen haben, besteht die Möglichkeit, eine Verbindung zwischen dem lokalen Active Directory und Azure Active Directory einzurichten.

Sie können diese Verbindung mithilfe eines Tools mit Namen „Azure AD Connect“ einrichten.

Die im On-Premise Active Directory vorgenommenen Änderungen werden in Azure Active Directory kopiert, wohingegen Änderungen in Azure Active Directory nicht wieder zur lokalen Domäne repliziert werden.

1.4 Einrichten von Microsoft 365-Geräteverwaltung

Eine der wichtigsten Funktionen von Microsoft 365 ist, dass Sie die Geräte Ihrer Mitarbeiter und deren Zugriff auf die Firmenressourcen verwalten können.

Beispielsweise wird bei einem Rollout mit Autopilot das Gerät in Microsoft 365 registriert und kann danach verwaltet werden.

Die Registrierung der Geräte ist die Grundvoraussetzung für die Verwaltung.

Die Vielfalt an benutzten Geräten ist enorm, angefangen bei den verschiedenen Betriebssystemen, wie

- Windows
- iOS
- Android
- macOS

bis hin zur Unterscheidung, ob ein Gerät

- Eigentum der Firma

  oder
- persönliches Eigentum des Benutzers

ist.

Das hat den Vorteil, dass Sie den Benutzern auch mit ihren eigenen Geräten eine bestimmte Zugriffstiefe auf die Firmenressourcen gewähren können, ohne diese Geräte zu sehr einzuschränken.

1.4.1 Automatisches Registrieren von Windows –Geräten

Nicht nur Benutzer müssen in Microsoft 365 verwaltet werden, sondern auch die Geräte.

Für die Geräteverwaltung können Sie ein Tool verwenden, das Bestandteil von Microsoft 365 ist: Microsoft Intune, auch „Endpoint Management“ genannt.

Microsoft Intune können Sie sehr leicht über das Microsoft 365 Admin Center erreichen.

Wählen Sie dafür „Endpoint Management“.

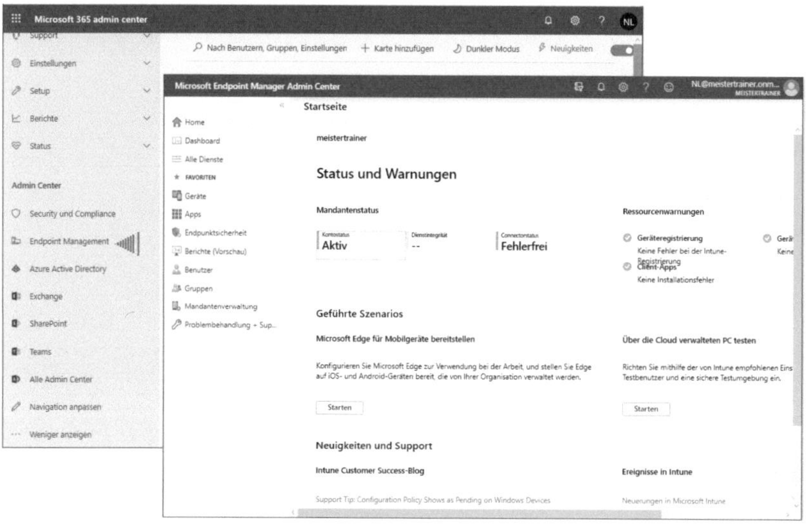

Abbildung 1.36: Intune

Die Konsole für die Geräteverwaltung öffnet sich.

Im Idealfall muss der Benutzer nicht viel tun, um seine Geräte bei Microsoft Intune zu registrieren.

Um den Benutzern zu gestatten, Geräte zu registrieren, müssen Sie in folgende Konsole wechseln:

- Geräte
- Geräte registrieren
- Windows-Registrierung
- Automatische Registrierung

Der obere Bereich ist der MDM Bereich (Mobile Device Management).

Sie können festlegen, dass „Keine Geräte“, „Einige“ oder „Alle Geräte“ von Microsoft Intune verwaltet werden.

Wenn Sie „Einige“ wählen, müssen Sie noch Gruppen angeben.

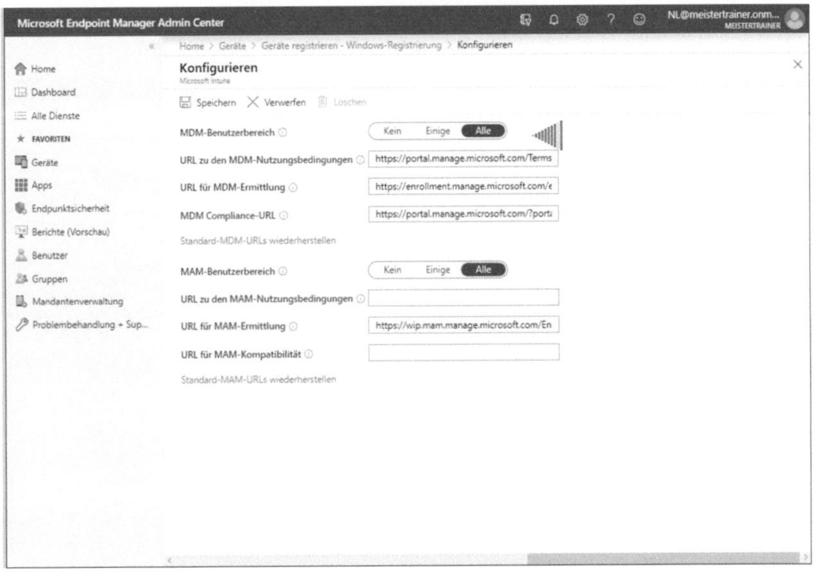

Abbildung 1.37: MAM Konfiguration

Damit ist die grundsätzliche Konfiguration abgeschlossen.

1.4.2 Berechtigungen für die Geräteregistrierung (Geräteregistrierungsmanager)

Um Geräte bei Microsoft 365 registrieren zu können, müssen die Benutzer noch zusätzlich die entsprechenden Berechtigungen erhalten.

Wenn eine oder mehrere Personen sehr viele Geräte in Microsoft 365 registrieren sollen, besteht die Möglichkeit, diesen Personen die Berechtigung „Device Enrollment Manager, DEM“ zuzuweisen.

Mit dieser Berechtigung können Sie bis zu 1.000 Geräte registrieren.

Dies wird dann der Fall sein, wenn jemand mehrere Geräte registrieren muss, bevor sie den zukünftigen Benutzern übergeben werden.

Bevor Sie einem Konto die Berechtigung „DEM“ zuweisen können, muss dieses Konto eine Microsoft 365-Lizenz haben.

Dafür öffnen Sie das Microsoft 365 Admin Center, navigieren zu

„Benutzer" und wählen den entsprechenden Benutzer aus.

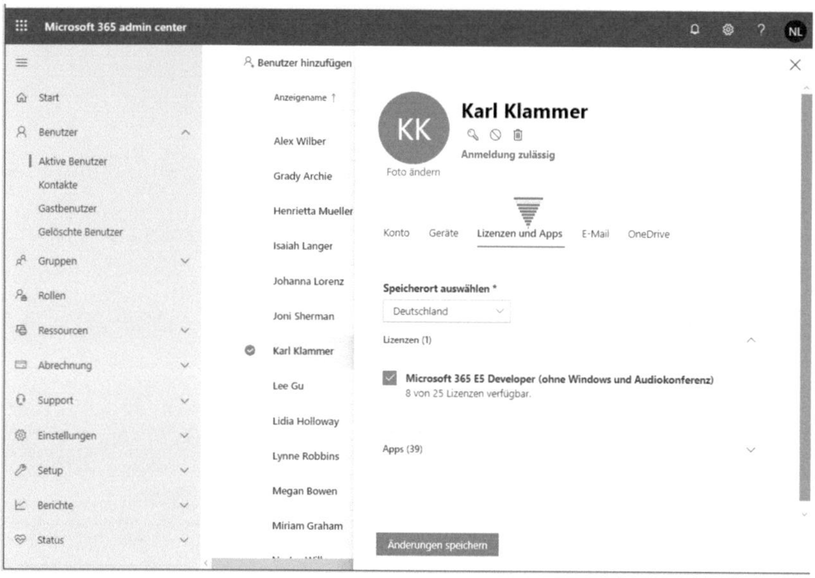

Abbildung 1.38: Lizenzen

Klicken Sie auf „Lizenzen" und überprüfen Sie, ob der Benutzer eine Lizenz für Microsoft 365 hat. Sollte das nicht der Fall sein, klicken Sie auf „Zuweisen" und geben Sie ihm eine Lizenz.

Nun können Sie einen DEM hinzufügen.

Dazu öffnen Sie die Microsoft Intune-Konsole (Endpoint-Management), wählen

- Geräte
- Geräte registrieren
- Registrierungs-Manager
- Hinzufügen

Hier fügen Sie nun den gewünschten Benutzer hinzu.

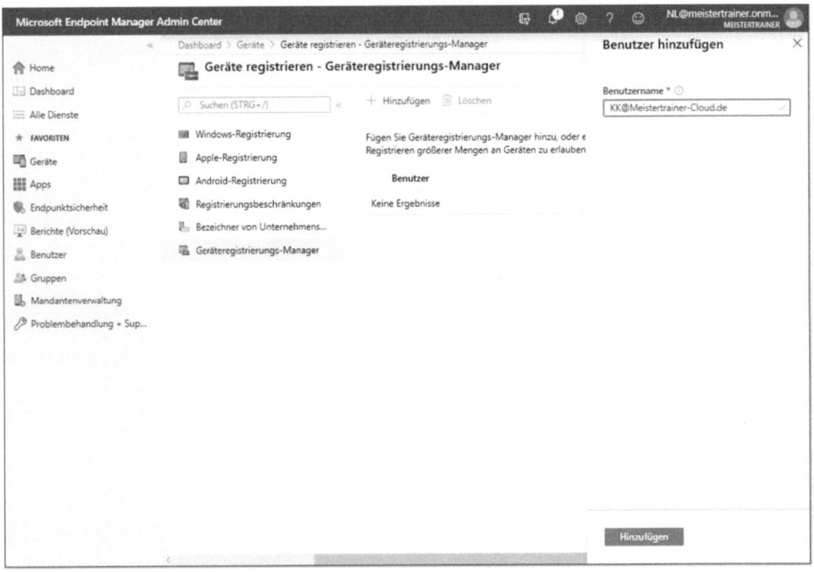

Abbildung 1.39: Benutzer wird hinzugefügt

1.4.3 Einschränkungen für die Benutzer

Auch wenn ein Benutzer kein Device Enrollment Manager ist, kann er natürlich trotzdem Geräte registrieren.

Wie es auch in einer On-Premise Domäne geregelt ist, so ist es auch in Microsoft Intune, auch der normale Benutzer hat das Recht, eine bestimmte Anzahl an Geräten zu registrieren. Bei einer Domäne ist dies der Beitritt zur Domäne, in Microsoft Intune ist es im Endeffekt genauso.

Wichtig ist, dass Sie als Microsoft Intune Administrator die Möglichkeit haben, Registrierungsbeschränkungen zu definieren, also die Möglichkeit der Benutzer einzuschränken, Geräte zu registrieren.

Sie können folgende Einschränkungen definieren:

- Maximale Anzahl der registrierten Geräte
- Geräteplattformen (Windows, iOS etc.)
- Einschränken von privaten Geräten

Um diese Einschränkungen zu definieren, erstellen Sie eine Registrierungsbeschränkungsrichtlinie, die Sie dann einer Gruppe zuweisen können.

Öffnen Sie dafür

- Geräte
- Geräte registrieren
- Registrierungsbeschränkungen

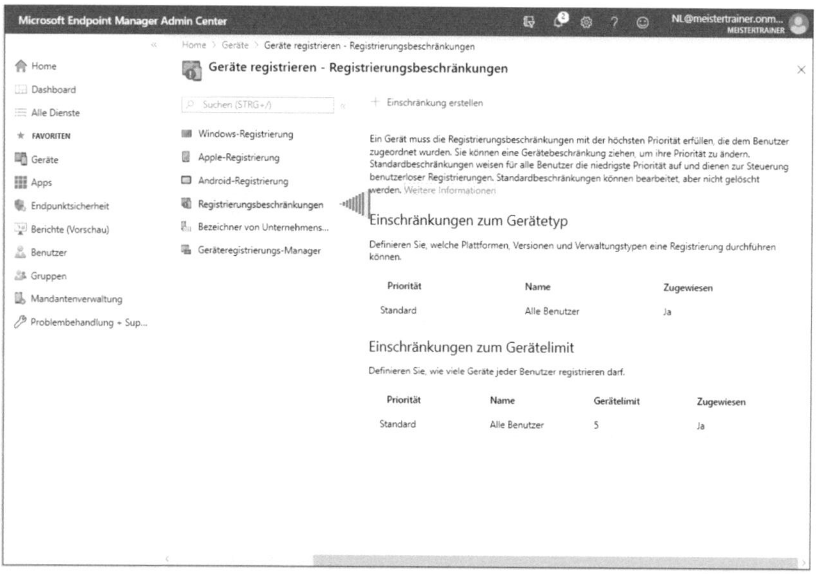

Abbildung 1.40: Registrierungsbeschränkungen

Sie sehen, es existiert bereits eine Standardrichtlinie für die Gerätetypbeschränkung und eine Standardrichtlinie für das Gerätelimit.

Diese Richtlinien sind bereits an „alle Benutzer“ zugewiesen und erlauben allen Benutzern alle Geräte zu registrieren, mit dem Limit von 5 Geräten.

Wenn Sie neue Beschränkungen erstellen möchten, klicken Sie auf „Einschränkung erstellen“.

Wählen Sie, ob Sie eine „Gerätelimiteinschränkung“ oder eine „Gerätetypeinschränkung“ definieren wollen und geben Sie der Richtlinie einen Namen.

Wenn Sie „Gerätelimiteinschränkung“ wählen, definieren Sie die maximale Anzahl der Geräte, die hinzugefügt werden dürfen.

Wenn Sie dagegen „Gerätetypeinschränkung“ wählen, können Sie zunächst die Plattformen wählen.

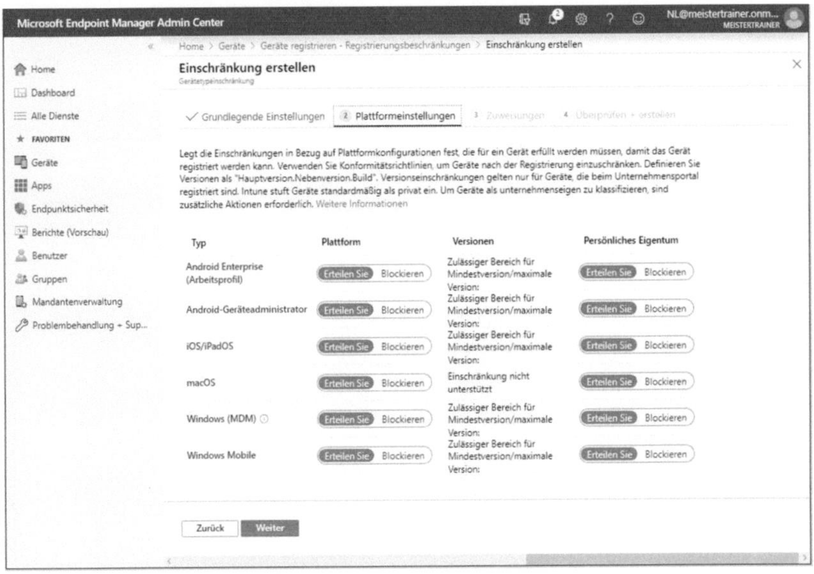

Abbildung 1.41: Plattformen

Alle gebräuchlichen Plattformen sind hier aufgelistet.

Sie sehen, hier wird zwischen „Android“ und „Android Arbeitsprofil“ unterschieden.

Ein „Android Arbeitsprofil“ ist eine vom Administrator eingerichtete Teilung auf einem Android Gerät.

Mit ihm werden geschäftliche Daten verwaltet, ohne die privaten Daten zu betreffen.

Im letzten Schritt weisen Sie die Richtlinie noch einer Gruppe zu.

Prioritäten

Nachdem die Richtlinie zugewiesen ist, sehen Sie, dass ihr eine Priorität zugewiesen wurde.

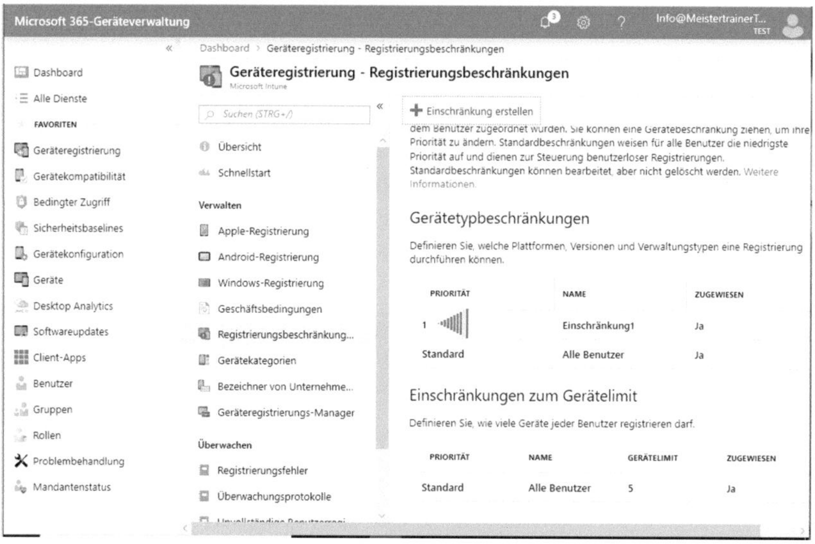

Abbildung 1.42: Priorität

Diese Prioritäten kommen dann zum Tragen, wenn ein Benutzer in mehreren Gruppen ist.

Für ihn gilt dann immer die Einschränkung mit der höchsten Priorität.

Wenn Sie mehrere Richtlinien haben, können Sie die Priorität ändern, indem Sie mit der Maus in der Liste auf die Beschränkung zeigen. Es erscheint dann vor der Zahl ein Symbol mit drei Punkten.

An diesem Symbol können Sie die Richtlinien „greifen“ und an eine andere Stelle ziehen. Damit können Sie die Prioritäten nach Ihren Wünschen anpassen.

1.5 Windows 10 an die Gegebenheiten anpassen

Ohne Zweifel ist Windows 10 das Clientbetriebssystem, mit dem in den meisten Firmen gearbeitet wird.

Hierbei gibt es mehrere Versionen, die je nach Anforderungen des Unternehmens eingesetzt werden. Diese Anforderungen können sich auch im Laufe der Zeit ändern, dann müssen die Clientbetriebssysteme angepasst werden.

Eine wichtige Arbeit ist in diesem Zusammenhang, die jeweils richtige Methode zu wählen, um möglichst schnell zum gewünschten Ergebnis, nämlich dem aktuell gewünschten Betriebssystem, zu gelangen.

Wir betrachten nun in Folge mehrere Möglichkeiten.

1.5.1 Momentanes Betriebssystem Windows 7, Windows 8 oder 8.1 – Ziel: Windows 10

Sollten Sie noch Windows 7, Windows 8 oder Windows 8.1 als Betriebssystem verwenden, können Sie ein direktes Upgrade auf Windows vornehmen.

Dies ist die einfachste Vorgehensweise, denn dabei behalten Sie alle Konfigurationseinstellungen bei.

Auch Microsoft empfiehlt diese Methode.

Bedenken Sie bitte, dass 32-bit Versionen nur auf 32-bit Versionen und 64-bit Versionen nur auf 64-bit Versionen aktualisiert werden können, ein Wechsel ist nur durch Neuinstallation möglich!

Auch kann nicht jedes System auf ein anderes aktualisiert werden.

In Folge finden Sie eine Liste mit den möglichen Aktualisierungen.

Aktualisierung von Windows 7:

	W 10 Home	W 10 Pro	W 10 Pro Education	W 10 Education	W 10 Enterprise
Starter	X	X	X	X	
Home Basic	X	X	X	X	
Home Premium	X	X	X	X	
Professional		X	X	X	X
Ultimate		X	X	X	X
Enterprise				X	X

Aktualisierung von Windows 8:

	W 10 Home	W 10 Pro	W 10 Pro Education	W 10 Education	W 10 Enterprise
(Core)	X	X	X	X	
Professional		X	X	X	X
Professional WMC		X	X	X	X
Enterprise				X	X
Embedded Industry					X
Windows RT					
Windows Phone 8					

Aktualisierung von Windows 8.1:

	W 10 Home	W 10 Pro	W 10 Pro Edu-cation	W 10 Edu-cation	W 10 Enter-prise	W 10 Mobile
(Core)	X	X	X	X		
Connected	X	X	X	X		
Pro-fessional		X	X	X	X	
Pro-fessional Student		X	X	X	X	
Pro-fessional WMC		X	X	X	X	
Enterprise				X	X	
Embedded Industry					X	
Windows RT						
Windows-Phone 8.1						X

Wipe and Load

Was können Sie tun, wenn Ihre Anforderungen anders sind?

Beispiele hierfür sind Versionen, die nicht nahtlos aktualisiert werden können, also beispielsweise ein Wechsel von Windows 7 Home Premium auf Windows 10 Enterprise.

Ein weiteres mögliches Szenario ist ein Wechsel von einer älteren Windows Version zu einem angepassten Windows 10 Image, auch hier ist eine direkte Aktualisierung nicht möglich.

In diesem Fall sollten Sie „Wipe and Load“ vornehmen.

Dies bedeutet, dass Sie die Daten und Anwendungen, die auf dem alten System vorhanden sind, sichern.

Danach stoßen Sie eine Installation von Windows 10 an und spielen im Anschluss die gesicherten Daten wieder ein.

Die Methoden hierfür sind mannigfaltig, denn im Prinzip erstellen Sie eine komplette Neuinstallation von Windows 10.

Sie können alle Methoden verwenden, die auch für eine Erstinstallation zur Verfügung stehen, also

- Einzelplatzinstallation
- Dynamische Bereitstellungsmethoden
- Installation mit MDT

Und vieles mehr.

Migration von Benutzerdaten mit USMT (User State Migration Tool)

Damit Sie „Wipe and Load“ durchführen können, benötigen Sie ein Tool, das Ihnen hilft, zunächst die Benutzerdaten auf dem alten System zu sichern, und danach auf dem neuen System wieder zurückzusichern.

Dabei kann Ihnen das „User State Migration Tool“ oder auch USMT helfen.

Es ist ein Befehlszeilentool, das komplexe Migrationen zulässt. Dafür können Sie mit vielen Parametern arbeiten.

Sie können USMT in der jeweils aktuellen Version herunterladen und installieren. Es ist Bestandteil des „Assessment and Deployment Toolkit (ADK)“.

USMT setzt sich in erster Linie aus zwei Befehlen zusammen:

- Scanstate.exe
- Loadstate.exe

Außerdem gibt es noch einige .xml-Dateien, zum Beispiel

MigApp.xml

Mit dieser Datei können Sie Anwendungseinstellungen migrieren. Sie können MigApp.xml ändern.

MigUser.xml

Mit dieser Datei können Sie Benutzerordner, Dateien und Dateitypen migrieren. Sie können MigUser.xml ändern.

MigDocs.xml

Mit dieser Datei wird ein Tool von USMT gestartet, das auf allen Laufwerken nach Benutzerdokumenten sucht und sie dementsprechend migriert.

Config.xml

Dies ist eine optionale Datei, die Sie mithilfe der Option /genconfig in der Scanstate-Befehlszeile erstellen können. Sie sollten diese Datei erstellen und ändern, wenn Sie bestimmte Komponenten aus der Migration ausschließen möchten.

Mit Scanstate können Sie auf dem Quellcomputer die Informationen aller Benutzer sammeln, mit Loadstate dagegen können Sie diese auf dem Zielrechner wieder einspielen.

Installation

Betrachten wir die Installation des USMT.

Hierfür legen Sie die Installations-DVD des „Assessment and Deployment Toolkits" ein und beginnen die Installation.

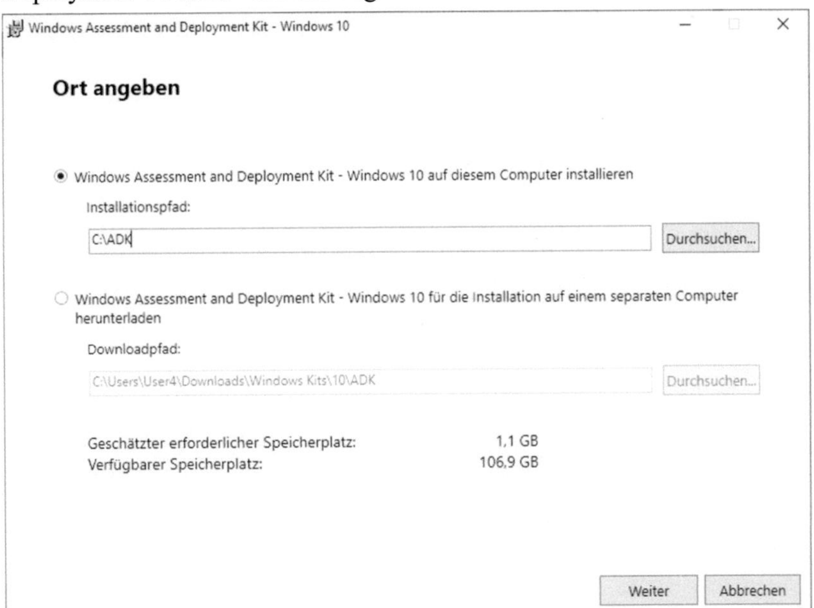

Abbildung 1.43: ADK

Danach wählen Sie das Tool „USMT“ aus.

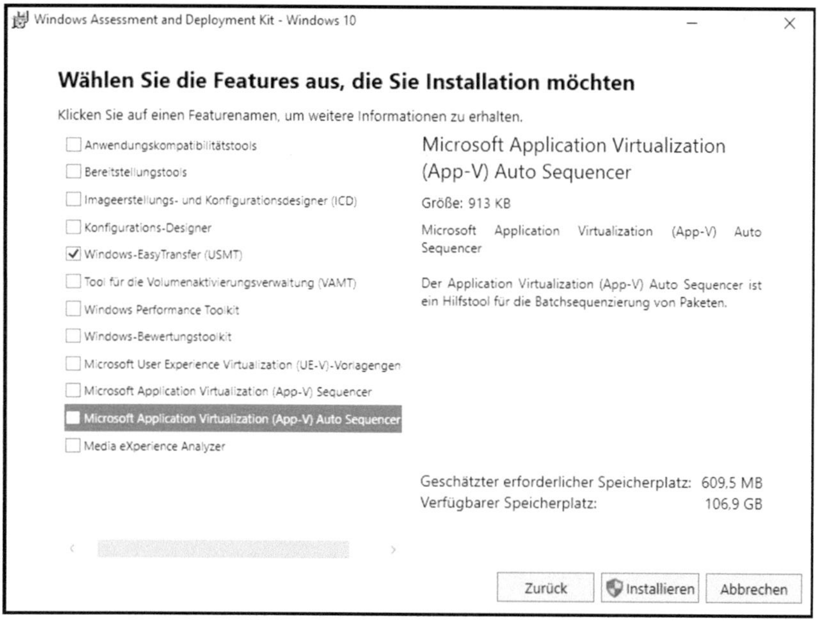

Abbildung 1.44: Installation USMT

Nach der Installation öffnen Sie eine administrative Eingabeaufforderung und wechseln ins richtige Verzeichnis.

Dafür betrachten Sie den Pfad, in dem der Ordner „Assessment and Deployment Kit“ erstellt worden ist. Diesen öffnen Sie.

Darunter finden Sie das „User State Migration Tool“.

Nun müssen Sie nur noch die richtige Systemarchitektur wählen, in unserem Fall ist das „amd64“.

Geben Sie den Befehl „Scanstate“ ein, gefolgt von den Parametern

- /i:migapp.xml

und

- /i:migdocs.xml

Hiermit legen Sie fest, dass die mitgelieferten Konfigurationsdateien „migapp.xml" und „migdocs.xml " benutzt werden.

Zum Schluss geben Sie noch den Parameter

- /genconfig:config.xml

ein.

Dadurch wird Ihre persönliche Konfigurationsdatei erstellt.

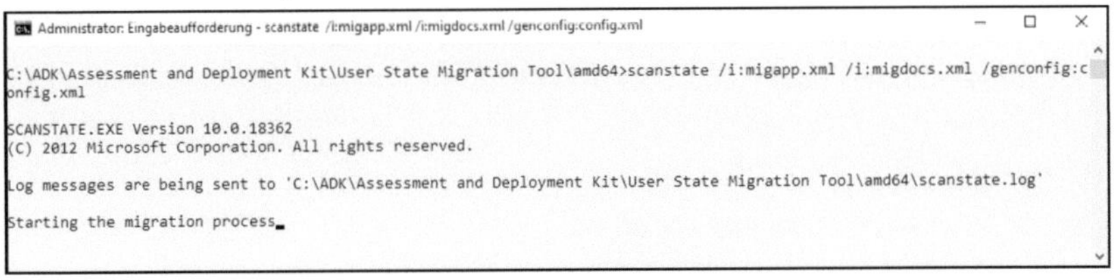

Abbildung 1.45: Scanstate

Nun werden die Benutzerdaten exportiert und können danach für den Import auf den neuen Rechner kopiert werden.

1.5.2 Ein vorinstalliertes Windows 10 anpassen: Windows Autopilot

Völlig andere Möglichkeiten haben Sie, wenn Sie eine bereits vorhandene Windows 10 Installation anpassen möchten, also beispielsweise einen Editionswechsel durchführen möchten oder Windows 10 Rechner mit eigenen Konfigurationseinstellungen versehen möchten.

Hier können Sie Windows Autopilot benutzen.

Windows Autopilot installiert Windows 10 nicht, der Client muss bereits vor der Bereitstellung Windows 10 installiert haben, bei Autopilot werden lediglich unternehmensrelevante Einstellungen vorgenommen.

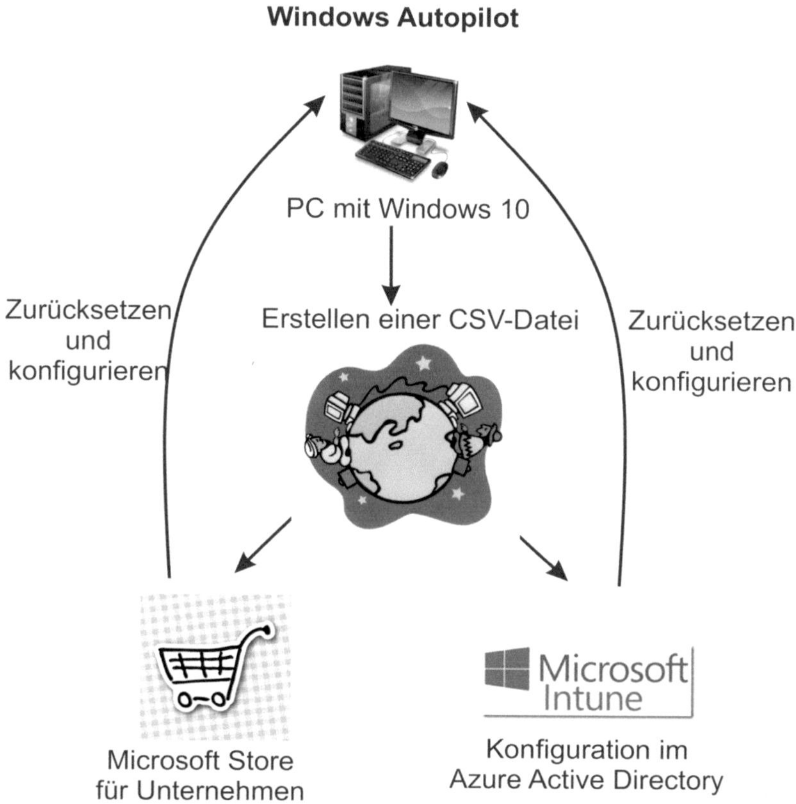

Abbildung 1.46: Prinzip Windows Autopilot

Microsoft 365 bietet integrierte Lizenzen für Windows 10.

In der Variante Microsoft 365 Business sind Windows 10 Pro Lizenzen enthalten, in Microsoft 365 Enterprise E3 und E5 Windows 10 Enterprise.

Dieser Umstand kann ausgenutzt werden, um von den auf den Rechnern vorhandenen Windows 10 Pro Betriebssystemen einfach über Autopilot auf Windows 10 Enterprise zu wechseln.

Voraussetzungen für Windows Autopilot

Azure Active Directory

Windows Autopilot funktioniert cloudbasiert, das heißt Azure Active Directory ist eine zwingende Voraussetzung. Dies ist bekanntlich ein Bestandteil von Microsoft 365 und steht uns somit zur Verfügung.

Außerdem ist Windows Autopilot Bestandteil von entweder Microsoft Store für Unternehmen oder Microsoft Intune. Beide fordern ebenfalls ein Azure Active Directory.

Die Geräte benötigen ein vorinstalliertes Windows 10

Da Autopilot nicht installiert, sondern lediglich konfiguriert, muss Windows 10 Pro, Enterprise, oder Education ab der Version 1703 auf den Geräten vorinstalliert sein.

Microsoft Intune oder Microsoft Store für Unternehmen

Um die Konfiguration von Windows Autopilot vornehmen lassen zu können, wird entweder Microsoft Intune oder der Microsoft Store für Unternehmen benötigt. Einer dieser Clouddienste muss im Unternehmen verfügbar sein.

Internetverbindung

Da die Konfiguration cloudbasiert stattfindet, muss natürlich eine Internetverbindung vorhanden sein.

Die Geräte müssen registriert sein

Windows Autopilot muss die Geräte, die konfiguriert werden sollen, vorab kennen. Bevor eine Konfiguration stattfinden kann, müssen bestimmte Informationen über das Gerät hochgeladen werden, wie beispielsweise die Hardware-ID.

Diese Informationen müssen zunächst in einer CSV-Datei gespeichert werden.

Erstellen der Konfigurationsdatei

Nehmen wir an, Sie haben einen Rechner mit einem vorinstallierten Windows 10 Pro, den Sie mit Autopilot konfigurieren möchten.

Der erste Schritt dafür ist das Auslesen der Seriennummer des Geräts, der Windows Produktnummer und des Hardware Hashs.

Mit diesen Informationen wird eine CSV-Datei erstellt.

Die Vorgehensweise ist sehr einfach.

Sie öffnen die PowerShell und geben folgende Befehle ein:

Md c:\<NameDesOrdners>

Damit erstellen Sie einen Ordner, in dem die Konfigurationsdatei gespeichert wird.

Diesen Schritt können Sie natürlich auch im Explorer vornehmen.

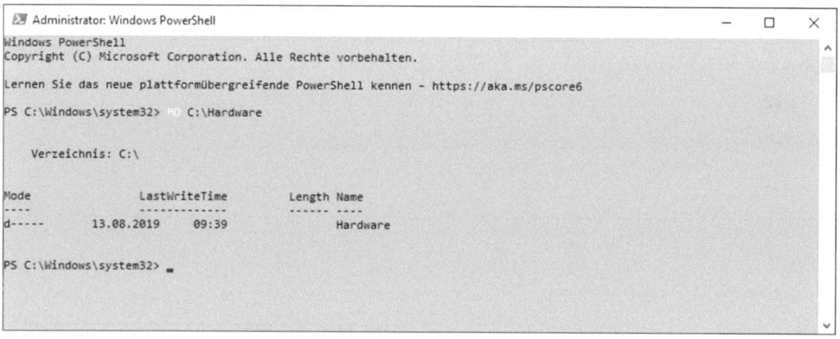

Abbildung 1.47: Erstellen eines Ordners

Der nächste Befehl lautet

Set-Location <PfadZumOrdner>

Damit werden alle weiteren Befehle nun innerhalb des Ordners ausgeführt.

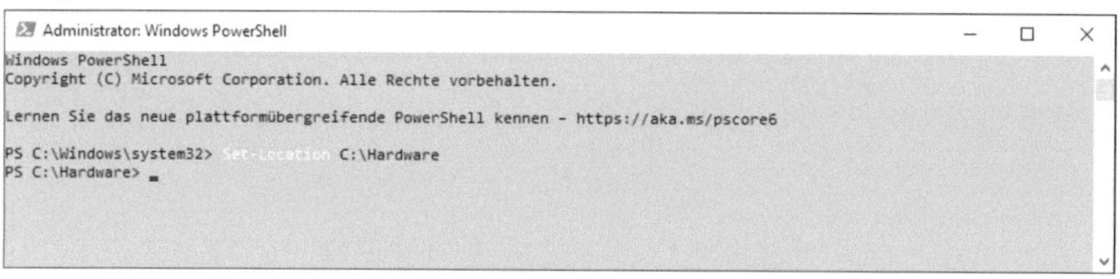

Abbildung 1.48: Wechsel in den Ordner

Set-ExecutionPolicy Unrestricted

Damit wird das Ausführen von Skripten erlaubt.

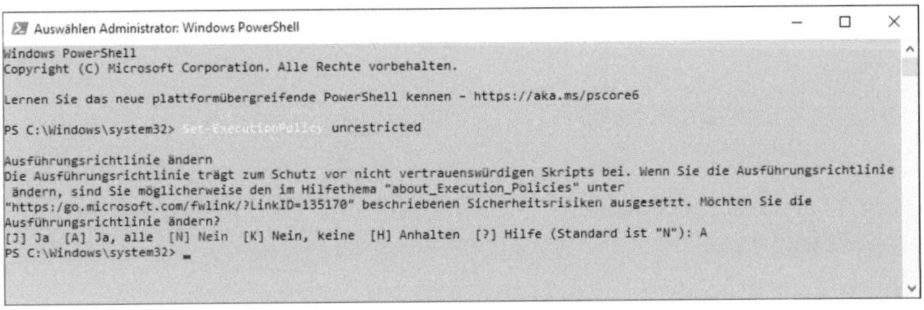

Abbildung 1.49: Ausführen von Skripten erlauben

Nun beginnt das eigentliche Erstellen der CSV-Datei.

Install-Script -Name Get-WindowsAutoPilotInfo

Mit diesem Befehl wird das Skript installiert, um es später ausführen zu können.

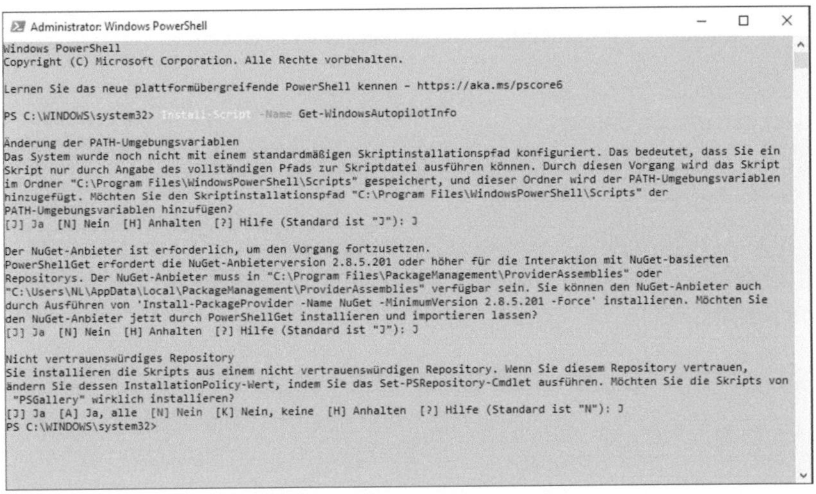

Abbildung 1.50: Installation des Skripts

Der letzte Schritt ist nun endlich das Erstellen der CSV-Datei mit dem Befehl:

Get-WindowsAutoPilotInfo.ps1 -OutputFile AutoPilotHWID.csv

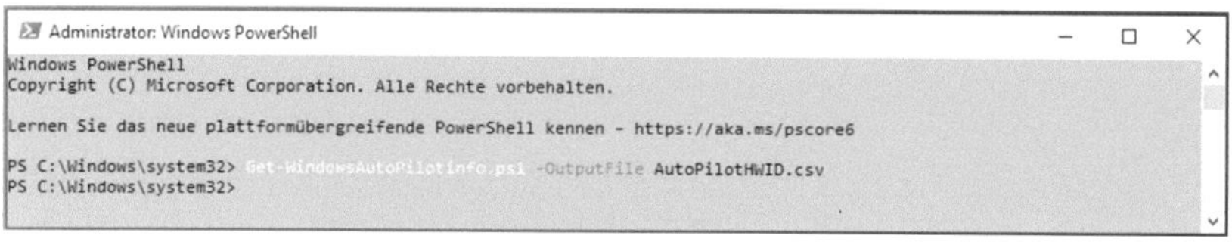

Abbildung 1.51: Erstellen der CSV-Datei

Betrachten wir diese Datei:

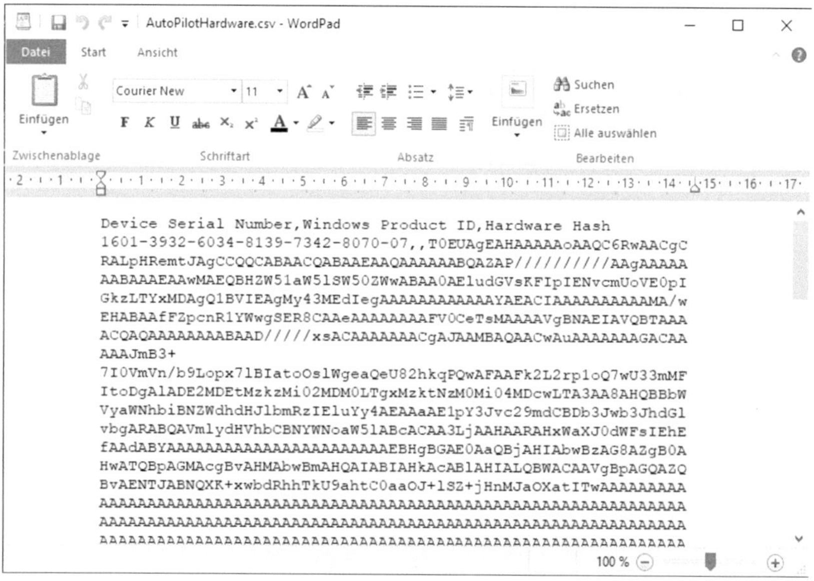

Abbildung 1.52: Geöffnete CSV-Datei

Wir sehen, dass drei Informationen gespeichert sind:

- Seriennummer des Geräts
- Die Windows Produktnummer
- Der Hardware Hash

CSV-Datei bereitstellen

Im nächsten Schritt muss diese CSV-Datei bereitgestellt werden. Dafür gibt es zwei Möglichkeiten:

- Im Windows Store für Unternehmen
- Mit Microsoft Intune

An dieser Stelle beschränken wir uns auf die Bereitstellung in Microsoft Intune.

Dafür wechseln wir wieder ins Microsoft 365 Admin Center und wählen hier „Endpoint Management“.

Damit öffnet sich die Microsoft Intune Konsole.

Um Geräte über Autopilot zu verwalten, wechseln wir zu

- Geräte
- Geräte registrieren
- Windows-Registrierung
- Windows AutoPilot Deployment-Programm: Geräte

Abbildung 1.53: Geräte

Hier können Sie die CSV-Datei importieren. Dazu klicken Sie auf „Importieren“ und wählen die CSV-Datei aus.

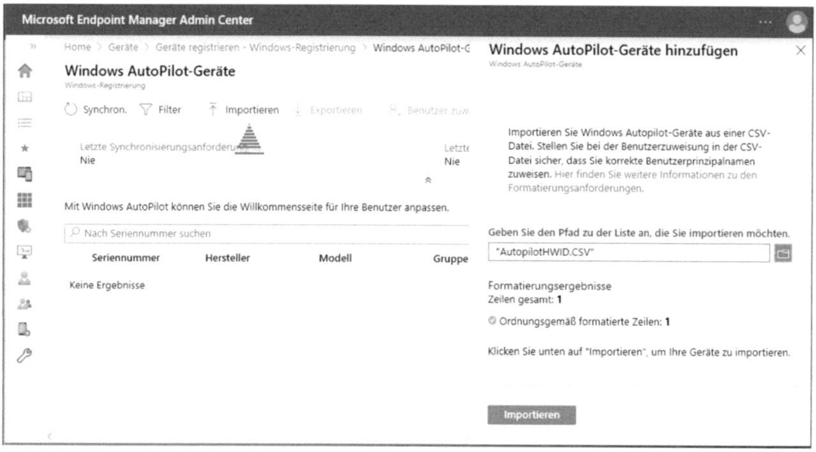

Abbildung 1.54: Import der CSV-Datei

Bereitstellungsprofil

Um diese Informationen nun für eine Konfiguration mit Autopilot verwenden zu können, klicken Sie auf „Bereitstellungsprofile" und wählen „Neues Profil erstellen" aus.

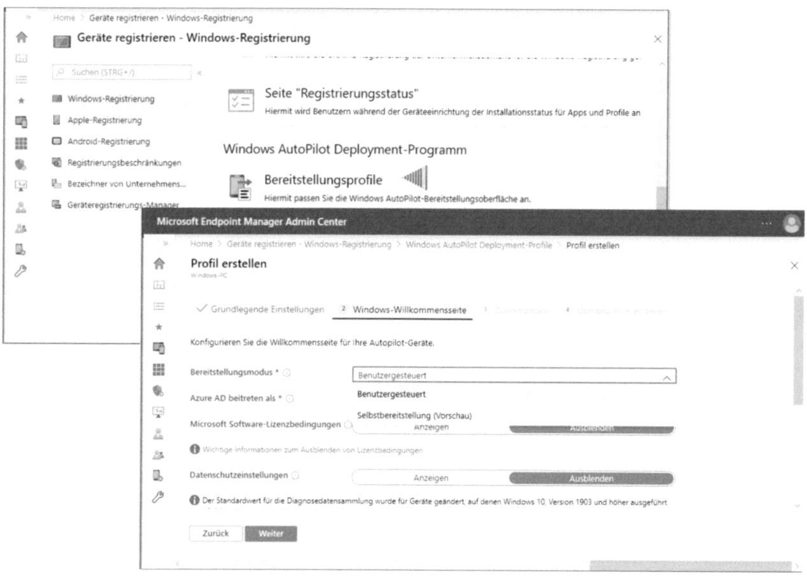

Abbildung 1.55: Bereitstellungsprofil

Sie haben an dieser Stelle eine Menge an Einstellungsmöglichkeiten.

Auf der ersten Seite können Sie wählen

Alle Zielgeräte in Autopilot-Geräte konvertieren

Hiermit können Sie festlegen, dass alle Geräte, für die dieses Profil gelten wird, für die Konfiguration über Autopilot festgelegt werden und alle Geräte beim nächsten Systemstart die Konfigurationsprozedur durchlaufen werden.

Auf der zweiten Seite der Konfiguration finden Sie den Punkt „Bereitstellungsmodus".

Benutzergesteuert

Der benutzergesteuerte Modus erlaubt, fabrikneue Windows 10 Rechner direkt an den Benutzer zu verschicken. Beim ersten Start wird dieser direkt bereitgestellt.

Selbstbereitstellung

Mit der Selbstbereitstellung können Sie einen Kiosk-Rechner einrichten.

Sie können ebenfalls wählen, ob der Windows 10 Computer für einen Azure AD-Join oder für eine Hybrid-Bereitstellung eingerichtet werden soll.

Es folgen mehrere Möglichkeiten, Auswahlmöglichkeiten bei der Installation aus- oder einzublenden, wie Software-Lizenzbedingungen und Datenschutzeinstellungen.

Nachdem Sie eine Gruppe für dieses Profil gewählt haben, wird es angewendet.

Zurücksetzen der Windows 10 Installation (Autopilot Reset)

Langsam wird es ernst.

Wenn Sie einen Computer zum ersten Mal starten, werden Sie von einem Assistenten durch einige Abfragen geführt, indem Sie Land, Sprache und ähnliches eingeben müssen.

Diese Stelle in der Installationsroutine nennt sich Out-Of-Box

Experience (OOBE).

Windows 10 Pro, Enterprise oder Education versucht nun, Kontakt mit dem Internet aufzunehmen und überprüft, ob eine Konfigurationsdatei von AutoPilot vorliegt.

Aus diesem Grund müssen Sie den Windows 10 Rechner zunächst einmal komplett zurücksetzen, nur dann startet er in OOBE.

Damit die Zuweisung auch klappt, sollten Sie sich vorher vergewissern, dass in Microsoft Intune der Profilstatus des Geräts auf „Zugewiesen" steht.

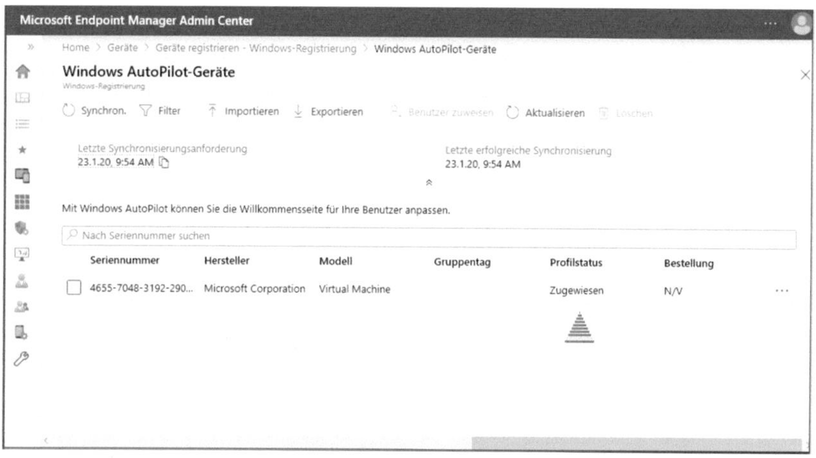

Abbildung 1.56: Profilstatus

Leider kann es relativ lange dauern, bis die Anzeige korrekt ist, drücken Sie immer wieder die Schaltfläche „Aktualisieren".

Wenn alle Vorbereitungen abgeschlossen sind, öffnen Sie auf dem Windows 10 Rechner, den Sie mit Autopilot konfigurieren möchten, die Einstellungen, navigieren zu „Update und Sicherheit" und wählen „Wiederherstellung".

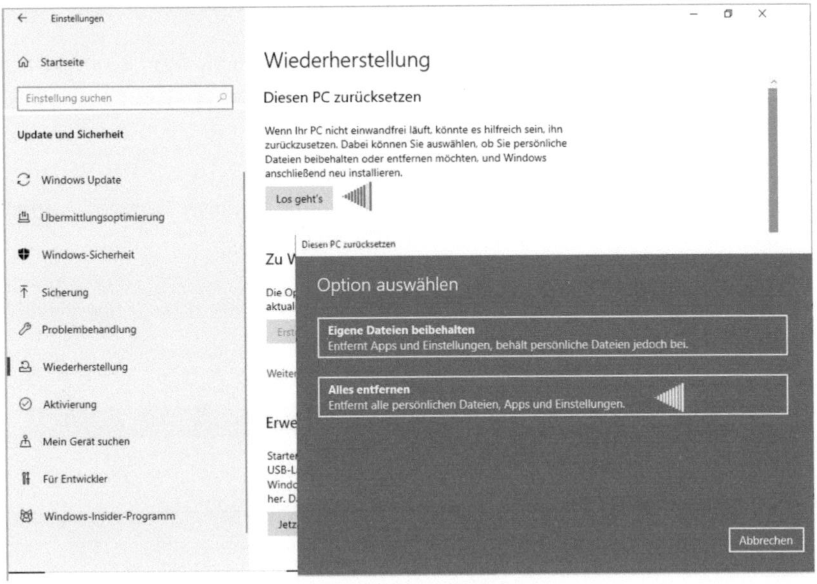

Abbildung 1.57: Zurücksetzen

Klicken Sie bei „Diesen PC zurücksetzen“ auf „Los geht´s“.

In der ersten Abfrage wählen Sie „Alles entfernen“, da Sie den Rechner ja komplett von den Daten, die vorher eventuell gespeichert waren, befreien möchten.

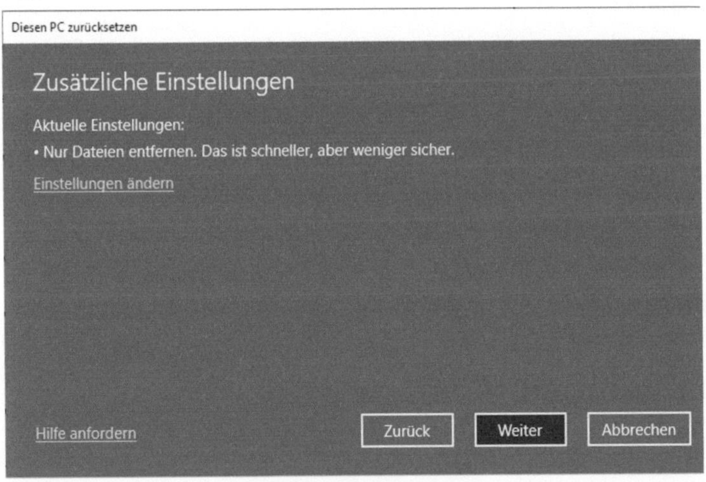

Abbildung 1.58: Abfrage

In der zweiten Abfrage bestätigen Sie die Auswahl „Nur Dateien entfernen".

Sie könnten auch den Rechner komplett bereinigen, damit würden Sie die gelöschten Daten zusätzlich überschreiben und somit permanent löschen.

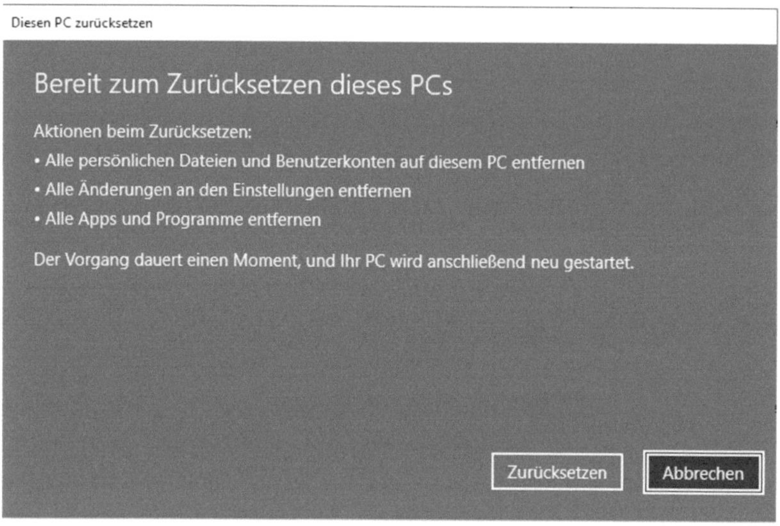

Abbildung 1.59: Rücksetzung beginnt

Das dauert sehr lange, sollte aber immer gemacht werden, wenn die vorherigen Daten dauerhaft zerstört werden sollen.

Nachdem Sie die Zusammenfassung bestätigt haben, beginnt die Rücksetzung.

Danach wird der Rechner automatisch neu gestartet.

Konfiguration über Autopilot

Wenn der Computer nach der Rücksetzung wieder startet, erhalten Sie, wie gewohnt bei einer Installation, zunächst die Abfrage nach Region und Tastaturlayout.

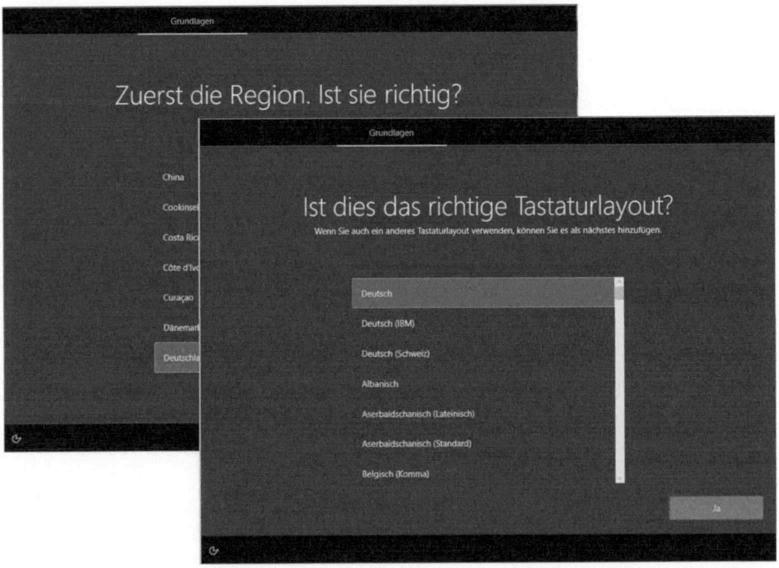

Abbildung 1.60: Region und Tastaturlayout

Danach nimmt der Client automatisch über das Internet Kontakt mit Microsoft Intune und dem Azure Active Directory auf und stellt fest, dass er dort registriert ist.

Deswegen werden Sie aufgefordert, eine entsprechende E-Mail-Adresse einzugeben, die einem autorisierten Konto entspricht.

Abbildung 1.61: Eingabe E-Mail-Adresse

Nun erfolgt die weitere Einrichtung gemäß des von Ihnen erstellten Profils.

Nachdem der Rechner eingerichtet ist, können Sie den Erfolg auch in der Microsoft Intune Konsole erkennen:

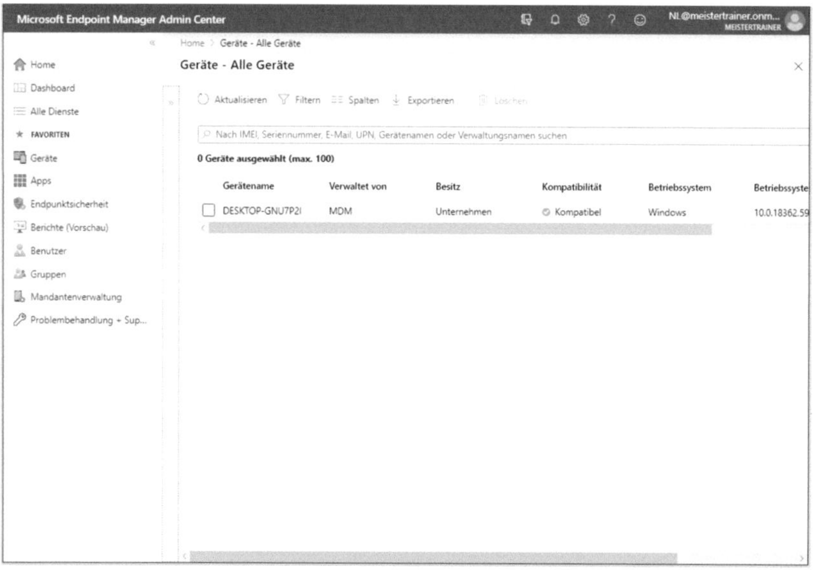

Abbildung 1.62: Aktivierung ist erfolgt

Dieser Rechner wird nun von MDM verwaltet.

1.5.3 Zurücksetzen über Autopilot

Die erste Zurücksetzung haben wir per Hand ausgeführt, indem wir in der App „Eigenschaften" „Update und Sicherheit – Wiederherstellen" gewählt haben.

Wenn ein Rechner einmal mit Autopilot konfiguriert ist, gibt es die Möglichkeit, auch das Zurücksetzen zentral über Microsoft Intune zu steuern.

Dafür gehen Sie in der Microsoft Intune Konsole zu „Geräte – Alle Geräte".

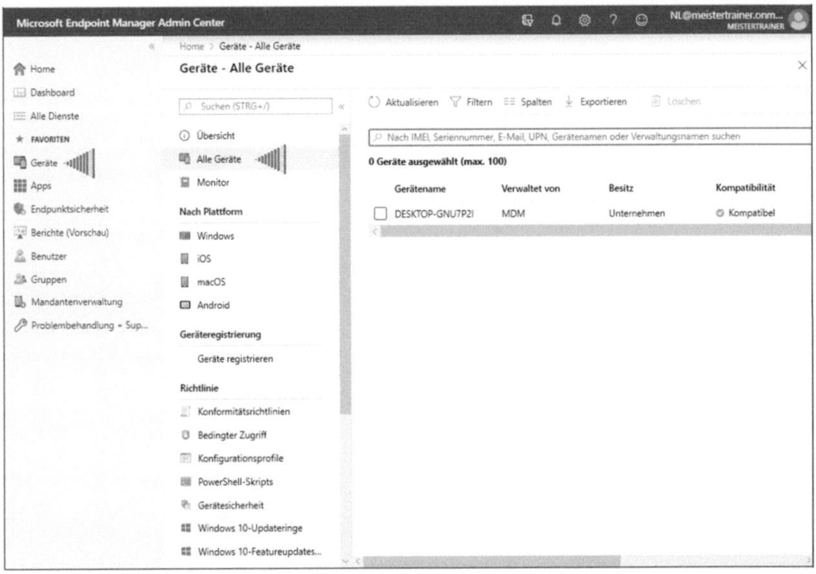

Abbildung 1.63: Geräte

An dieser Stelle wählen Sie das Gerät aus, das Sie zurücksetzen wollen und öffnen es mit einem Doppelklick.

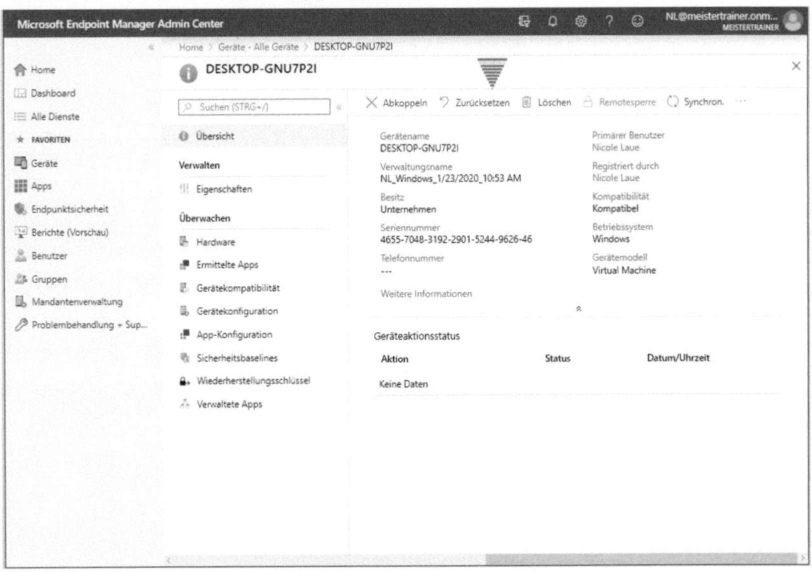

Abbildung 1.64: Zurücksetzen

Nun sehen Sie im oberen Bereich der Konsole die Auswahlmöglichkeit „Zurücksetzen".

Wenn Sie dies auswählen, wird der Computer zurückgesetzt und neu konfiguriert.

Die Auswirkungen auf die Daten sind die gleichen, wie bei der manuellen Methode.

1.6 Management des Microsoft 365 Abonnements

Eine wichtige Aufgabe, die Sie von Anfang an ernst nehmen sollten, ist die Überwachung des Zustands Ihres Microsoft 365 Abonnements.

Microsoft 365 bietet Ihnen dafür eine sehr gute Möglichkeit, die wir an dieser Stelle besprechen wollen.

An dieser Stelle möchte ich darauf hinweisen, dass es für mobile Geräte mit Android oder iOS eine App gibt, mit der Sie Microsoft 365 genauso verwalten können, wie Sie es im Admin Center können.

Diese App finden Sie in den entsprechenden App Stores oder unter folgender URL:

https://www.microsoft.com/de-de/microsoft-365/business/manage-office-365-admin-app?market=de

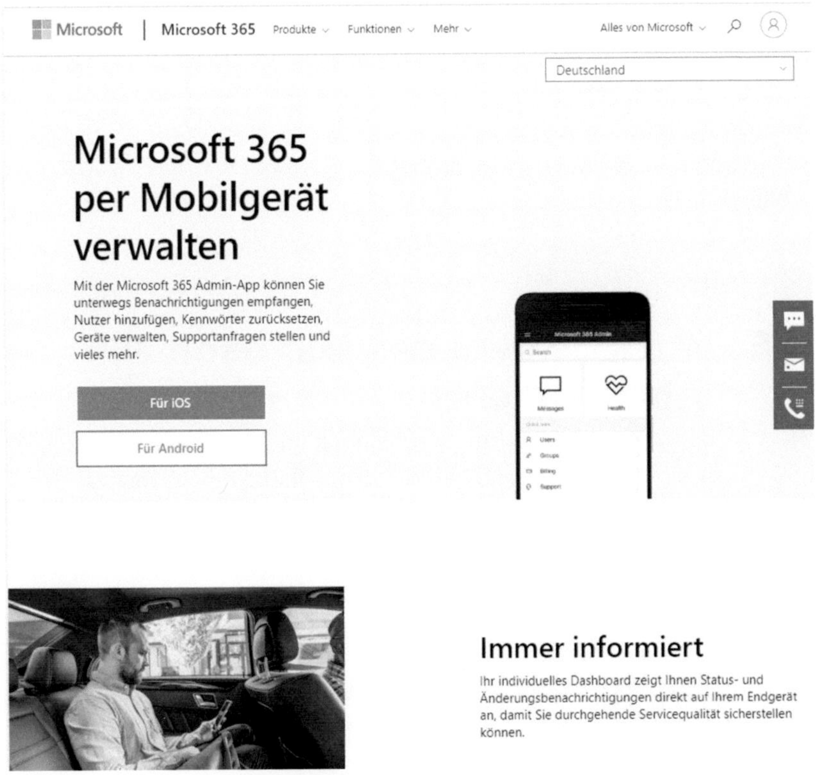

Abbildung 1.65: Mobile App

Ein wichtiger Punkt bei dieser mobilen App ist, dass Sie auch die Überwachungsfunktionen zur Verfügung haben, damit also örtlich völlig unabhängig sind.

1.6.1 Statusüberwachung

Beginnen wir mit der Statusüberwachung.

Zu ihr gelangen Sie, wenn Sie im Microsoft 365 Admin Center den Punkt „Status“ wählen.

Dienststatus

Der erste Überwachungspunkt an dieser Stelle ist „Dienststatus“.

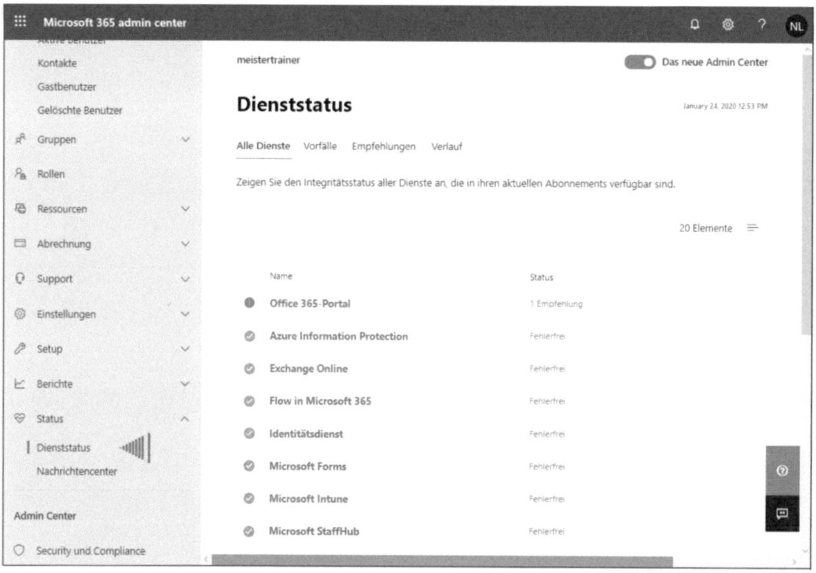

Abbildung 1.66: Dienststatus

An dieser Stelle können Sie erkennen, ob es Probleme mit den aktiven Diensten gibt.

Ein grüner Haken bedeutet, dass alles völlig in Ordnung ist, wenn es einen Hinweis gibt, dass ein Dienst nicht einwandfrei funktioniert, sehen Sie ein Ausrufezeichen auf blauem Hintergrund.

Sollte es ein Problem gegeben haben, finden Sie die Hinweise dafür auf der Registerkarte „Vorfälle“.

Als „Vorfall“ wird ein kritisches Dienstproblem bezeichnet, das auch Auswirkungen auf die Benutzer hat.

Bei eingetretenen Problemen können Sie auf der Registerkarte „Empfehlungen“ betrachten, welchen Lösungsvorschlag Microsoft Ihnen anbietet.

Eine schöne Kontrollmöglichkeit ist auch die Registerkarte „Verlauf“, auf der Sie alle Meldungen in chronologischer Reihenfolge sehen können.

Nachrichtencenter

Ein zweiter Punkt ist das Nachrichtencenter.

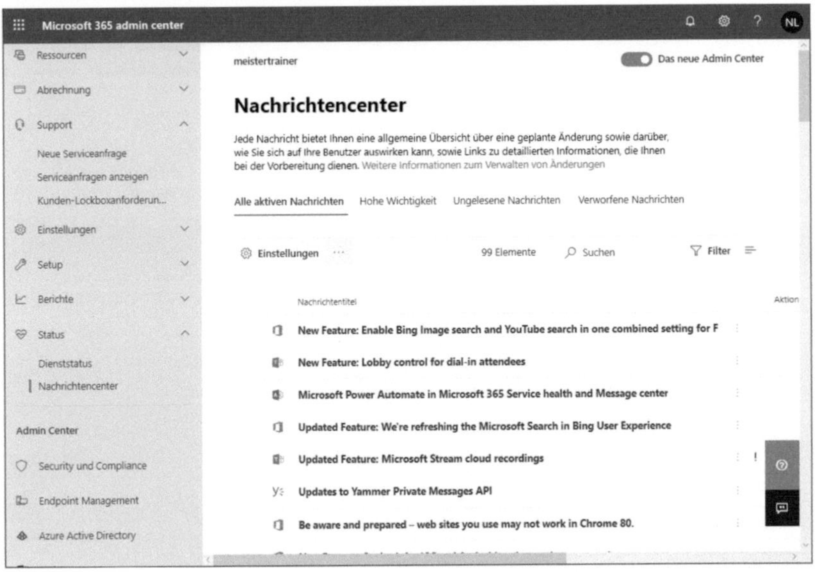

Abbildung 1.67: Nachrichtencenter

Microsoft gibt alle relevanten Informationen an dieser Stelle bekannt.

Dies können einfache Informationen sein, in denen Sie erfahren, welche Dinge sich geändert haben oder in nächster Zeit ändern werden.

Unterschätzen Sie die Wichtigkeit dieser Informationen nicht, denn gerade die Darstellung der Konsolen in Microsoft 365 ist hochdynamisch und wird oft geändert.

Auf die gleiche Art erfahren Sie auch, ob es neue Features gibt oder ob Wartungen geplant sind.

Im Nachrichtencenter können Sie diese Änderungen nachvollziehen.

Informationen, bei denen kein Eingriff Ihrerseits nötig ist, werden mit „Stay Informed“ gekennzeichnet.

Es gibt eine weitere Art der Informationen, die mit „Plan for Change“ gekennzeichnet ist.

Diese Aktionen erfordern einen Eingriff Ihrerseits und werden mit großem Vorlauf bekannt gegeben.

Da Microsoft sehr viele Informationen veröffentlicht, ist es sinnvoll, dass es eine Unterteilung gibt in

- Alle aktiven Nachrichten
- Hohe Wichtigkeit
- Ungelesene Nachrichten
- Archivierte Nachrichten

Serviceanfrage stellen

Eine schöne Funktion im Microsoft 365 Admin Center ist die Möglichkeit, Anfragen an den Microsoft Support zu stellen.

Immer, wenn Sie ein Problem haben, das Sie nicht alleine lösen können, können Sie Kontakt mit den Fachleuten von Microsoft aufnehmen. Häufig geschieht dies telefonisch.

Aber Sie können auch direkt im Admin Center eine Anfrage erstellen.

Dazu klicken Sie auf

- Support
- Neue Serviceanfrage

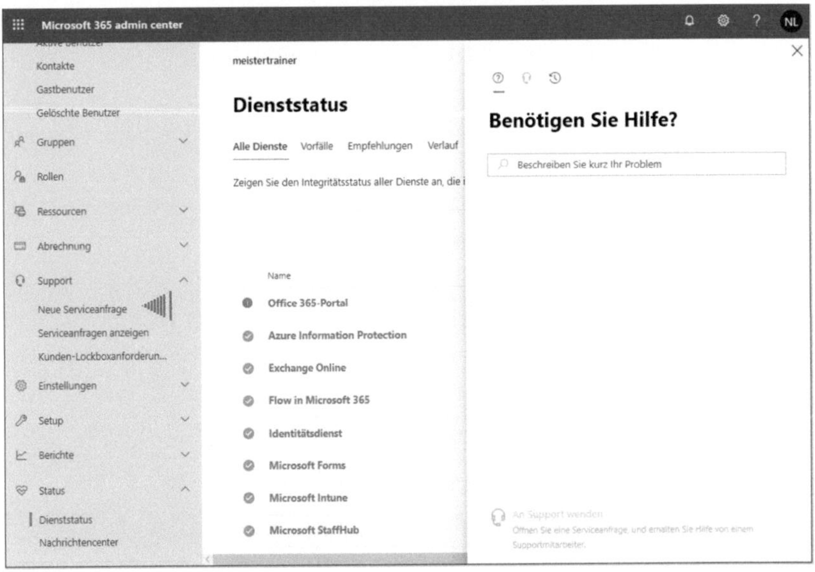

Abbildung 1.68: Serviceanfrage

Nun können Sie Ihr Problem schildern. Bei kritischen Problemen bietet Microsoft eine Reaktionszeit von einer Stunde, bei weniger kritischen Problemen kann es auch länger dauern.

1.6.2 Security und Compliance

Ein weiterer wichtiger Punkt ist die Verwaltung der Sicherheit der Anwendungen.

Momentan gibt es noch viele einzelne, getrennte Verwaltungsstellen, im Prinzip für jede Anwendung eine eigene.

Microsoft möchte, dass in Zukunft alle Sicherheits- und Compliance Funktionen in diesem einen Center verwaltet werden, dem zentralen Center „Security und Compliance“. Nach und nach sollen alle einzelnen Überprüfungsstellen dorthin konsolidiert werden.

Dieser Vorgang ist zurzeit sehr dynamisch, und möglicherweise sind schon weitere Komponenten hinzugekommen, wenn Sie dieses Buch lesen. Nehmen Sie diese Anleitung daher als Grundlage und betrachten Sie die zwischenzeitlichen Änderungen genau.

Um das Security und Compliance Center zu öffnen, wählen Sie im Microsoft 365 Admin Center den Punkt „Security und Compliance“.

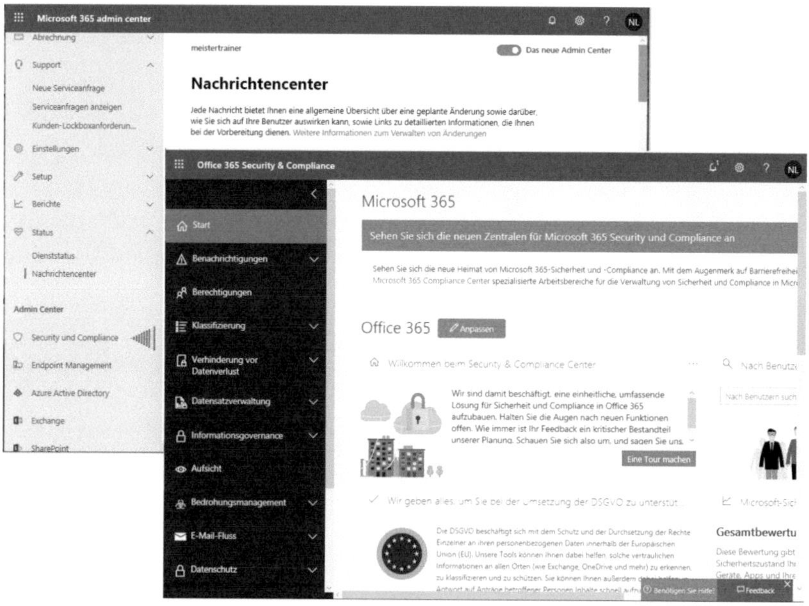

Abbildung 1.69: Security und Compliance

Hier finden Sie alle bisher zur Verfügung stehenden Möglichkeiten, Sicherheit und Compliance zu beobachten.

Das Wort „Compliance“ bedeutet in diesem Fall in etwa „Regeltreue“, also die Erfüllung der gewünschten Anforderungen.

Betrachten wir als Beispiel die „Berichte“.

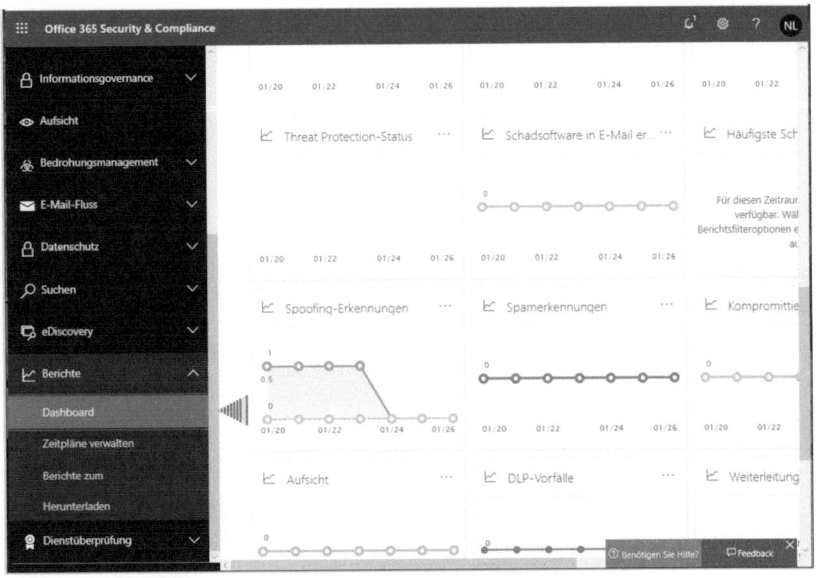

Abbildung 1.70: Berichte

Wenn Sie hier das „Dashboard" öffnen, sehen Sie, dass eine ganze Reihe an Berichten verfügbar ist.

Mit diesen Berichten können Sie sich einen Überblick über alle relevanten Komponenten verschaffen.

1.6.3 Azure Active Directory Identity Protection

Azure AD Identity Protection ist in Azure Active Directory Premium P2 enthalten. Diese Funktion überprüft, ob ein Risiko besteht, dass ein Benutzerkonto eventuell missbräuchlich verwendet wird.

Dieser Dienst erkennt, ob Benutzerkonten gefährdet sind und reagiert sofort darauf. Die gefährlichen Aktivitäten werden gespeichert, damit in Zukunft schnell reagiert werden kann.

Zum Schluss wird ein Bericht erstellt.

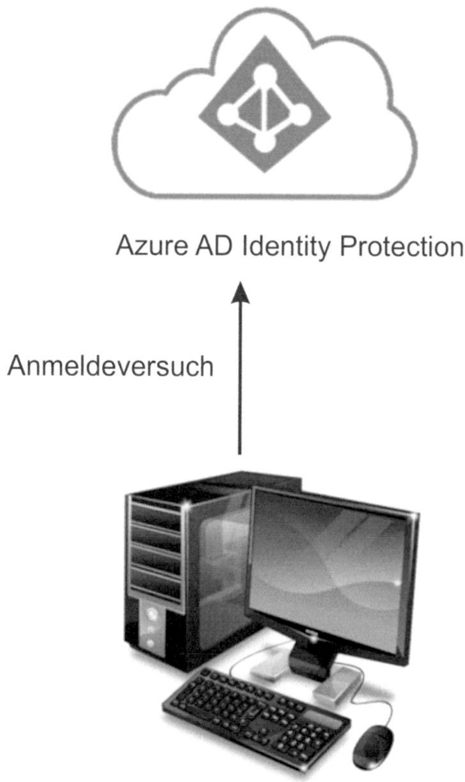

Abbildung 1.71: Prinzip der Identity Protection

Benutzeridentitäten sind stark gefährdet, denn bei vielen Angriffen von außen sind sie das Ziel. Wenn ein Hacker Zugriff auf ein Benutzerkonto erlangt hat, kann er mit den Rechten agieren, die dem Besitzer des Kontos zugestanden worden sind.

Ein großes Problem hierbei ist, dass es oft über viele Tage, wenn nicht sogar Monate unbemerkt bleibt, wenn eine Benutzeridentität gehackt worden ist.

An dieser Stelle setzt Azure AD Identity Protection an.

Das Tool identifiziert ungewöhnliche Aktionen, die von dem Benutzerkonto ausgehen und stuft das Risiko in verschiedene Stufen ein.

Azure AD Identity Protection identifiziert Risiken in folgenden Klassifizierungen:

Risikoerkennungstyp	**Beschreibung**
Ungewöhnlicher Ortswechsel	Anmeldung von einem ungewöhnlichen Standort, basierend auf den letzten Anmeldevorgängen des Benutzers
Anonyme IP-Adresse	Anmeldung von einer anonymen IP-Adresse (z.B. Tor-Browser, anonymisierte VPNs)
Ungewöhnliche Anmeldeeigenschaften	Anmeldung mit Eigenschaften, die für den angegebenen Benutzer in letzter Zeit nicht verwendet wurden
Mit Schadsoftware verknüpfte IP-Adresse	Anmeldung von einer mit Schadsoftware verknüpften IP-Adresse
Kompromittierte Anmeldeinformationen	Diese Risikoerkennung gibt an, dass die gültigen Anmeldeinformationen des Benutzers kompromittiert wurden
Azure AD Threat Intelligence	Auf der Grundlage der internen und externen Quellen für Bedrohungsdaten von Microsoft wurde ein bekanntes Angriffsmuster identifiziert

Konfigurieren von Azure AD Identity Protection

Betrachten wir die Konfiguration von Azure AD Identity Protection.

Dazu öffnen Sie aus dem Microsoft 365 Admin Center die Azure Active Directory Konsole.

Hier wählen Sie

- Alle Dienste
- Sicherheit
- Azure AD Identity Protection

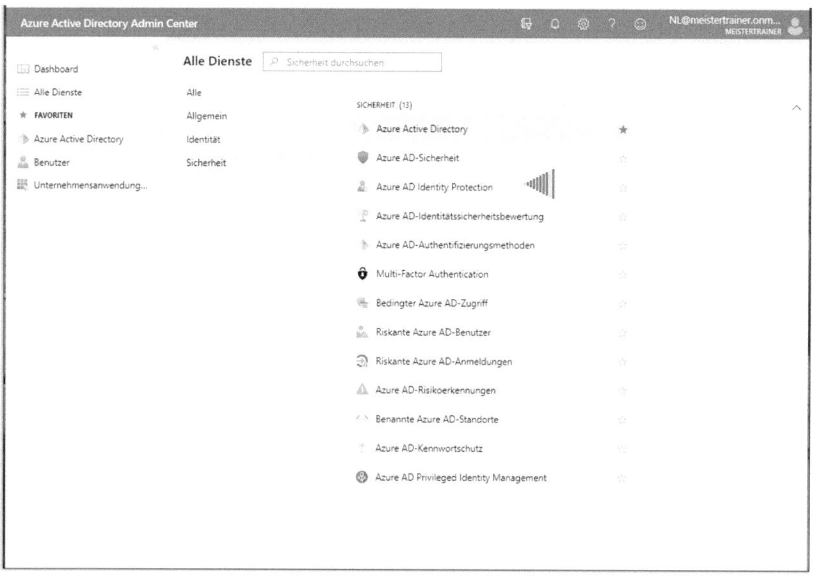

Abbildung 1.72: Auswahl Azure AD Identity Protection

Sie sehen nun die Konfigurationskonsole von Azure AD Identity Protection.

Generell wird hier zwischen drei Risiken unterschieden:

- Riskante Benutzer
- Riskante Anmeldungen
- Risikoerkennungen

Zunächst aber müssen Sie die drei Richtlinien konfigurieren und aktivieren.

Beginnen wir mit der Benutzerrisiko-Richtlinie.

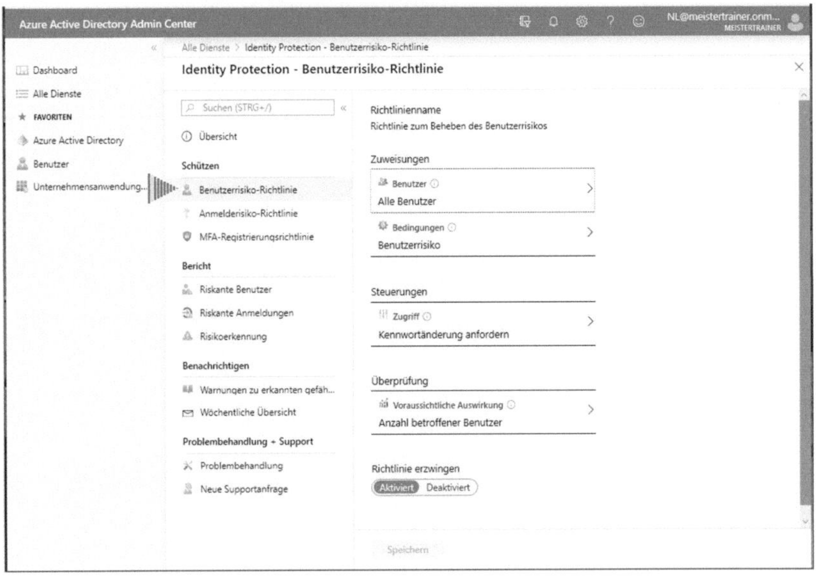

Abbildung 1.73: Benutzerrisiko-Richtlinie

Zuweisungen

Sie legen fest, für wen diese Richtlinie gelten soll, entweder für alle Benutzer oder Sie wählen einige Benutzer aus.

Bedingungen

Sie legen die Stufe für das Risiko fest. Microsoft empfiehlt die Stufe „Hoch“ festzulegen.

Steuerung

An dieser Stelle legen Sie fest, ob der Zugriff des Benutzers bei einem Risiko blockiert oder gewährt werden soll.

Bei „Gewähren“ sollten Sie aber eine Kennwortänderung anfordern.

Voraussichtliche Auswirkung

Hier können Sie erkennen, auf wie viele Benutzer diese Einstellung Auswirkung haben wird.

Auf die gleiche Weise legen Sie die Richtlinien für das Anmelde-Risiko und die MFA-Registrierung (Multifaktor Authentifizierung) fest.

Wenn die Richtlinien konfiguriert sind, und eine Person meldet sich mit riskanten Bedingungen an, kann der Anmeldebildschirm folgendermaßen aussehen:

Abbildung 1.74: Anmeldung verweigert

Einige Minuten später ist dieses Anmeldeereignis auch schon in der Konsole von Azure AD Identity Protection erkennbar.

Im mittleren Teil sehen Sie die Berichte, in denen alle risikobehafteten Ereignisse protokolliert werden.

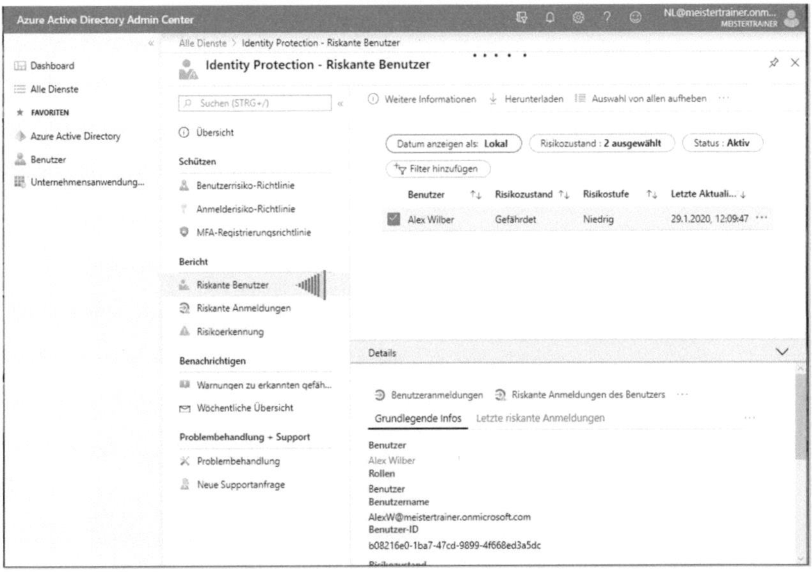

Abbildung 1.75: Berichte

Riskante Benutzer

Hier wird der Risikostatus der Benutzer angezeigt. Grundlage für die Bewertung sind alle bisherigen Anmeldeversuche.

Riskante Anmeldungen

Hier werden nur die risikobehafteten Anmeldeversuche der letzten 30 Tage protokolliert.

Risikoerkennung

Dies ist eine Zusammenfassung der Risiken der letzten 90 Tage.

Feintuning durch benannte Orte

Eine solche Lösung kann nicht für alle Einsatzzwecke geeignet sein, ohne dass einige Anpassungen vorgenommen werden müssen.

Es ist es möglich, dass einige Ereignisse in der Standardkonfiguration als Risiko betrachtet werden, obwohl sie für eine bestimmte Firma völlig normal sind.

Beispielsweise kann es sein, dass Anmeldeversuche von bestimmten

Standorten durchaus normal sind, und nicht in die Risikobewertung einfließen sollten.

Dafür müssen Sie diese Orte definieren.

Dies nehmen Sie in der Microsoft Intune-Konsole vor.

Hier wechseln Sie zu

- Geräte
- Bedingter Zugriff
- Benannte Standorte
- Neuer Standort

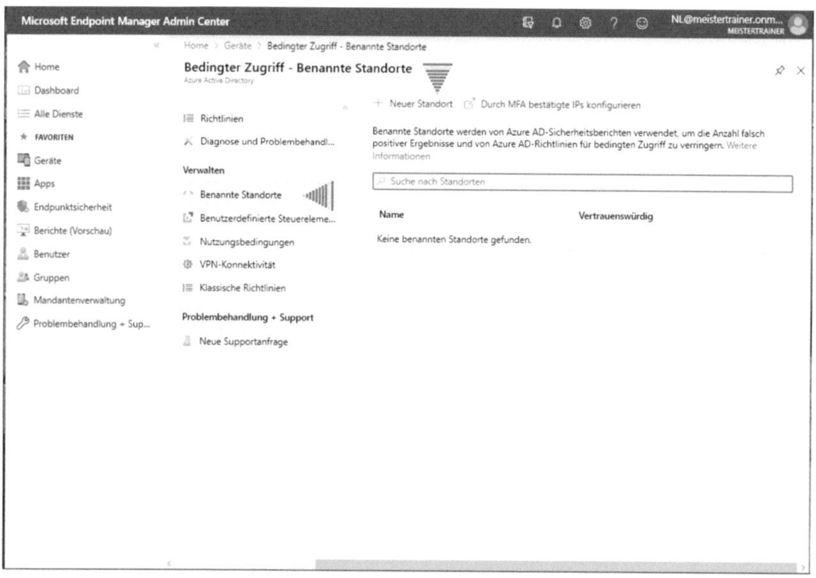

Abbildung 1.76: Neuer Standort

Nun definieren Sie alle zusätzlichen Standorte, von denen aus eine Anmeldung in Ihrer Unternehmensumgebung zulässig und ohne Risiko sein soll.

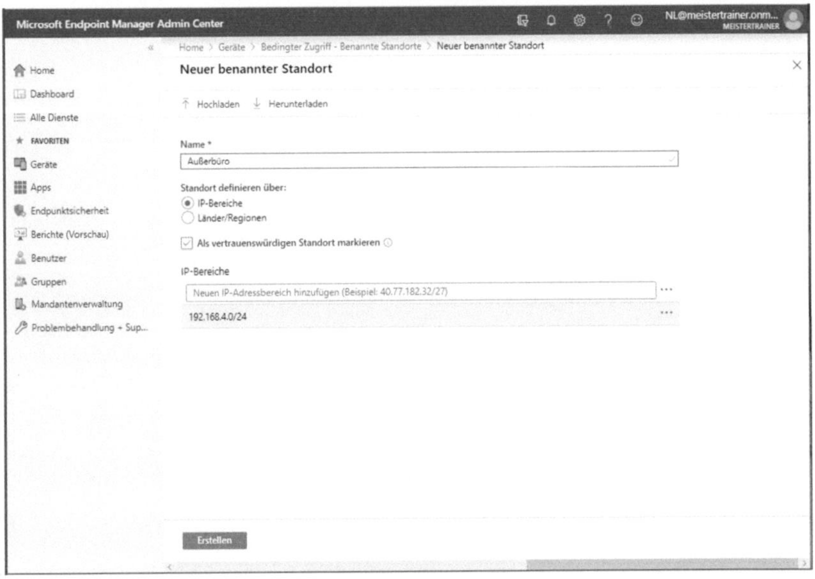

Abbildung 1.77: Definition

Danach werden Anmeldevorgänge von diesen Orten aus nicht mehr als risikoreich bewertet.

1.7 Sicherheit von Daten und Apps

Genauso wie Sie die Benutzerkonten schützen müssen, sollten Sie auch über die Sicherheit von Apps und Daten nachdenken. Microsoft 365 bietet Ihnen hierfür einige Möglichkeiten.

1.7.1 Windows Information Protection (WIP)

Wenn Mitarbeiter Apps benutzen, müssen Sie sich immer Gedanken über die Sicherheit von App und Daten machen. Dies gilt umso mehr, als viele mobile Geräte benutzt werden, bei denen der Schutz noch viel wichtiger ist als bei den internen Desktopgeräten.

Noch größer ist die Gefahr, dass Mitarbeiter Geräte benutzen, die nicht unter Ihrer Verwaltung stehen, also mit ihren eigenen Geräten arbeiten (BYOD).

Mit jedem solchen Gerät steigt der Verlust Ihrer Kontrolle über die firmeninternen Daten, denn es ist für die Mitarbeiter leicht, Firmendaten mit diesen Geräten zu kopieren, per E-Mail oder mit sozialen Medien zu verbreiten.

Hier kommt Windows Information Protection (WIP) ins Spiel.

Mit WIP schützen Sie firmeninterne Daten, sowohl auf den Rechnern der Firma als auch auf den Geräten der Benutzer.

Lassen Sie uns die Grundlagen von Windows Information Protection betrachten.

Sie, als Administrator, legen natürlich die Zugriffsberechtigungen auf die Daten fest.

Diese Berechtigungen haben allerdings eine Grenze, denn sie garantieren nicht, dass die Daten nicht kopiert oder verschickt werden.

Hier hilft nur eine Einschränkung, die die Datenspeicherung nur an festgelegten Orten erlaubt, und eventuell noch zusätzliche Schutzmechanismen definiert, wie Verschlüsselung.

Mit WIP können Sie Apps definieren, deren Daten dann nach den festgelegten Kriterien geschützt werden. Dafür wird eine Windows Information Protection Richtlinie erstellt und konfiguriert.

Prinzipiell erstellen Sie eine solche Windows Information Protection Richtlinie mithilfe einer App-Schutzrichtlinie, nachdem Sie MAM konfiguriert haben.

Konfigurieren von MDM

Die Voraussetzung für einen Schutz durch WIP ist die Verwaltung der Geräte durch MDM.

Dies haben wir schon eingerichtet, und zwar in der Intune Konsole

- Geräte
- Geräte registrieren
- Windows-Registrierung
- Automatische Registrierung

Im oberen Teil ist der MDM Benutzerbereich (Mobile Device Management), im unteren Teil finden Sie den MAM-Benutzerbereich (Mobile Application Management).

Für die Verwaltung von Geräten konfigurieren Sie natürlich MDM.

Sie können festlegen, dass „Keine Geräte“, „Einige“ oder „Alle Geräte“ von Microsoft Intune verwaltet werden.

Wenn Sie „Einige“ wählen, müssen Sie noch Gruppen angeben.

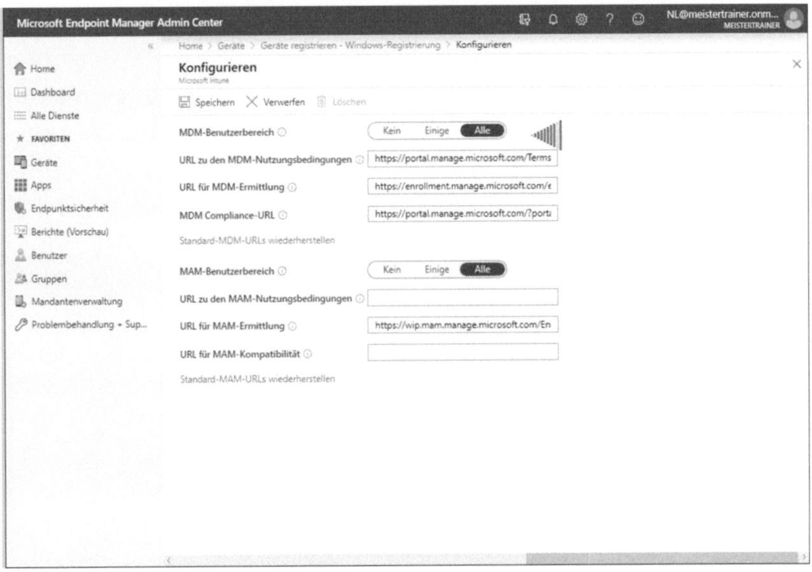

Abbildung 1.78: MAM Konfiguration

Die URLs müssen den Standard-URLs entsprechen.

Lassen Sie uns noch einen Blick auf die Unterschiede zwischen „MAM“ und „MDM“ werfen.

MDM, Mobile Device Management, ist immer dann richtig, wenn alle Geräte in der Firma registriert sind und Sie diese über Microsoft 365 verwalten können.

Nur Geräte, die in Microsoft 365 angemeldet sind, können über MDM verwaltet werden.

Wenn allerdings Benutzer eigene, nicht verwaltete Geräte mitbringen, ist es nicht möglich, die Zugriffe auf Basis der Geräte zu verwalten. Hier müssen Sie eine eventuelle Verwaltung auf Basis der Anwendungen vornehmen, also MAM (Mobile Application Management) konfigurieren.

App-Schutzrichtlinien erstellen

Der zweite Schritt ist das Erstellen einer App-Schutzrichtlinie.

Das ist ein sehr einfacher Vorgang, Sie gehen im Microsoft 365 Admin Center folgenden Weg:

- Endpoint Management
- Apps
- App-Schutzrichtlinie
- Richtlinie erstellen

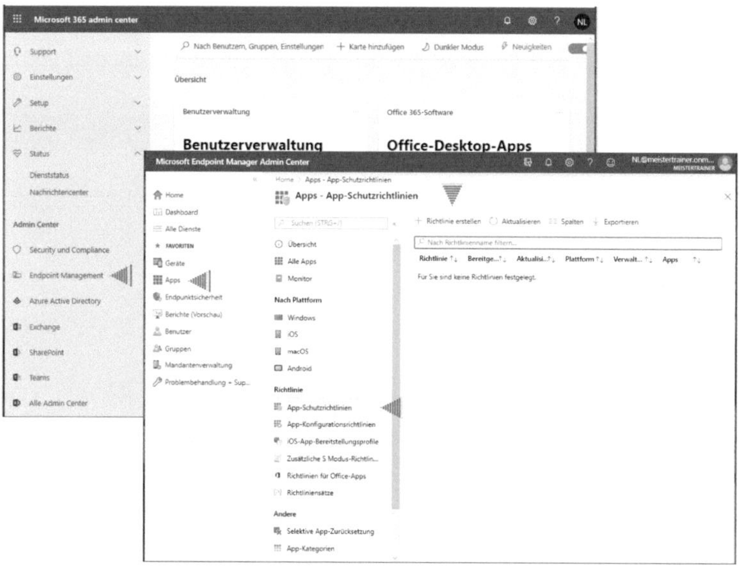

Abbildung 1.79: Schutzrichtlinie erstellen

Zunächst wählen Sie die gewünschte Plattform aus.

Sie können wählen zwischen

- iOS
- Android
- Windows

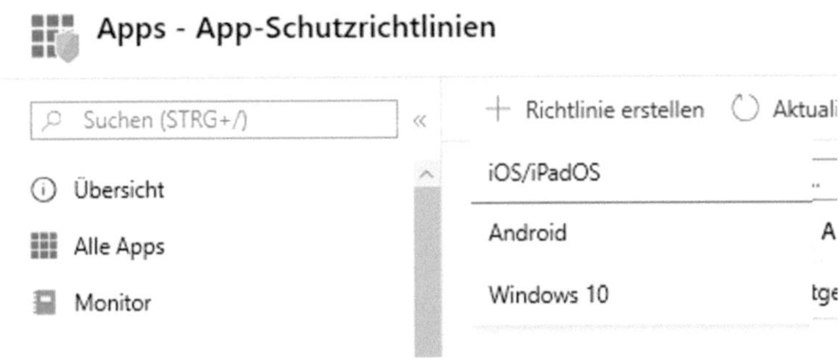

Abbildung 1.80: Plattform

Danach geben Sie der Richtlinie einen sprechenden Namen und eventuell eine Beschreibung.

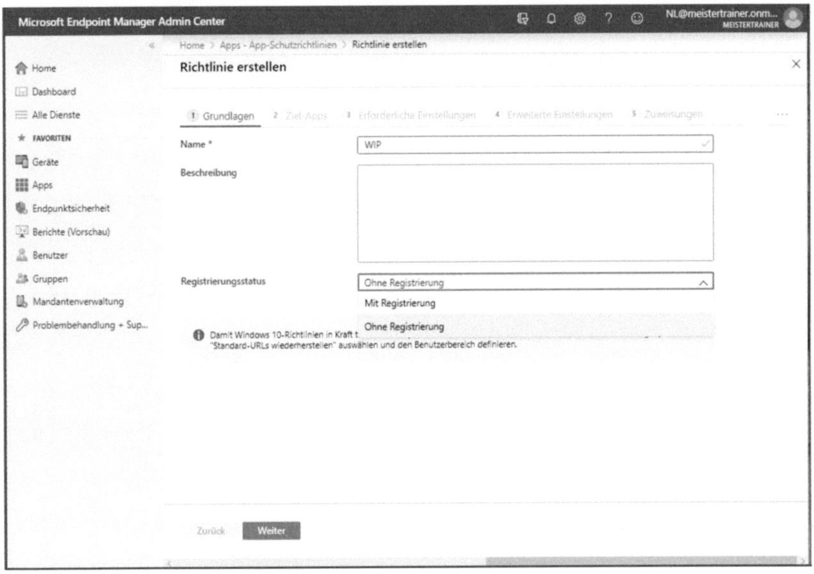

Abbildung 1.81: Erste Konfiguration

Wichtig ist die Auswahl „Registrierungsstatus“.

Hier können Sie wählen zwischen

Mit Registrierung

Die „Registrierung“ bezieht sich auf die Registrierung der Geräte bei Microsoft 365.

Bei dieser Auswahl gilt die Richtlinie für MDM (Mobile Device Management), also für alle registrierten Geräte.

Ohne Registrierung

Hier gilt die Richtlinie für MAM (Mobile Application Management), wird also auf registrierte und unregistrierte Geräte angewendet, wobei bei dieser Auswahl die Einschränkung nur auf Grund von angegebenen Anwendungen eingerichtet wird.

Nun wählen Sie die Apps aus, für die diese Richtlinie gelten soll.

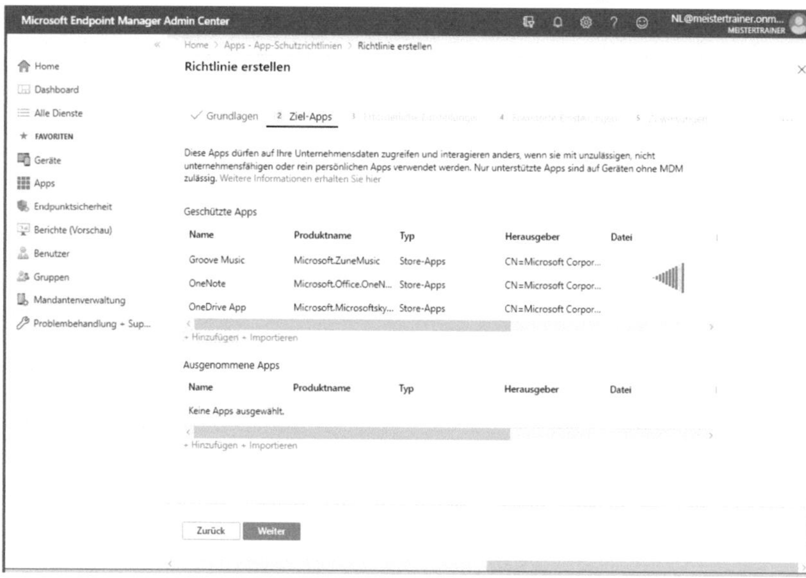

Abbildung 1.82: Auswahl der Apps

Nun gelangen Sie automatisch zu den „Erforderlichen Einstellungen“.

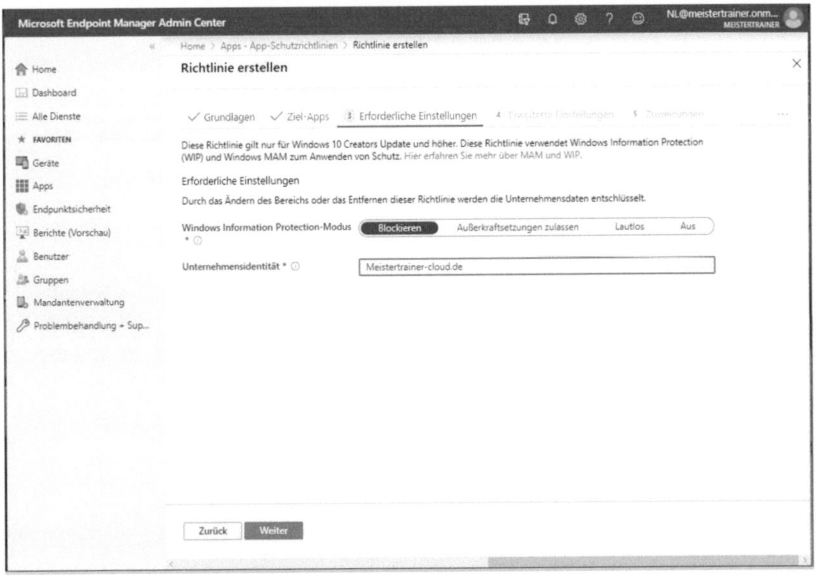

Abbildung 1.83: Erforderliche Einstellungen

An dieser Stelle können Sie folgende Einstellungen vornehmen:

Windows Information Protection-Modus

Das ist die Stelle, an der Sie die gewünschten WIP-Einstellungen vornehmen können. Hier legen Sie fest, wie mit den Daten der zuvor definierten Apps umgegangen werden soll.

Blockiert

Geschützte Daten können das Unternehmen nicht verlassen, der Schutz ist vollständig.

Außerkraftsetzen zulassen

In diesem Fall wird der Benutzer beim Versuch, Daten aus einer geschützten App zu verschieben, gefragt, ob er das wirklich tun will.

In diesem Fall wird ein Protokoll erstellt.

Lautlos

Bei dieser Auswahl ist ein Verschieben von geschützten Daten möglich, der Vorgang wird aber protokolliert.

Manchmal wird diese Auswahl auch „Im Hintergrund“ genannt.

Aus

Windows Information Protection ist inaktiv, Daten können verschoben werden.

Eine weitere Festlegung an dieser Stelle ist die Unternehmensidentität.

Hier wird die aktuelle Azure-Domäne als Ausdehnung des Unternehmens eingetragen, andere Eintragungen sind hier nicht zulässig.

Auf der nächsten Registerkarte können Sie die erweiterten Einstellungen konfigurieren.

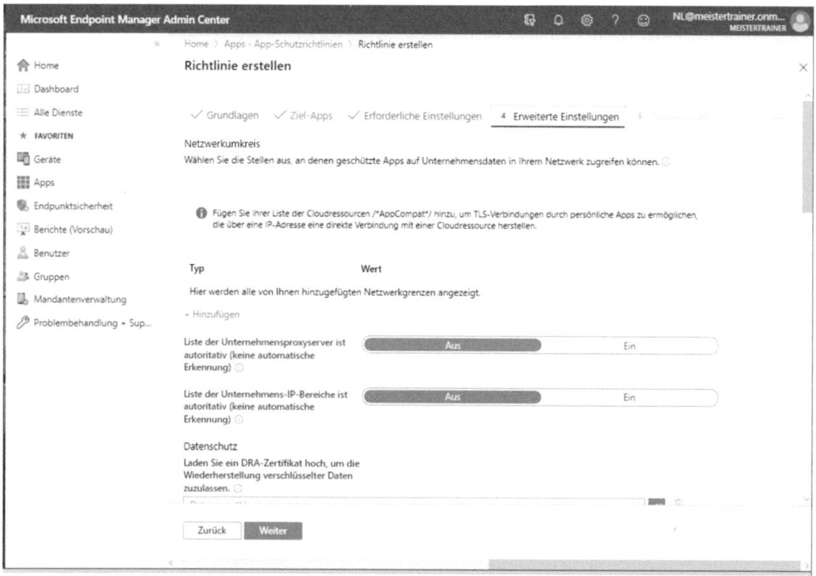

Abbildung 1.84: Erweiterte Einstellungen

Hier können Sie viele weitere Einstellungen vornehmen, wie zum Beispiel:

- Definition des geschützten Firmennetzwerks über IP-Bereiche
- Verschlüsselung
- Einstellungen für „Hello For Business“, wie Länge der PIN
- Und einiges mehr

Sie sollten alle Einstellungen einmal betrachten.

Nachdem die Richtlinie mindestens einer Gruppe zugewiesen worden ist, ist sie gültig und aktiv.

1.7.2 Gerätekonformitätsrichtlinien

Eine weitere Möglichkeit, Zugriffe zu steuern, ist der Weg über eine Gerätekonformitätsrichtlinie.

Konformitätsrichtlinien definieren Regeln, die eingehalten werden müssen, damit ein Gerät oder ein Benutzer als „konform“ gilt.

Geräte, die diese Anforderungen nicht erfüllen, erhalten den Status „konform“ nicht.

So kann beispielsweise festgelegt werden, dass ein Gerät ein bestimmtes Betriebssystem haben muss, um konform zu sein.

Erstellen einer Gerätekonformitätsrichtlinie

Um eine Gerätekonformitätsrichtlinie zu erstellen, öffnen Sie das Microsoft Intune-Portal und gehen zu

- Geräte
- Konformitätsrichtlinien
- Richtlinie erstellen

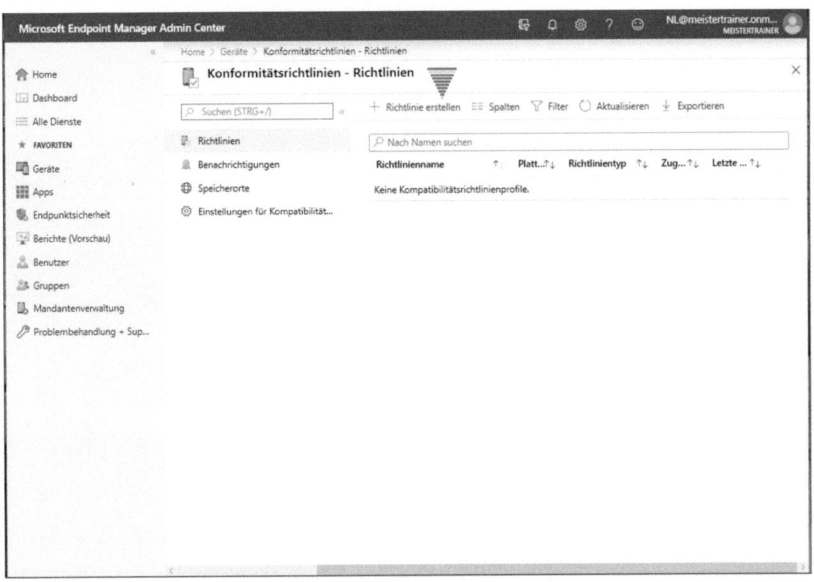

Abbildung 1.85: Richtlinie erstellen

Sie geben der Richtlinie einen Namen und wählen eine Geräteplattform aus. Nur für diese Geräte ist diese Richtlinie später gültig.

Nun konfigurieren Sie die gewünschten Einstellungen.

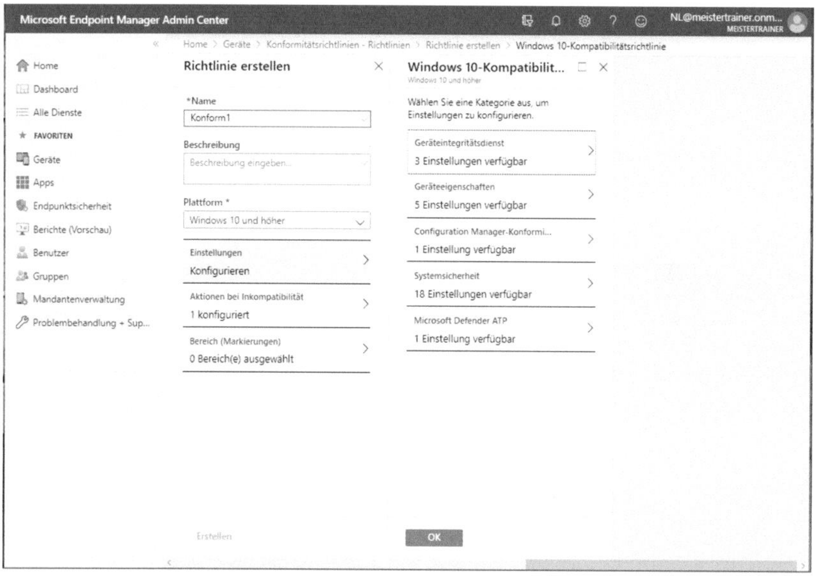

Abbildung 1.86: Konfiguration

Sie können in der Gerätekompatibilitätsrichtlinie beispielsweise folgende Parameter festlegen:

- BitLocker
- Sicherer Start
- Betriebssystemversion
- Einstellungen für den Anmeldebildschirm
- Sicherheitseinstellungen

Nun können Sie wählen, was passiert, wenn der Computer die Anforderungen nicht erfüllt. Die Standardlösung ist „Gerät als nicht konform markieren“.

Sie können aber noch zwei weitere Aktionen hinzufügen, wie „eine E-Mail an den Endbenutzer senden“ oder „Nicht konformes Gerät remote sperren“.

Zuweisen zu einer Gruppe

Natürlich muss diese Richtlinie nun einer Gruppe zugewiesen werden, damit sie funktionieren kann.

Dazu wählen Sie die eben erstellte Richtlinie aus, und wählen „Zuweisungen".

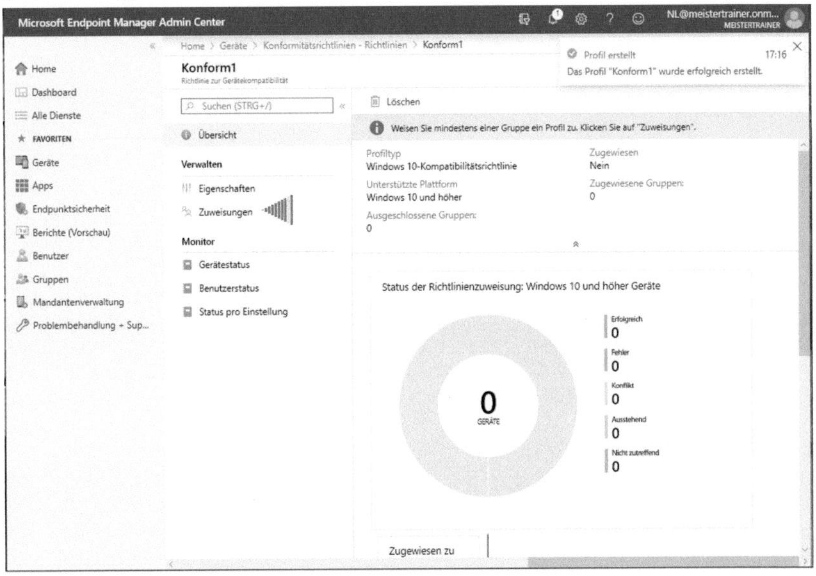

Abbildung 1.87: Zuweisen zu einer Gruppe

Hier wählen Sie die gewünschte Gruppe aus, für die diese Richtlinie in Zukunft gelten soll.

Nur Geräte, die als konform identifiziert werden, bestehen die Abfrage dieser Richtlinie.

1.7.3 Azure Information Protection

Eine weitere Möglichkeit, Daten zu schützen ist die Implementierung von Azure Information Protection (AIP).

AIP schützt Daten, indem sie einen „Label" erhalten. Ein „Label" ist eine Kennzeichnung mit der die Datei klassifiziert wird.

Diese Klassifizierungen werden nun benutzt, um den Umgang mit dieser Datei zu definieren.

So ist es möglich, Dateien mithilfe des Right Management Services (RMS) zu verschlüsseln.

Labels können beim Erstellen einer Datei zugeordnet werden oder auch automatisiert. Dabei wird eine Prüfung der Dateien auf bestimmte Inhalte erstellt, die den Dateien dann Labels zuordnen kann.

Um AIP nutzen zu können, muss auf den Clients der „Azure Protection Client“ installiert werden. Dieser nimmt Kontakt mit dem Azure Active Directory auf und überprüft die dort definierten Richtlinien.

Voraussetzungen für Azure Information Protection

Die einzige Voraussetzung für Azure Information Protection ist ein Azure Abonnement, das in Microsoft 365 enthalten ist.

Eine Einschränkung ist, dass momentan nur folgende Betriebssysteme unterstützt werden:

- Windows 10 (x86, x64)
- Windows 8.1 (x86, x64)
- Windows 8 (x86, x64)
- Windows Server 2019
- Windows Server 2016
- Windows Server 2012 R2 und Windows Server 2012

Auch bei den Apps ist AIP eingeschränkt, es kann nur zusammen mit folgenden Office Produkten angewendet werden:

- Office 365 ProPlus
- Office Professional Plus 2019
- Office Professional Plus 2016
- Office Professional Plus 2013 mit Service Pack 1
- Office Professional Plus 2010 mit Service Pack 2

Einrichten von Azure Information Protection

Lassen Sie uns das Einrichten von Azure Information Protection betrachten.

Azure Information Protection ist nicht im Microsoft 365 Portal sichtbar.

Um dieses Tool zu aktivieren, öffnen Sie die Seite
https://portal.azure.com/
und melden Sie sich mit Ihrem globalen Administratorkonto an.

Nun klicken Sie auf „Ressource erstellen“ und wählen „Azure Information Protection“.

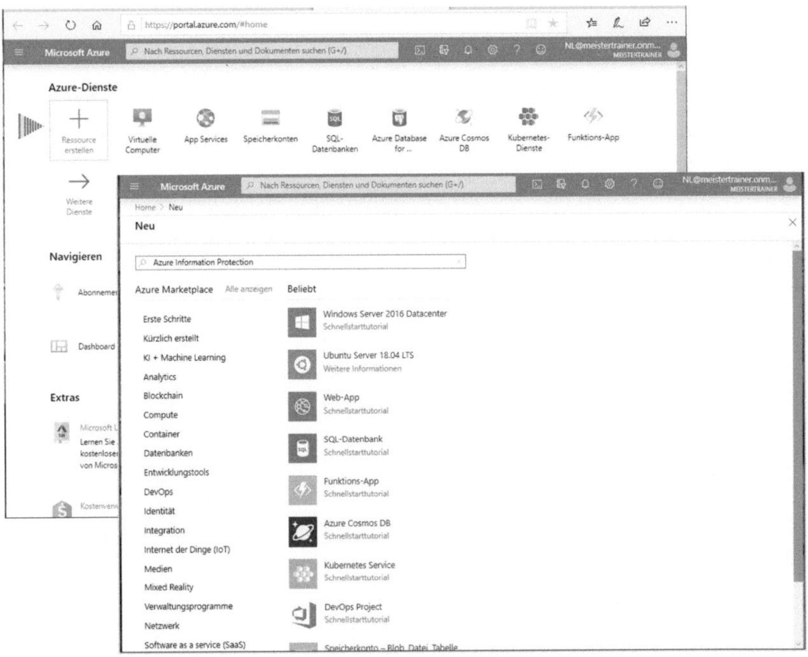

Abbildung 1.88: Erstellen der Ressource

Wählen Sie diese Ressource aus und klicken Sie dann auf „Erstellen“.

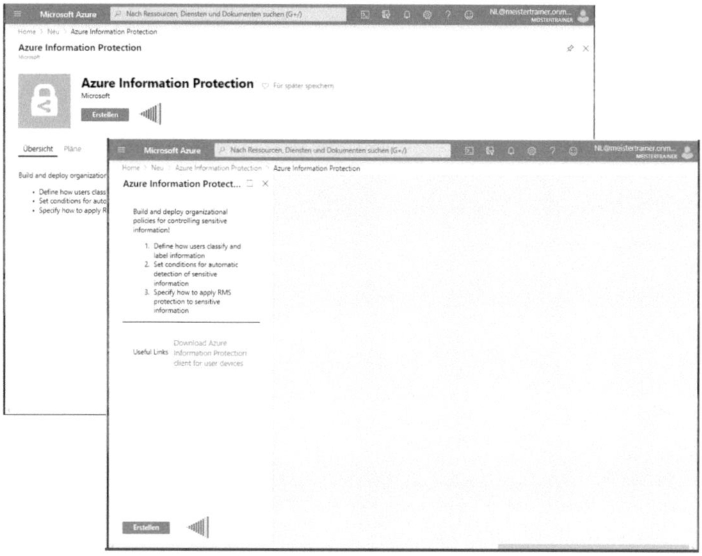

Abbildung 1.89: Erstellen der Ressource

Von diesem Zeitpunkt ab können Sie im Azure Portal jederzeit nach „Azure Information Protection" suchen und die entsprechende Konsole öffnen.

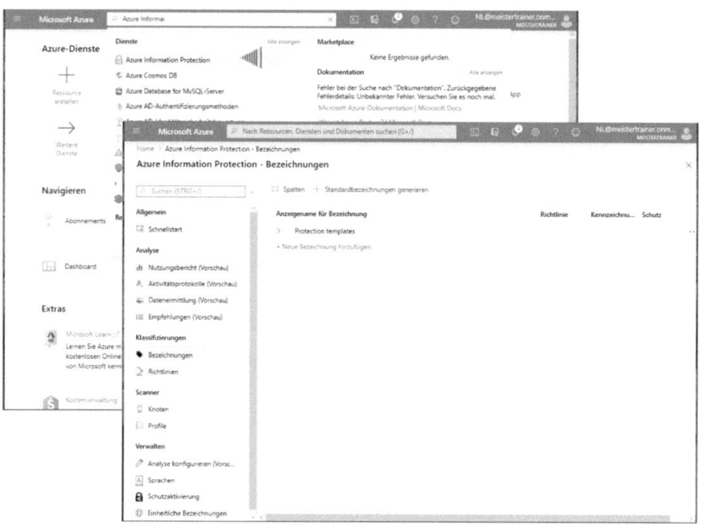

Abbildung 1.90: Ressource ist erstellt

Nach dem Hinzufügen sollten Sie zunächst überprüfen, ob AIP tatsächlich aktiviert ist.

Dazu gehen Sie zum Menüpunkt „Schutzaktivierung“ und überprüfen dies.

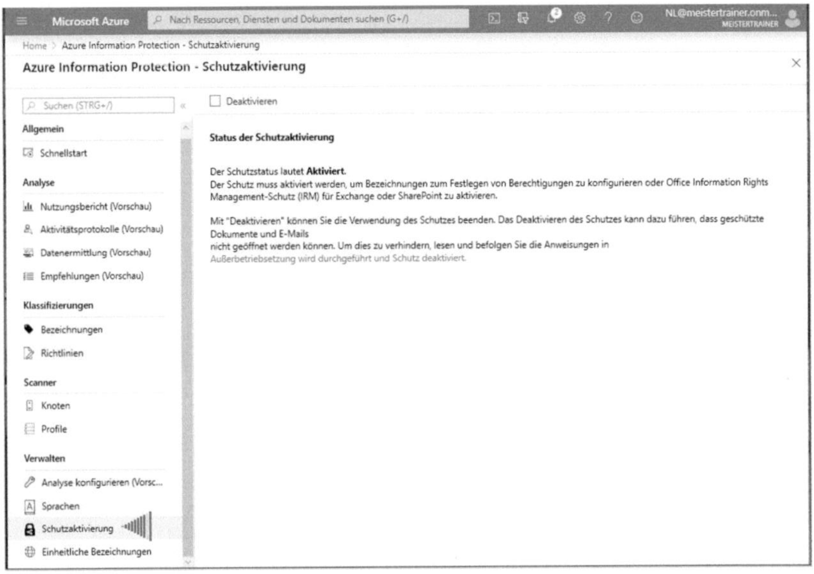

Abbildung 1.91: Schutzaktivierung

Erstellen von Labels

Nun können Sie endlich Labels erstellen und für die Verwendung veröffentlichen.

Dazu wechseln Sie auf die Konsole

- Klassifizierungen
- Bezeichnungen

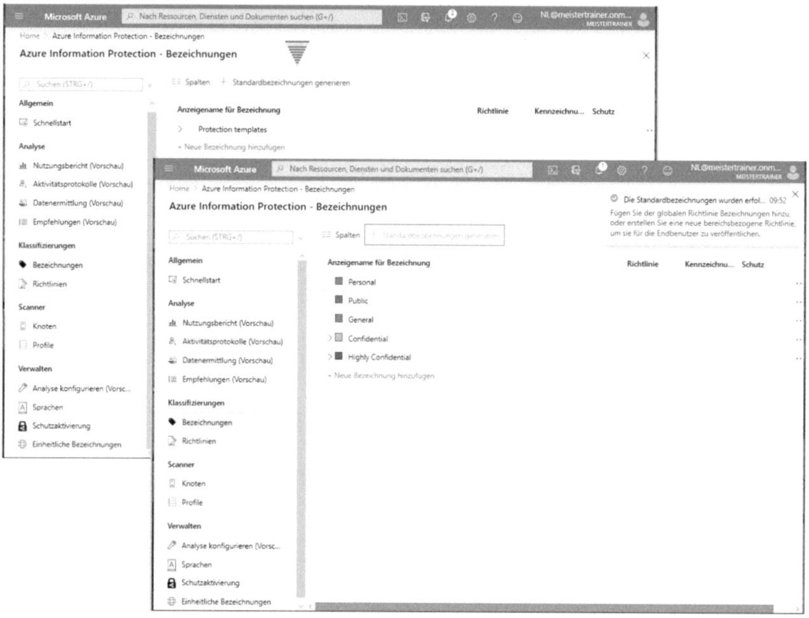

Abbildung 1.92: Bezeichnungen

Diese ist noch leer. Im oberen Teil können Sie „Standardbezeichnungen generieren" erkennen.

Wählen Sie diese Option aus. Nun werden einige Standardbezeichnungen angelegt.

Natürlich können Sie auch eigene Label erstellen.

Dafür klicken Sie auf „Neue Bezeichnung hinzufügen".

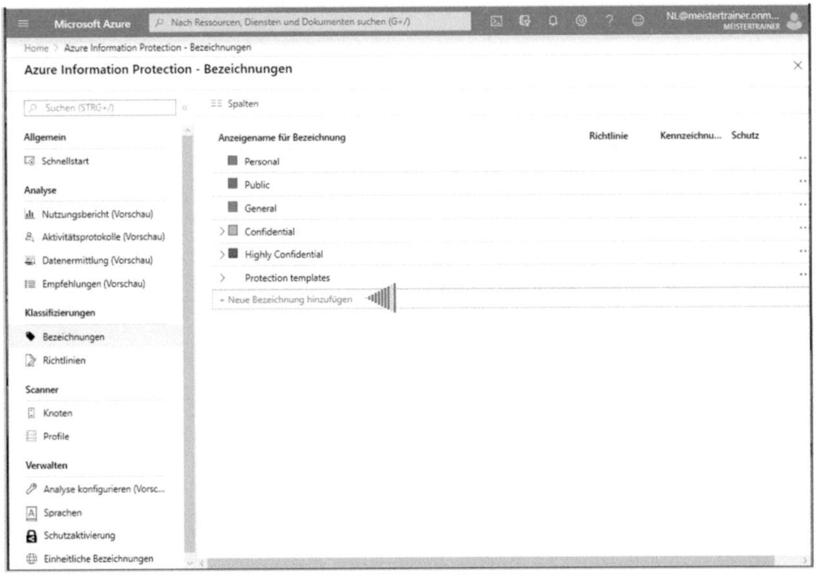

Abbildung 1.93: Neuen Label erstellen

Sie geben einen Namen und auch eine zwingende Bezeichnung ein.

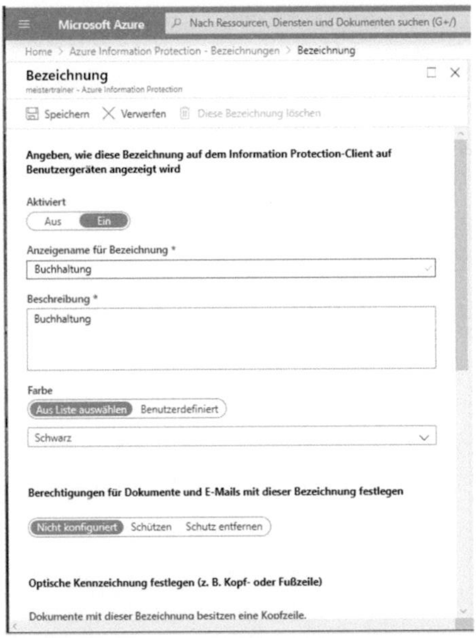

Abbildung 1.94: Name und Bezeichnung

Der neue Label ist automatisch aktiviert.

Eine Anzeigefarbe können Sie generieren lassen oder selber auswählen.

Im unteren Bereich finden Sie die Schaltfläche „Berechtigungen für Dokumente und E-Mails mit dieser Bezeichnung festlegen".

Die Standardeinstellung ist „Nicht konfiguriert".

Wenn Sie Einschränkungen festlegen wollen, wählen Sie hier „Schützen".

Eine neue Auswahl erscheint.

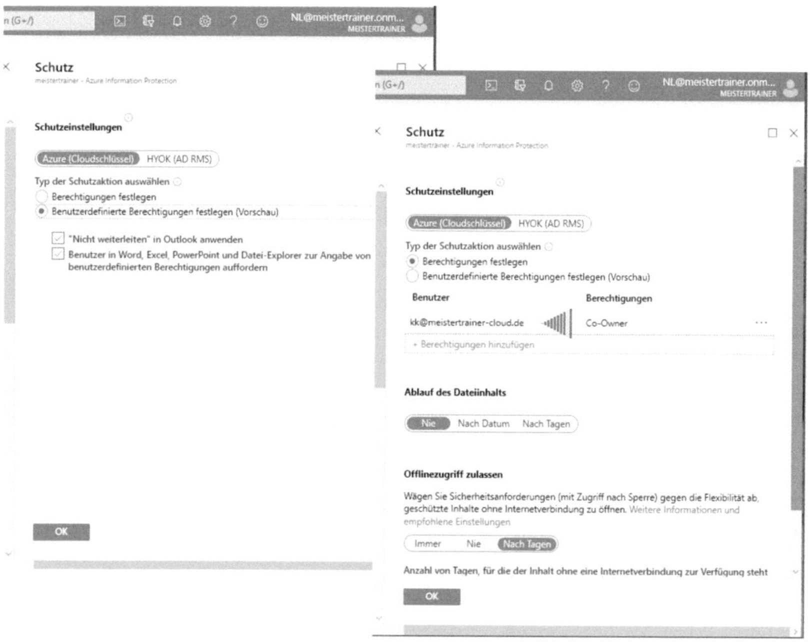

Abbildung 1.95: Auswahl des Schutzes

Sie können wählen zwischen

Benutzerdefinierte Berechtigungen festlegen (Vorschau)

Hiermit können Benutzer in den Office Programmen die Berechtigungen erteilen.

Allerdings sind diese Einstellungen nur gültig, wenn keine Bedingung für eine automatische Klassifizierung festgelegt wird.

Berechtigungen festlegen

In diesem Fall legen Sie Benutzer oder Gruppen fest, für die diese Regel gelten soll.

Alle Benutzer, die hier nicht erfasst sind, können das Dokument gar nicht öffnen.

Dadurch ist auch ein Verschicken per E-Mail sicher, denn das Dokument bleibt dann verschlüsselt.

Nachdem Sie die Berechtigungen definiert haben, können Sie den Umgang mit der Datei wählen.

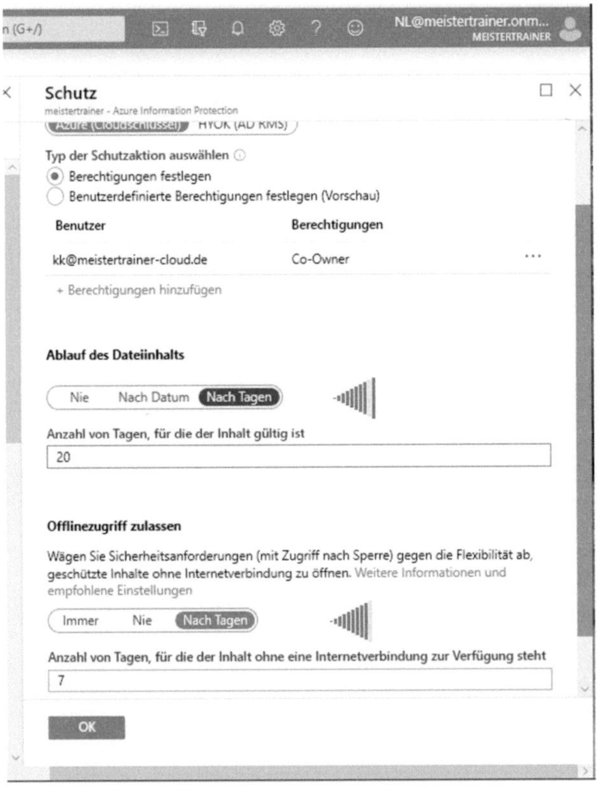

Abbildung 1.96: Ablauf

Sie können eine Zeitspanne festlegen, in der der Inhalt der Datei zur Verfügung steht. Dies kann auch für den Offlinezugriff gewählt werden, also für den Zugriff auf die Dateien ohne Internetzugriff.

Nach Ablauf dieser Zeitspanne erhalten die Benutzer nur noch Zugriff auf die Daten, wenn sie sich erneut authentifizieren.

Die letzte wichtige Konfigurationseinstellung, die Sie für den Label vornehmen können, ist

Bedingungen zur automatischen Anwendung dieses Bezeichners konfigurieren

Wenn an dieser Stelle keine Auswahl getroffen ist, werden Dokumente nicht automatisch mit diesem Label gekennzeichnet, sondern die Benutzer können diese Klassifizierung eigenständig vornehmen.

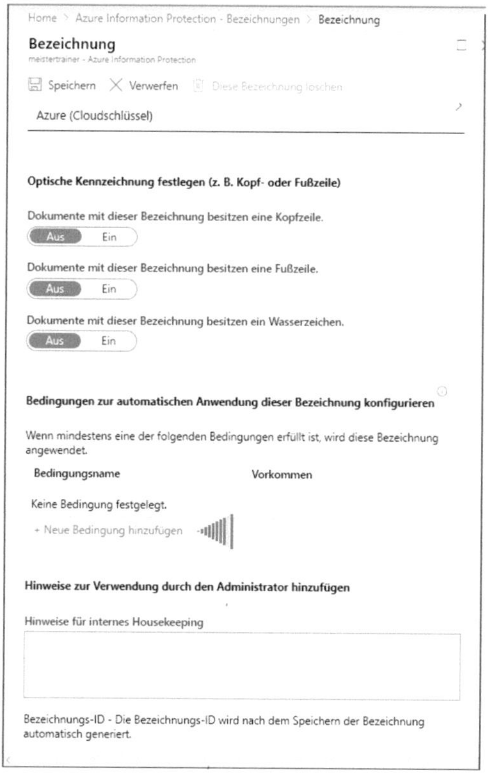

Abbildung 1.97: Bedingungen

Wenn Sie aber möchten, dass Dokumente mit bestimmten Merkmalen automatisch klassifiziert werden, klicken Sie auf „Neue Bedingung hinzufügen".

Zur Auswahl stehen diverse vordefinierte Inhalte, die Sie wählen können, eingeteilt in verschiedene Branchen.

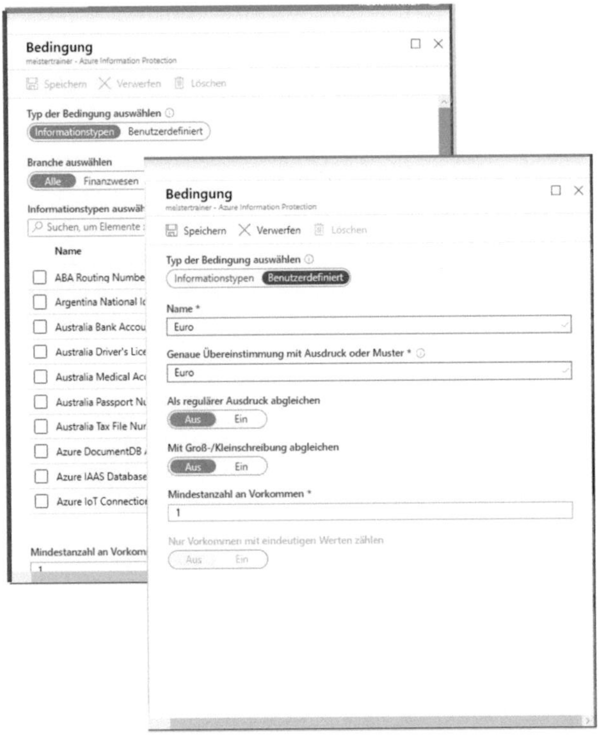

Abbildung 1.98: Auswahl

Allerdings werden Sie häufig eigene Inhaltsdefinitionen treffen wollen.

Dann wählen Sie „Benutzerdefiniert" und geben den Ausdruck ein, der in dem Dokument vorkommen soll.

Nach Bestätigung wird dieser Label erstellt und angezeigt.

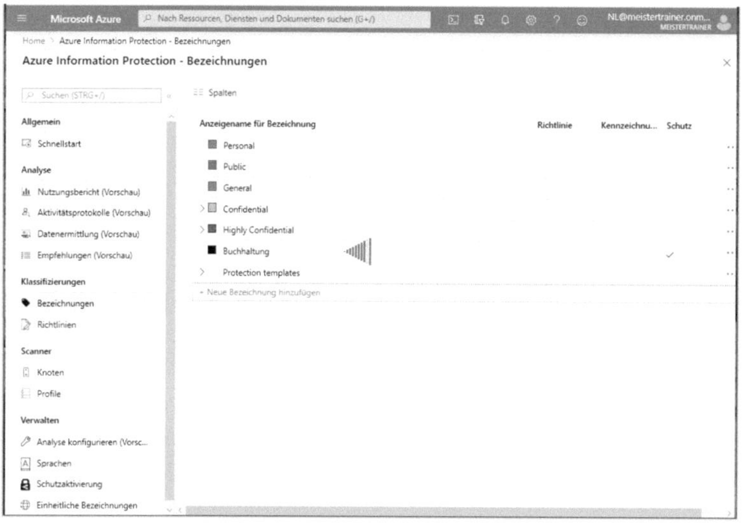

Abbildung 1.99: Label ist erstellt

Azure Information Protection Richtlinien

Ein letzter Schritt, um die Labels zu aktivieren, ist das Zuweisen einer Richtlinie zu den Labels.

Dazu wechseln Sie auf „Richtlinien“.

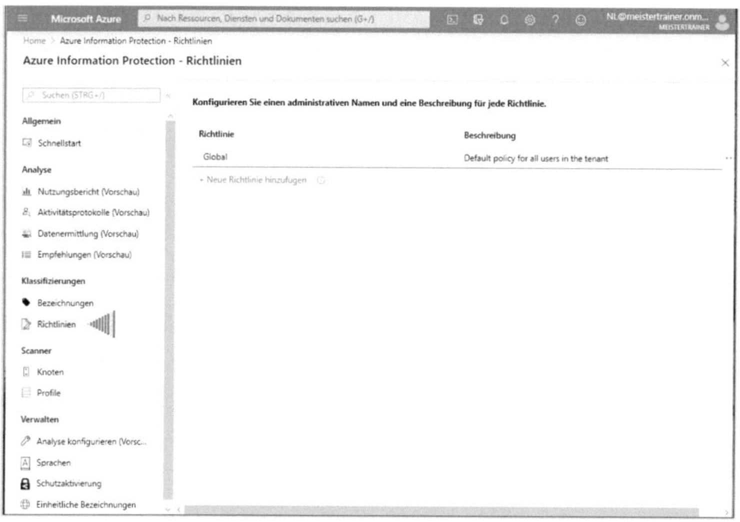

Abbildung 1.100: Richtlinien

Sie können hier entweder die Richtlinie „Global" benutzen oder eine neue erstellen.

Öffnen Sie die Richtlinie und weisen Sie sie einem oder mehreren Labels zu.

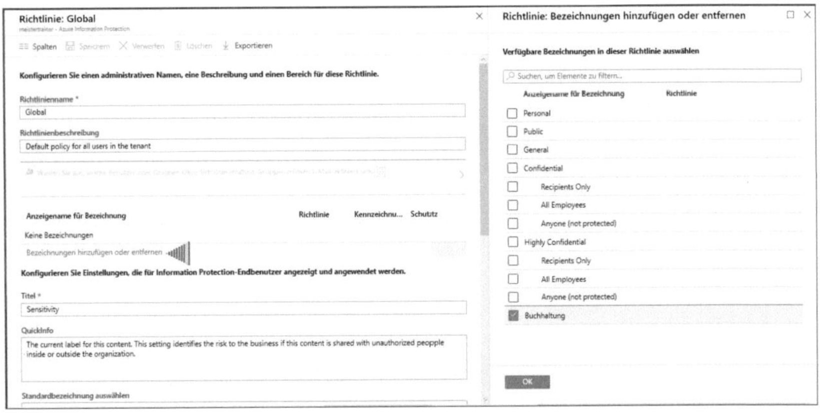

Abbildung 1.101: Zuweisung

Mit der Richtlinie können Sie diverse Einstellungen vornehmen, zum Beispiel legen Sie damit fest, ob die AIP Leiste in den Office Programmen angezeigt wird.

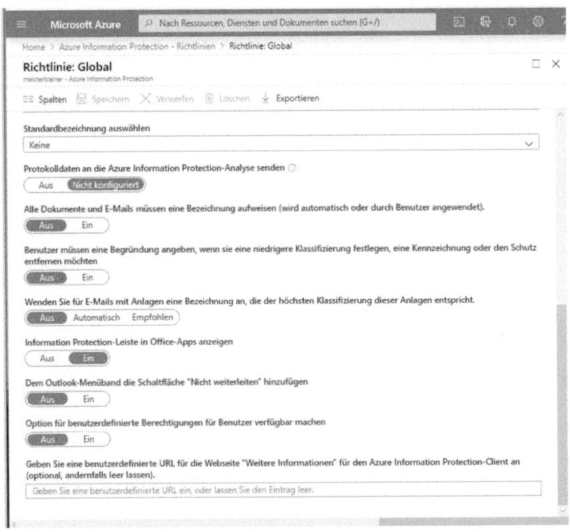

Abbildung 1.102: Einstellungen

Nach der Bestätigung ist Azure Information Protection konfiguriert.

1.8 Planen der Migration von Nutzern und Daten

Wenn Sie von einer On-Premise Lösung zu Microsoft 365 migrieren, benötigen Sie natürlich auch eine Migrationsstrategie für Benutzer und Daten.

1.8.1 Migration von Benutzern

In vielen Fällen werden Sie die Benutzerkonten nicht aus einer Active Directory Domäne migrieren, sondern diese Domäne an die Microsoft 365 Struktur anschließen.

Diese Vorgehensweise betrachten wir in Kapitel 2.

Allerdings gibt es auch die Möglichkeit, dass die On-Premise Domäne aufgelöst werden soll oder Sie bisher die Benutzer in einer Arbeitsgruppe verwaltet haben.

Für diese Fälle müssen Sie die Benutzer in die Cloud zu Azure Active Directory migrieren.

Natürlich können Sie dies manuell vornehmen. Das macht immer dann Sinn, wenn es sich nur um wenige Konten handelt, die mit vertretbarem Aufwand manuell neu angelegt werden können.

Wenn Sie allerdings viele Benutzer migrieren möchten, ist der Massenimport die bessere Lösung.

Dafür erstellen Sie eine .csv-Datei mit den Daten der zu importierenden Benutzer.

Diese .csv-Datei muss folgende Spaltenüberschriften in der ersten Reihe haben:

- Name (Beispiel: Chris Green) [displayName] *
- Benutzername (Beispiel: chris@contoso.com) [userPrincipalName] *
- Anfängliches Kennwort [passwordProfile] *
- Anmeldung blockieren (Ja/Nein) [accountEnabled] *
- Vorname [givenName]
- Nachname [surname]
- Position [jobTitle]
- Abteilung [department]

- Nutzungsspeicherort [usageLocation]
- Straße [streetAddress],Bundesland/Kanton [state]
- Land oder Region [country]
- Office [physicalDeliveryOfficeName]
- Stadt [city],Postleitzahl [postalCode]
- Telefon (geschäftlich) [telephoneNumber]
- Mobiltelefon [mobile]

Außerdem muss sie zwingend das „Komma" als Trennzeichen benutzen.

Wenn Sie diese Datei erstellt haben, können Sie im Azure Active Directory wählen

- Benutzer
- Alle Benutzer
- Massenerstellung

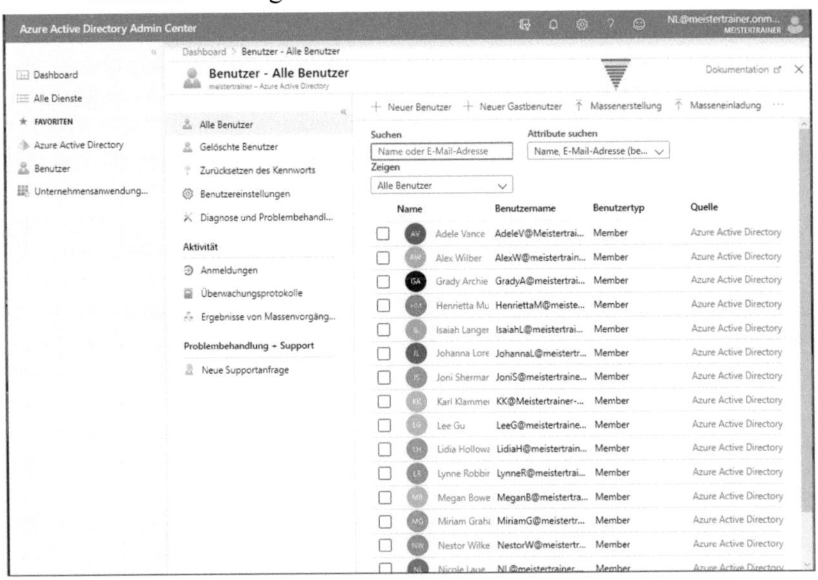

Abbildung 1.103: Massenerstellung

Nun wählen Sie die zuvor erstellte Datei aus und laden sie hoch.

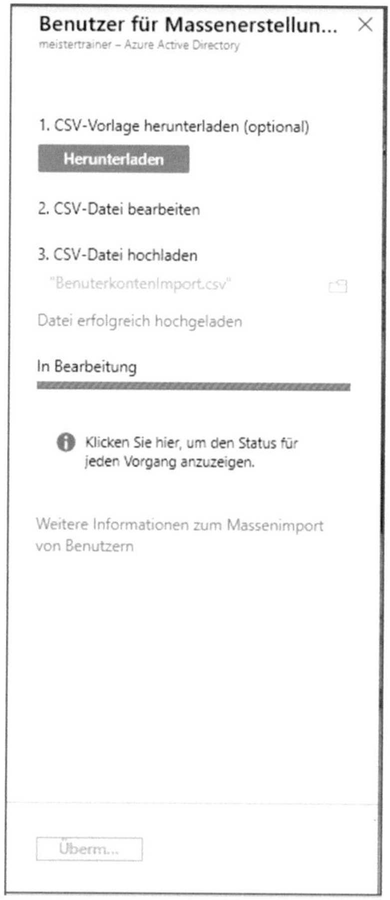

Abbildung 1.104: Auswahl Datei

Nach dem Hochladen erhalten Sie eine Rückmeldung, ob der Import funktioniert hat.

Danach stehen die Benutzer zur Verfügung.

1.8.2 Datenmigration: On-Premise-Exchange Server zu Exchange Online

Ein Mailsystem ist in beinahe allen Firmen vorhanden.

Wenn Sie nach Microsoft 365 migrieren möchten, können Sie auch von einem On-Premise Mailsystem auf Exchange Online wechseln.

Natürlich möchten Ihre Benutzer auch nach der Migration ihre eigenen E-Mails und Kontakte zur Verfügung haben um ohne Probleme weiterarbeiten zu können.

Damit Sie die Migration von einer Exchange-Organisation zu einer anderen planen können, müssen Sie die verschiedenen Möglichkeiten und deren Einsatzgebiete kennen.

Übernahmemigration

Eine Übernahmemigration wird empfohlen, wenn Sie weniger als 150 Postfächer migrieren wollen.

Theoretisch können bei einer Übernahmemigration bis zu 2.000 Postfächer übernommen werden, aber die offizielle Empfehlung von Microsoft ist, maximal 150 Postfächer zu migrieren, da sonst mit erheblichen Leistungsverlusten zu rechnen ist.

Bei dieser Art der Migration müssen sowohl in der On-Premise Exchange Organisation als auch in Exchange Online einige Konfigurationseinstellungen vorgenommen werden.

Schritt 1: Hinzufügen der Maildomäne zu Microsoft 365

Zunächst müssen Sie die Maildomäne zu Ihrem Microsoft 365 Abonnement hinzufügen.

Dies geschieht nach der herkömmlichen Vorgehensweise. Sie erstellen einen TXT oder einen MS-Eintrag auf Ihrem DNS-Server und warten, bis die Prüfung positiv ausfällt.

Schritt 2: Verbindung zwischen On-Premise Exchange und Exchange Online herstellen

Eine Verzeichnissynchronisation ist hierbei keine Voraussetzung.

Nun wird das Exchange-Admin Center geöffnet.

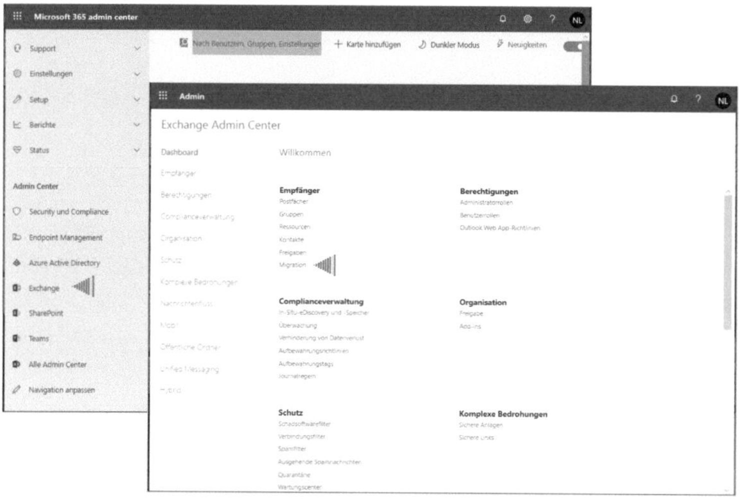

Abbildung 1.105: Exchange Admin Center

Hier wählen Sie

- Empfänger
- Migration

Klicken Sie auf die drei Punkte und wählen Sie „Migrationsendpunkte“ aus.

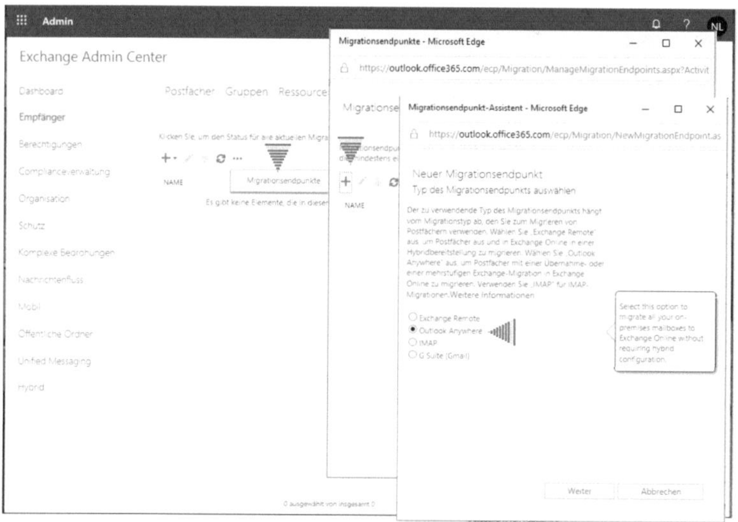

Abbildung 1.106: Migrationsendpunkte

Fügen Sie einen Migrationsendpunkt hinzu und wählen Sie „Outlook Anywhere“ aus.

Alle weiteren Schritte sind abhängig von der Exchange Organisation und nicht Bestandteil dieses Kurses.

Mehrstufige Migration

Die mehrstufige Migration wird im Endeffekt genauso ausgeführt wie die Übernahmemigration, nur werden hierbei nicht alle Postfächer gleichzeitig migriert, sondern immer nur ein Teil.

Hybridbereitstellung (Remoteverschiebungsmigration)

Bei einer Hybridbereitstellung benutzen Sie sowohl die On-Premise Bereitstellung, als auch Exchange Online.

Dadurch können Sie eine endgültige Migration langsam einleiten.

Hierbei wird natürlich vorausgesetzt, dass Ihre Active Directory Domäne per Verzeichnissynchronisation angeschlossen ist.

Expressmigration

Mithilfe der Expressmigration können Sie in kürzester Zeit auf Exchange Online migrieren.

Die Voraussetzungen sind

- Mindestens Exchange 2010 oder höher
- Komplette Verwaltung der Benutzer im Azure Active Directory geplant, die Verzeichnissynchronisation soll später nicht mehr verwendet werden

Schritt 1: Hinzufügen der Maildomäne zu Microsoft 365

Auch bei dieser Methode der Migration müssen Sie zunächst die Maildomäne zu Ihrem Microsoft 365 Abonnement hinzufügen.

Schritt 2: Expressmigration

Nun melden Sie sich auf einem Computer Ihrer On-Premise-Domäne mit dem Konto des globalen Microsoft 365 Administrators an.

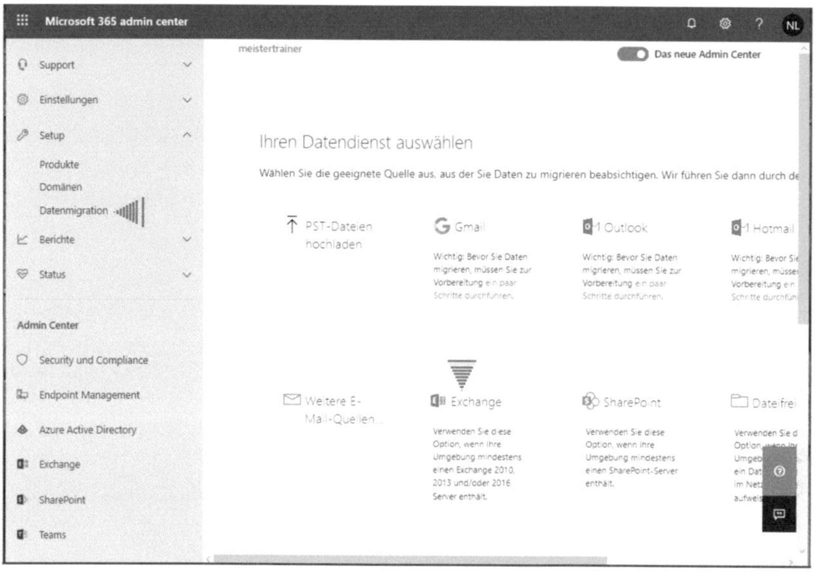

Abbildung 1.107: Expressmigration

Wählen Sie dann im Microsoft 365 Admin Center

- Setup
- Datenmigration
- Exchange

Nun kann die Expressmigration beginnen.

IMAP-Migration

Sollten Sie ein anderes Mailsystem als Exchange Server benutzen, können Sie die Daten mit der IMAP-Migration übernehmen.

Hierbei werden allerdings nur die Postfächer übernommen, nicht aber zusätzliche Informationen, wie Kontakte oder Kalender.

Die IMAP-Migration nehmen Sie wie die Expressmigration im Microsoft 365 Admin Center vor.

Sie finden hier vorbereitete Assistenten für die Migration von Gmail, Outlook, Hotmail und Yahoo. Aber natürlich können auch Daten aus anderen Systemen migriert werden, Sie müssen hierfür nur die Parameter selber eingeben.

Auch, wenn Sie einen Exchange Server 2000 oder älter verwenden, müssen Sie mit der IMAP-Migration arbeiten.

Sollten die zu migrierenden Postfächer sehr groß sein, können Sie die .pst-Dateien auch mithilfe eines zusätzlichen Dienstes zu Microsoft 365 in die Cloud laden. Dieser Dienst nennt sich „Office 365-ImportDienst".

1.8.3 Datenmigration: SharePoint Online und OneDrive

Sollten Sie in Zukunft Ihre Daten mit SharePoint Online oder OneDrive verwalten wollen, können Sie das SharePoint Migration Tool herunterladen, das die Migration für Sie übernimmt.

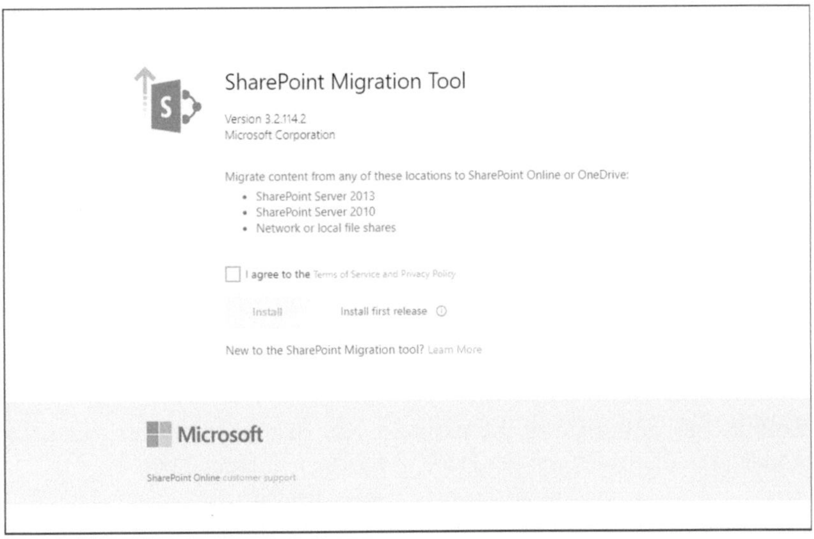

Abbildung 1.108: SharePoint Migration Tool

1.8.4 OneDrive for Business

Sollten Sie eine On-Premise Active Directory Domäne betreiben, gibt es die Möglichkeit, alle Daten per Ordnerumleitung direkt zu OneDrive for Business zu leiten.

ACHTUNG!

Bitte beachten Sie: Wenn Sie eine Ordnerumleitung nach OneDrive einrichten möchten, müssen Sie zwingend vorher eine eventuelle andere Ordnerumleitung auf ein On-Premise Netzwerklaufwerk deaktivieren!

Dies gilt nicht für die Profilordner „Musik“ und „Videos“, diese können nicht nach OneDrive umgeleitet werden, deswegen kann eine Umleitung auf ein Netzwerklaufwerk bleiben.

Voraussetzung ist natürlich, dass Sie OneDrive for Business eingerichtet haben.

Dort müssen Sie folgenden Ordner erstellen:

%userprofile%\OneDrive @ NameDerOrganisation

In unserem Beispiel wäre das:

%userprofile%\OneDrive @ Meistertrainer.info

Die benötigten Einstellungen müssen Sie in einer Gruppenrichtlinie in der Active Directory Domäne vornehmen.

Zunächst navigieren Sie zu

- Benutzerkonfiguration
- Einstellungen
- Windows-Einstellungen
- Umgebung

Hier erstellen Sie eine neue Umgebungsvariable.

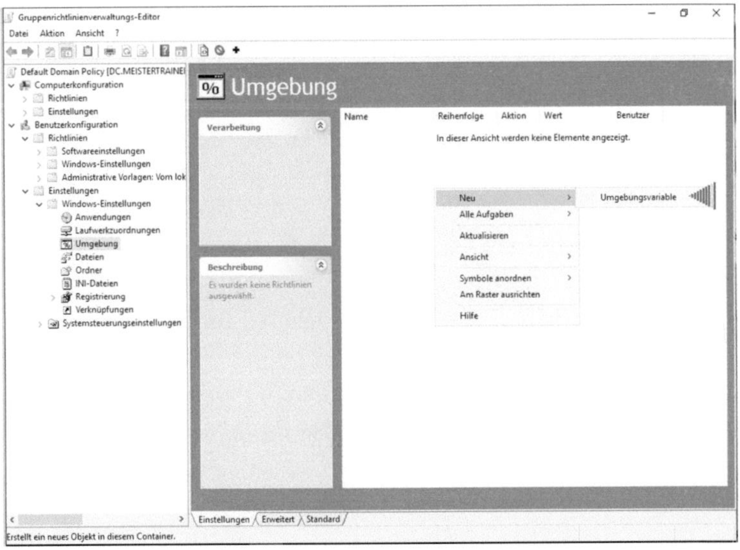

Abbildung 1.109: Neue Umgebungsvariable

Sie wählen „Benutzervariable“ und geben der Variablen den Namen „OneDrive“.

Als Wert geben Sie die zuvor in OneDrive erstellte Freigabe an.

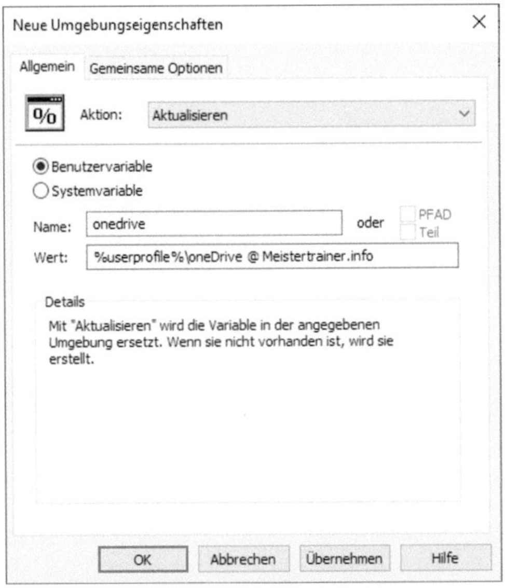

Abbildung 1.110: Benutzervariable

Wechseln Sie nun auf die Registerkarte „Gemeinsame Optionen“.

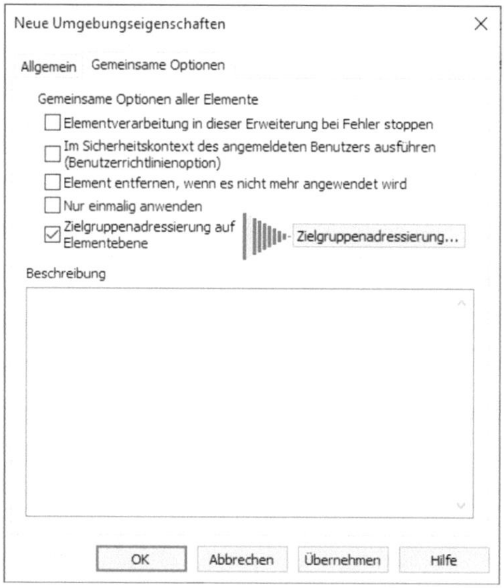

Abbildung 1.111: Gemeinsame Optionen

Hier wählen Sie die „Zielgruppenadressierung“.
Es öffnet sich ein Fenster, in dem Sie „Dateiübereinstimmung“ wählen.
Hier tragen Sie auch wieder den zuvor erstellten OneDrive Ordner ein.

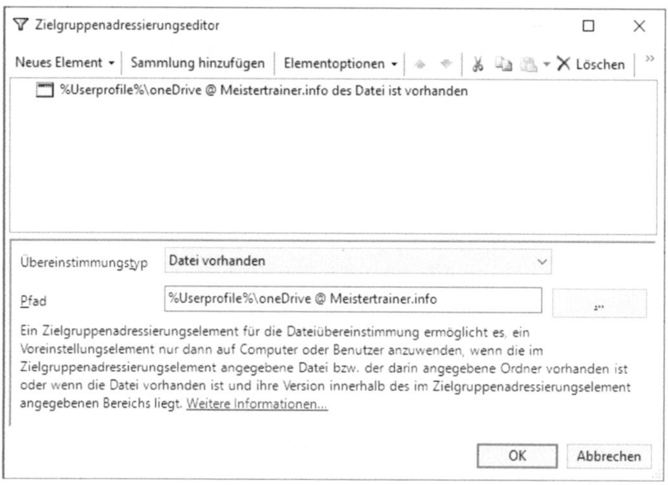

Abbildung 1.112: Datei vorhanden

Nun können Sie die Gruppenrichtlinie für die Umleitung erstellen. Dafür wechseln Sie wieder zu

- Benutzerkonfiguration
- Richtlinien
- Windows-Einstellungen
- Ordnerumleitung

und wählen den Ordner aus, den Sie nach OneDrive umleiten wollen. Im Feld „Stammverzeichnis" geben Sie ein

%onedrive%\Dokumente

Abbildung 1.113: Umleitung zu OneDrive

Nun werden die Daten in die Cloud zu OneDrive umgeleitet.

1.9 Zusammenfassung, Übungen / Aufgaben

1.9.1 Zusammenfassung

Generell gibt es zwei grundsätzliche Vorgehensweisen bei der Verwaltung und Wartung von Betriebssystemen und Maschinen:

- On-Premise
- Cloudbasiert

Azure Active Directory ist Bestandteil des Abonnements Microsoft 365, einem neuen Produkt, mit dem Sie eine Unternehmensumgebung verwalten können.

Es besteht aus

- Windows 10 Lizenzen
- Office 365
- und diversen Verwaltungswerkzeugen mit Namen „Enterprise Mobility + Security“

Microsoft 365 wird als Abo angeboten.

Azure AD verfolgt eine andere Philosophie als das On-Premise Active Directory.

Azure Active Directory verwaltet „Mandanten“.

Der allererste Schritt, um mit Microsoft 365 arbeiten zu können, ist das Einrichten eines Zugangs.

Um eine neue Domäne in Microsoft 365 einzubinden, benutzen Sie die Verwaltungskonsole. Sie werden aufgefordert, den Besitz dieser Domäne nachzuweisen. Dafür erstellen Sie einen TXT oder MX Eintrag, dessen Inhalt Ihnen vorgegeben wird. Dieser Eintrag wird von Microsoft 365 überprüft.

Nachdem die Domäne verifiziert ist, können Sie die Onlinedienste einrichten.

Als Onlinedienste werden Exchange, Skype und das Mobile Device Management bezeichnet.

Nach dem Einrichten einer Domäne ist diese automatisch als Standarddomäne definiert.

Das Anlegen von Benutzerkonten ist sehr einfach. Als Domänensuffix wird Ihnen das Suffix der Standarddomäne angeboten, Sie können aber natürlich auch ein anderes Suffix wählen.

Eine Microsoft 365 Implementierung muss bereits im Vorfeld sorgfältig geplant werden, denn das Konzept ist anders als die meisten es bisher von einer lokalen Netzwerklösung her kennen.

Das Netzwerkkonzept muss auf diese Anforderungen abgestimmt sein.

Wenn Sie mit Microsoft 365 arbeiten möchten, haben Sie folgende Möglichkeiten der Authentifizierung:

- Cloud Only-Authentifizierung
- Authentifizierung mithilfe von Azure AD Hybrid Join

Nicht nur Benutzer müssen in Microsoft 365 verwaltet werden, sondern auch die Geräte.

Für die Geräteverwaltung können Sie ein Tool verwenden, das Bestandteil von Microsoft 365 ist: Microsoft Intune.

Wenn eine oder mehrere Personen sehr viele Geräte in Microsoft 365 registrieren sollen, besteht die Möglichkeit, diesen Personen die Berechtigung „Device Enrollment Manager, DEM“ zuzuweisen.

Wichtig ist, dass Sie als Microsoft 365 Administrator die Möglichkeit haben, Registrierungsbeschränkungen zu definieren, also die Möglichkeit der Benutzer einzuschränken, Geräte zu registrieren.

Sollten Sie noch Windows 7, Windows 8 oder Windows 8.1 als Betriebssystem verwenden, können Sie ein direktes Upgrade auf Windows 10 vornehmen. Bedenken Sie bitte, dass 32-bit Versionen nur auf 32-bit Versionen und 64-bit Versionen nur auf 64-bit Versionen aktualisiert werden können, ein Wechsel ist nur durch Neuinstallation möglich!

In anderen Fällen müssen Sie „Wipe and Load“ vornehmen.

Völlig andere Möglichkeiten haben Sie, wenn Sie eine bereits vorhandene Windows 10 Installation anpassen möchten, also beispielsweise einen Editionswechsel durchführen möchten oder Windows 10 Rechner mit eigenen Konfigurationseinstellungen versehen möchten.

Hier können Sie Windows Autopilot benutzen.

Voraussetzungen für Windows Autopilot:

- Azure Active Directory
- Die Geräte benötigen ein vorinstalliertes Windows 10
- Microsoft Intune oder Microsoft Store für Unternehmen
- Internetverbindung
- Die Geräte müssen registriert sein

Für die Konfiguration mithilfe von Autopilot nehmen Sie folgende Schritte vor:

- Erstellen der Konfigurationsdatei
- CSV-Datei bereitstellen
- Bereitstellungsprofil erstellen
- Zurücksetzen und Konfiguration der Windows 10 Installation

Eine wichtige Aufgabe, die Sie von Anfang an ernst nehmen sollten, ist die Überwachung des Zustands Ihres Microsoft 365 Abonnements.

Dies können Sie mit der Statusüberwachung vornehmen oder in der Konsole „Security und Compliance“.

Azure AD Identity Protection ist in Azure Active Directory Premium P2 enthalten. Diese Funktion überprüft, ob ein Risiko besteht, dass ein Benutzerkonto eventuell missbräuchlich verwendet wird.

Generell wird hier zwischen drei Risiken unterschieden:

- Riskante Benutzer
- Riskante Anmeldungen
- Risikoerkennungen

Allerdings ist es möglich, dass einige Ereignisse als Risiko betrachtet werden, obwohl sie für diese Firma völlig normal sind.

Beispielsweise kann es sein, dass Anmeldeversuche von bestimmten Standorten durchaus normal sind, und nicht in die Risikobewertung einfließen sollten.

Dafür müssen Sie diese Orte definieren.

Mit WIP schützen Sie firmeninterne Daten, sowohl auf den Rechnern der Firma als auch auf den Geräten der Benutzer.

Dafür erstellen Sie eine App-Schutzrichtlinie und konfigurieren diese.

Konformitätsrichtlinien sind Richtlinien, die Regeln definieren, die eingehalten werden müssen, damit ein Gerät oder ein Benutzer als „konform" gilt.

Geräte, die diese Anforderungen nicht erfüllen, erhalten den Status „konform" nicht.

Eine weitere Möglichkeit, Daten zu schützen ist die Implementierung von Azure Information Protection (AIP).

AIP schützt Daten, indem Sie einen „Label" erhalten. Ein „Label" ist eine Kennzeichnung, mit der die Datei klassifiziert wird.

Diese Klassifizierungen werden nun benutzt, um den Umgang mit dieser Datei zu definieren.

Wenn Sie viele Benutzer zu Azure Active Directory migrieren möchten, ist der Massenimport die bessere Lösung.

Dafür erstellen Sie eine .csv-Datei mit den Daten der zu importierenden Benutzer.

Wenn Sie nach Microsoft 365 migrieren möchten, können Sie auch von einem On-Premise Mailsystem auf Exchange Online wechseln.

Dafür gibt es folgende Möglichkeiten:

- Übernahmemigration
- Mehrstufige Migration
- Hybridbereitstellung
- Expressmigration
- IMAP-Migration

Natürlich können Sie auch Ihre Daten zu SharePoint Online oder OneDrive migrieren.

1.9.2 Übungen

1. Erstellen Sie einen Microsoft 365 E5 Testzugang.
2. Legen Sie einige Benutzer und Gruppen an. Wählen Sie diese Objekte so, als wenn Sie Ihre Firma abbilden würden.
3. Wenn Sie die Möglichkeit haben:
   a. Richten Sie eine zusätzliche Domäne ein.
   b. Konfigurieren Sie die Onlinedienste.
   c. Definieren Sie die neue Domäne für alle Dienste als Standarddomäne.
   d. Richten Sie einen neuen Benutzer ein und geben Sie ihm die neue Domäne als Suffix.
   e. Ändern Sie bei einem anderen Benutzer das Domänensuffix.
4. Überlegen Sie sich ein Konzept für die Einrichtung einer Microsoft 365 Einrichtung für Ihre Firma.
5. Konfigurieren Sie das automatische Registrieren von Geräten für MAM und MDM.
6. Erstellen Sie einen Geräteregistrierungsmanager.
7. Erstellen Sie Geräteregistrierungsbeschränkungen.
8. Vergeben Sie für die Geräteregistrierungsbeschränkungen Prioritäten.
9. Melden Sie sich am Rechner „W10-Azure“ an.
10. Erstellen Sie dort eine Konfigurationsdatei für Autopilot.
11. Laden Sie die Konfigurationsdatei zu Microsoft Intune hoch.
12. Definieren Sie ein Unternehmensbranding.
13. Konfigurieren Sie ein Profil für Autopilot.
14. Überprüfen Sie alle benötigten Rechte für die Ausführung von Autopilot und gewähren Sie diese.
15. Setzen Sie „W10-Azure“ manuell zurück.
16. Konfigurieren Sie „W10-Azure“ mit Autopilot.
17. Betrachten Sie alle Aspekte der Statusüberwachung.
18. Betrachten Sie „Security und Compliance“.
19. Erstellen Sie Azure AD Identity Protection Richtlinien.

20. Wenn Sie die Möglichkeit haben:
    a. Navigieren Sie im Tor-Browser zu https://myapps.microsoft.com.
    b. Geben Sie die Anmeldeinformationen eines Azure Active Directory Kontos ein.
    c. Überprüfen Sie, ob etwa 5 Minuten später dieser Zugriff auf dem Identity Protection Dashboard angezeigt wird.
21. Erstellen Sie eine Zuweisung für benannte Standorte.
22. Erstellen Sie eine App-Schutzrichtlinie. Nehmen Sie sinnvolle Einstellungen vor.
23. Erstellen Sie eine Gerätekonformitätsrichtlinie. Nehmen Sie sinnvolle Einstellungen vor.
24. Richten Sie Azure Information Protection ein.
25. Konfigurieren Sie Labels.
26. Aktivieren Sie diese Labels in einer Richtlinie.
27. Erstellen Sie eine .csv-Datei für den Massenimport.
28. Importieren Sie diese Datei.
29. Betrachten Sie alle Arten der Postfach-Migration soweit es geht.

1.9.3 Aufgaben

1. Sie sind Administrator einer Microsoft 365 Subskription mit dem Namen Meistertrainer.onmicrosoft.com.

   Sie möchten mehrere eigene Domänennamen hinzufügen.

   Was müssen Sie erstellen, damit die Domänennamen überprüft werden können?
2. Sie sind Administrator einer Microsoft 365 Subskription mit dem Namen Meistertrainer.onmicrosoft.com.

   Sie möchten Ihrem Mietverhältnis eine neue Domäne mit Namen Meistertrainer-cloud.de hinzufügen. Danach sollen sich alle Benutzer mit dem Suffix der neuen Domäne anmelden.

   Was müssen Sie dafür tun?
3. Sie sind Administrator einer Microsoft 365 Subskription mit dem Namen Meistertrainer.onmicrosoft.com.

   Ihre Firma betreibt eine Hauptgeschäftsstelle mit mehreren Zweigstellen, die alle über eine WAN-Verbindung mit der Hauptgeschäftsstelle verbunden sind. Der Zugang zum Internet wird von dort aus zentral geregelt.

   Nun möchten Sie die Infrastruktur für Microsoft 365 optimieren.

   Was sollten Sie tun?
4. Sie sind Administrator einer Microsoft 365 Subskription mit dem Namen Meistertrainer.onmicrosoft.com.

   Sie definieren Karl Klammer als Geräteregistrierungsmanager.

   Sie definieren mehrere Registrierungsbeschränkungen, wobei Karl Klammer keiner Gruppe zugewiesen wird.

   Wie viele Geräte kann Karl Klammer registrieren?
5. Sie sind Administrator einer Microsoft 365 Subskription mit dem Namen Meistertrainer.onmicrosoft.com.

   Sie möchten einigen Benutzern die Möglichkeit geben, mobile Geräte eigenständig zu registrieren.

Sie erstellen mehrere Registrierungsbeschränkungen und vergeben diesen Beschränkungen Prioritäten.

Welche Priorität einer Richtlinie ist gültig?

6. Sie sind Administrator einer Microsoft 365 Subskription mit dem Namen Meistertrainer.onmicrosoft.com.

   Sie möchten von einer Windows 7 Installation auf Windows 10 wechseln.

   Das Image, das für die Installation benutzt werden soll, wurde bereits mit den benötigten Einstellungen angepasst.

   Welche Bereitstellungsmethode wählen Sie?

7. Sie sind Administrator einer Microsoft 365 E3 Subskription mit dem Namen Meistertrainer.onmicrosoft.com.

   Momentan laufen Ihre Clients mit dem Betriebssystem Windows 10 Pro. Sie möchten aber alle Clients auf Windows 10 Enterprise updaten, wobei Sie sowohl Aufwand als auch Ausfallzeit so gering wie möglich halten wollen.

   Welche Bereitstellungsmethode wählen Sie?

8. Sie sind Administrator einer Microsoft 365 E3 Subskription mit dem Namen Meistertrainer.onmicrosoft.com.

   Sie möchten eine ganze Reihe an vorinstallierten Windows 10 Computern in das Azure Active Directory aufnehmen und einige unternehmensspezifische Einstellungen vornehmen.

   Mit welchem Tool können Sie das bewerkstelligen?

9. Sie sind Administrator einer Microsoft 365 E3 Subskription mit dem Namen Meistertrainer.onmicrosoft.com.

   An welcher Stelle können Sie überprüfen, ob es Änderungen an den Microsoft 365 Diensten gab?

10. Sie sind Administrator einer Microsoft 365 E3 Subskription mit dem Namen Meistertrainer.onmicrosoft.com.

    Wo können Sie erkennen, ob eine bestimmte Funktion von Microsoft 365 aktualisiert wird?

11. Sie sind Administrator einer Microsoft 365 E3 Subskription mit dem Namen Meistertrainer.onmicrosoft.com.

    Sie haben Azure AD Identity Protection eingeführt.

Sie erhalten viele Risikoberichte über Anmeldungen aus Ihrer Zweigstelle.

Wie können Sie dafür sorgen, dass Anmeldungen aus der Zweigstelle nicht mehr als riskant eingestuft werden?

12. Sie sind Administrator einer Microsoft 365 E3 Subskription mit dem Namen Meistertrainer.onmicrosoft.com.

    Sie möchten WIP einführen.

    Welche Konfigurationseinstellungen nehmen Sie vor?

13. Sie sind Administrator einer Microsoft 365 E3 Subskription mit dem Namen Meistertrainer.onmicrosoft.com.

    Sie haben WIP eingeführt.

    Was bedeutet die WIP-Einstellung „Lautlos"?

14. Sie sind Administrator einer Microsoft 365 E3 Subskription mit dem Namen Meistertrainer.onmicrosoft.com.

    Sie haben WIP eingeführt.

    Was bedeutet die WIP-Einstellung „Blockieren"?

15. Sie sind Administrator einer Microsoft 365 E3 Subskription mit dem Namen Meistertrainer.onmicrosoft.com.

    Sie möchten Geräte markieren, bei denen BitLocker nicht aktiviert ist.

    Wie können Sie dies vornehmen?

16. Sie sind Administrator einer Microsoft 365 E3 Subskription mit dem Namen Meistertrainer.onmicrosoft.com.

    Sie möchten ein Dokument mithilfe von Azure Information Protection schützen.

    Folgende Anforderungen sollen erfüllt werden:

    - Das Dokument darf auf Ihrem Rechner 20 Tage lang geöffnet werden
    - Bei Versenden per Mail darf das Dokument nicht geöffnet werden können.

    Wie konfigurieren Sie den Label?

17. Sie sind Administrator einer Microsoft 365 E3 Subskription mit dem Namen Meistertrainer.onmicrosoft.com.

    Sie möchten ein Dokument mithilfe von Azure Information

Protection schützen.

Sie stellen folgende Konfiguration her:

Was bedeuten diese Einstellungen?

18. Sie sind Administrator einer Microsoft 365 E3 Subskription mit dem Namen Meistertrainer.onmicrosoft.com.

    Sie planen, 65 Benutzerkonten zum Azure Active Directory hinzuzufügen.

    Wie gehen Sie am besten vor?

19. Sie sind Administrator einer Microsoft 365 E3 Subskription mit dem Namen Meistertrainer.onmicrosoft.com.

    Sie möchten 50 Postfächer von einer On-Premise Domäne nach Exchange Online verschieben.

    Welche Änderungen müssen Sie am DNS-Server vornehmen?

20. Sie sind Administrator einer Microsoft 365 E3 Subskription mit dem Namen Meistertrainer.onmicrosoft.com.

    Sie möchten 50 Postfächer von einer On-Premise Domäne nach Exchange Online verschieben.

    Nennen Sie die drei benötigten Schritte.

21. Sie sind Administrator einer Microsoft 365 E3 Subskription mit dem Namen Meistertrainer.onmicrosoft.com.

    Sie möchten 50 Postfächer von einer On-Premise Domäne nach Exchange Online verschieben, dabei möchten Sie keine Verzeichnissynchronisation einrichten.

    Welche Migrationsmethode wählen Sie?
22. Sie sind Administrator einer Microsoft 365 E3 Subskription mit dem Namen Meistertrainer.onmicrosoft.com.

    Momentan arbeiten Sie mit Yahoo als Mailanbieter.

    Sie möchten gerne alle E-Mailkonten nach Exchange Online verschieben.

    Wie machen Sie das?
23. Sie sind Administrator einer Microsoft 365 E3 Subskription mit dem Namen Meistertrainer.onmicrosoft.com.

    Sie möchten Benutzerdaten aus einer Freigabe zu SharePoint Online migrieren.

    Wie können Sie das machen?
24. Sie sind Administrator einer Microsoft 365 E3 Subskription mit dem Namen Meistertrainer.onmicrosoft.com.

    Sie erhalten folgende Fehlermeldung bei der Anmeldung:

    Was verhindert die Anmeldung?

2 Nutzeridentität und -funktionen verwalten

Prüfungsanforderungen von Microsoft:

- Design der Identitätsstrategie
- Identitätssynchronisierung mit Azure AD Connect planen
- Identitätssynchronisation mit Azure AD Connect verwalten
- Verwalten von Azure AD Identitäten
- Nutzerrollen verwalten

Quelle: Microsoft

2.1 Einführung

Die Nutzeridentitäten sind die wichtigsten Sicherheitsbausteine für eine Unternehmensumgebung.

Sie sollten alle Möglichkeiten kennen diese sicher und sinnvoll zu verwalten und zu schützen.

2.2 Design der Identitätsstrategie

Microsoft 365 bietet eine vollständige Verwaltung aller Identitäten, also aller Benutzerkonten.

Die Konten werden in Azure AD angelegt und können dort verwaltet und bearbeitet werden.

Abbildung 2.1: Kontenverwaltung in Azure AD

Der Vorteil hierbei ist es, dass Sie alle Konten an einer zentralen Stelle verwalten können, die von jedem Standort aus zugänglich ist, da sie in der Cloud gespeichert ist.

Dieses Szenario eignet sich besonders, wenn Sie bisher keine lokale Kontenverwaltung hatten und somit eine Verwaltung neu erstellen möchten.

Abbildung 2.2: Kontenverwaltung in Active Directory

Allerding wird es häufig eher so sein, dass Sie bereits einen lokalen Verzeichnisdienst betreiben und alle Benutzerkonten dort verwalten.

Dies ist die bisher gängige Benutzerverwaltung, nämlich mithilfe des Active Directorys in einer On-Premise Domäne.

Zum Glück ist es nicht so, dass Sie sich entscheiden müssen, welche Art der Kontenverwaltung Sie benutzen möchten, denn das würde ja unter Umständen bedeuten, dass Sie eine bestehende Active Directory Domäne auflösen, alle Konten zu Azure AD umziehen und neu konfigurieren müssen.

Dieser Aufwand wäre unendlich groß, unter Umständen würde sogar ein kompletter Stillstand des Unternehmens nötig werden. Das wäre keine gute Strategie.

Microsoft bietet Ihnen die Möglichkeit, beide Arten der Kontenverwaltung parallel zu nutzen, indem Sie die On-Premise Active Directory Domäne mithilfe eines Tools mit Namen „AD-Connect" an Azure AD anschließen.

Durch eine solche Verbindung können Sie die Identitäten aus der On-Premise Domäne in die Cloud zu Azure AD replizieren lassen.

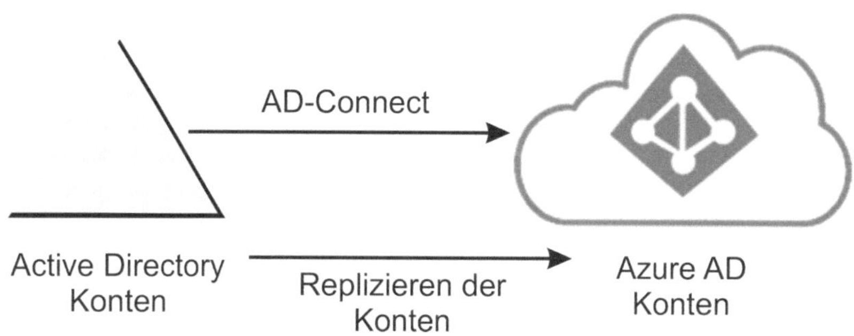

Abbildung 2.3: Replikation der Konten

Die Einrichtung von AD Connect werden wir in Folge genauer betrachten.

Es gibt sogar die Möglichkeit, auch die Kennwörter aus der Active Directory Domäne in Azure AD replizieren zu lassen, damit ist eine Anmeldung auch möglich, wenn das lokale On-Premise Active Directory nicht zur Verfügung stehen sollte.

Zum Schluss kann zusätzlich Single-Sign-On eingerichtet werden.

Dies ist eine einzige Authentifizierung sowohl an der On-Premise Domäne als auch am Azure AD. Damit können die Benutzer mit einem einzigen Eingeben der Anmeldeinformationen auf alle Ressourcen zugreifen, egal wo sie verwaltet werden.

2.2.1 Voraussetzungen

Die Voraussetzungen für eine Verzeichnissynchronisation sind relativ einfach zu erfüllen.

Microsoft 365

In Microsoft 365 ist die Verzeichnissynchronisation zu Azure Active Directory enthalten.

Zusätzlicher Domänenname Azure Active Directory

Natürlich müssen Sie den gewünschten Domänennamen Ihrer On-Premise Domäne hinzufügen. Hierfür gehen Sie den bereits bekannten Weg. Sie fügen eine Domäne hinzu, veranlassen die Überprüfung mithilfe einer .TXT oder MX-Datei und nehmen im Anschluss die gewünschten Einstellungen vor.

Active Directory Domäne

Auch die Active Directory Domäne muss einige Voraussetzungen erfüllen.

Gesamtstrukturfunktionsmodus

Die Active Directory Domäne, die Sie anschließen möchten, muss mindestens im Gesamtstrukturfunktionsmodus Windows Server 2003 laufen.

Allerdings haben Sie in diesem Fall nicht alle Funktionen zur Verfügung. Microsoft empfiehlt, dass der Server, auf dem das Tool „Azure AD-Connect" installiert wird, mindestens Server 2008 R2 als Betriebssystem haben sollte.

Den Gesamtstrukturfunktionsmodus können Sie sehr leicht überprüfen, indem Sie auf dem Domänencontroller die Konsole „Active Directory-Domänen und -Vertrauensstellungen“ öffnen.

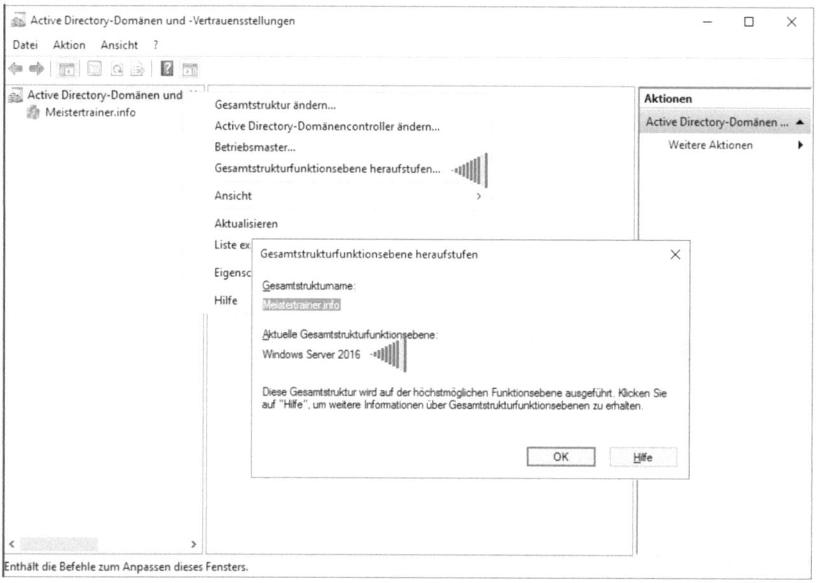

Abbildung 2.4: Active Directory-Domänen und –Vertrauensstellungen

In dieser Konsole klicken Sie mit der rechten Maustaste auf die Bezeichnung und wählen „Gesamtstrukturfunktionsebene heraufstufen“.

Nun können Sie die aktuelle Gesamtstrukturfunktionsebene erkennen.

Firewall

Wenn Sie eine Firewall betreiben, müssen Sie natürlich dafür sorgen, dass AD-Connect die entsprechenden Ports benutzen kann.

In der folgenden Tabelle sehen Sie die benötigten Protokolle und Ports:

Protokoll	Port	Beschreibung
DNS	53 (TCP/UDP)	DNS-Suchen in der Zielgesamtstruktur
Kerberos	88 (TCP/UDP)	Kerberos-Authentifizierung für die AD-Gesamtstruktur
MS-RPC	135 (TCP/UDP)	Wird bei der anfänglichen Konfiguration des Azure AD Connect-Assistenten beim Binden an die AD-Gesamtstruktur sowie bei der Kennwortsynchronisierung verwendet
LDAP	389 (TCP/UDP)	Wird zum Importieren von Daten aus AD verwendet. Daten werden per Kerberos Sign & Seal verschlüsselt
SMB	445 (TCP/UDP)	Wird bei nahtlosem SSO zum Erstellen eines Computerkontos in der Active Directory-Gesamtstruktur verwendet
LDAP/SSL	636 (TCP/UDP)	Wird zum Importieren von Daten aus AD verwendet. Die Datenübertragung ist signiert und verschlüsselt. Gilt nur bei Verwendung von SSL
RPC	49152- 65535 (Random High RPC-Port) (TCP/UDP)	Wird bei der anfänglichen Konfiguration von Azure AD Connect beim Binden an die AD-Gesamtstrukturen und bei der Kennwortsynchronisierung verwendet
WinRM	5985 (TCP/UDP)	Wird nur verwendet, wenn Sie AD FS mithilfe von gMSA im Azure AD Connect-Assistenten installieren
AD DS-Webdienste	9389 (TCP/UDP)	Wird nur verwendet, wenn Sie AD FS mithilfe von gMSA im Azure AD Connect-Assistenten installieren

Sollten Sie in der Firewall Beschränkungen für bestimmte Domänen eingerichtet haben, müssen Sie folgende Domänen zur Liste der zugelassenen Domänen hinzufügen:

URL	Port	Beschreibung
mscrl.microsoft.com	HTTP/80	Wird verwendet um CRL-Listen (Zertifikatsperrlisten) herunterzuladen.
*.verisign.com	HTTP/80	Wird verwendet um CRL-Listen (Zertifikatsperrlisten) herunterzuladen.
*.entrust.net	HTTP/80	Wird verwendet um CRL-Listen (Zertifikatsperrlisten) für MFA herunterzuladen.
*.windows.net	HTTPS/443	Wird für die Anmeldung bei Azure AD verwendet.
secure.aadcdn.microsoftonline-p.com	HTTPS/443	Wird für MFA verwendet.
*.microsoftonline.com	HTTPS/443	Wird zum Konfigurieren Ihres Azure AD-Verzeichnisses und zum Importieren/Exportieren von Daten verwendet.

Domänenname

Ein großes Thema ist der Name der Active Directory Domäne.

Oft wird in einer lokalen Domäne mit einem nicht routingfähigen Domänensuffix gearbeitet, wie beispielsweise „Meistertrainer.local".

Microsoft 365 benötigt aber ein routingfähiges Domänensuffix, um die Anmeldenamen ordnungsgemäß anlegen zu können.

Beispielsweise wird ein Konto mit Namen „Peter", das sich in der Domäne „Meistertrainer.info" befindet, in Microsoft 365 Azure Active Directory später als „Peter@Meistertrainer.info" geführt.

Sollten Sie jedoch die lokale Domäne mit einem nicht routingfähigen Domänensuffix führen, wird jedes Benutzerkonto mit einer onmicrosoft.com Domäne synchronisiert.

In unserem Beispiel wäre das der Benutzer „Peter“, der sich in der Domäne „Meistertrainer.local“ befindet.

Er würde später in Microsoft 365 Azure Active Directory als Peter@Meistertrainer.onmicrosoft.com geführt.

Um das zu vermeiden, sollten Sie Ihre On-Premise Domäne so ändern, dass sie mit einem routingfähigen Domänensuffix geführt wird.

Leider ist das nicht immer möglich, denn eine nachträgliche Änderung des Domänennamens kann sehr komplex sein und viele Probleme mit sich bringen.

Deswegen gibt es für die Lösung dieses Problems eine zweite Möglichkeit, nämlich das Hinzufügen von zusätzlichen routingfähigen Domänensuffixen, auch UPN-Suffix genannt.

Lassen Sie uns hier ein Beispiel betrachten.

Die interne On-Premise Domäne hat den Namen „Meistertrainer.info“. Dieser Name soll aus firmenpolitischen Gründen nur intern genutzt werden.

Also haben Sie in Azure AD eine Domäne mit dem Namen „Meistertrainer-Cloud.de“ hinzugefügt. Dieser Name soll der Name für den Anschluss der On-Premise Domäne sein.

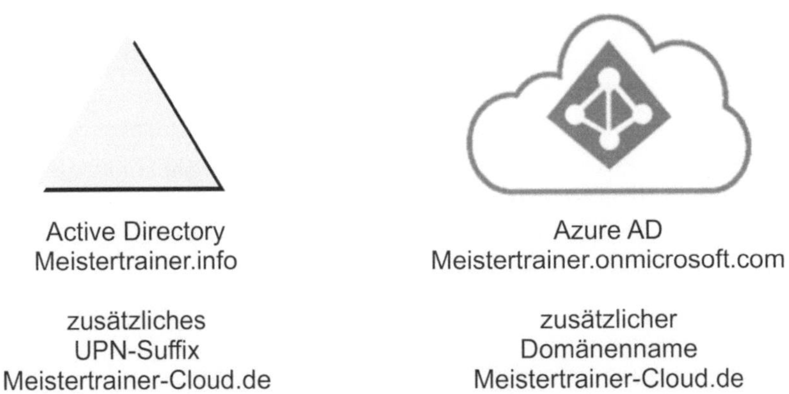

Abbildung 2.5: Domänennamen

Um die Vorbereitung der On-Premise Domäne abzuschließen, müssen Sie den Benutzern das neue UPN-Suffix zuweisen.

Für diese Vorgehensweise öffnen Sie auch diesmal die Konsole „Active Directory-Domänen und -Vertrauensstellungen“.

Hier klicken Sie mit der rechten Maustaste auf die Bezeichnung und wählen „Eigenschaften“.

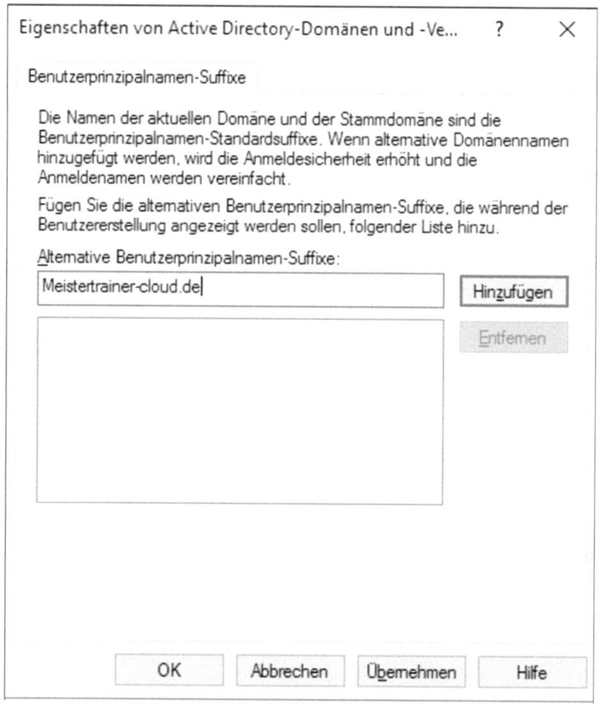

Abbildung 2.6: Eigenschaften

Nun öffnen Sie die Konsole „Active Directory-Benutzer und –Computer“ und ändern dort den Benutzeranmeldenamen auf das neue Suffix.

Abbildung 2.7: Ändern des Suffixes

Diese Schritte müssen Sie für jeden Benutzer ausführen.

Hier kann Ihnen die PowerShell eine Hilfe sein.

Mit der PowerShell können Sie für alle Benutzernamen gleichzeitig das zuvor festgelegte UPN-Suffix ändern.

Sie geben folgenden Befehl ein:

```
$LocalUsers = Get-ADUser -Filter {UserPrincipalName -like
'*<AltesUPNSuffix>'} -Properties userPrincipalName -ResultSetSize
$null $LocalUsers | foreach {$newUpn =
$_.UserPrincipalName.Replace("*<AltesUPNSuffix>","*<NeuesUPNSuf
fix>"); $_ | Set-ADUser -UserPrincipalName $newUpn}
```

In unserem Schulungsbeispiel haben wir die lokale Domäne „Meistertrainer.info“ und die registrierte Cloud-Domäne „Meistertrainer-Cloud.de“.

Der Befehl lautet deswegen:

$LocalUsers = Get-ADUser -Filter {UserPrincipalName -like '*Meistertrainer.info'} -Properties userPrincipalName -ResultSetSize $null

$LocalUsers | foreach {$newUpn = $_.UserPrincipalName.Replace("Meistertrainer.info","Meistertrainer-cloud.de"); $_ | Set-ADUser -UserPrincipalName $newUpn}

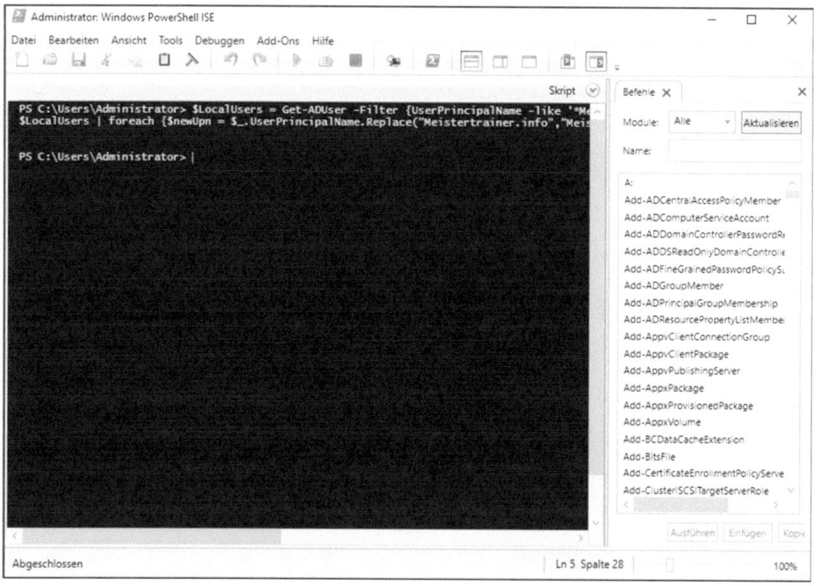

Abbildung 2.8: PowerShell

Nach dem Ausführen erkennen Sie, dass alle Benutzerkonten nun mit dem neuen UPN-Suffix geändert sind.

Abbildung 2.9: Neues Suffix

Einstellungen für AS FS

Eine Besonderheit ergibt sich bei der Erstellung einer Verzeichnissynchronisation zwischen einem AD FS Verbund und Azure Active Directory.

In einem Verbund handelt es sich meistens um gleichwertige Domänen, die über einen Verbundserver verwaltet werden.

Azure AD kann nur eine Domäne der obersten Ebene verwalten. Dies liegt daran, dass Azure AD eine Domäne mit einer bestimmten Eigenschaft identifiziert, einem Attribut mit Namen „IssuerUri“.

Aus diesem Grund kann keine zweite Domäne der gleichen Ordnung hinzugefügt werden.

Das Einrichten einer Active Directory Federation Lösung ist aufwändig und wird an dieser Stelle nicht besprochen, aber durch diese Einschränkung kann es Probleme geben, eine zweite Verbunddomäne hinzuzufügen.

Deswegen müssen Sie das Attribut „IssuerUri“ manuell auf den Namen der Domäne festlegen, dadurch wird er eindeutig erkennbar und Sie können auch eine zweite Verbunddomäne verwalten.

Die Konfiguration nehmen Sie mithilfe der PowerShell vor:

SupportMultipleDomain

Dieser Parameter kann zusammen mit drei verschiedenen Cmdlets benutzt werden:

New-MsolFederatedDomain
Fügt eine neue Single Sign-On Domäne hinzu

Convert-MsolDomaintoFederated
Konvertiert eine Domäne zu Single-Sign-On

Update-MsolFederatedDomain
Erzwingt ein Update sowohl in AD FS als auch im Azure AD

2.3 Identitätssynchronisierung mit Azure AD Connect einrichten

Lassen Sie uns nun betrachten, wie Sie eine einzelne Gesamtstruktur per Verzeichnissynchronisation an Azure Active Directory anschließen können.

Dazu wählen Sie in Ihrer On-Premise Domäne einen Server aus, der zwar Mitglied der Domäne, aber kein Domänencontroller ist.

In einer Testumgebung ist es möglich, einen Domänencontroller zu benutzen, aber aus sicherheitstechnischen Gründen sollte das in produktiven Umgebungen vermieden werden.

Er benötigt mindestens 4 GB Arbeitsspeicher und .NET 4.7.1.

Öffnen Sie nun von diesem Server aus den Browser und navigieren Sie zu Ihrem Microsoft 365 Admin-Center.

https://admin.microsoft.com

Hier melden Sie sich mit dem globalen Administratorkonto Ihres Microsoft 365 Abonnements an.

Wenn Sie den Internet Explorer verwenden möchten, bedenken Sie, dass eine Verbindung nicht funktioniert, wenn Sie die verstärkten Sicherheitsbedingungen aktiviert haben.

Deaktivieren Sie diese im Server Manager.

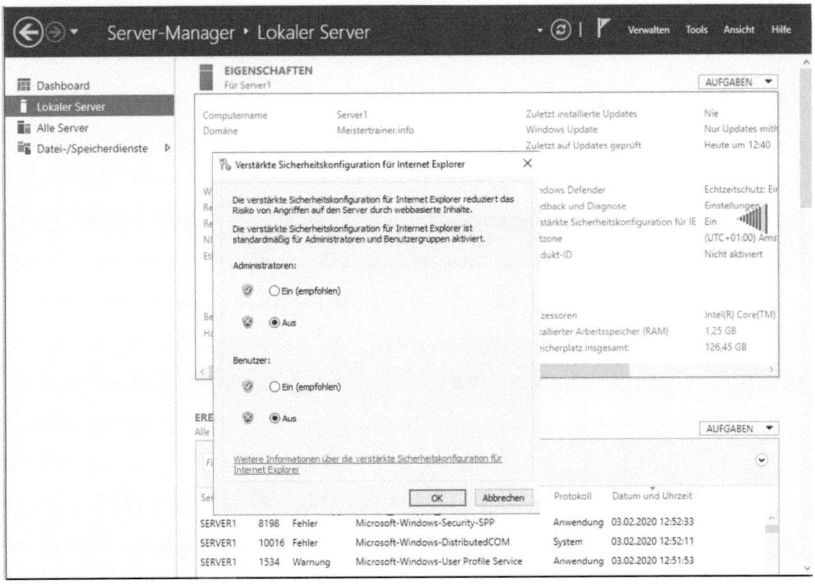

Abbildung 2.10: Verstärkte Sicherheit

Wechseln Sie zum Azure Active Directory und wählen

- Azure AD Connect
- Bereitstellung verwalten (Vorschau)

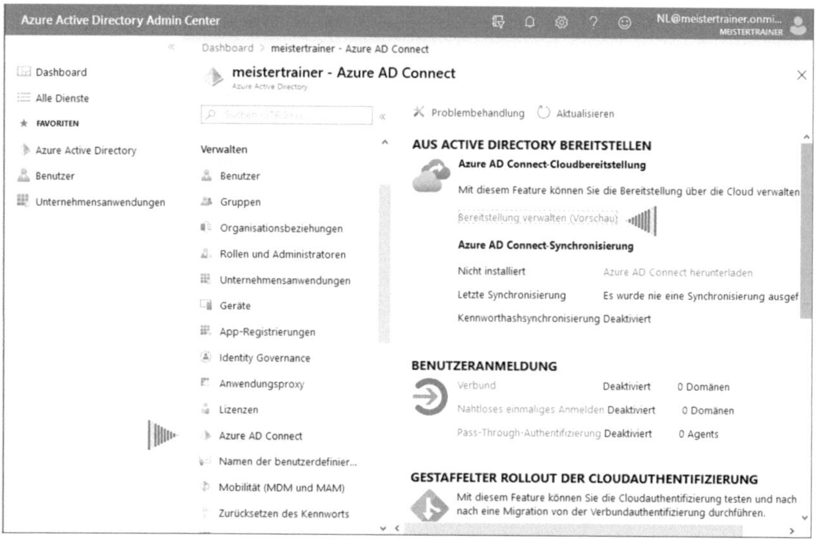

Abbildung 2.11: Bereitstellung verwalten

Laden Sie nun den Agenten auf den Server herunter.

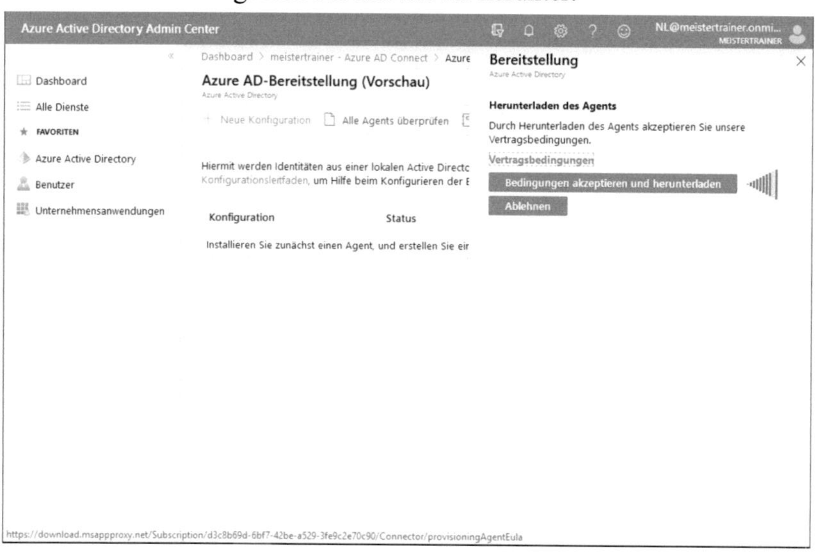

Abbildung 2.12: Download Agent

Nun können Sie mit der Installation des Agenten beginnen.

Abbildung 2.13: Agent wird installiert

Allerdings ist zur Zeit der Erstellung dieses Buchs die Installationsroutine leider fehlerhaft und bricht immer mit einer Fehlermeldung ab, die besagt, dass der Dienst nicht gestartet werden kann.

Zum jetzigen Zeitpunkt ist die beste Lösung, ein generelles Installationspaket von einer Microsoft Seite herunterzuladen und damit die Installation zu starten.

Sie führen die Installation auf dem Rechner aus, der auch später als Synchronisationsserver dienen soll.

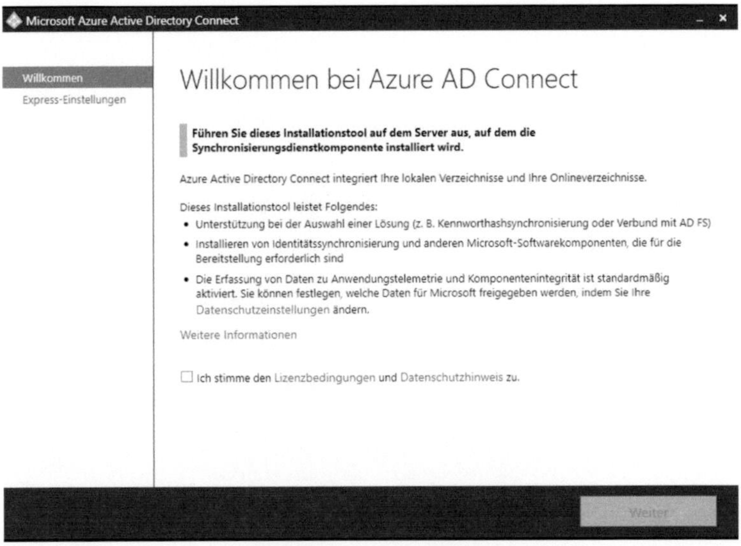

Abbildung 2.14: Startseite

Auf der Startseite sehen Sie zunächst einen Überblick über die Funktionen des Tools.

Wenn Sie eine routingfähige Domäne haben, deren Namen Sie bereits in Microsoft 365 überprüft haben, und auch sonst keine Besonderheiten in Ihrer Umgebung zu finden sind, können Sie die Express-Einstellungen wählen.

Wichtig an dieser Stelle ist die Feststellung, dass Sie „eine einzelne Windows Server Active Directory-Gesamtstruktur verwenden".

Mit dem Tool „AD-Connect" können Sie nur eine einzige Windows Server Active Directory-Gesamtstruktur anschließen, was aber für die meisten Unternehmen kein Problem darstellt.

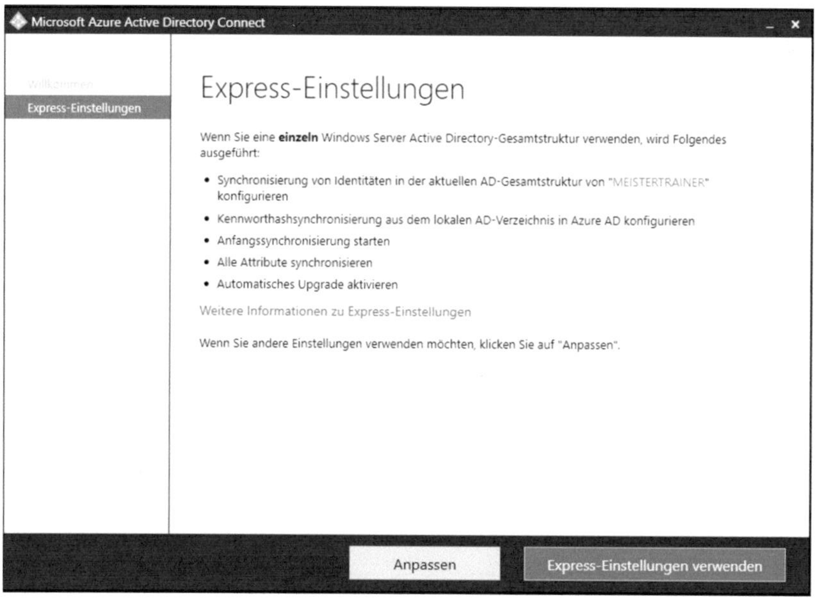

Abbildung 2.15: Express-Einstellungen

In allen anderen Fällen, wenn Sie beispielsweise mit anderen Domänensuffixen arbeiten, abweichende Einstellungen haben oder ganz einfach nur sehen möchten, was der Assistent alles leistet, wählen Sie „Anpassen".

Im nächsten Schritt wird der Synchronisierungsdienst installiert, um ihn später zu konfigurieren.

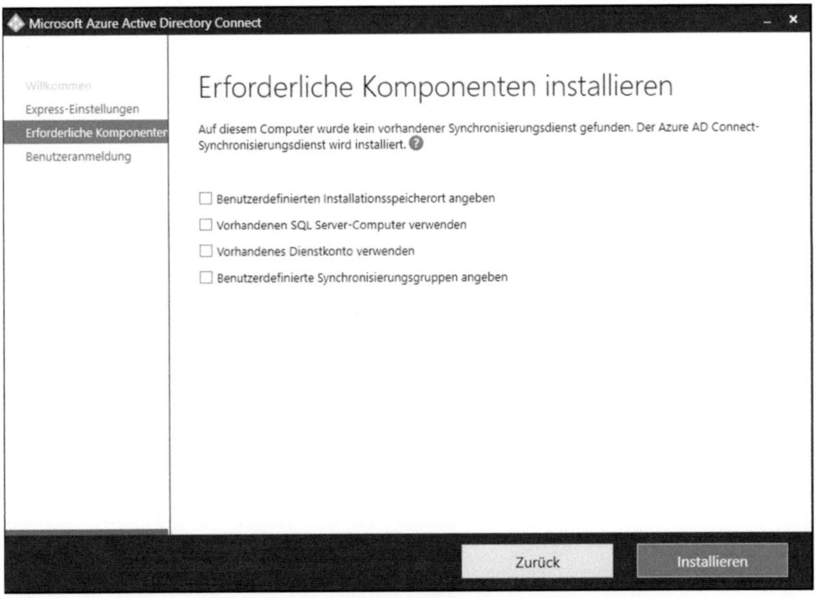

Abbildung 2.16: Installation Synchronisierungsdienst

Prinzipiell wird für die Verzeichnissynchronisierung ein SQL-Server benötigt.

Wenn im Unternehmen ein eigener SQL-Server betrieben wird, kann er an dieser Stelle ausgewählt werden.

Wenn nicht, wird 2012 Express LocalDB (eine einfache Version von SQL Server Express) auf dem Synchronisationsserver installiert.

An dieser Stelle können Sie auch wählen, ob Sie ein bereits bestehendes Konto benutzen möchten.

Danach legen Sie die Art der Benutzeranmeldung fest.

Abbildung 2.17: Benutzeranmeldung

Hier können Sie nun die verschiedenen Arten der Benutzeranmeldung wählen.

Kennworthashsynchronisierung

Um zu verstehen, was die Kennworthashsynchronisation ist, müssen Sie wissen, dass in einem On-Premise Active Directory die Kennwörter nicht im Klartext gespeichert werden, sondern nur einen errechneten mathematischen Wert.

Dieser Hash ist außerhalb einer Active Directory Domäne unbrauchbar, denn aus ihm kann das Kennwort nicht extrahiert werden. Dadurch sind Kennwörter in einer Active Directory Domäne sicher geschützt.

Wenn Sie die Kennworthashsynchronisierung wählen, wird der Kennworthash aus dem On-Premise Active Directory ausgelesen, einer weiteren Sicherheitsverarbeitung unterzogen und dann zu Azure Active Directory synchronisiert, so dass Sie sich mit dem gleichen Kennwort sowohl an der On-Premise Active Directory Domäne als auch bei Azure Active Directory anmelden können.

Diese Synchronisation wird alle zwei Minuten durchgeführt. Das gespeicherte Cloud-Kennwort wird dann überschrieben.

Rückwärts, also von Azure Active Directory zur On-Premise Active Directory Domäne funktioniert die Synchronisation der Kennwörter nur, wenn die Funktion „Kennwortrückschreibung“ aktiviert wird, dazu später mehr.

Die Kennworthashsynchronisation erlaubt, dass die Benutzer sich am Azure Active Directory anmelden können, auch wenn das lokale Active Directory nicht zur Verfügung steht, da die Kennwörter auch direkt im Azure Active Directory gespeichert werden.

Dadurch werden auch die Sicherheitseinstellungen für die Kennwörter aus den Sicherheitsrichtlinien des On-Premise Active Directory übernommen.

Ein Benutzer muss sich allerdings sowohl an der On-Premise Domäne als auch am Azure Active Directory getrennt anmelden, wenn auch mit dem gleichen Kennwort.

Das können Sie allerdings vermeiden, wenn Sie im unteren Teil des Fensters den Haken vor „Einmaliges Anmelden aktivieren“ setzen.

Passthrough-Authentifizierung

Bei der Passthrough-Authentifizierung wird das Kennwort aus der On-Premise Domäne nicht in Azure Active Directory synchronisiert.

Es wird stattdessen ein Software-Agent auf einem oder mehreren Domänenservern verwendet, der die Anmeldeinformationen abfragt, wenn eine Anmeldung am Azure Active Directory gewünscht wird.

Der Vorteil hierbei ist natürlich der absolute Schutz der Kennwörter, der Nachteil ist, dass Sie keinen Zugriff auf Ihre Cloud-Ressourcen haben, wenn das On-Premise Active Directory nicht zur Verfügung steht.

Verbund mit AD FS

Auch in diesem Fall findet keine Synchronisation der Kennwörter in die Cloud statt, es wird stattdessen ebenfalls lokal nach den Kennwörtern gesucht, in einer Instanz der Active Directory Verbunddienste.

Vorteile und Nachteile sind hier die gleichen wie bei der Passthrough-Authentifizierung.

Verbund mit PingFederate

PingFederate ist eine Verbundauthentifizierungslösung wie AD FS und hat die gleichen Eigenschaften.

Nach der Auswahl der Benutzeranmeldung müssen Sie sich mit dem Azure Active Directory verbinden.

Abbildung 2.18: Verbinden mit Azure AD

Dazu geben Sie die Anmeldeinformationen eines globalen Azure Administrators an.

Nun müssen Sie sich entscheiden, welche lokale Domäne Sie zu Azure Active Directory hinzufügen wollen.

Abbildung 2.19: Auswahl lokale Domäne

Wenn Sie auf „Verzeichnis hinzufügen" klicken, erscheint ein neues Fenster, in dem Sie ein Konto spezifizieren müssen, das in Zukunft die Synchronisation ausführt.

Wählen Sie „Neues AD-Konto erstellen" und geben Sie die Anmeldeinformationen eines Unternehmensadministrators an.

Dann wird ein neues Konto für die Synchronisation erstellt und mit den benötigten Rechten versehen.

Diese Vorgehensweise hat den Vorteil, dass das Konto alle benötigten Rechte erhält, aber auf keinen Fall zu viele Rechte zugestanden bekommt.

Abbildung 2.20: Vom Assistent erstelltes Konto

Danach wird die Verbindung der Domänen hergestellt.

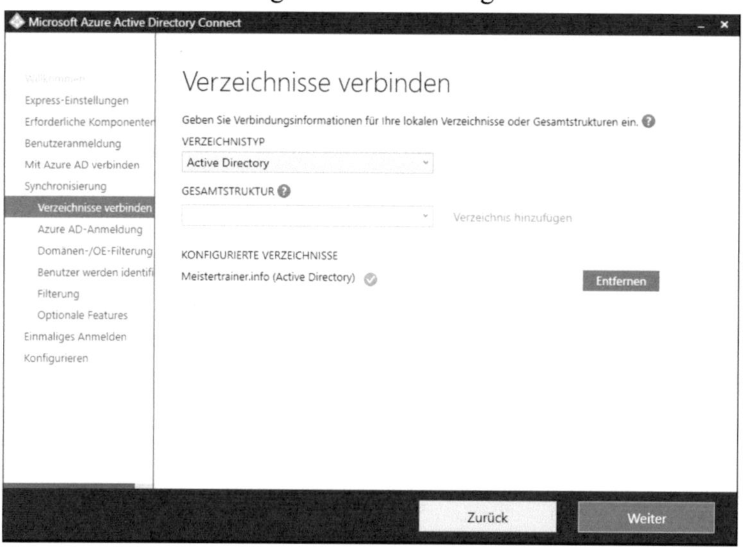

Abbildung 2.21: Verbindung wird hergestellt

Nun wird die lokale Active Directory Domäne nach den vorhandenen Suffixen untersucht.

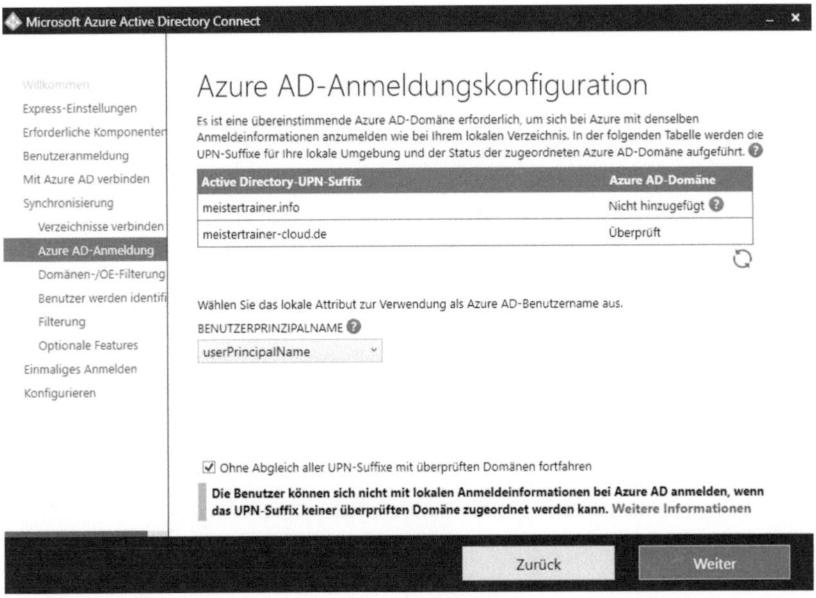

Abbildung 2.22: UPN-Suffixe

In unserem Fall werden zwei Suffixe gefunden, einmal Meistertrainer.info, diese Informationen werden nicht in die Cloud repliziert und einmal Meistertrainer-cloud.de, dies ist das zusätzlich angelegte Suffix.

Dieses kann in die Cloud repliziert werden.

Es wird ein lokales Attribut gefordert, das der Azure AD Benutzername werden soll.

Dies muss das Attribut „userPrincipalName“ sein.

Der „userPrincipalName“, ist die Bezeichnung für den Anmeldenamen in Form einer E-Mail-Adresse, der in einem Kerberos-basierten Verzeichnisdienst, wie dem Active Directory, gespeichert wird.

Er besteht immer aus dem Anmeldenamen, also beispielsweise „Administrator“, einem @ und danach dem UPN-Suffix, also in unserem Fall entweder „meistertrainer.info“ oder „Meistertrainer-cloud.de“.

In unserem Fall sind nicht alle UPN-Suffixe überprüft, weil wir ja nur das Suffix „Meistertrainer-cloud.de“ hinzufügen wollen, nicht aber das Suffix „Meistertrainer.info“, da dies nach wie vor nur On-Premise verwendet werden soll.

Deswegen muss der Haken vor „Ohne Abgleich aller UPN-Suffixe mit überprüften Domänen fortfahren“ gesetzt werden, bevor wir auf „Weiter“ klicken können.

Nun können noch Filter gesetzt werden, welche Organisationseinheiten, Benutzer oder Geräte von der Synchronisation ausgenommen werden sollten.

Abbildung 2.23: Filter

Der nächste Schritt sind die „optionalen Features“.

Je nach Ihrer Umgebung haben Sie hier zusätzliche Auswahlmöglichkeiten. Die meisten sind für Exchange, und deswegen in einer Umgebung ohne lokalen Exchange-Server nicht anwählbar.

In jedem Fall können Sie folgende zusätzliche Funktionen wählen:

Kennwortrücksynchronisation

Wie bereits bei der Kennworthashsynchronisation besprochen, können Sie an dieser Stelle festlegen, dass die Kennwörter auch rückwärts synchronisiert werden können, also von Azure Active Directory zur On-Premise Domäne.

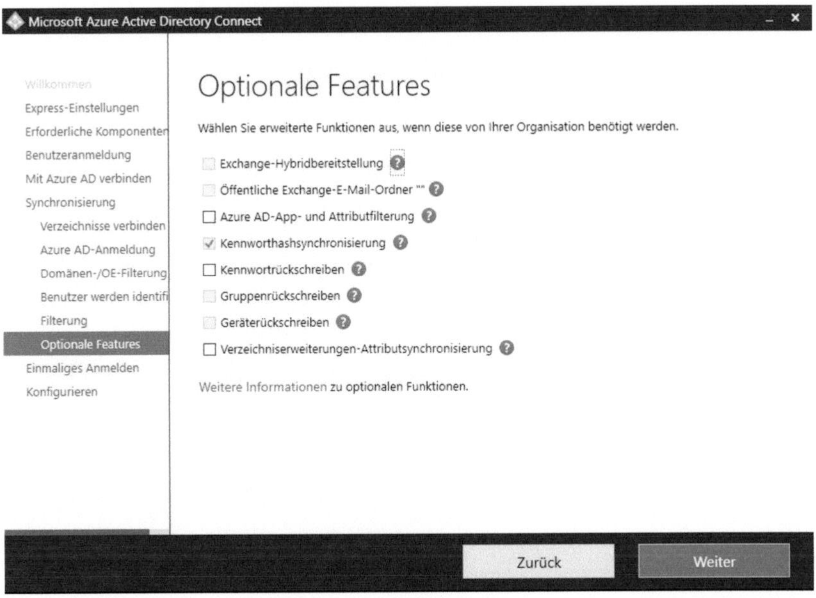

Abbildung 2.24: Optionale Features

Azure AD-App- und Attributfilterung

Wenn Sie diese Auswahl wählen, können Sie im weiteren Verlauf noch wählen, welches Apps und Attribute Sie nach Azure AD exportieren wollen.

Abbildung 2.25: Apps und Attribute

Normalerweise wird alles exportiert, es sei denn, Sie möchten bestimmte Apps weiter lokal betreiben.

Verzeichniserweiterungen - Attributsynchronisation

Ein weiterer Punkt ist die Verzeichniserweiterungen – Attributsynchronisation.

Abbildung 2.26: Verzeichniserweiterungen

Einige Anwendungen erweitern das Active Directory Schema und legen dafür eigene Attribute an.

Dies können die Attribute der Web-Apps sein, wie soeben betrachtet. Diese Attribute können Sie mit dem vorherigen Schritt ins Azure AD replizieren.

Es können aber auch Attribute sein, die von anderen, Nicht-Microsoft Anwendungen, erstellt worden sind.

Wenn Sie möchten, dass diese zusätzlichen Attribute auch ins Azure AD repliziert werden, können Sie dies an dieser Stelle konfigurieren.

Der letzte Schritt ist die Konfiguration der einmaligen Anmeldung, falls Sie das zuvor ausgewählt haben.

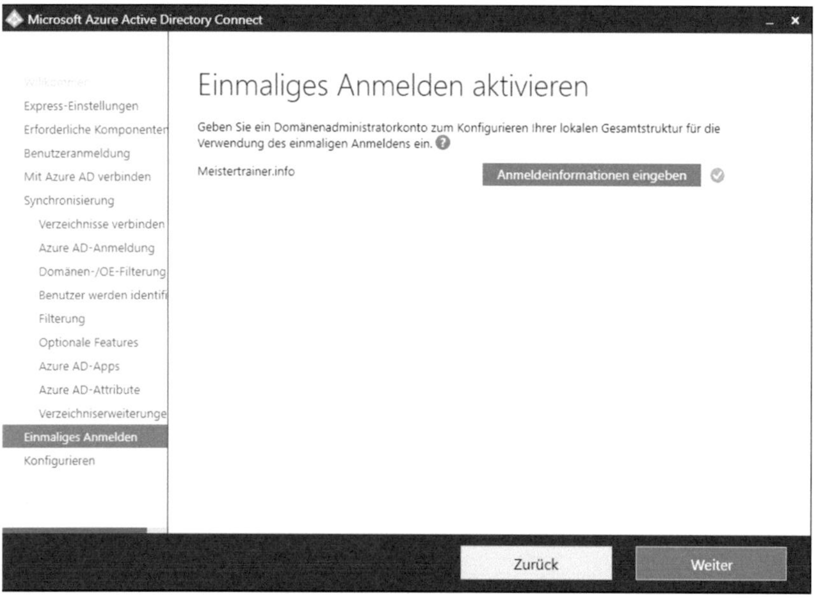

Abbildung 2.27: Einmaliges Anmelden

Hierfür müssen Sie einmal die Anmeldedaten eines Administrators eingeben.

Danach wird die Verzeichnisreplikation eingerichtet.

2.3.1 Überprüfung der Einrichtung

Nachdem der Assistent Azure AD Connect auf Ihrem Server installiert hat, können Sie sofort die Einrichtung überprüfen.

Schon auf der Startseite der Microsoft 365 Konsole können Sie erkennen, dass die Verzeichnisreplikation stattfindet.

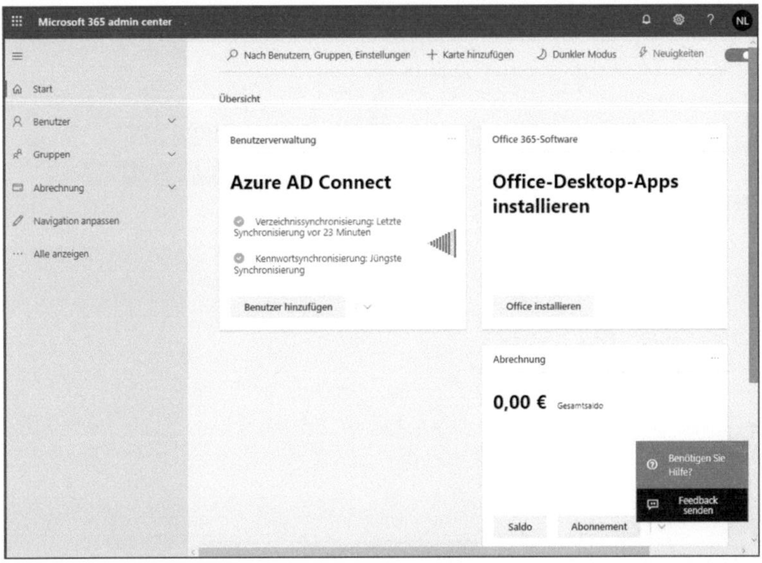

Abbildung 2.28: Verzeichnisreplikation findet statt

Wenn Sie ins Azure Active Directory wechseln und dann zu Azure AD-Connect, können Sie sofort erkennen, dass Azure AD-Connect eingerichtet ist.

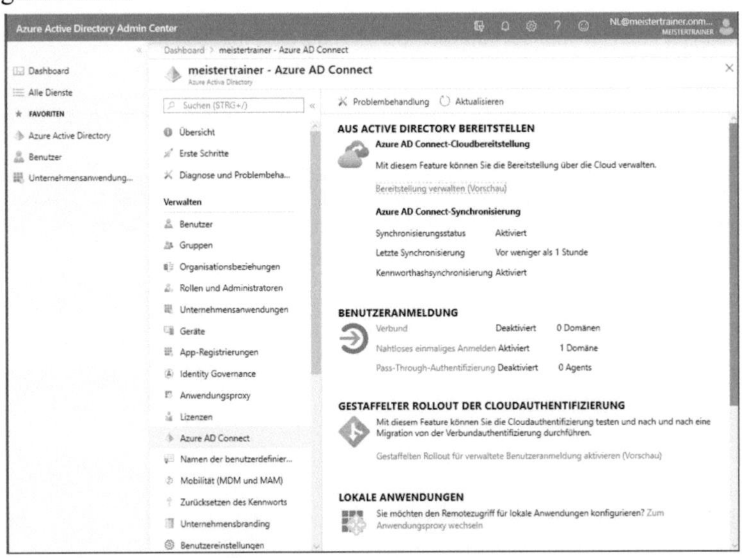

Abbildung 2.29: Azure AD-Connect

Auch die momentane Konfiguration erkennen Sie auf den ersten Blick.

Sie sehen

- Synchronisierungsstatus: Aktiviert/Deaktiviert
- Letzte Synchronisierung: Zeitraum
- Kennworthashsynchronisierung: Aktiviert/Deaktiviert
- Verbund: Aktiviert/Deaktiviert
- Nahtloses einmaliges Anmelden: Aktiviert/Deaktiviert
- Pass-Through-Authentifizierung: Aktiviert/Deaktiviert

Aber auch auf dem Server, auf dem Sie Azure AD-Connect installiert haben, sollten Sie überprüfen, ob alles richtig eingerichtet ist.

Dafür öffnen Sie dort die Konsole „Dienste“.

Hier finden Sie den Dienst „Microsoft Azure AD Sync“.

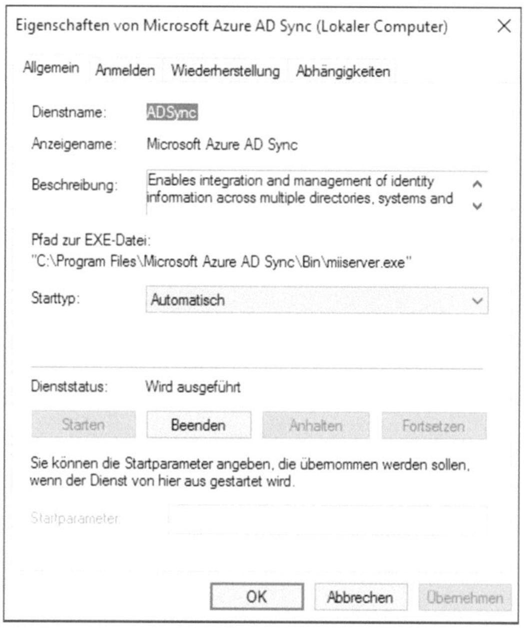

Abbildung 2.30: Dienst

Dieser Dienst sollte gestartet sein.

Kehren wir zurück ins Azure Active Directory und betrachten wir die Benutzer.

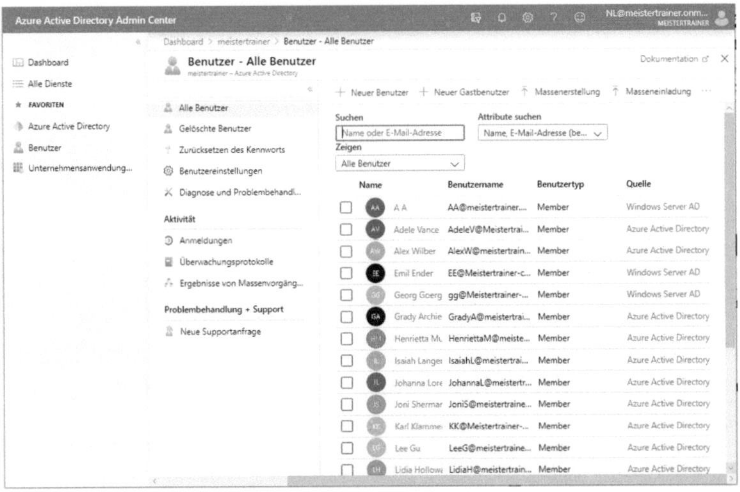

Abbildung 2.31: Konten

Sie erkennen, dass einige Konten mit der Quelle „Azure Active Directory" geführt werden, und andere mit „Windows Server AD".

Wenn Sie eines der Konten genauer betrachten, sehen Sie auch, dass das UPN-Suffix, das Sie in der On-Premise Domäne angelegt haben, übernommen worden ist.

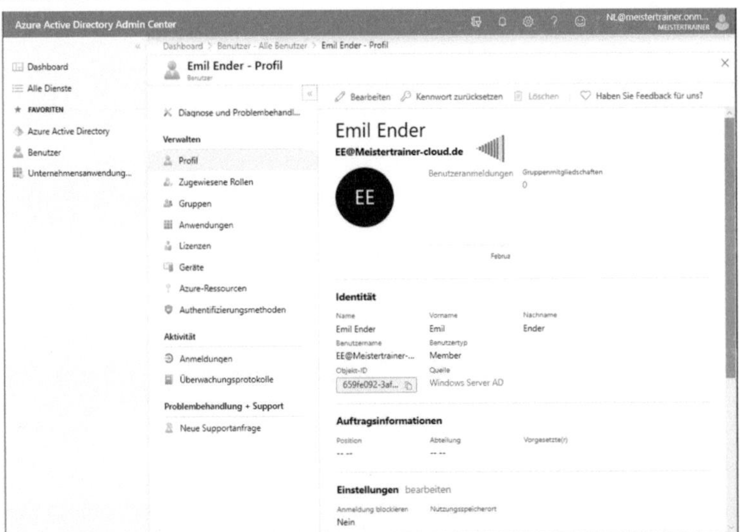

Abbildung 2.32: Suffix wurde übernommen

2.4 Identitätssynchronisierung mit Azure AD Connect verwalten

Nach dem Einrichten der Synchronisation wird standardmäßig alle 30 Minuten synchronisiert.

Diese Steuerung wird von einem sogenannten „Scheduler“ übernommen.

Natürlich können Sie diverse Einstellungen an diesem Scheduler vornehmen, um den Zeitpunkt der Synchronisation an Ihre Bedürfnisse anzupassen.

Betrachten der aktuellen Synchronisationseinstellungen

Um die aktuellen Konfigurationseinstellungen der Synchronisation zu betrachten, öffnen Sie eine PowerShell im Administratormodus und geben Sie den folgenden Befehl ein:

Get-ADSyncScheduler

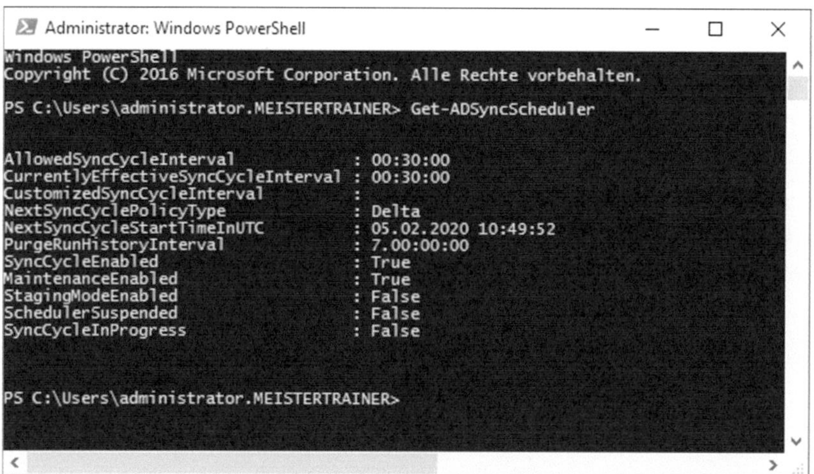

Abbildung 2.33: Get-ADSyncScheduler

Lassen Sie uns die einzelnen Aussagen untersuchen, die Sie in dieser Anzeige erkennen können.

AllowedSyncCycleInterval

Dies ist das kürzeste unterstützte Synchronisationsintervall, eine kürzere Einstellung ist nicht möglich.

CurrentlyEffectiveSyncCycleInterval

Hier erkennen Sie das momentan eingestellte Intervall.

CustomizedSyncCycleInterval

Wenn Sie eine eigene Frequenz definiert haben, wird diese hier angezeigt.

NextSyncCyclePolicyType

Hier gibt es zwei Möglichkeiten der Synchronisationseinstellung:

Delta: Nur die Unterschiede werden synchronisiert

Initial: Dies ist eine vollständige Replikation

NextSyncCycleStartTimeInUTC

Hier sehen Sie den Zeitpunkt des nächsten Starts der Synchronisation.

PurgeRunHistoryInterval

Dies ist der Zeitraum, für den die Protokolle aufgehoben werden.

SyncCycleEnabled

Hier sehen Sie, ob der Scheduler-Zeitplan aktiviert ist.

MaintenanceEnabled

Hier sehen Sie, ob der Wartungsprozess aktiviert ist.

StagingModeEnabled

Hier sehen Sie, ob der Stagingmodus aktiviert ist. Bei Aktivierung werden keine Exporte ausgeführt.

SchedulerSuspended

Hier sehen Sie, ob der Scheduler vorübergehend gestoppt ist, zum Beispiel, weil Sie ihn manuell gestoppt haben oder weil der Assistent eine Änderung vornimmt.

Ändern der Einstellungen

Alle diese Einstellungen können Sie mit dem PowerShell Cmdlet

Set-ADSyncScheduler

ändern.

Hierbei können Sie mit folgenden Parametern arbeiten:

- CustomizedSyncCycleInterval
- NextSyncCyclePolicyType
- PurgeRunHistoryInterval
- SyncCycleEnabled
- MaintenanceEnabled

Sehen Sie hier ein Beispiel.

Um die Synchronisation anzuhalten, geben Sie ein:

Set-ADSyncScheduler -SyncCycleEnabled $false

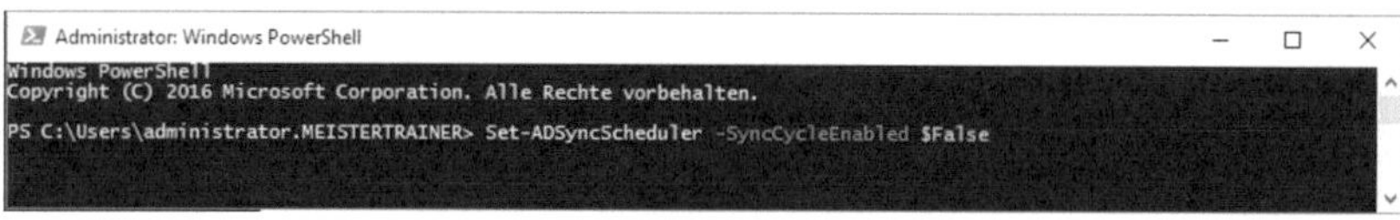

Abbildung 2.34: Pausieren der Synchronisation

Dies macht Sinn, wenn Sie aus irgendwelchen Gründen für eine bestimmte Zeit keine Synchronisation wünschen.

Vergessen Sie aber nicht, die Synchronisation danach wieder zu starten, mit dem Befehl

Set-ADSyncScheduler -SyncCycleEnabled $true

Manuelles Starten des Schedulers

In manchen Fällen möchten Sie vielleicht den Scheduler manuell starten, um eine sofortige Synchronisation zu erreichen.

Dies nehmen Sie vor, indem Sie den Befehl:

Start-ADSyncSyncCycle

Eingeben, gefolgt von den Parametern

-PolicyType Delta

Oder

-PolicyType Initial

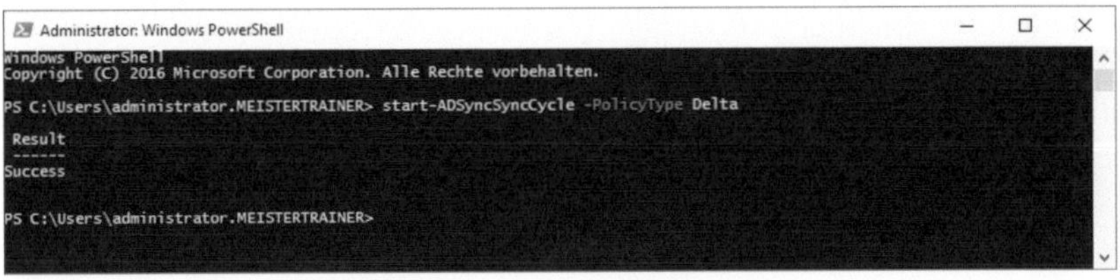

Abbildung 2.35: Manuelles Starten

Damit lösen Sie eine sofortige Synchronisation aus, entweder werden nur die Unterschiede synchronisiert oder es findet eine vollständige Synchronisation statt.

Synchronisation mit der grafischen Oberfläche

Eine manuelle Synchronisation können Sie auch mit einer der grafischen Konsolen anstoßen.

Dazu wählen Sie auf dem Server, der die Verzeichnissynchronisation verwaltet

- Start
- Synchronization Service

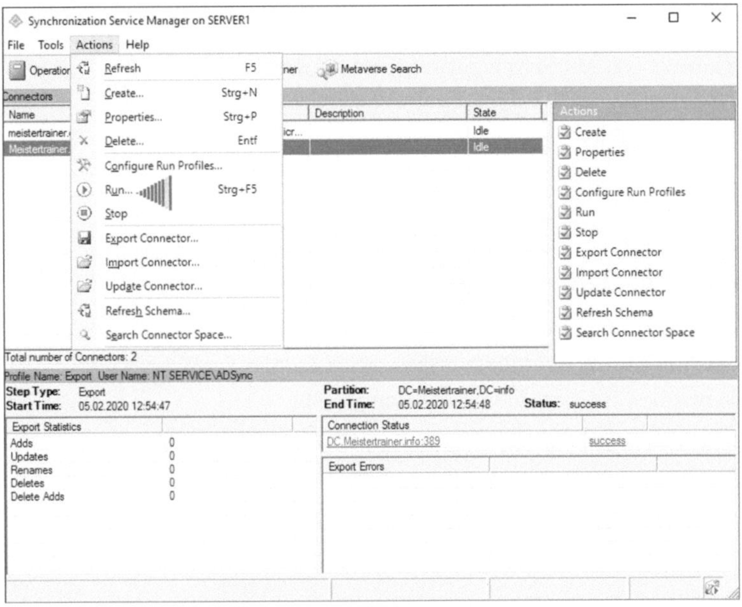

Abbildung 2.36: Synchronization Server

Wählen Sie im oberen Teil die Active Directory Domäne aus.

Dann klicken Sie auf

- Action
- Run

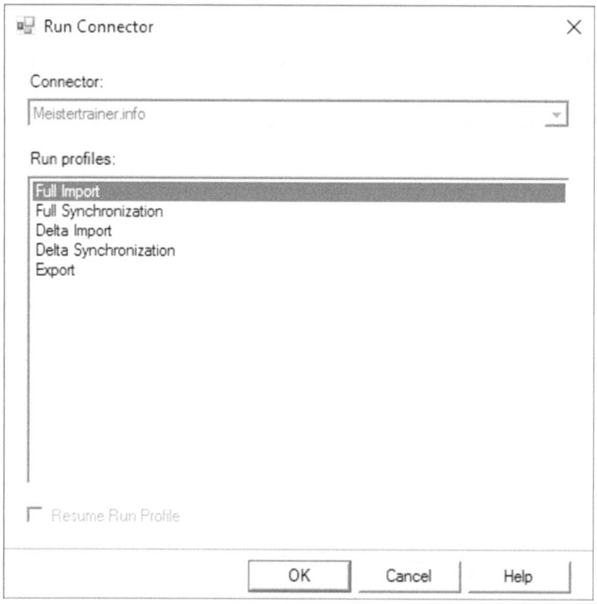

Abbildung 2.37: Auswahl der Synchronisationsarten

Nun wählen Sie aus, auf welche Art synchronisiert werden soll.

Auch einen reinen Export können Sie wählen, wobei die Daten vom Azure AD in die On-Premise Domäne geschrieben werden.

2.4.1 Verzeichnissynchronisation mit mehreren Gesamtstrukturen

Bisher haben wir den Fall betrachtet, dass wir genau eine Gesamtstruktur mit einem Azure Active Directory verbinden.

Das ist auch der Normalfall, denn Azure Active Directory kann nur mit einem AD-Connect Synchronisierungsserver pro Mandant umgehen.

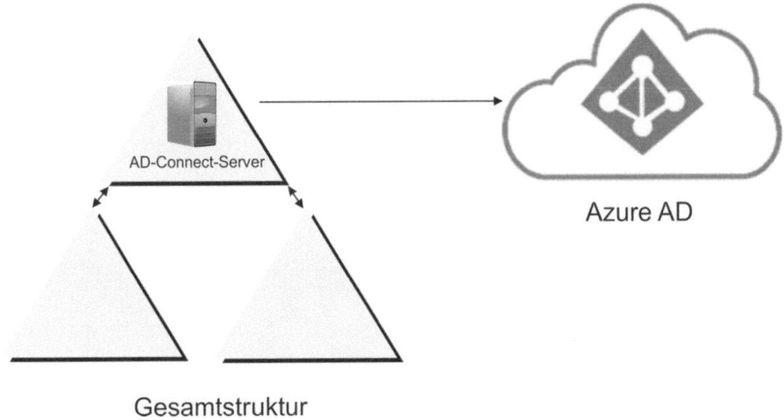

Abbildung 2.38: Eine Gesamtstruktur

Wenn Sie also mehrere Gesamtstrukturen synchronisieren möchten, wäre eine Lösung, dass Sie mehrere Azure Mandanten anlegen.

Oft ist es aber gewünscht, dass mehrere Gesamtstrukturen zu einen Azure AD Mandanten synchronisiert werden.

Dann muss der Weg immer über einen einzigen Synchronisationsserver laufen.

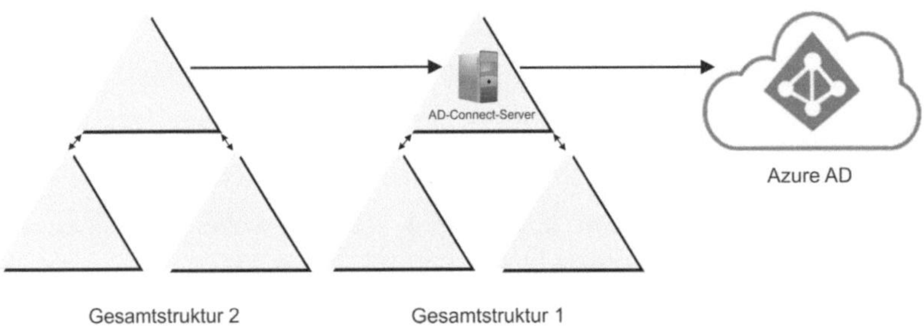

Abbildung 2.39: Mehrere Gesamtstrukturen

Dieser Server muss beide Active Directory Verzeichnisdienste beider Gesamtstrukturen erreichen können. Damit fungiert er sozusagen als „Sammelstelle“ für die Weiterleitung der Daten an Azure AD.

So können Sie beim Einrichten eines Synchronisationsservers angeben, dass die Synchronisierung für mehrere Gesamtstrukturen stattfinden soll, wenn Sie Azure AD-Connect auf diesen Server einrichten.

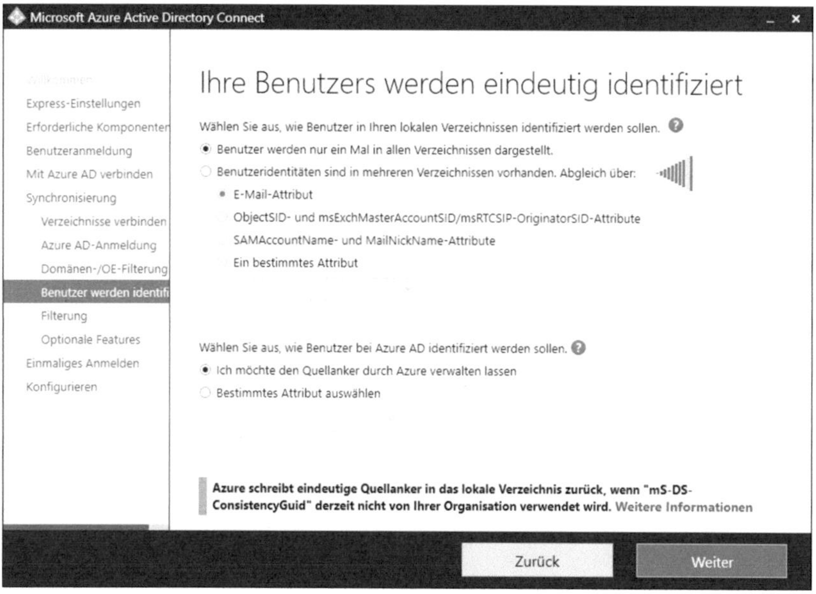

Abbildung 2.40: Benutzer mehrerer Verzeichnisse

Dabei sind einige Dinge zu beachten.

- Jeder Benutzer darf nur einen Account haben
- Jeder Benutzer darf nur ein Postfach haben
- Durch das eindeutige Postfach kann der Benutzer identifiziert werden

2.4.2 Ausfallsicherheit für AD-Connect

Beim Einrichten der Verzeichnissynchronisation sollten Sie auch kurz überlegen, ob die Ausfallsicherheit für Sie relevant ist.

Staging-Modus

Prinzipiell kann der Server, auf dem AD-Connect installiert ist, ausfallen, dann findet keine Synchronisation zwischen der On-Premise Domäne und dem Azure AD statt.

Dies können Sie unter anderem im Microsoft 365 Admin-Center erkennen.

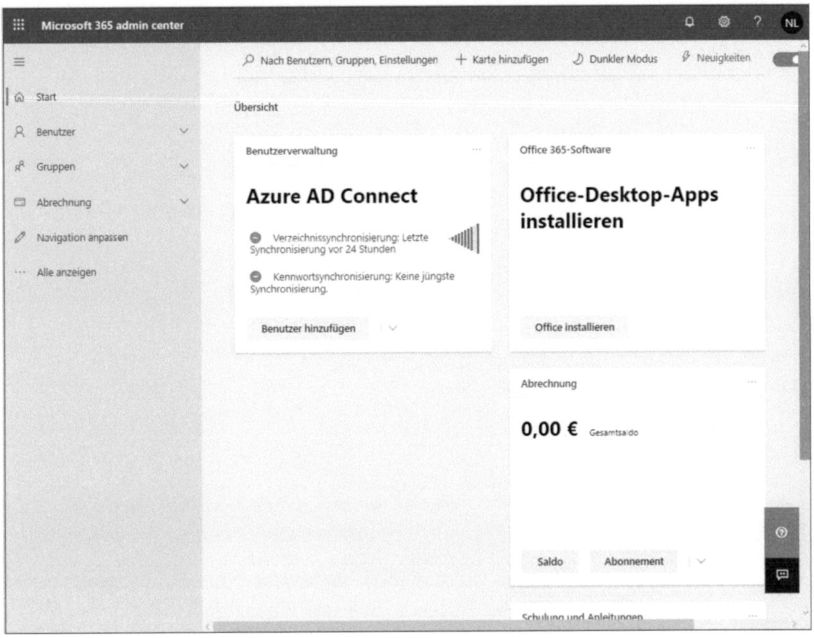

Abbildung 2.41: Server ist ausgefallen

Ob der Umstand dramatisch ist, hängt von Ihrer Umgebung ab und kann nicht pauschal beantwortet werden.

Sollten Sie beispielsweise den Großteil der Zugriffe in der On-Premise Domäne haben, und nur ab und zu auf Azure AD zugreifen, ist der Ausfall wahrscheinlich nicht so tragisch, als wenn Sie auf einen permanenten, unterbrechungsfreien Zugriff angewiesen sind.

Wenn Sie eine schnelle und ausfallsichere Lösung für dieses Problem haben möchten, können Sie Redundanz einrichten, zumindest bis zu einem bestimmten Punkt.

Wie wir bereits wissen, kann Azure Active Directory nur mit einem AD-Connect Synchronisierungsserver pro Mandant umgehen.

Das heißt auch, dass es nicht möglich ist, einen zweiten AD-Connect Server einzurichten.

Das ist richtig, aber wir können dennoch einen zweiten AD-Connect Server installieren, solange er nicht auch replizieren möchte.

Diesen Zustand nennt man „Staging Mode“.

Dies bedeutet, dass auf einem zweiten Server die Installation von AD-Connect gestartet wird und die Konfiguration identisch, wie beim ersten Server durchgeführt wird, bis zur letzten Seite des Assistenten.

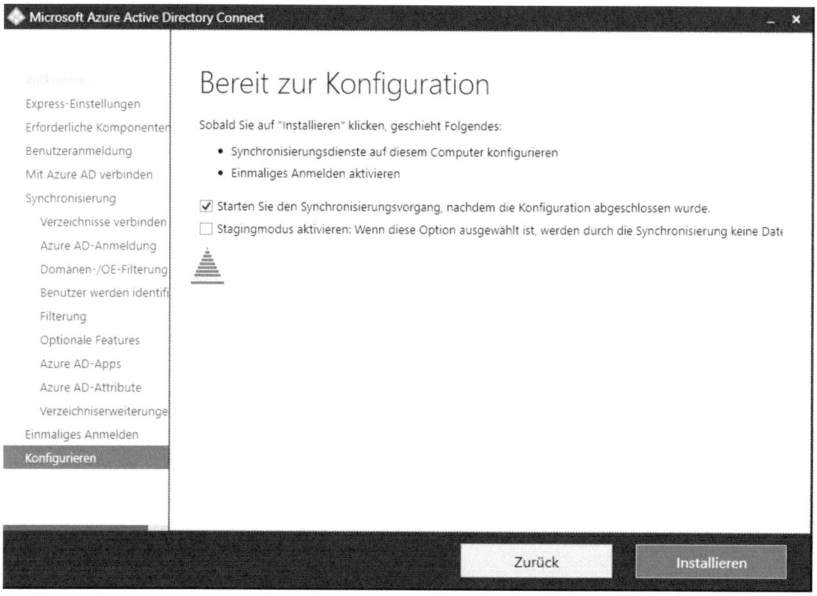

Abbildung 2.42: Stagingmodus aktivieren

Hier wählen Sie „Stagingmodus aktivieren“.

Damit versetzen Sie den Server in eine Art „Standby-Konfiguration.

Er arbeitet identisch wie der erste Server, nur mit dem Unterschied, dass er seine interne Datenbank aktuell hält, aber diese nicht exportiert.

Sollte der aktive AD-Connect Server ausfallen, lassen Sie einfach auf dem Stagingserver den Assistenten erneut laufen und entfernen das Merkmal „Stagingmodus“.

Damit übernimmt er die Verzeichnissynchronisation.

Die Redundanz ist damit vorhanden, allerdings müssen Sie manuell eingreifen, um den Stagingserver in einen aktiven Server zu verwandeln.

Authentifizierungs-Agenten

Wenn Sie die Passthrough-Authentifizierung eingerichtet haben, wird die Authentifizierung immer über das lokale Active Directory vorgenommen, das heißt, die Kennwörter bleiben lokal in der On-Premise Domäne gespeichert, ohne dass sie in die Cloud synchronisiert werden.

Ein Software-Agent auf einem Domänenserver fragt in diesem Fall die Anmeldeinformationen ab, wenn eine Anmeldung am Azure Active Directory gewünscht wird.

Dadurch ergibt sich natürlich ein Engpass, wenn viele Abfragen gleichzeitig verarbeitet werden müssen.

Microsoft empfiehlt deswegen, mindestens drei Authentifizierungs-Agenten in der On-Premise Domäne zu installieren, damit Sie Redundanz haben.

Sie können maximal 40 Authentifizierungs-Agenten pro Mandant installieren.

ACHTUNG!

Sie benötigen immer genau einen AD-Connect-Server, der bereits einen Authentifizierungs-Agenten beinhaltet. Folglich können Sie noch bis zu 39 zusätzliche alleinstehende Authentifizierungs-Agenten pro Mandant installieren.

Die Installation ist sehr einfach.

Sie melden sich bei Microsoft 365 mit Ihrem globalen Administratorkonto an.

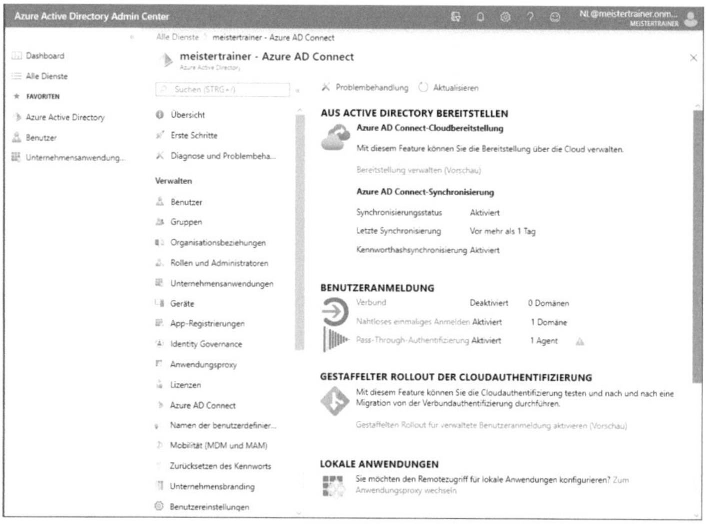

Abbildung 2.43: Authentifizierungs-Agent

Dann wechseln Sie zu

- Azure Active Directory
- Azure AD Connect
- Pass-Through-Authentifizierung

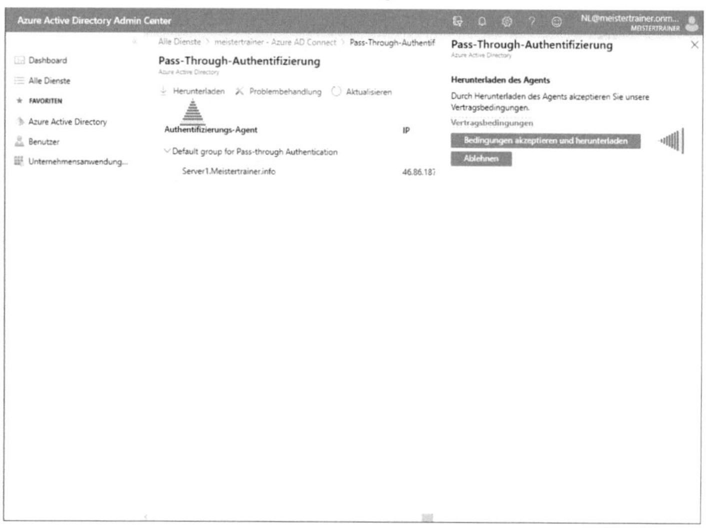

Abbildung 2.44: Download des Agenten

Hier können Sie den Agenten herunterladen.

Danach starten Sie die Installation des Agenten auf den gewünschten Domänenservern.

2.5 Co-Management

In vielen Unternehmen wird bereits die Software „System Center Configuration Manager" eingesetzt, die im Grunde genommen die gleichen Möglichkeiten bietet, die Sie mit Microsoft 365 beziehungsweise dessen Bestandteil Intune auch zur Verfügung haben.

Lediglich die Ausrichtung der Software auf nicht-cloudbasierte Verwaltung ist eine andere.

Idealerweise gibt es die Möglichkeit, den System Center Configuration Manager in Microsoft Intune zu integrieren. Dadurch haben Sie die Möglichkeit, sowohl die lokale Verwaltung der Geräte als auch die cloudbasierte in einer Verwaltungskonsole vorzunehmen.

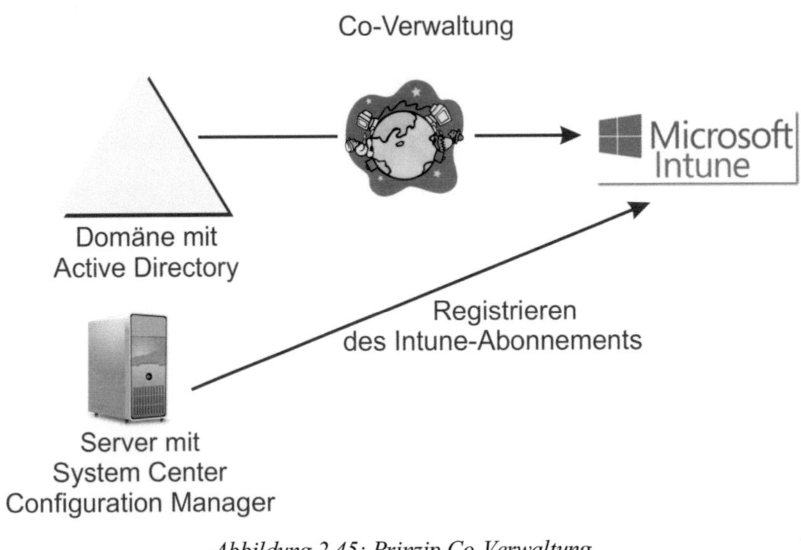

Abbildung 2.45: Prinzip Co-Verwaltung

2.5.1 Registrieren des Microsoft Intune Abonnements im SCCM

Wenn Sie Ihr Microsoft Intune Abonnement mit dem System Center Configuration Manager verbinden, haben Sie damit die Voraussetzung geschaffen, Ihre Geräte sowohl mithilfe von Microsoft Intune als auch mit dem System Center Configuration Manager verwalten zu können.

Die Vorgehensweise ist sehr einfach, Sie wählen

- Verwaltung
- Clouddienste
- Microsoft Intune-Abonnements
- Microsoft Intune-Abonnement hinzufügen

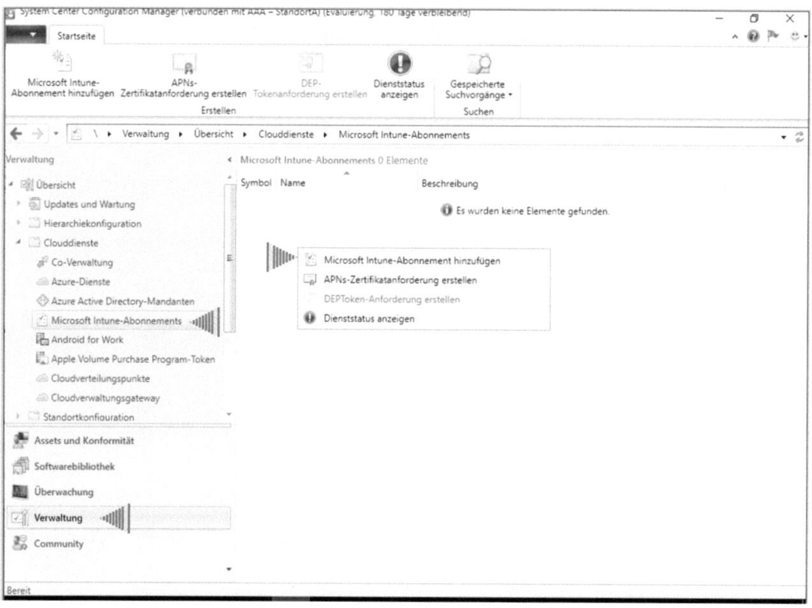

Abbildung 2.46: Microsoft Intune Abonnement hinzufügen

Folgen Sie dem Assistenten.

Danach können Sie für alle Geräte auswählen, mit welchem Tool Sie sie verwalten möchten.

2.5.2 Vorteil des Co-Managements

Das Co-Management von System Center Configuration Manager und Microsoft Intune soll die Vorteile beider Welten miteinander verbinden.

So können Sie ausgewählte Geräte zu einer Sammlung auf dem System Center Configuration Manager hinzufügen und diese Geräte sowohl in Intune als auch im System Center Configuration Manager verwalten.

Allerdings können momentan nur Windows 10 Geräte mit dem Co-Management verwaltet werden.

2.5.3 Bereitstellen der Geräte

Allerdings müssen alle Geräte, die mit beiden Möglichkeiten verwaltet werden sollen, natürlich auch sowohl in der Active Directory Domäne als auch im Azure AD zur Verfügung stehen.

Für die Domänencomputer, die ins Azure Active Directory eingebunden werden sollen, gibt es mehrere Möglichkeiten:

Azure AD Connect

Wenn Sie eine Domäne mithilfe von Azure AD Connect anschließen, sind die Geräte bereits automatisch synchronisiert.

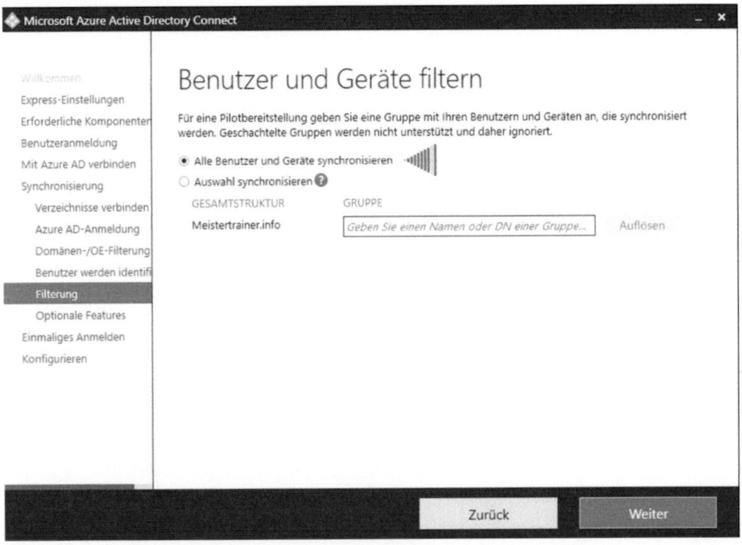

Abbildung 2.47:Automatische Synchronisation

Mithilfe einer Gruppenrichtlinie

Für Windows 10 kann seit der Version 1709 die Registrierung eines Geräts, das Mitglied einer On-Premise Domäne ist, mithilfe einer Gruppenrichtlinie vorgenommen werden.

Dafür öffnen Sie die entsprechende Gruppenrichtlinie und wechseln zu

- Computerverwaltung
- Administrative Vorlagen
- Windows-Komponenten
- MDM

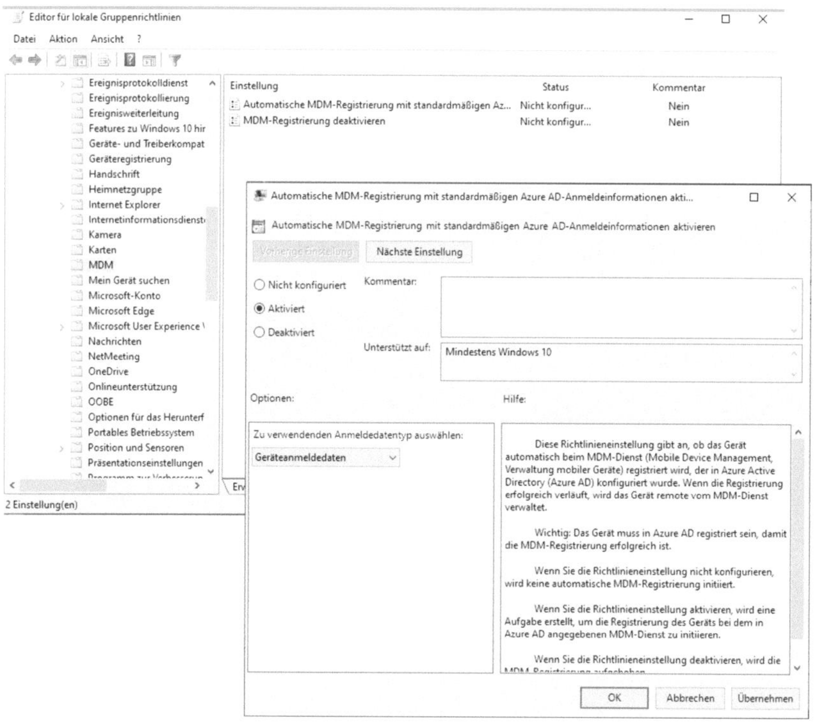

Abbildung 2.48: Einrichten Azure AD Hybrid Join

Hier aktivieren Sie die Einstellung „Automatische MDM-Registrierung mit standardmäßigen Azure AD-Anmeldeinformationen aktivieren“.

Mithilfe eines Dienstverbindungspunkts

Auch mithilfe des System Center Configuration Managers können Sie Geräte in Microsoft Intune registrieren, um eine gemeinsame Verwaltung einrichten zu können.

Dafür erstellen Sie einen Dienstverbindungspunkt (SCP).

Navigieren Sie zu

- Verwaltung
- Standortkonfiguration
- Server und Standortsystemrollen

Hier wählen Sie den gewünschten Server aus und aktivieren auf ihm die Standortsystemrolle „Dienstverbindungspunkt".

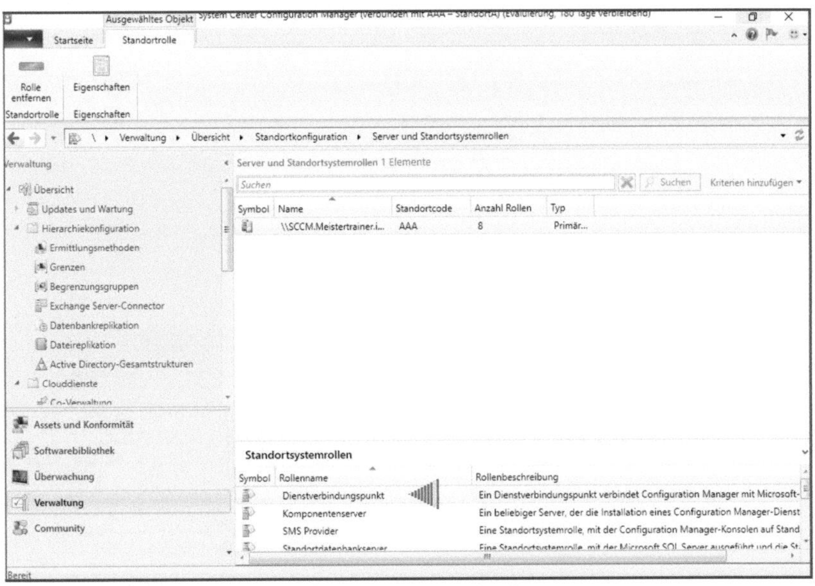

Abbildung 2.49: Dienstverbindungspunkt

Sie benötigen nur einen SCP pro Gesamtstruktur.

2.6 Überprüfen der Verzeichnissynchronisation

Die Verzeichnissynchronisation ist der Vorgang, bei dem die Benutzerkonten von der On-Premise Active Directory Domäne in die Cloud synchronisiert werden.

Diese regelmäßige Replikation funktioniert normalerweise sehr gut, aber hin und wieder kann es vorkommen, dass sich Fehler einschleichen.

Um diesen Fehlern möglichst früh auf den Grund gehen zu können, stellt Microsoft einige gute Tools zur Verfügung.

2.6.1 Überprüfen der Verzeichnissynchronisation mit Idfix

Fehler bei der Verzeichnissynchronisation können mehrere Gründe haben.

Sie erkennen Fehler daran, dass einige Benutzer nicht zu Azure AD synchronisiert werden, also nur in der On-Premise Domäne vorhanden sind, nicht aber im Azure AD.

Ein möglicher Grund dafür ist, dass Azure AD einige Sonderzeichen nicht zulässt, wie beispielsweise ein @, oder Buchstaben mit Akzenten, wie zum Beispiel à.

Auch ein Leerzeichen am Anfang oder am Ende einer gültigen E-Mail-Adresse ist nicht zulässig.

Hierbei ist zu beachten, dass die Synchronisation der Benutzerkonten auf Attributebene stattfindet, also jedes Attribut einzeln synchronisiert wird.

Dies ist von Vorteil, da immer nur die geänderten Attribute repliziert werden, wenn ein Konto bereits angelegt worden ist. Dies spart Bandbreite.

Das Attribut, das als „unzulässig" erkannt wird, wird nicht repliziert. So bleibt das Konto in Azure AD zwar vorhanden, kann aber andere Attribute besitzen, als das gleiche Konto in der On-Premise Domäne.

Beim Anlegen eines Benutzerkontos ist es anders, sollte hier ein Attribut als „unzulässig" erkannt werden, findet keine Replikation statt, das ganze Konto wird also nicht zu Azure AD synchronisiert.

Eine andere Fehlermöglichkeit ist, dass es doppelte Benutzerkonten gibt, die nicht repliziert werden können.

Sie sehen, eine Analyse der Verzeichnissynchronisation in regelmäßigen Abständen ist sehr wichtig, um sicherzustellen, dass die beiden Verzeichnisdienste wirklich absolut synchron sind.

Dafür stellt Microsoft das Tool „Idfix.exe“ zur Verfügung.

Idfix ist sehr einfach einzusetzen.

Sie laden das Tool von Microsoft herunter und starten es auf einem Rechner der Domäne.

Sie können das Tool ohne Installation starten.

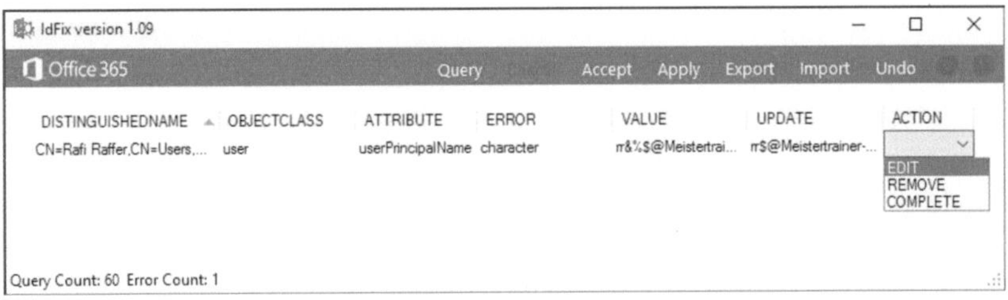

Abbildung 2.50: Idfix

Es analysiert Ihre Active Directory Umgebung und zeigt Ihnen die Fehler an.

In der Spalte „Action“ erhalten Sie einen Vorschlag zur Lösung des Problems.

2.6.2 Windows Defender Advanced Threat Protection

In Microsoft 365 integriert ist eine Cloud-Funktion mit Namen „Windows Defender Advanced Threat Protection (ATP)“.

Es handelt sich hierbei um ein Tool, das Informationen Ihrer lokalen Rechner oder Domänenrechner sammelt und analysiert.

Der Vorteil dieser Lösung ist, dass alle Daten aller Rechner an einem zentralen Sammelpunkt ausgewertet werden und so eventuelle Bedrohungen sehr schnell erkannt werden.

Die gesammelten Daten enthalten Informationen über

- Benutzerinformationen, wie Berechtigungen oder Gruppenmitgliedschaft
- Benutzeridentitäten, wie Profile
- Verdächtige Aktivitäten, wie Zugriff mit geringen Rechten
- Versuchte Angriffe
- Fehlgeschlagene Anmeldeversuche
- und vieles mehr

Bisher stand Windows Defender Advanced Threat Protection (ATP) nur in den Enterprise-Versionen von Windows 10 zur Verfügung. Seit Kurzem ist die Schutzplattform nun auch für Windows 7 und 8.1 jeweils in den Enterprise- und Pro-Versionen erhältlich.

Warum sollte man ein Tool benutzen, das Daten aus dem Unternehmen in der Cloud sammelt?

Nun, Microsoft bietet mit der Advanced Threat Protection einen Schutz vor Angriffen und Sie können durch die zentrale Sammlung die Zustände aller Rechner sehr gut vergleichen und damit eventuell bereits in der Vergangenheit liegende Vorfälle einfach analysieren.

Die Sicherheitsabteilung hat dadurch eine einzelne Stelle, an der sie alle Informationen findet und kann somit schneller Probleme erkennen, oft schon, bevor sie eintreten.

Dadurch können Schutzmaßnahmen zügig eingeleitet werden.

Einrichten von ATP

Um ATP zu konfigurieren, öffnen Sie das Microsoft Defender Security Center unter

https://Securitycenter.windows.com

Hier richten Sie den Zugang ein.

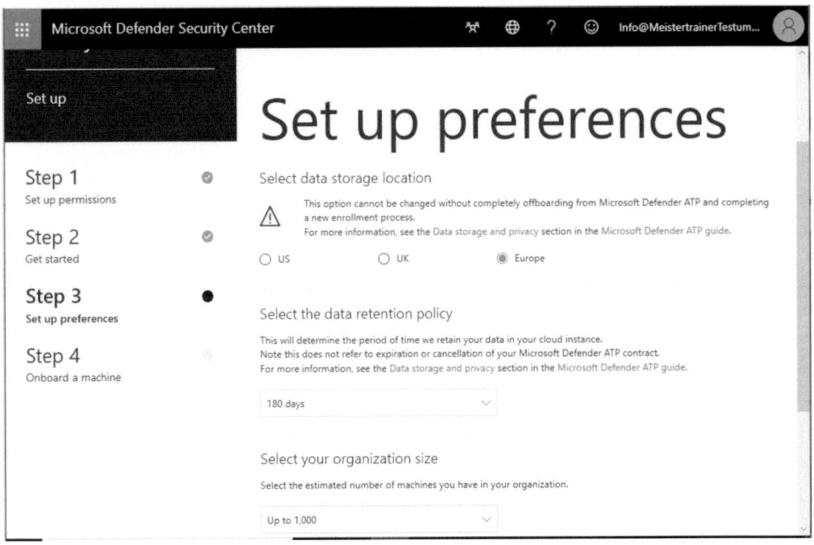

Abbildung 2.51: ATP einrichten

Der erste Schritt ist, Maschinen anzumelden.

Server 2019 und Windows 10

Auf Computern, die mit den Betriebssystemen Windows 10 oder Windows Server 2019 ausgestattet sind, ist die Möglichkeit der Überwachung schon integriert und muss nur noch aktiviert werden.

Das können Sie auf diverse Arten vornehmen, aber es ist immer ein Skript, das auf der lokalen Maschine ausgeführt werden muss.

Wir betrachten hier das direkte Ausführen des Skripts, aber Sie können das Skript natürlich auch mit folgenden Methoden ausführen lassen:

- Gruppenrichtlinie
- Microsoft Endpoint Configuration Manager
- Mobile Geräteverwaltung (einschließlich Microsoft Intune)

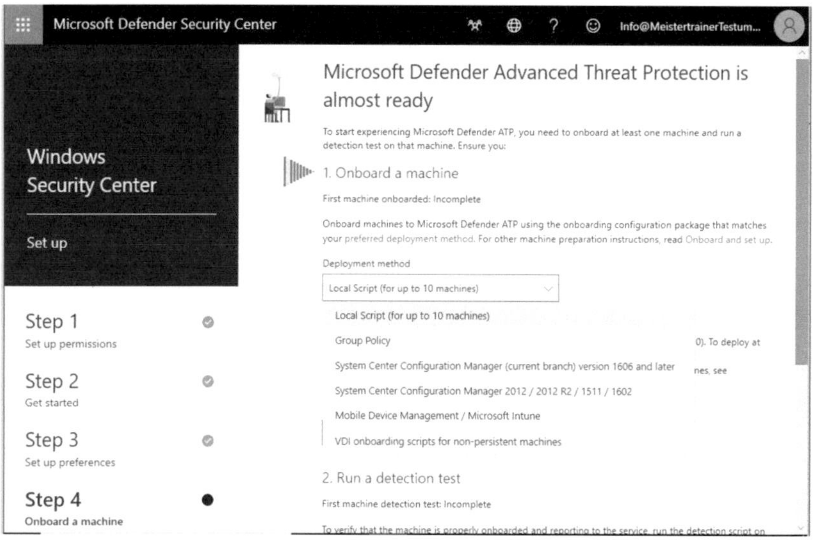

Abbildung 2.52: Maschinen anmelden

Wählen Sie „Local script" und laden Sie die zip-Datei herunter.

Öffnen Sie die zip-Datei und speichern Sie das Skript an einer beliebigen Stelle.

Nun öffnen Sie eine administrative Eingabeaufforderung, navigieren zum Speicherort des Skriptes und führen es aus.

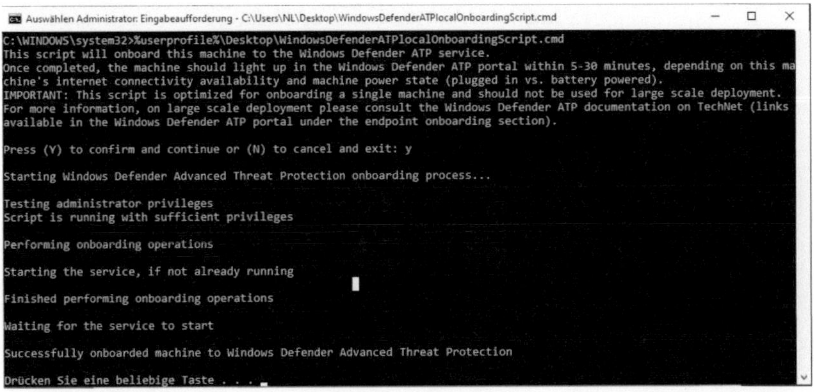

Abbildung 2.53: Skript

Sie können sofort in der Ereignisanzeige nachsehen, ob die Skriptausführung geklappt hat.

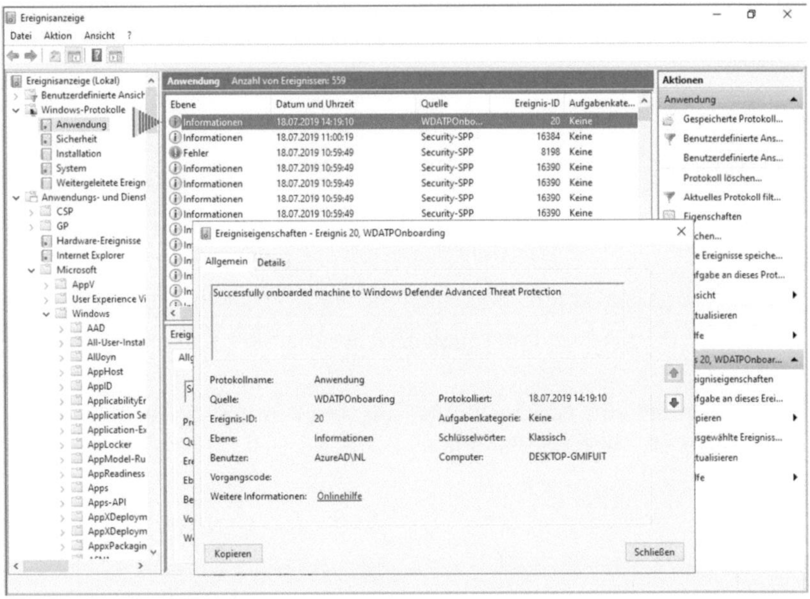

Abbildung 2.54: Kontrolle in der Ereignisanzeige

Nach kurzer Zeit sehen Sie auch schon in der Konsole, dass die Maschine angemeldet ist.

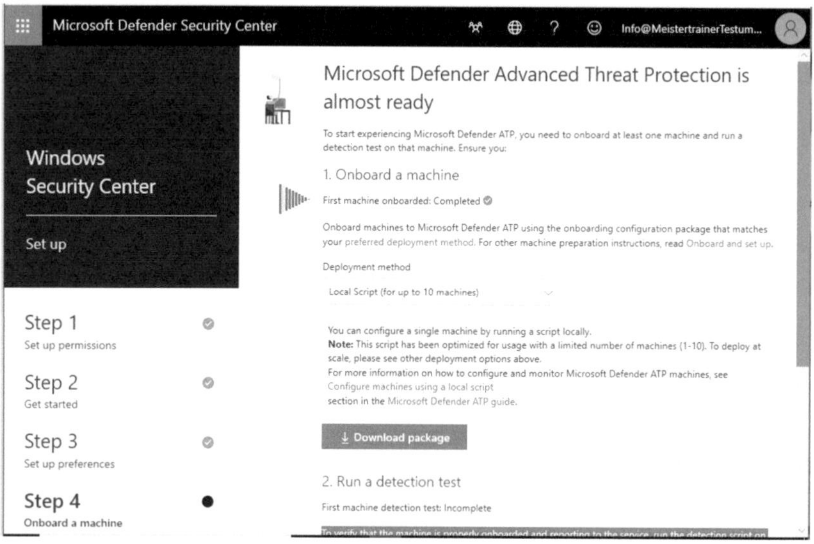

Abbildung 2.55: Maschine ist angemeldet

Nun sollten Sie einen Test auf der angemeldeten Maschine ausführen.

Dazu kopieren Sie das Skript, das auf der Webseite abgebildet ist und öffnen eine Eingabeaufforderung im Administratormodus.

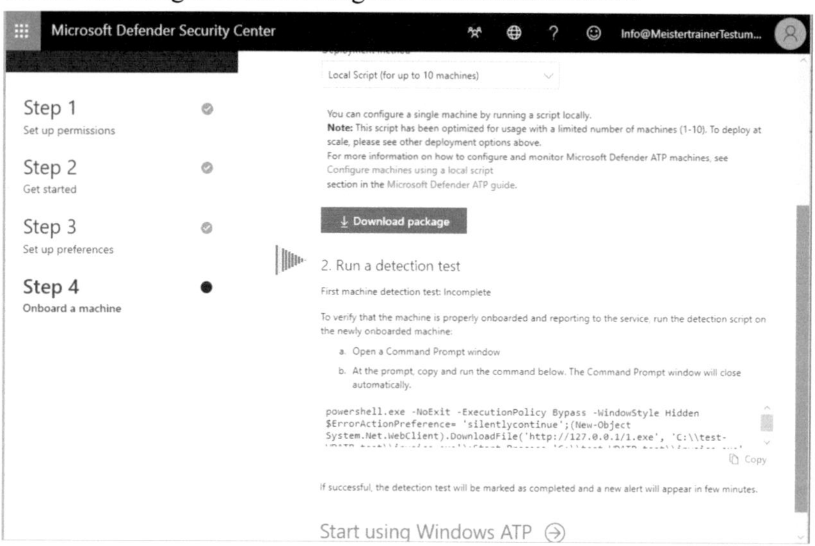

Abbildung 2.56: Test

Hier kopieren Sie einfach das Skript hinein und führen es aus.

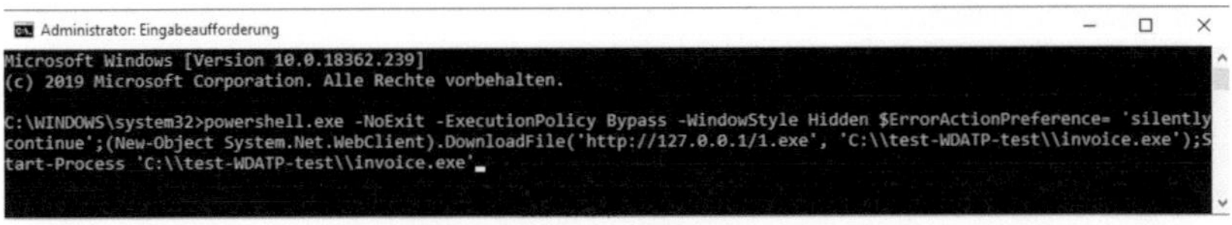

Abbildung 2.57: Ausführung des Skriptes

Das Fenster schließt sich danach von alleine.
Nach kurzer Zeit wird dieser Test als „ausgeführt" angezeigt.

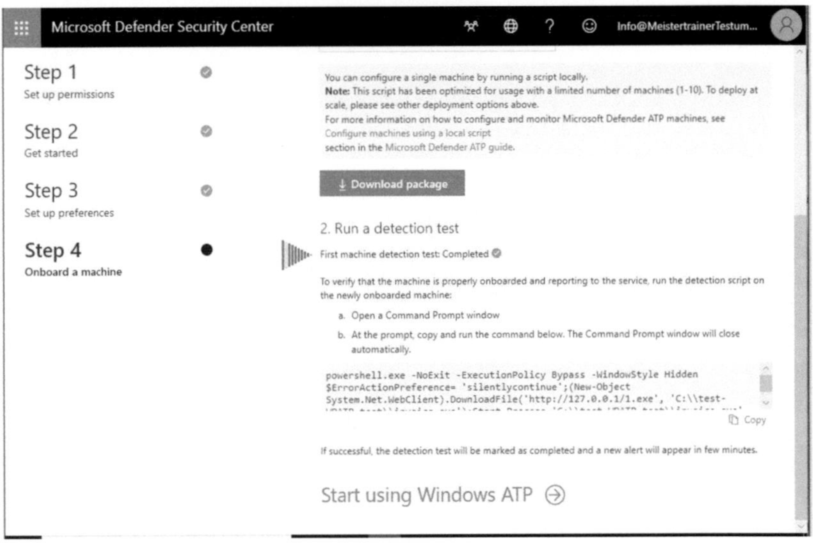

Abbildung 2.58: Test ausgeführt

Nun können Sie Windows ATP starten.

Offboarding von Maschinen

Auf die gleiche Art können Sie natürlich auch Maschinen wieder „offboarden", wenn Sie sie nicht mehr überwachen wollen.

Frühere Windows Versionen

Für frühere Versionen von Windows muss auf den zu überwachenden Maschinen eine Software mit dem „Microsoft Monitoring Agent" installiert werden.

Einbinden einer On-Premise Domäne

ATP ist normalerweise für die Rechner gedacht, die direkt am Azure AD angemeldet sind und auch direkt dort verwaltet werden.

Allerdings gibt es eine Möglichkeit, auch eine On-Premise Domäne in die Verwaltung mit ATP einzuschließen.

Dafür wird ein sogenannter Sensor auf einem Server in der On-Premise Domäne installiert, der die Informationen aus dem Active Directory ausliest und in die Cloud übermittelt.

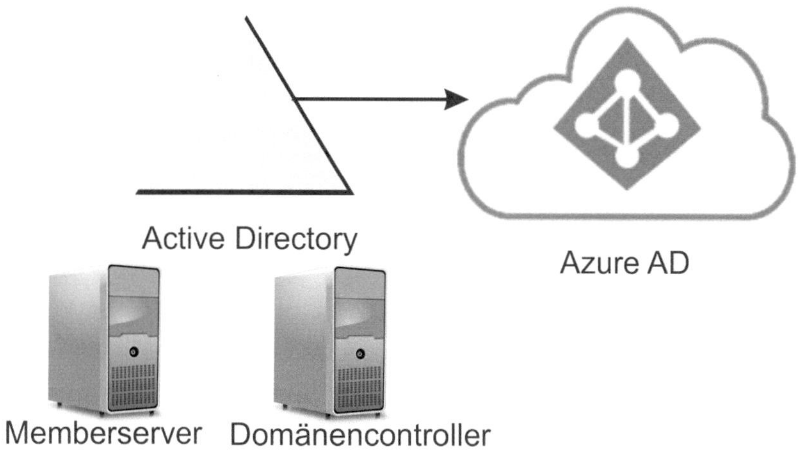

Abbildung 2.59: Sensoren für ATP

Dieser Sensor kann entweder direkt auf einem Domänencontroller installiert werden oder auf einem Memberserver der Domäne. In diesem Fall wird eine Portspiegelung über den Domänencontroller eingerichtet, damit die relevanten Daten empfangen werden können.

Um die ATP-Sensoren herunterzuladen, navigieren Sie zu folgender URL:

https://portal.atp.azure.com/

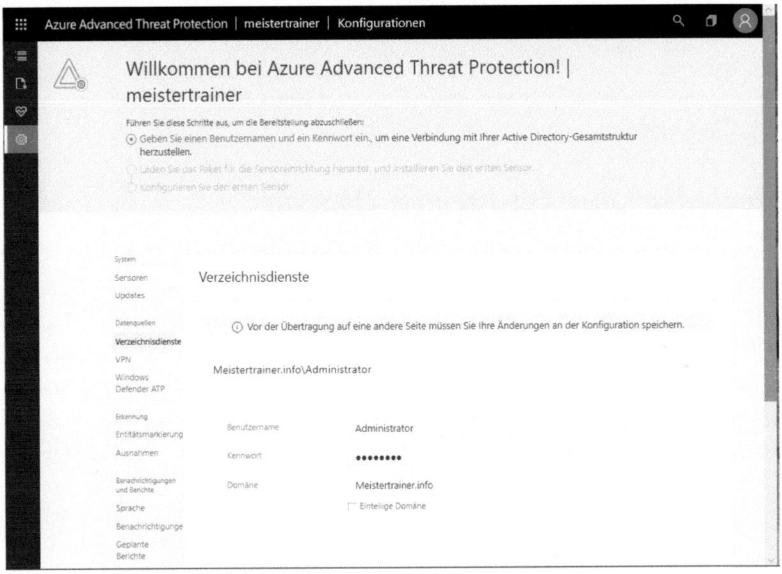

Abbildung 2.60: Anmelden an der Domäne

Hier geben Sie die Daten des Domänenadministrators an.

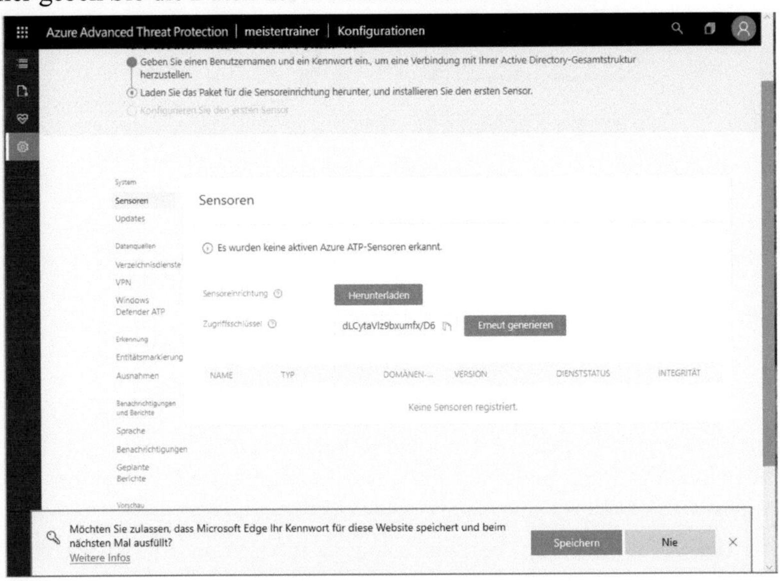

Abbildung 2.61: Download

Nun können Sie den ATP-Sensor herunterladen.

Den in diesem Fenster angegebenen Schlüssel benötigen Sie für die Installation!

Extrahieren Sie die zip-Datei in ein Verzeichnis und starten Sie die Installation des ATP-Sensors.

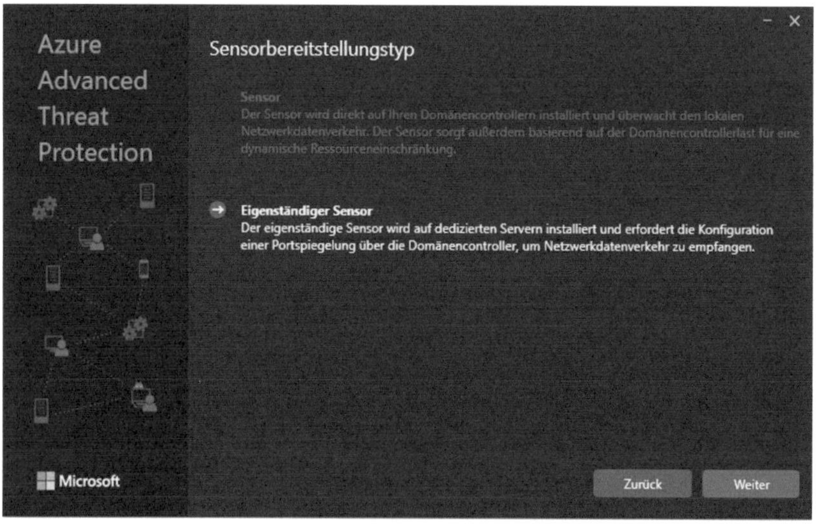

Abbildung 2.62: Auswahl

Die Installationsroutine bietet Ihnen zwei Möglichkeiten an:

Sensor

Ein Sensor wird direkt auf dem Domänencontroller installiert.

Eigenständiger Sensor

In diesem Fall installieren Sie einen eigenständigen Sensor auf einem beliebigen Server in der Domäne.

Der Server, auf dem der Sensor installiert werden soll, wird vom Installationsprogramm erkannt und es wird Ihnen automatisch die richtige Auswahl angeboten.

Nach Eingabe des Zugriffschlüssels wird der Sensor installiert und konfiguriert.

In jedem Fall kann es bis zu 24 Stunden dauern, bis Sie in ATP eine Anzeige für neu installierte oder konfigurierte Sensoren erhalten!

Benutzen von ATP

Wenn Sie ATP öffnen, sehen Sie das „Microsoft Defender Security Center“.

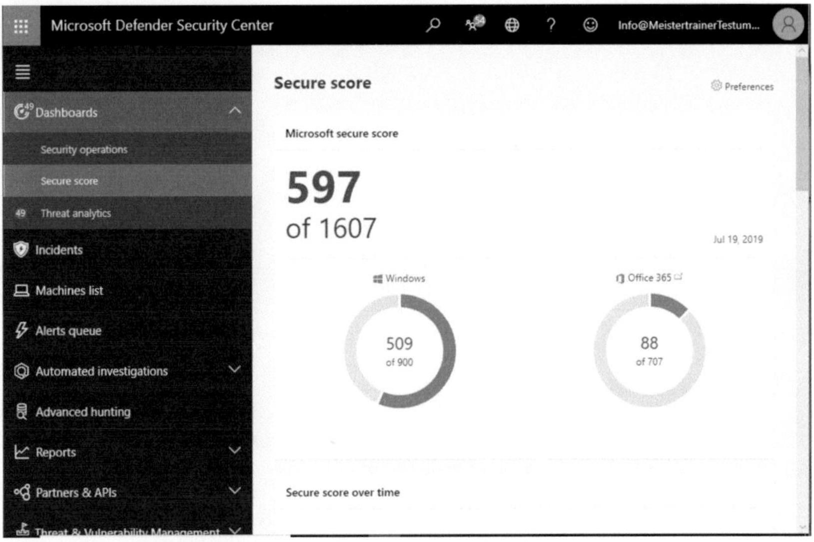

Abbildung 2.63: Microsoft Defender Security Center

Hier können Sie alle Auswertungen und alle Parameter betrachten.

Zu den wichtigsten Punkten gehören die „Dashboards“, denn hier sehen Sie die Zusammenfassungen aller Vorgänge.

Wechseln Sie auf „Secure score“.

Sie sehen eine Bewertung der Geräte in Bezug auf „Windows“ und „Office 365“.

Jede einzelne Bewertung, die die Windows Defender Sicherheitskontrolle durchführt, kann maximal 100 Punkte hinzufügen.

So ergibt sich der Wert, der im Kreisdiagramm dargestellt wird.

Wenn Sie nach unten scrollen sehen Sie den „Secure score over time“.

Secure score over time

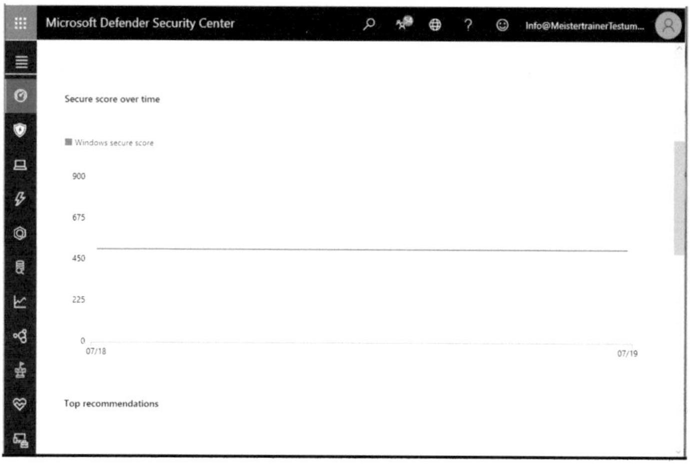

Abbildung 2.64: Secure score over time

Hier sind die Änderungen in der Sicherheitsbewertung im Zeitverlauf dargestellt.

Damit können Sie auf einen Blick erkennen, ob sich wichtige Änderungen ergeben haben.

Top recommendations

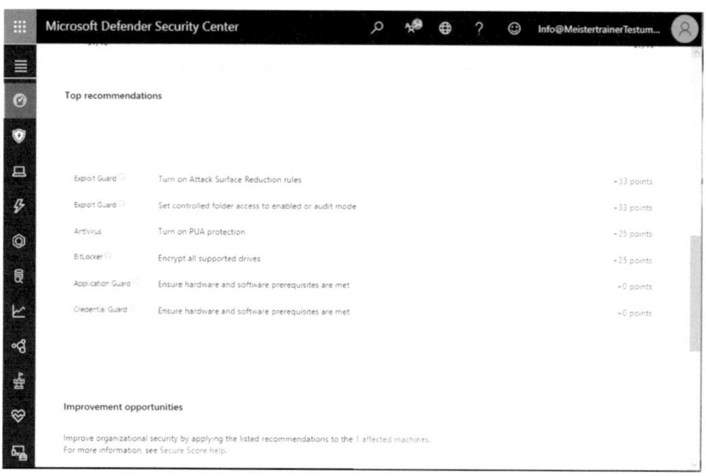

Abbildung 2.65: Empfehlungen

ATP schlägt Ihnen hier Maßnahmen vor, die die Sicherheit erheblich erhöhen könnten.

Diese Maßnahmen sind sehr allgemein gehalten und beziehen sich nur generell auf die Erhöhung der Sicherheit.

Improvement opportunities

Als letzte Möglichkeit schlägt ATP konkrete Maßnahmen vor.

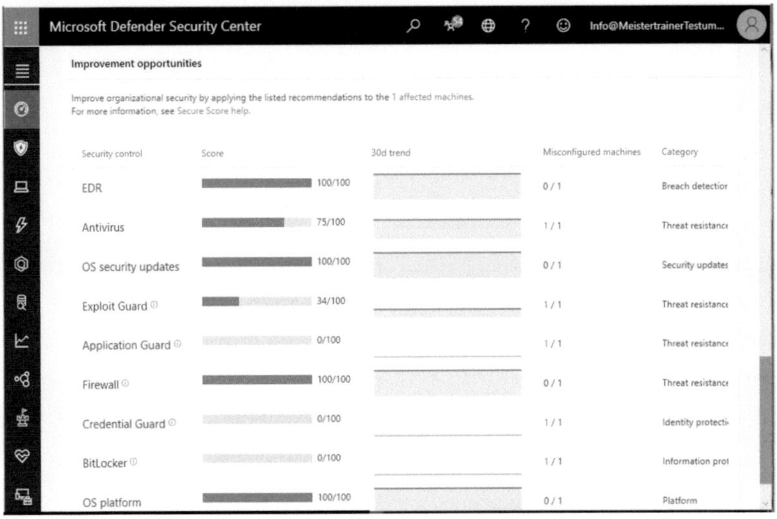

Abbildung 2.66: Verbesserungsmöglichkeiten

Hier werden alle angemeldeten Rechner analysiert und es werden konkrete Vorschläge gemacht.

2.6.3 Azure AD Connect Health

Eine weitere Möglichkeit, Probleme mit der Verzeichnissynchronisation zu erkennen, ist Azure AD Connect Health.

Um dieses Tool zu benutzen, muss es auf den lokalen Servern installiert werden. Die Auswertung erfolgt im Azure AD.

Der Azure AD Connect Health Agent wird bei der Einrichtung von Azure AD Connect automatisch mit installiert.

Dies können Sie sehr einfach überprüfen, indem Sie bei den Diensten nach folgenden Einträgen suchen:

- Azure AD Connect Health Sync Insights-Service
- Azure AD Connect Health Sync-Monitoring Service

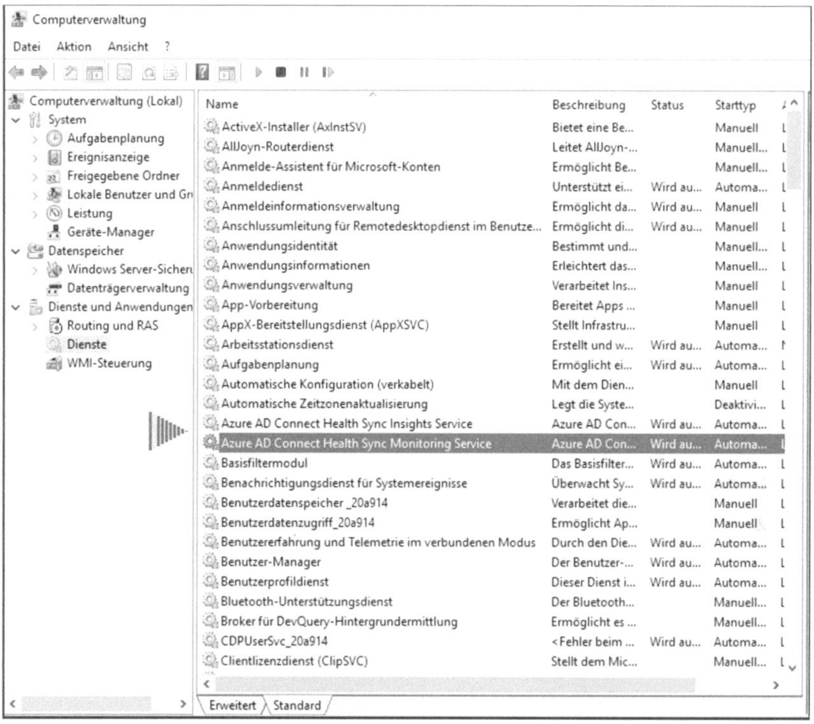

Abbildung 2.67: Dienste

Sollten die Dienste nicht vorhanden sein, können Sie sie mit einem PowerShell Cmdlet manuell registrieren:

Register-AzureADConnectHealthSyncAgent -AttributeFiltering $false -StagingMode $false

Sollten Sie zusätzliche Server, wie beispielsweise Domänencontroller überwachen wollen, müssen Sie den Agent dort zusätzlich installieren.

Abbildung 2.68: Agent installieren

Das Ergebnis der Analyse können Sie im Azure Active Directory erkennen. Dazu navigieren Sie zu Azure AD Connect und wählen auf der rechten Seite

Azure AD Connect Health.

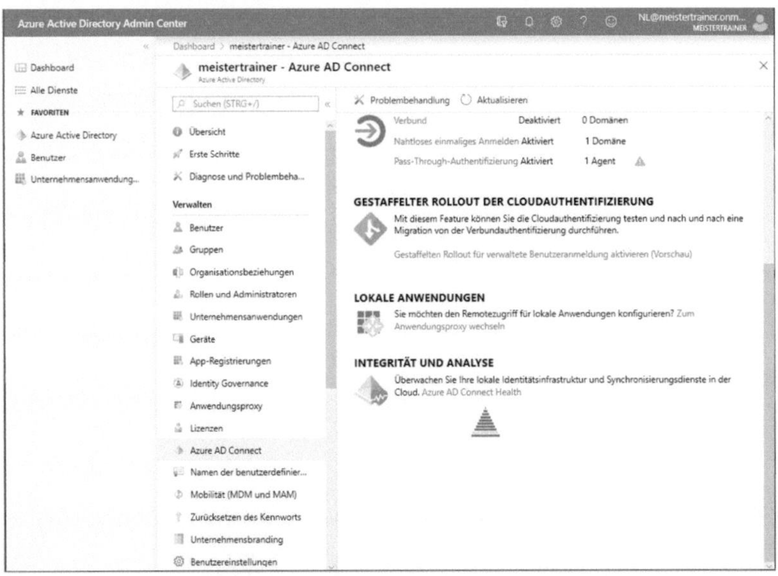

Abbildung 2.69: Azure AD Connect Health

Hier können Sie nun erkennen, ob es Probleme mit der Verzeichnissynchronisation gibt.

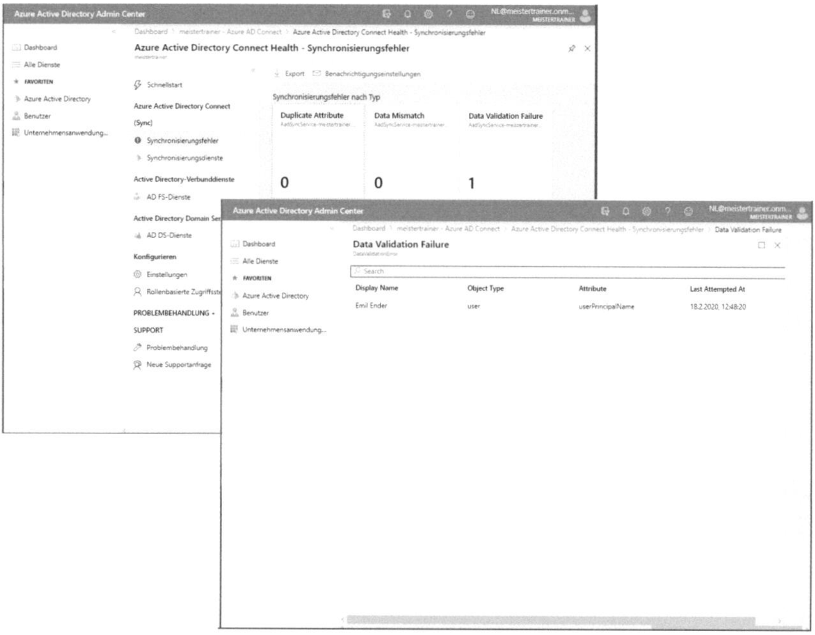

Abbildung 2.70: Anzeige der Synchronisationsprobleme

2.7 Verwalten von Azure AD Identitäten

Identitäten sind Benutzerkonten und die dazugehörigen Bereiche, wie Kennwörter.

Microsoft definiert zwei Arten von Identitäten:

Reine Cloudidentität

In diesem Fall ist das Benutzerkonto ausschließlich im Azure AD vorhanden.

Hybrididentität

Bei einer Hybrididentität ist das Benutzerkonto ursprünglich im On-Premise Active Directory angelegt worden.

Eine Kopie des Benutzerkontos ist zum Azure AD synchronisiert worden, und je nach Konfiguration ist eventuell auch eine verschlüsselte Hashversion des Kennworts in der Cloud vorhanden

Es liegt auf der Hand, dass die beiden Arten der Identitäten auch für verschiedene Einsatzgebiete eingesetzt werden.

2.7.1 Benutzerverwaltung

Bei der Benutzerverwaltung gibt es nur wenige Regeln, die Sie beachten müssen.

Die wichtigste Regel ist die, dass alle Eigenschaften eines Benutzerkontos immer nur dort geändert werden können, wo das Konto auch erstellt worden ist.

Wie kommt das?

Nun, das liegt an der Synchronisationsrichtung. Momentan ist es so, dass nur Objekte aus der On-Premise Domäne nach Azure AD synchronisiert werden können, aber die umgekehrte Richtung ist nicht möglich.

Momentan gibt es von Microsoft keine Aussage, ob das in absehbarer Zeit geändert wird, aber zur Zeit ist eine Rück-Synchronisation von Benutzerdaten nicht möglich.

2.7.2 Gruppen

Gruppen sind wichtige Werkzeuge, um Benutzerkonten zu verwalten.

Die meisten von Ihnen werden das Verwenden von Gruppen bereits aus der On-Premise-Welt kennen, hier werden Gruppen benutzt, um Zugriffsberechtigungen auf Ressourcen zu vergeben.

Lassen Sie uns noch einmal kurz die Gruppenstrategie in einer Domäne betrachten.

In einer Domäne gibt es zwei, beziehungsweise drei verschiedene Arten von Gruppen. Zunächst einmal betrachten wir die einfachere Variante, nämlich die Variante, in der es nur zwei Gruppen gibt:

- Globale Gruppen
- Domänenlokale Gruppen

Es gibt noch eine zweite Unterscheidung bei Gruppen:

- Verteilergruppen
- Sicherheitsgruppen

Verteilergruppen benötigen Sie für E-Mailprogramme, dort werden sie eingesetzt, um eine Nachricht an mehrere Personen zu schicken.

Sicherheitsgruppen dagegen sind die Gruppen, die Sie für die Rechtevergabe wählen müssen.

ACHTUNG!
Sie können einer Verteilergruppe keine Zugriffsberechtigungen geben! Dazu benötigen Sie auf jeden Fall eine Sicherheitsgruppe!

Eine Domäne wird meistens von einer größeren Firma eingesetzt, in der viele Benutzer sind. Aus diesem Grund gibt es in einer Domäne eine Gruppenstrategie, die in mehreren Schritten aufgebaut wird:

1. Schritt: Globale Gruppen dienen als Sammelcontainer für Benutzerkonten

Ein Beispiel:

Alle Benutzer einer Abteilung benötigen die gleichen Zugriffsrechte auf die gleichen Ressourcen. Es liegt nahe, für diese Benutzer einen Sammelcontainer zu schaffen. Diese Sammelcontainer werden „**Globale Gruppen**" genannt.

In großen Firmen werden Benutzerkonten häufig im Personalbüro angelegt. Die Personalsachbearbeiter wissen genau, in welcher Abteilung dieser Benutzer arbeiten wird, und können auch gleich das Konto in die jeweilige globale Gruppe setzen.

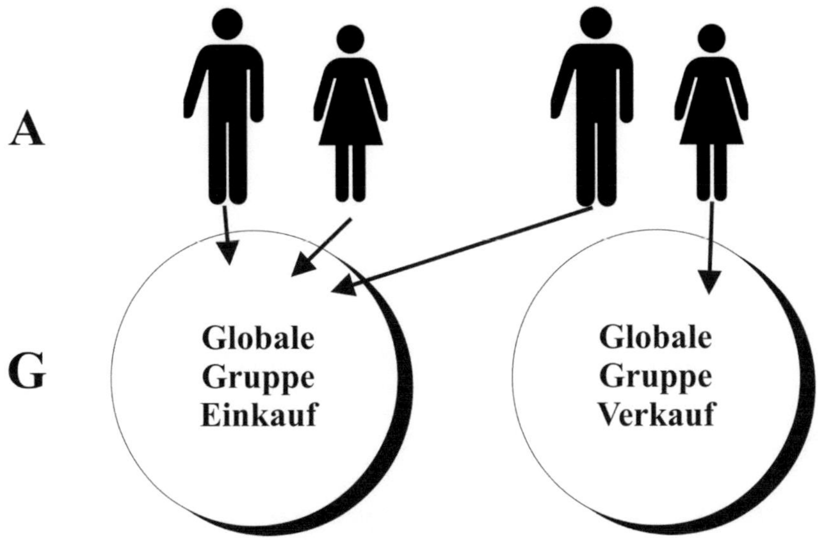

Abbildung 2.71: Gruppenstrategie „A G"

2. Schritt: Domänenlokale Gruppen bekommen die Berechtigung

Administratoren haben die Pflicht, die Ressourcen vor unberechtigtem Zugriff zu schützen. Aus diesem Grund müssen sie sich immer Gedanken machen, welche Art von Zugriff auf bestimmte Ressourcen benötigt wird.

Nehmen wir als Beispiel einen Ordner, in dem der gesamte Schriftverkehr mit Kunden gespeichert ist.

Der Administrator stellt nun folgende Überlegungen an:

In der Firma gibt es mehrere Personengruppen, die auf verschiedene Art Zugriff auf diesen Ordner benötigen.

- Eine Personengruppe muss in diesem Ordner nicht nur lesen, sondern auch schreiben können
- Eine Personengruppe muss in diesem Ordner nur lesen dürfen, aber keine Veränderungen vornehmen
- Eine Personengruppe darf keinen Zugriff auf diesen Ordner haben

Anhand dieser Erkenntnisse erstellt der Administrator einige domänenlokale Gruppen, denen er die Berechtigungen gibt.

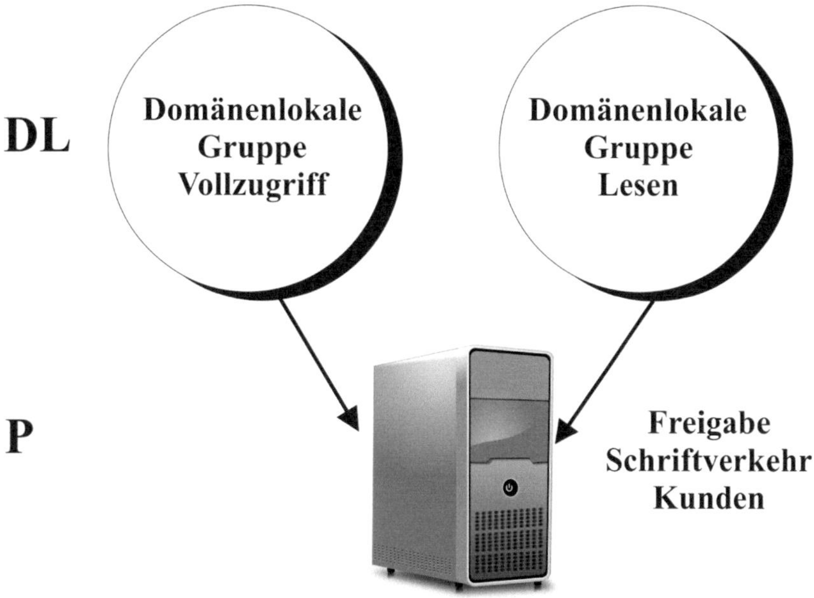

Abbildung 2.72: Domänenlokale Gruppen und Berechtigungen

3. Schritt: Globale Gruppen werden in Domänenlokale Gruppen eingefügt

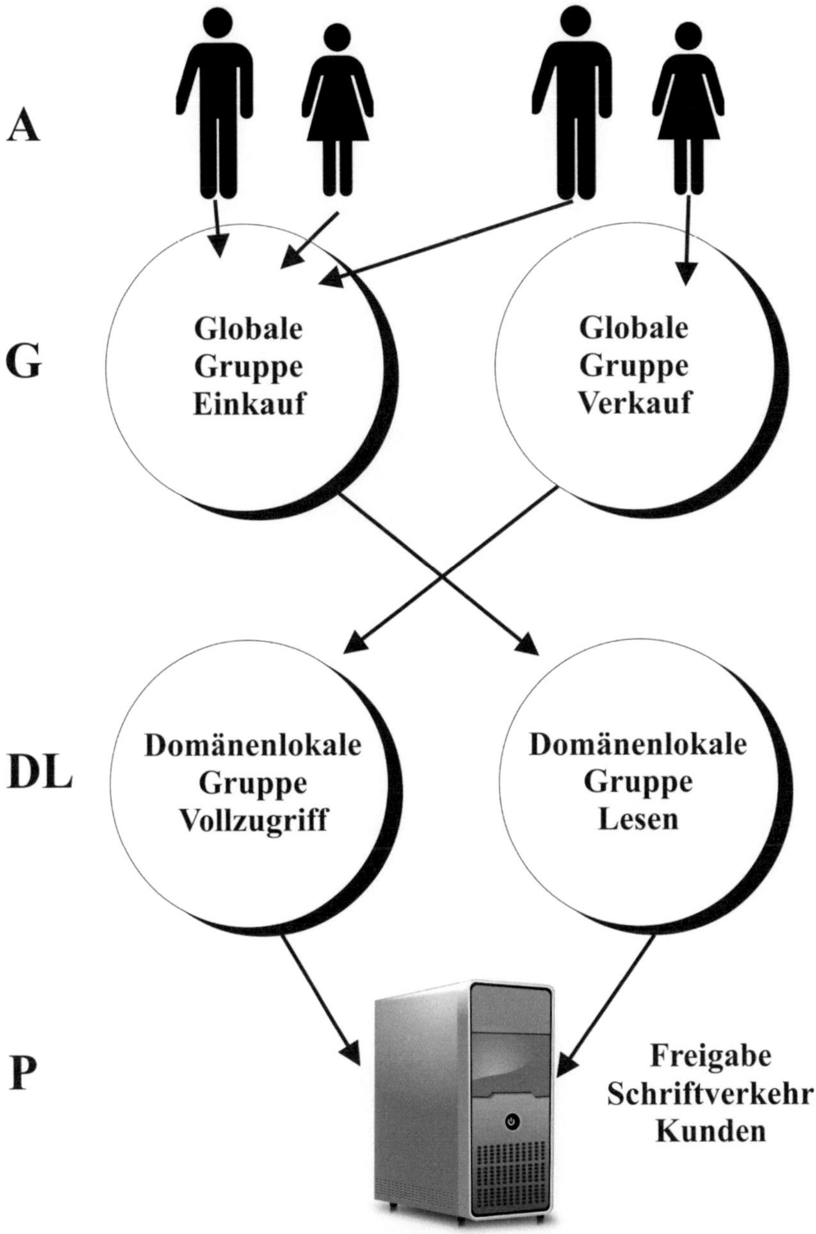

Abbildung 2.73: Das komplette AGDLP-Prinzip

Der letzte Schritt in dieser Gruppenstrategie ist die Zusammenführung der ersten beiden Schritte. Im ersten Schritt wurden die Personengruppen festgelegt, im zweiten Schritt wurden die möglichen Berechtigungen für jede mögliche Personengruppe festgelegt, im dritten Schritt müssen die entsprechenden globalen Gruppen in die domänenlokalen Gruppen eingefügt werden.

Nun entsteht ein Gesamtbild, mit dem eine domänenweite Gruppenstrategie erklärt werden kann:

A Accounts

G in global groups

DL in domainlocal groups

P which get permissions

Dieses Prinzip ist das Kernstück einer sinnvollen Gruppenstrategie in einer Domäne.

Es gibt noch eine weitere Gruppenart, die universalen Gruppen.

Universale Gruppen können Benutzer aller Domänen beinhalten, dies ist möglich durch eine Abfrage des „Globalen Katalogs“ beim Anmeldevorgang. Alle Mitglieder aller universalen Gruppen werden in den „Globalen Katalog“ repliziert.

Universale Gruppen sollten aus diesem Grund vorsichtig eingesetzt werden!

Im Azure Active Directory ist die Herangehensweise an die Gruppen eine etwas andere.

Hier wird nicht zwischen globaler, lokaler und universaler Gruppe unterschieden, sondern nur zwischen

- Sicherheitsgruppen

- Office 365 Gruppen

Aber lassen Sie uns das Erstellen einer Gruppe in Azure Active Directory genauer betrachten.

Sie öffnen das Azure Active Directory

- Gruppen
- Alle Gruppen
- Neue Gruppe

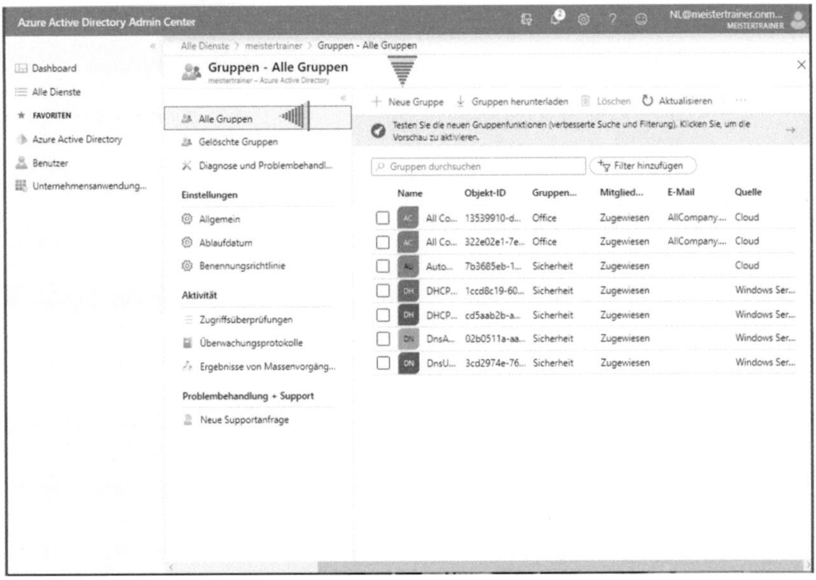

Abbildung 2.74: Gruppen erstellen

Nun haben Sie mehrere Möglichkeiten, Gruppen zu erstellen.

Gruppen mit zugewiesenen Mitgliedern

Um eine Benutzergruppe mit fest definierten Mitgliedern zu definieren, wählen Sie bei „Gruppentyp" „Sicherheit".

Die zweite Auswahl, „Office 365" ist nur für die Benutzung von Office 365 von Bedeutung.

Geben Sie einen sprechenden Gruppennamen ein und lassen Sie bei „Mitgliedschaftstyp" die Auswahl „zugewiesen".

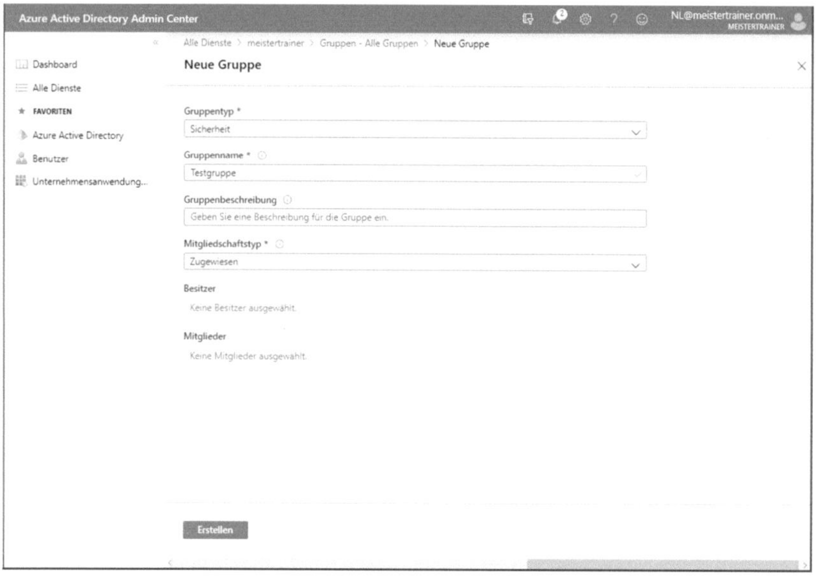

Abbildung 2.75: Zugewiesene Benutzergruppe

Sie können einen Besitzer der Gruppe wählen. Die jeweiligen Besitzer können die Gruppen verwalten.

Klicken Sie auf „Mitglieder“.

Nun können Sie aus allen Elementen, die im Azure Active Directory zu finden sind, die Mitglieder für diese Gruppe auswählen.

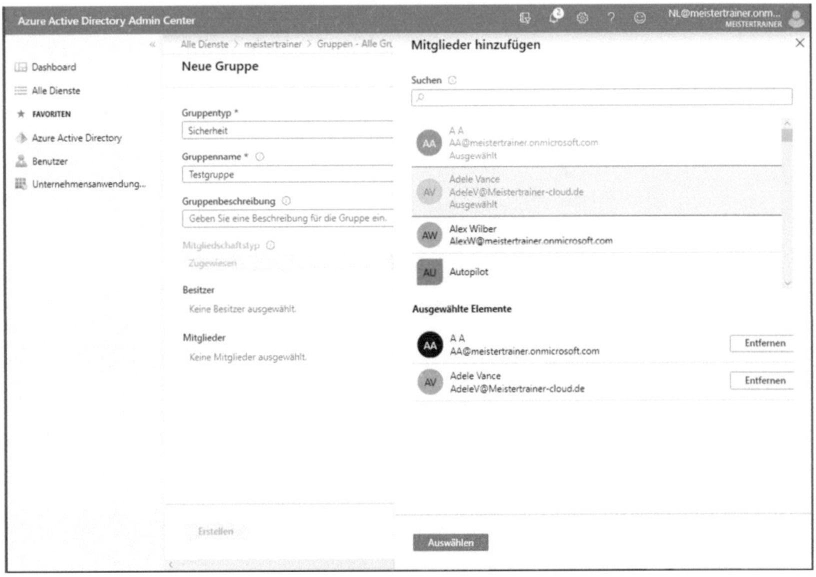

Abbildung 2.76: Auswahl

Nach einem Klick auf „Auswählen“ wird diese Gruppe angelegt.

Gruppen mit dynamischen Mitgliedern

Interessant ist die Möglichkeit, Gruppen mit dynamischen Mitgliedern anzulegen. Hierbei werden die Mitglieder der Gruppe dynamisch nach bestimmten festgelegten Kriterien definiert.

Die Vorgehensweise ist für Benutzer- und Computergruppen im Prinzip identisch.

Sie erstellen eine neue Gruppe, wählen „Sicherheit“ und vergeben einen Namen.

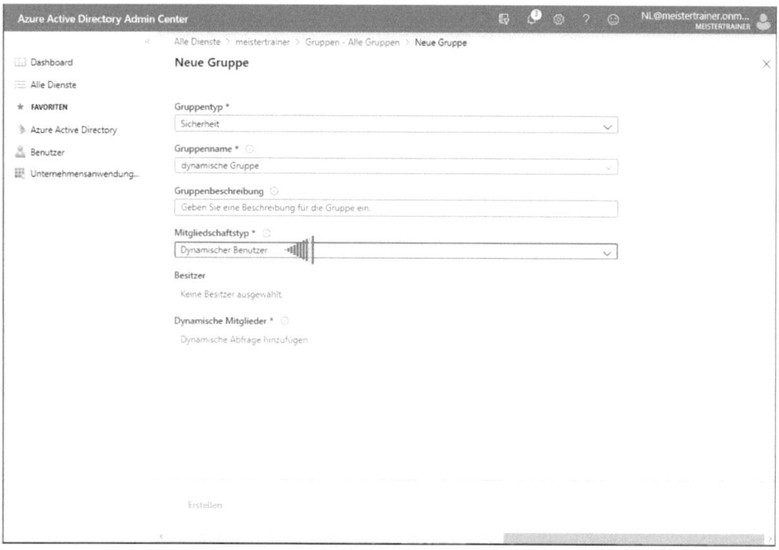

Abbildung 2.77: Dynamische Gruppenzugehörigkeit

Bei „Mitgliedschaftstyp“ wählen Sie nun aber die dynamischen Varianten aus.

Danach erstellen Sie die Regeln für die dynamische Mitgliedschaft.

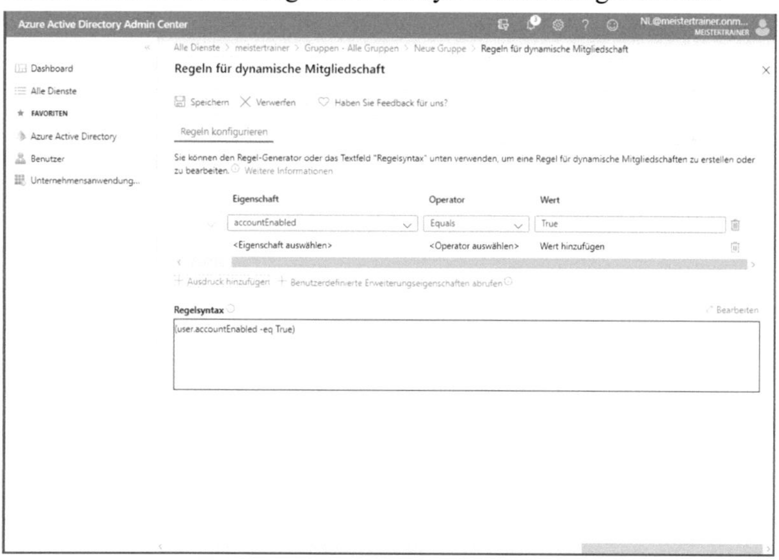

Abbildung 2.78: Regeln

Wenn Sie beispielsweise möchten, dass alle aktivierten Konten in dieser Gruppe sind, die deaktivierten Konten aber dynamisch entfernt werden, wählen Sie „AccountEnables“ und benutzen den Logikoperator „Equals“ mit dem Parameter „true“.

Zugriffsüberprüfung

Gerade Gruppen mit fest definierten Mitgliedern werden häufig einmal angelegt und danach nicht wieder überprüft.

Dann kann es passieren, dass sich Personen in einer Gruppe befinden, die dort eigentlich nicht mehr sein sollten. Oft ist einfach vergessen worden, ein Konto aus einer Gruppe zu entfernen, wenn sich die Anforderungen geändert haben und diese Person zukünftig auf eine bestimmte Ressource keinen Zugriff mehr haben soll.

Microsoft 365 bietet hierfür ein Tool an, mit dem Sie die Zugriffe einer bestimmten Gruppe auf festgelegte Ressourcen überprüfen können.

Dieses Tool heißt „Azure AD Zugriffsüberprüfung“ und ist im Azure AD Premium P2 Abonnement enthalten.

Bevor Sie die Azure AD Zugriffsüberprüfung benutzen können, müssen Sie diese zunächst aktivieren.

Dafür wählen Sie im Azure AD den Punkt

- Identity Governance
- Integrieren

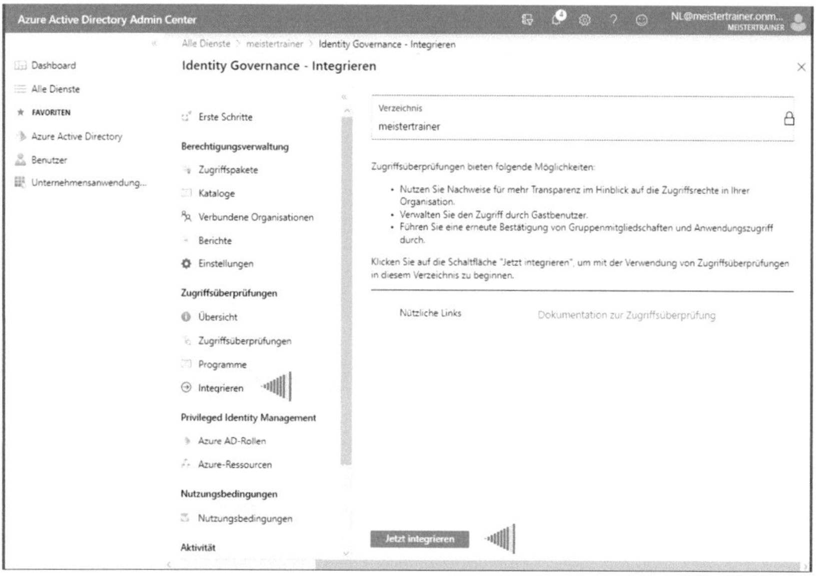

Abbildung 2.79: Integrieren

Danach können Sie eine neue Zugriffsüberprüfung erstellen.

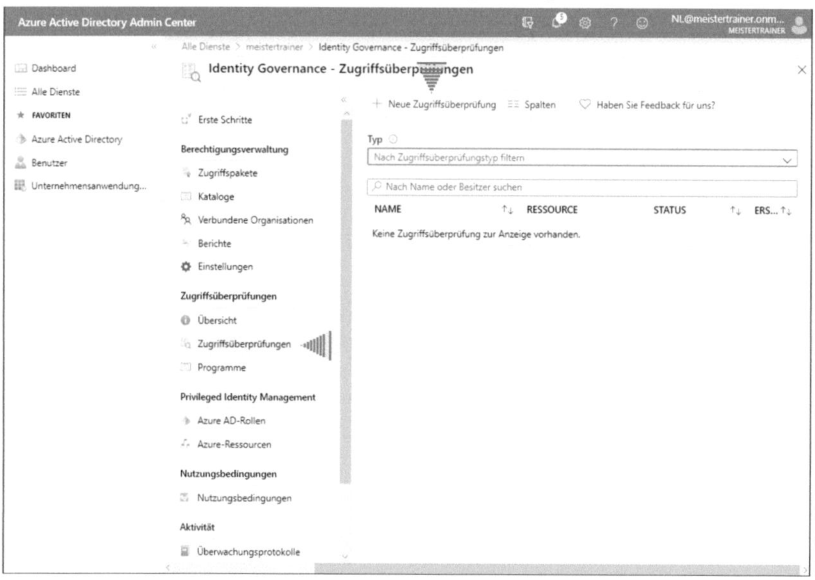

Abbildung 2.80: Neue Zugriffsüberprüfung

Geben Sie der neuen Überprüfung einen Namen.

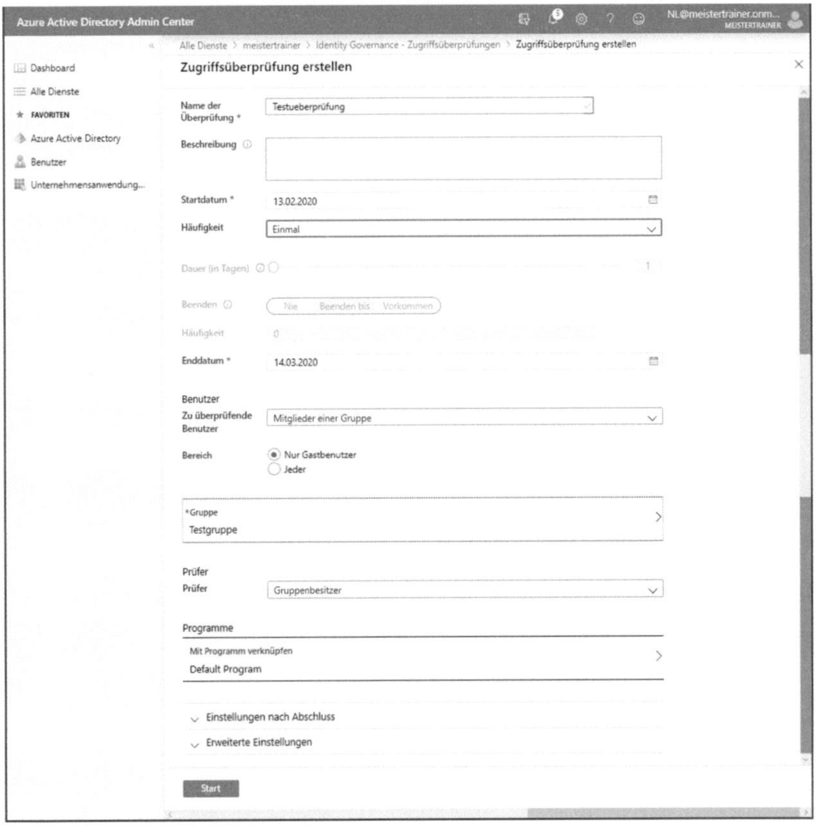

Abbildung 2.81: Parameter

Eine Beschreibung ist optional.

Danach legen Sie das Startdatum fest.

Wenn Sie keine weiteren Einstellungen vornehmen, wird eine einmalige Überprüfung ausgeführt, die am Tag der Erstellung beginnt und einen Monat läuft, bis sie sich selber beendet.

Das Start- und Enddatum können Sie aber anpassen.

Es ist auch möglich, die Überprüfung regelmäßig ausführen zu lassen, also

- Wöchentlich
- Monatlich
- Vierteljährlich
- Jährlich

In diesem Fall können Sie sowohl die Dauer, als auch die Art der Beendung wählen.

Im Abschnitt „Benutzer“ geben Sie an, für wen die Überprüfung ausgeführt werden soll.

Bei „Gruppe“ wählen Sie, wessen Mitgliedschaft überprüft wird.

Für jede gewählte Gruppe wird eine eigene Überprüfung erstellt, also bei einer Auswahl von drei Gruppen werden auch drei Überprüfungen erstellt.

Als „Prüfer“ geben Sie eine oder mehrere Personen an. Es ist auch möglich, den Gruppenbesitzer zu wählen, falls es sich bei der Ressource um eine Gruppe handelt.

Ebenfalls können die Mitglieder den eigenen Zugriff überprüfen.

Bei „Programme“ können Sie die Anwendungen wählen, für die Sie den Zugriff überprüfen möchten.

Die „Einstellungen nach Abschluss“ geben an, was nach Abschluss der Überprüfung gemacht werden soll.

Ergebnisse automatisch auf Ressource anwenden

Wenn diese Option aktiviert ist, wird abgelehnten Benutzern automatisch der Zugriff entzogen.

Wenn Sie dies manuell vornehmen möchten, deaktivieren Sie diese Option.

Falls der Prüfer nicht reagiert

Wenn der zuvor festgelegte Prüfer keine Entscheidung trifft, können Sie hier festlegen, was dann zu geschehen hat.

Sie haben die Wahl zwischen

Keine Änderung

In diesem Fall bleibt der Zugriff des Benutzers unverändert.

Zugriff entfernen

Dem Benutzer wird der Zugriff entzogen.

Zugriff genehmigen

Der Zugriff des Benutzers wird genehmigt.

Empfehlungen annehmen

Die Systemempfehlungen hinsichtlich der Ablehnung oder Gewährung des weiteren Benutzerzugriffs werden verwendet.

Kommen wir nun zu den „Erweiterten Einstellungen".

Hier können Sie noch einige Feineinstellungen vornehmen.

Nach dem Speichern der Überprüfung wird sie entweder automatisch gestartet oder Sie können sie manuell starten.

Nach Abschluss der Prüfung erhält der Prüfer eine E-Mail mit dem Ergebnis.

2.7.3 Produktlizenzen

Um bestimmte Funktionen von Microsoft 365 nutzen zu können, benötigen Sie entsprechende Lizenzen.

Der Funktionsumfang der verschiedenen Microsoft 365 Editionen enthält verschiedene Funktionen, nicht alle Funktionen sind in allen Editionen vorhanden.

Jeder Benutzer, der diese Funktionen benutzen möchte, muss eine Lizenz dafür besitzen.

Funktionsumfang Microsoft 365 Editionen

Vergleichen wir zunächst den Funktionsumfang der verschiedenen Microsoft 365 Enterprise Editionen.

	Microsoft 365 E3	**Microsoft 365 E5**
Grundfunktionen: • Betriebssystem • Apps • Soziales Netzwerk und Intranet • Dateien und Inhalte • Aufgabenverwaltung • Geräte- und Anwendungsverwaltung • Sicherheitsmanagement	**X**	**X**
Azure Active Directory Premium 1	**X**	**X**
Azure Active Directory Premium 2		**X**
Bedrohungsschutz		
Microsoft Advanced Threat Analytics	**X**	**X**
Windows Defender Antivirus und Device Guard	**X**	**X**
Advanced Thread Protection		**X**

Sie sehen, ein großer Unterschied zwischen den Microsoft 365 Editionen sind die Azure AD Pakete, bei Microsoft 365 E3 ist Azure AD P1 enthalten, bei Microsoft 365 E5 dagegen ist Azure AD P2 integriert.

Auch hier sollten wir die Unterschiede betrachten.

In den Grundfunktionen unterscheiden sich die beiden Editionen nicht, aber bei den erweiterten Funktionen gibt es einige Unterschiede.

Ich möchte an dieser Stelle nur auf die Unterschiede eingehen und darstellen, welche Funktionen in Azure AD P1 nicht verfügbar sind.

	Azure AD P1	Azure AD P2
Identity Protection		
Erkennung von Sicherheitsrisiken und gefährdeten Konten		X
Untersuchung von Risikoereignissen		X
Risikobasierte Richtlinien für bedingten Zugriff		X
Identity Governance		
Privileged Identity Management (PIM)		X
Zugriffsüberprüfungen		X
Berechtigungsverwaltung		X

Zuweisen von Lizenzen

Sie finden eine aktuelle Übersicht über Ihre Lizenzen, wenn Sie im Azure AD an folgende Stelle navigieren:

- Lizenzen
- Erworbene Lizenzen verwalten

Abbildung 2.82: Erworbene Lizenzen

Sie sehen auf den ersten Blick welche Lizenzen Sie besitzen und welche zugewiesen sind.

Nach einem Klick auf die Lizenzen wechselt die Ansicht zu einer genauen Aufstellung über die einzelnen Zuweisungen.

Lizenzen können Benutzern oder Gruppen zugewiesen werden.

Die Zuweisung von Lizenzen zu Gruppen vereinfacht die Zuweisung natürlich erheblich, denn dadurch werden Lizenzen an alle Gruppenmitglieder vergeben.

Wenn ein Benutzer aus der Gruppe entfernt wird, wird auch die Lizenz entfernt.

Voraussetzung bei der gruppenbasierten Zuweisung von Lizenzen ist, dass es sich um eine Sicherheitsgruppe handeln muss. Auch darf es keine verschachtelte Gruppe sein, es darf also innerhalb der Gruppe keine andere Gruppe sein.

Abbildung 2.83: Zuweisen

Sollten Sie eine Gruppe in eine andere hinzufügen, wird die Lizenz nur auf die oberste Ebene der Gruppen angewendet, nicht auf die verschachtelte Gruppe.

Wichtig ist, dass Sie für jedes Mitglied der Gruppe eine Lizenz benötigen, wenn also 30 Konten in einer Gruppe vorhanden sind, benötigen Sie auch 30 Lizenzen.

Nun wollen wir Benutzern oder Gruppen Lizenzen zuweisen, die Vorgehensweise ist identisch.

Sie wählen bei Lizenzierte Benutzer“ oder „Lizenzierte Gruppen“ „Zuweisen“ aus.

Im nächsten Schritt wählen Sie, wem diese Lizenz zugewiesen werden soll.

Wenn Sie auf „Zuweisungsoptionen“ klicken, können Sie die einzelnen Komponenten wählen, die lizenztechnisch zugewiesen werden sollen.

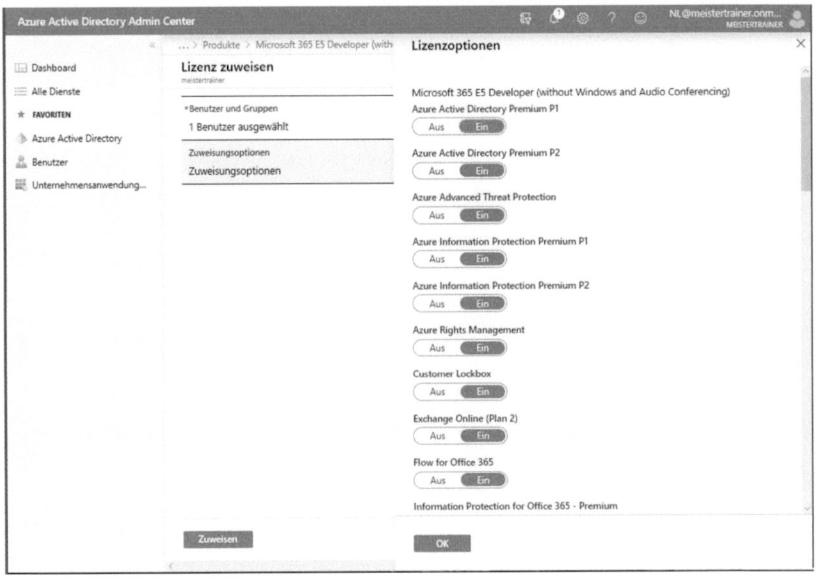

Abbildung 2.84: Komponenten

Wenn Sie nun den Assistenten bestätigen, werden die Lizenzen zugewiesen.

Leider erscheint manchmal, gerade in heterogenen Umgebungen wie einer angeschlossenen On-Premise Domäne, eine Fehlermeldung:

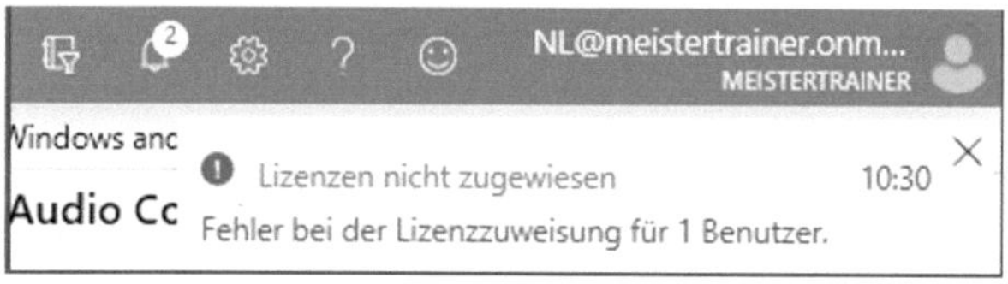

Abbildung 2.85: Fehlermeldung

Dies ist in vielen Fällen auf einen Wert zurückzuführen, der in einem Benutzerkonto zwingend gesetzt sein muss, damit eine Lizenz zugewiesen werden kann.

Dieser Wert ist normalerweise bei einem Konto, das aus Active Directory importiert worden ist, nicht vorhanden.

Um das zu ändern, wechseln wir ins Azure Active Directory und öffnen die Eigenschaften des entsprechenden Benutzers.

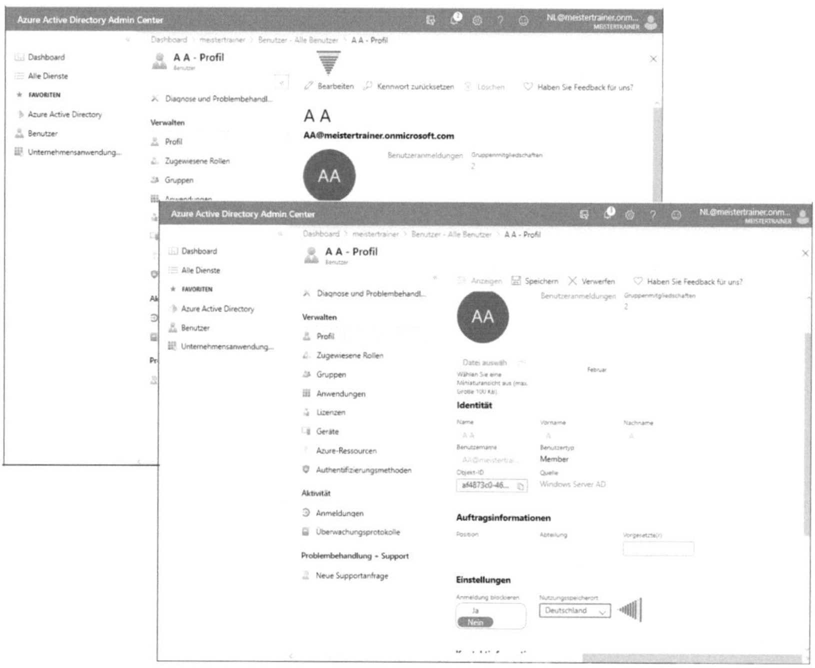

Abbildung 2.86: Benutzer

Hier müssen wir einen „Nutzungsspeicherort“ definieren.

Danach können wir die Lizenz zuweisen.

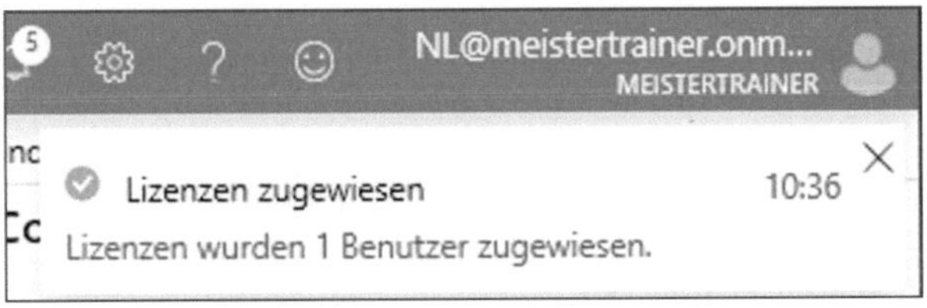

Abbildung 2.87: Erfolgreiche Zuweisung

Arbeiten mit der PowerShell

Natürlich können Sie die Verwaltung auch mithilfe der PowerShell vornehmen.

PowerShell Cmdlet	Bedeutung
Get-AzureADSubscribedSku	Auflistung der Lizenzpläne
Get-AzureADUser -ObjectID <user sign-in name (UPN)> | Select DisplayName, UsageLocation	Abruf des Anmeldenamens
$userUPN="<user sign-in name (UPN)>" $userLoc="<ISO 3166-1 alpha-2 country code>" Set-AzureADUser -ObjectID $userUPN -UsageLocation $userLoc	Hinzufügen des Nutzungsspeicherorts
$userUPN="<user sign-in name (UPN)>" $planName="<license plan name from the list of license plans>" $License = New-Object -TypeName Microsoft.Open.AzureAD.Model.AssignedLicense $License.SkuId = (Get-AzureADSubscribedSku | Where-Object -Property SkuPartNumber -Value $planName -EQ).SkuID $LicensesToAssign = New-Object -TypeName Microsoft.Open.AzureAD.Model.AssignedLicenses $LicensesToAssign.AddLicenses = $License Set-AzureADUserLicense -ObjectId $userUPN -AssignedLicenses $LicensesToAssign	Lizenzierung in Bezug auf ein Benutzerkonto

2.8 Benutzerrollen verwalten

In jeder Verwaltungsstruktur ist es von zentraler Bedeutung, Rechte und Berechtigungen zu verwalten.

Zugriffsrechte sind für die Zugriffe auf Ressourcen von Bedeutung.

Aber es gibt auch noch eine zweite Kategorie von Rechten, die Benutzerrechte.

Mit Benutzerrechten wird geregelt, welcher Benutzer oder welche Gruppe welche administrativen Tätigkeiten ausführen darf.

Auch dieses Prinzip kennen wir bereits von der On-Premise Domäne. Dort werden Benutzerrechte im Active Directory verwaltet. So werden bestimmte Rechte entweder Benutzern oder Gruppen zugewiesen.

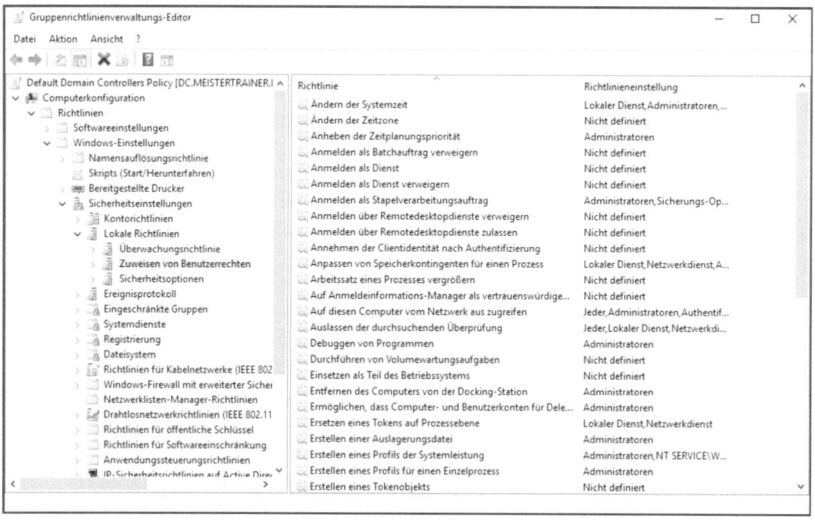

Abbildung 2.88: Benutzerrechte im Active Directory

Benutzerrechte, die das Verwalten von Active Directory Konten betreffen, werden dagegen im Active Directory durch die Objektverwaltung delegiert.

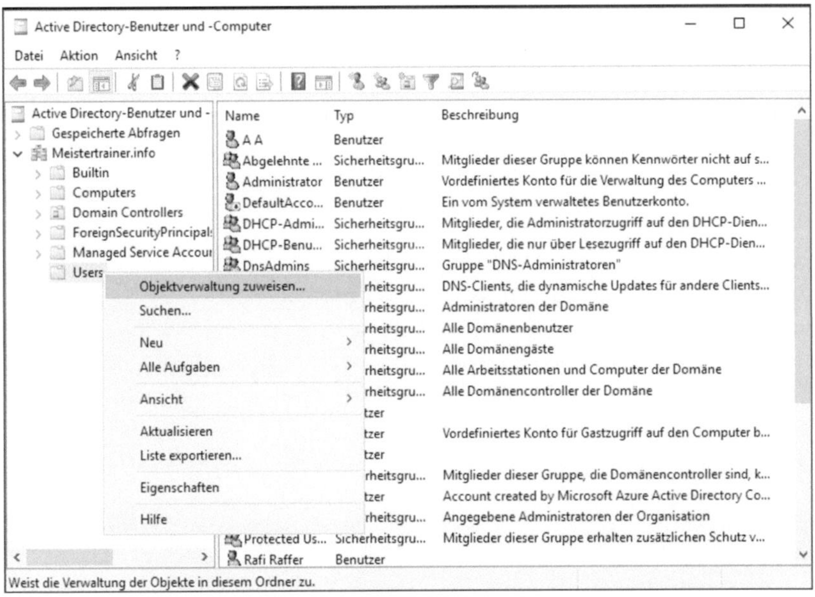

Abbildung 2.89: Delegation von Verwaltungsrechten

Diese Herangehensweise ist zwar sehr gut und etabliert, ist aber leider etwas sperrig.

Azure Active Directory hat diesen Ansatz aufgenommen und weiterentwickelt. Hier wird mit „Rollen“ gearbeitet.

2.8.1 Rollen in Microsoft 365

Auch Azure AD muss einen Weg zur Verfügung stellen, mit dem Sie administrative Aufgaben teilweise an andere Personen weitergeben können, ohne diesen mehr Rechte als benötigt zu geben.

Azure AD hat hierfür die Verwendung von „Rollen“ eingeführt.

Bei der ersten Veröffentlichung von Azure wurde der Zugriff auf Ressourcen mit nur drei Administratorrollen verwaltet: Kontoadministrator, Dienstadministrator und Co-Administrator.

Alle diese Rollen haben verschiedene Berechtigungen für die Benutzer zur Verfügung gestellt, denen diese Rolle zugewiesen worden ist.

Nach und nach wurde dieses System erweitert.

Mittlerweile bietet Azure AD die „rollenbasierte Zugriffssteuerung (Role-Based Access Control, RBAC)“.

In der rollenbasierten Zugriffssteuerung sind viele Rollen bereits vordefiniert vorhanden, und mit jeder Überarbeitung seitens Microsoft kommen neue Rollen dazu.

Betrachten wir die Rollen, die uns in Microsoft 365 zur Verfügung gestellt werden.

Dazu gehen wir ins Microsoft 365 Admin-Center und wählen

- Rollen

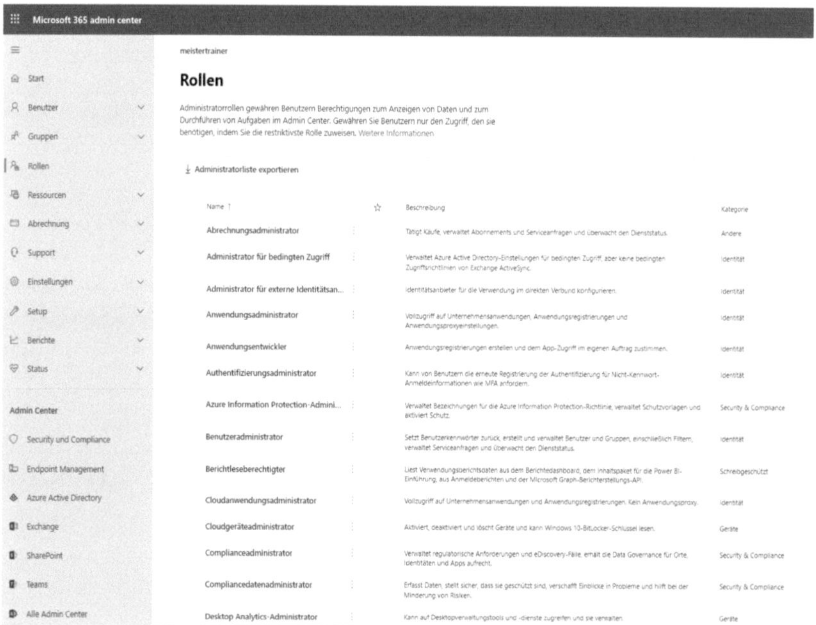

Abbildung 2.90: Rollen

An dieser Stelle können Sie alle Rollen sehen, die von Microsoft 365 zur Verfügung gestellt werden. Dies ist keine statische Liste, denn Microsoft passt die Rollen immer wieder an die Gegebenheiten an und fügt neue hinzu.

Sie sollten sich Zeit nehmen, und alle verfügbaren Rollen genauer betrachten, damit Sie sich selber ein Bild machen können, wie Sie diese

Rollen einsetzen können.

Betrachten Sie ebenfalls, dass es in der Aufzählung eine Spalte „Kategorie“ gibt.

Dadurch werden die verschiedenen Rollen für die verschiedenen Anwendungen unterschieden.

In der Folge möchte ich auf einige wichtige Rollen eingehen, diese Aufzählung ist aber nicht vollständig.

Beginnen wir mit den wichtigsten allgemeinen Rollen.

Rolle	**Beschreibung**
Anwendungsadministrator	Verwaltet alle Anwendungen im Unternehmen
Benutzeradministrator	Verwaltet Benutzerkonten, setzt Benutzerkennwörter zurück
Compliance Administrator	Verwaltet alle Tasks im Security & Compliance Center
Globaler Leser	Dies ist eine neue Rolle, die alle administrativen Rechte beinhaltet, aber nur schreibgeschützt. Es kann also alles gelesen werden, aber nichts verändert
Globaler Administrator	Admin mit allen Rechten
Kennwortadministrator	Kann nur Kennwörter zurücksetzen
Sicherheitsadministrator	Verwaltet die sicherheitsrelevanten Einstellungen

Eine Zuweisung einer Rolle zu einem Benutzer ist sehr einfach.

Sie wählen die entsprechende Rolle aus und gehen dann zur Registerkarte „Zugewiesene Administratoren“.

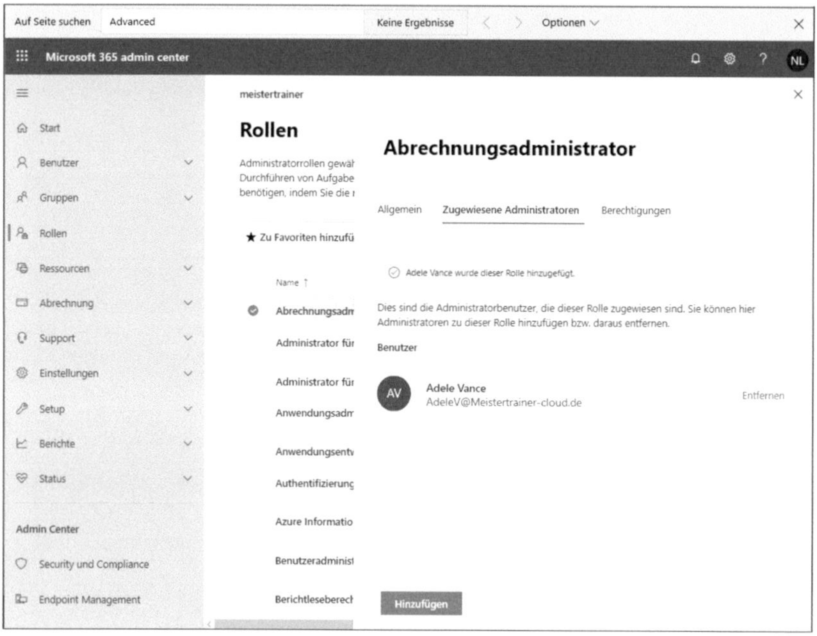

Abbildung 2.91: Zugewiesene Administratoren

Hier treffen Sie Ihre Auswahl und bestätigen sie.

2.8.2 Rollen für den Microsoft Store für Business

Die Verwaltung mithilfe von Rollen hat sich auch in diversen anderen Online-Portalen durchgesetzt, wie beispielsweise im Microsoft Store für Business.

Dazu öffnen Sie folgende URL: https://businessstore.microsoft.com/de-de/store

Melden Sie sich mit Ihrem globalen Azure Active Directory Administratorkonto an.

Alle Benutzer können im Store nach Anwendungen suchen und Apps installieren, haben aber keine verwaltungstechnischen Rechte.

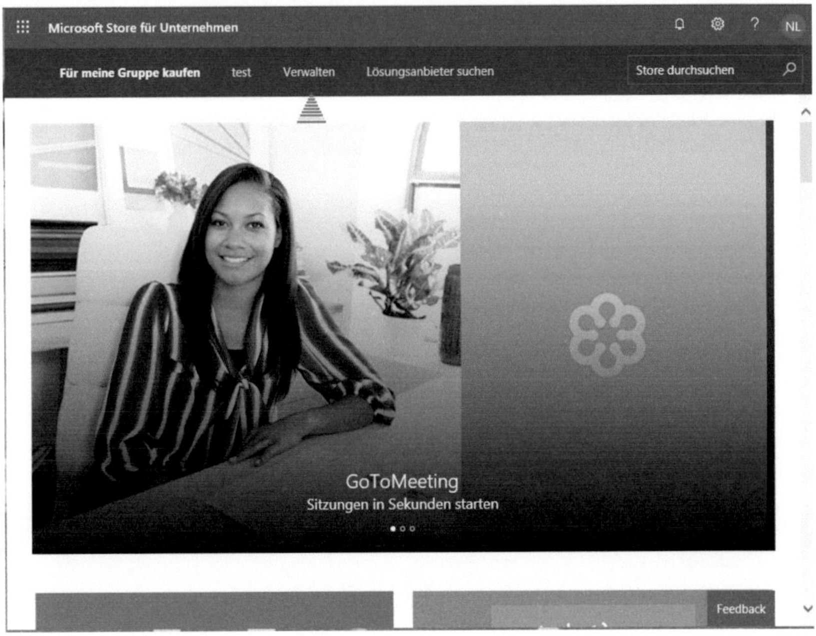

Abbildung 2.92: Verwalten

Um an dieser Stelle Rollen zuzuweisen, klicken Sie im oberen Teil des Stores auf „Verwalten".

Hier sind alle Verwaltungseinstellungen zu finden, unter anderem auch „Benutzerberechtigungen ändern".

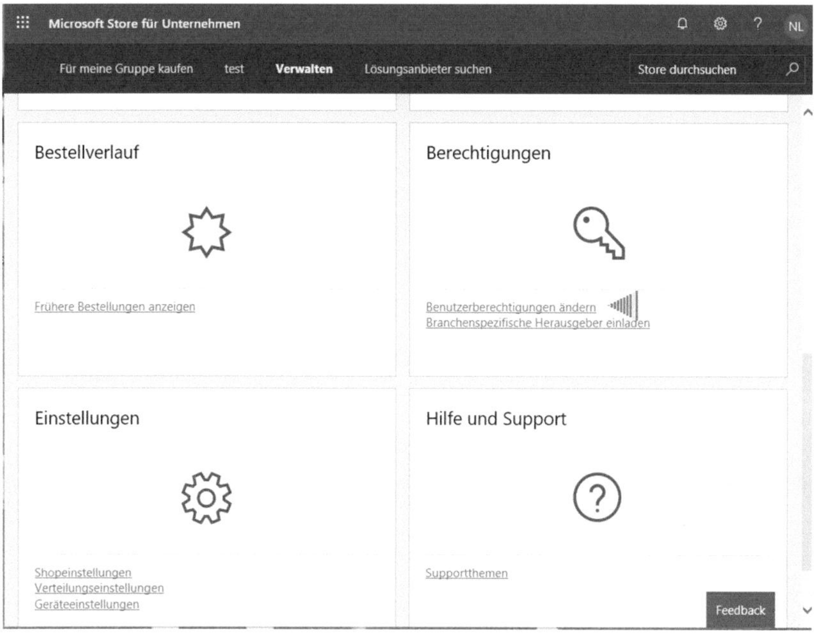

Abbildung 2.93: Benutzerberechtigungen ändern

Sie erreichen nun die Aufstellung der Berechtigungen.

Wie Sie sofort erkennen können, hat das Konto, mit dem Sie angemeldet sind, die Rolle „Globaler Administrator“.

Klicken Sie auf „Rolle zuweisen“.

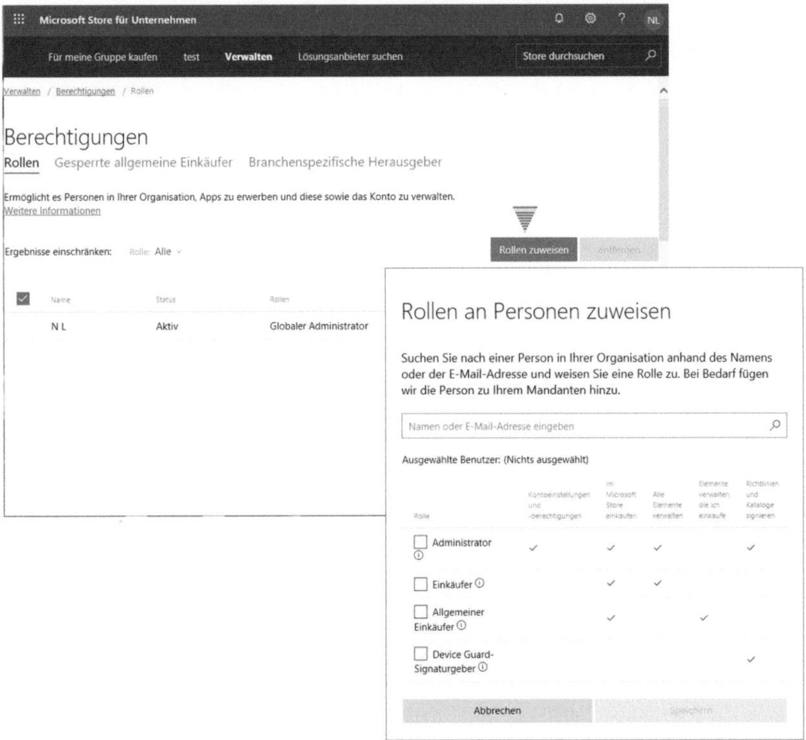

Abbildung 2.94: Rollen zuweisen

Hier können Sie nun bestimmte Kollegen auswählen, entweder über ihren Namen oder über ihre E-Mail-Adresse.

Danach weisen Sie eine Rolle zu. Sie haben folgende Rollen zur Auswahl:

Administrator

Diese Rolle kann alle administrativen Aufgaben erfüllen und auch weitere Rollenzuweisungen vornehmen.

Einkäufer

Diese Rolle kann Produkte für die Firma einkaufen und alle Apps auch verteilen, auch die, die Sie nicht selber eingekauft haben.

Allgemeiner Einkäufer

Diese Rolle kann Produkte einkaufen und diese dann verteilen.

Device Guard-Signaturgeber

Diese Rolle kann nur die Einstellungen des Device Guards verwalten.

2.9 Zusammenfassung, Übungen / Aufgaben

2.9.1 Zusammenfassung

Wie schon erwähnt, gibt es in Microsoft 365 die Möglichkeit, alle Identitäten, also Benutzerkonten in der Cloud anzulegen oder zu verwalten.

Sie können aber auch eine bestehende Active Directory Domäne anschließen, und die Identitäten in die Cloud replizieren lassen. Eine Synchronisation mit den Active Directory Verbunddiensten ist ebenfalls möglich.

Um die Synchronisation einzurichten, wird ein kostenloses Tool mit Namen „Azure AD-Connect“ in der On-Premise Domäne installiert.

Natürlich müssen Sie den Domänennamen Ihrer On-Premise Domäne hinzufügen. Diesen Schritt nehmen Sie immer vor, indem Sie die Domäne hinzufügen und die Überprüfung mithilfe einer .TXT oder –MX-Datei zulassen.

Die Active Directory Domäne, die Sie anschließen möchten, muss mindestens im Gesamtstrukturfunktionsmodus Windows Server 2003 laufen.

Wenn Sie eine Firewall betreiben, müssen Sie natürlich dafür sorgen, dass AD-Connect die entsprechenden Ports benutzen kann.

Sie sollten die On-Premise Domäne so ändern, dass sie mit einem routingfähigen Domänensuffix geführt wird.

Eine zweite Möglichkeit, das Problem der nicht routingfähigen Domänensuffixe zu lösen, ist das Hinzufügen von routingfähigen Domänensuffixen, auch UPN-Suffix genannt.

Laden Sie dann den Azure AD Connect Provisioning Agent auf einen Domänenserver herunter und beginnen Sie die Installation.

Wählen Sie eine Art der Benutzeranmeldung.

Es gibt

- Kennworthashsynchronisierung
- Passthrough-Authentifizierung
- Verbund mit AD FS
- Verbund mit PingFederate

Geben Sie die Anmeldeinformationen ein und führen Sie den Assistenten fort.

Nach der Einrichtung sollten Sie die Installation überprüfen.

Nach dem Einrichten der Synchronisation wird standardmäßig alle 30 Minuten synchronisiert.

Diese Steuerung wird von einem sogenannten „Scheduler“ übernommen.

Natürlich können Sie diverse Einstellungen an diesem Scheduler vornehmen, um den Zeitpunkt der Synchronisation an Ihre Bedürfnisse anzupassen.

Oft ist es gewünscht, dass mehrere Gesamtstrukturen zu einem Azure AD Mandanten synchronisiert werden.

Dann muss der Weg immer über einen einzigen Synchronisationsserver laufen.

Beim Einrichten der Verzeichnissynchronisation sollten Sie auch kurz überlegen, ob die Ausfallsicherheit für Sie relevant ist.

Als Lösung gibt es

- Staging-Modus
- Authentifizierungs-Agenten

In vielen Unternehmen wird bereits die Software „System Center Configuration Manager” eingesetzt, die im Grunde genommen die gleichen Möglichkeiten bietet, die Sie mit Microsoft 365 beziehungsweise dessen Bestandteil Intune auch zur Verfügung haben.

Idealerweise gibt es die Möglichkeit, den System Center Configuration Manager in Microsoft Intune zu integrieren.

Das nennt sich „Co-Management“.

Manchmal kommt es vor, dass sich in die Verzeichnissynchronisation Fehler einschleichen.

Für diesen Fall stellt Microsoft einige gute Tools zur Verfügung.

- Idfix.exe
- Windows Defender Advanced Threat Protection
- Azure AD Connect Health

Gruppen sind wichtige Werkzeuge, um Benutzerkonten zu verwalten. Sie können Gruppen im Azure AD erstellen.

Oft ist es so, dass sich die Anforderungen ändern. Ein Beispiel sind Gruppenmitgliedschaften, die unter Umständen nicht mehr benötigt werden.

Hierfür kommt das Tool „Azure AD Zugriffsüberprüfung“ ins Spiel.

Um bestimmte Funktionen von Microsoft 365 nutzen zu können, benötigen Sie entsprechende Lizenzen.

Der Funktionsumfang der verschiedenen Microsoft 365 Editionen enthält verschiedene Funktionen, nicht alle Funktionen sind in allen Editionen vorhanden.

Jeder Benutzer, der diese Funktionen benutzen möchte, muss eine Lizenz dafür besitzen.

In jeder Verwaltungsstruktur ist es von zentraler Bedeutung, Rechte und Berechtigungen zu verwalten.

Zugriffsrechte sind für die Zugriffe auf Ressourcen von Bedeutung.

Aber es gibt auch noch eine zweite Kategorie von Rechten, die Benutzerrechte.

Azure Active Directory hat die Funktionen von Active Directory aufgenommen und weiterentwickelt. Hier wird mit „Rollen“ gearbeitet.

2.9.2 Übungen

Sie können nur alle Übungen ausführen, wenn Sie eine On-Premise Domäne mit Internet Zugang haben, einen Domänennamen, den Sie mit Azure AD verbunden haben und die Firewallregeln anpassen können.

Sollten Sie nicht alle Übungen mitmachen können, versuchen Sie, diese Übungen zumindest nachzuvollziehen.

1. Bereiten Sie Ihre Active Directory Domäne für Azure AD Connect vor.
2. Bereiten Sie Ihre Firewallkonfiguration für Azure AD Connect vor.
3. Erstellen Sie einen benutzerdefinierten UPN für AD Connect und weisen Sie ihn allen Benutzerkonten zu.
4. Verbinden Sie die On-Premise Domäne über AD Connect mit Azure AD.
5. Wählen Sie geeignete Einstellungen dafür.
6. Überprüfen Sie die Einrichtung.
7. Betrachten und bearbeiten Sie die Synchronisationseinstellungen.
8. Falls Sie einen zweiten Server in Ihrer Domäne haben, installieren Sie einen Stagingserver.
9. Überprüfen Sie die Verzeichnissynchronisation mit Idfix.exe.
10. Onboarden Sie die Maschine „W10-Azure“ zu ATP.
11. Binden Sie die On-Premise Domäne ein.
12. Überprüfen Sie, ob Azure AD Connect Health auf dem AD-Connect Server installiert ist.
13. Erstellen Sie einige Gruppen nach Wahl.
14. Aktivieren Sie die Zugriffsüberprüfung.
15. Betrachten Sie die vorhandenen Produktlizenzen.
16. Weisen Sie einem Benutzer Lizenzen zu.
17. Betrachten Sie alle Benutzerrollen und beurteilen Sie ihren Einsatz.

2.9.3 Aufgaben

1. Sie sind Administrator einer Microsoft 365 Subskription mit dem Namen Meistertrainer.onmicrosoft.com.

   Sie haben eine Active Directory Domäne mit Namen Meistertrainer.local. Diese möchten Sie in einer Hybridlösung zu Ihrem Microsoft 365 Abonnement hinzufügen.

   Was müssen Sie vor dem Einrichten der Verzeichnissynchronisation zunächst tun?
2. Sie sind Administrator einer Microsoft 365 Subskription mit dem Namen Meistertrainer.onmicrosoft.com.

   Sie haben eine Active Directory Domäne mit Namen Meistertrainer.local. Diese möchten Sie in einer Hybridlösung zu Ihrem Microsoft 365 Abonnement hinzufügen.

   Eine Domäne mit Namen Meistertrainer-Cloud.de haben Sie bereits gekauft und in Ihrem Microsoft 365 Abonnement hinzugefügt.

   Was müssen Sie im nächsten Schritt tun?
3. Sie sind Administrator einer Microsoft 365 Subskription mit dem Namen Meistertrainer.onmicrosoft.com.

   Sie haben eine Active Directory Domäne mit Namen Meistertrainer.local. Diese möchten Sie in einer Hybridlösung zu Ihrem Microsoft 365 Abonnement hinzufügen.

   Welche Schritte müssen Sie ausführen, um die Domäne hinzufügen zu können?
4. Sie sind Administrator einer Microsoft 365 Subskription mit dem Namen Meistertrainer.onmicrosoft.com.

   Sie haben eine Active Directory Domäne mit Namen Meistertrainer.local. Diese möchten Sie in einer Hybridlösung zu Ihrem Microsoft 365 Abonnement hinzufügen.

   Sie haben die Domäne Meistertrainer-cloud.de gekauft und in Microsoft 365 verifiziert.

   Sie haben das benutzerdefinierte Suffix .meistertrainer-cloud.de in der On-Premise Domäne eingerichtet.

   Sie richten die Verzeichnissynchronisation ein.

Danach stellen Sie fest, dass alle Benutzer nun den Anmeldenamen ***.Meistertrainer-Cloud.de haben, nur drei Personen haben den Anmeldenamen ***.meistertrainer.onmicrosoft.com

Was müssen Sie tun, damit alle Benutzer den Anmeldenamen ***.Meistertrainer-Cloud.de erhalten?

5. Sie sind Administrator einer Microsoft 365 Subskription mit dem Namen Meistertrainer.onmicrosoft.com.

   Sie haben eine Active Directory Domäne mit Namen Meistertrainer.local. Diese möchten Sie in einer Hybridlösung zu Ihrem Microsoft 365 Abonnement hinzufügen.

   Sie haben die Domäne Meistertrainer-cloud.de gekauft und in Microsoft 365 verifiziert.

   Sie haben das benutzerdefinierte Suffix .meistertrainer-cloud.de in der On-Premise Domäne eingerichtet.

   Sie richten die Verzeichnissynchronisation ein.

   Die Verzeichnissynchronisation schlägt fehl.

   Sie überprüfen die Firewall und stellen fest, dass die entsprechenden Ports geöffnet sind.

   Sie führen auch eine Liste der zulässigen Domänen, die bisher nicht gefüllt wurde.

   Was müssen Sie tun?

6. Sie sind Administrator einer Microsoft 365 Subskription mit dem Namen Meistertrainer.onmicrosoft.com.

   Sie möchten eine Verbundauthentifizierung mit zwei gleichberechtigten Domänen einrichten.

   Was müssen Sie vor der Einrichtung tun?

7. Sie sind Administrator einer Microsoft 365 Subskription mit dem Namen Meistertrainer.onmicrosoft.com.

   Sie wollen eine On-Premise Domäne mit Azure AD-Connect anschließen.

   Sie möchten, dass diverse Verzeichnisattribute zusätzlich in die Cloud repliziert werden.

   Wie machen Sie das?

8. Sie sind Administrator von zwei Microsoft 365 Subskriptionen mit dem Namen Meistertrainer.onmicrosoft.com. und Testtrainer.onmicrosoft.com

   Sie wollen eine On-Premise Domäne mit Azure AD-Connect an beide Azure Active Directory Domänen anschließen.

   Was müssen Sie tun?
9. Sie sind Administrator einer Microsoft 365 Subskription mit dem Namen Meistertrainer.onmicrosoft.com.

   Sie haben eine On-Premise Domäne mit Azure AD-Connect angeschlossen.

   Nun möchten Sie, dass die Verzeichnissynchronisation für eine Weile ausgesetzt wird.

   Was machen Sie?
10. Sie sind Administrator einer Microsoft 365 Subskription mit dem Namen Meistertrainer.onmicrosoft.com.

    Sie haben eine On-Premise Domäne mit Azure AD-Connect angeschlossen.

    Sie möchten eine Verzeichnissynchronisation sofort anstoßen.

    Was tun Sie?
11. Sie sind Administrator einer Microsoft 365 Subskription mit dem Namen Meistertrainer.onmicrosoft.com.

    Sie wollen eine On-Premise Domäne mit Azure AD-Connect anschließen.

    Sie möchten eine Fallbackstrategie, falls der AD-Connect Server ausfallen sollte.

    Was richten Sie ein?
12. Sie sind Administrator einer Microsoft 365 Subskription mit dem Namen Meistertrainer.onmicrosoft.com.

    Sie haben eine On-Premise Domäne mit AD-Connect angeschlossen und die Passthrough-Authentifizierung aktiviert.

    Sie möchten Redundanz einrichten, aber keine Staging-Server bereitstellen.

    Was richten Sie ein?

13. Sie sind Administrator einer Microsoft 365 Subskription mit dem Namen Meistertrainer.onmicrosoft.com.

    Sie haben den System Center Configuration Manager mit Ihrer Microsoft 365 Subskription verbunden.

    Nun möchten Sie die Geräte sowohl mit Intune als auch mit dem SCCM verwalten.

    Wie gehen Sie vor?
14. Sie sind Administrator einer Microsoft 365 Subskription mit dem Namen Meistertrainer.onmicrosoft.com.

    Sie haben den System Center Configuration Manager mit Ihrer Microsoft 365 Subskription verbunden.

    Welche Geräte können Sie sowohl mit dem SCCM als auch mit Microsoft Intune verwalten?
15. Sie sind Administrator einer Microsoft 365 Subskription mit dem Namen Meistertrainer.onmicrosoft.com.

    Sie haben den System Center Configuration Manager mit Ihrer Microsoft 365 Subskription verbunden.

    Sie möchten, dass die Clients der Domäne sich beim richtigen Azure AD Mandanten anmelden.

    Wie konfigurieren Sie das?
16. Sie sind Administrator einer Microsoft 365 Subskription mit dem Namen Meistertrainer.onmicrosoft.com.

    Sie wollen eine On-Premise Domäne mit Azure AD-Connect anschließen.

    Sie möchten vor der Verzeichnissynchronisation überprüfen, ob alle Active Directory Konten den Anforderungen entsprechen.

    Welches Tool benutzen Sie?
17. Sie sind Administrator einer Microsoft 365 Subskription mit dem Namen Meistertrainer.onmicrosoft.com.

    Sie möchten Windows Defender Advanced Threat Protection aktivieren.

    Was ist der erste Schritt für Windows 10 Rechner?

18. Sie sind Administrator einer Microsoft 365 Subskription mit dem Namen Meistertrainer.onmicrosoft.com.

    Sie möchten Windows Defender Advanced Threat Protection aktivieren.

    Sie haben Windows 10 und Server 2016 Computer.

    Wie gehen Sie im ersten Schritt vor?

19. Sie sind Administrator einer Microsoft 365 Subskription mit dem Namen Meistertrainer.onmicrosoft.com.

    Sie möchten Windows Defender Advanced Threat Protection aktivieren.

    Wie können Sie den Sensor für einen Server 2016 in einer Domäne installieren?

20. Sie sind Administrator einer Microsoft 365 Subskription mit dem Namen Meistertrainer.onmicrosoft.com.

    Sie haben Windows Defender Advanced Threat Protection aktiviert und einen Monitoring Agent auf einem Server installiert.

    Wie lange dauert es, bis Sie verlässlich Informationen erhalten?

21. Sie sind Administrator einer Microsoft 365 Subskription mit dem Namen Meistertrainer.onmicrosoft.com.

    Sie haben Windows Defender Advanced Threat Protection aktiviert und diverse Maschinen hinzugefügt.

    Was müssen Sie tun, wenn Sie eine W10 Maschine wieder aus der Überwachung entfernen möchten?

22. Sie sind Administrator einer Microsoft 365 Subskription mit dem Namen Meistertrainer.onmicrosoft.com.

    Sie haben eine On-Premise Domäne mit AD-Connect angeschlossen und die Kennworthashsynchronisierung aktiviert. Die Kennwortrückschreibung ist nicht aktiviert.

    Sie arbeiten mit AD Connection Health und überprüfen regelmäßig, ob die Verzeichnissynchronisation fehlerfrei stattfindet.

    Auf einem Server scheint der Health Agent Dienst nicht zu funktionieren.

    Was können Sie tun?

23. Sie sind Administrator einer Microsoft 365 Subskription mit dem Namen Meistertrainer.onmicrosoft.com.

    Sie konfigurieren den Kennwortschutz und möchten, dass nach 3 falschen Anmeldeversuchen das Konto für jeweils 2 Minuten gesperrt wird.

    Wie konfigurieren Sie das?
24. Sie sind Administrator einer Microsoft 365 Subskription mit dem Namen Meistertrainer.onmicrosoft.com.

    Sie konfigurieren den Kennwortschutz und konfigurieren, dass Kennwörter mit dem Muster

    Kennwort

    gesperrt werden.

    Ist es möglich, das Kennwort „Kennw0rt" zu benutzen?
25. Sie sind Administrator einer Microsoft 365 Subskription mit dem Namen Meistertrainer.onmicrosoft.com.

    Sie haben eine On-Premise Domäne mit AD-Connect angeschlossen und die Passthrough-Authentifizierung aktiviert.

    Der Kennwortschutz ist eingerichtet.

    Sie möchten, dass der Kennwortschutz auch für die On-Premise Domäne gilt.

    Was müssen Sie konfigurieren?
26. Sie sind Administrator einer Microsoft 365 Subskription mit dem Namen Meistertrainer.onmicrosoft.com.

    Sie haben eine On-Premise Domäne mit AD-Connect angeschlossen und die Passthrough-Authentifizierung aktiviert.

    Der Kennwortschutz ist eingerichtet.

    Können Sie mit dieser Konfiguration die Länge der Kennwörter festlegen?
27. Sie sind Administrator einer Microsoft 365 Subskription mit dem Namen Meistertrainer.onmicrosoft.com.

    Sie haben eine On-Premise Domäne mit AD-Connect angeschlossen und die Passthrough-Authentifizierung aktiviert.

    Wo können Sie die Kontoeigenschaften von folgenden Benutzern ändern:

   a) Tom, Konto in Azure AD angelegt
   b) Karl, Konto in Active Directory angelegt

28. Sie sind Administrator einer Microsoft 365 Subskription mit dem Namen Meistertrainer.onmicrosoft.com.

    Sie möchten eine neue Gruppe erstellen, die Zugriff auf eine Ressource erhalten soll.

    Welchen Gruppentyp wählen Sie?

29. Sie sind Administrator einer Microsoft 365 Subskription mit dem Namen Meistertrainer.onmicrosoft.com.

    Wie können Sie die Zugriffe einer Gruppe regelmäßig überprüfen?

30. Sie sind Administrator einer Microsoft 365 Subskription mit dem Namen Meistertrainer.onmicrosoft.com.

    Welche Microsoft 365 Lizenz benötigen Sie, um die Funktion „Privileged Identity Management" benutzen zu können?

31. Sie sind Administrator einer Microsoft 365 Subskription mit dem Namen Meistertrainer.onmicrosoft.com.

    An welcher Stelle können Sie alle Lizenzen betrachten?

32. Sie sind Administrator einer Microsoft 365 Subskription mit dem Namen Meistertrainer.onmicrosoft.com.

    Welchen Objekten können Lizenzen zugewiesen werden?

33. Sie sind Administrator einer Microsoft 365 Subskription mit dem Namen Meistertrainer.onmicrosoft.com.

    Welches Attribut muss im Benutzerkonto vergeben sein, um eine Lizenz zu erhalten?

34. Sie sind Administrator einer Microsoft 365 Subskription mit dem Namen Meistertrainer.onmicrosoft.com.

    Benutzer 1 ist Mitglied der Gruppe „Gruppe1". Er hat eine Lizenzzuweisung erhalten.

    Auch die Gruppe hat eine Lizenzzuweisung erhalten.

    Was geschieht, wenn Benutzer 1 aus der Gruppe entfernt wird?

35. Sie sind Administrator einer Microsoft 365 Subskription mit dem Namen Meistertrainer.onmicrosoft.com.

    Mit welchem PowerShell Cmdlet fügen Sie einen Nutzungsspeicherort hinzu?
36. Sie sind Administrator einer Microsoft 365 Subskription mit dem Namen Meistertrainer.onmicrosoft.com.

    Welche Rolle vergeben Sie, um ausschließlich Kennwörter von Benutzern zurückzusetzen?
37. Sie sind Administrator einer Microsoft 365 Subskription mit dem Namen Meistertrainer.onmicrosoft.com.

    Welche Rolle vergeben Sie, um Dienststatusinformationen zu lesen?
38. Sie sind Administrator einer Microsoft 365 Subskription mit dem Namen Meistertrainer.onmicrosoft.com.

    An welcher Stelle können Sie die meisten Rollen verwalten?
39. Sie sind Administrator einer Microsoft 365 Subskription mit dem Namen Meistertrainer.onmicrosoft.com.

    Sie benutzen den Microsoft Store für Business.

    Welche Rolle muss der Benutzer mindestens haben, um Anwendungen aus dem Store installieren zu können?
40. Sie sind Administrator einer Microsoft 365 Subskription mit dem Namen Meistertrainer.onmicrosoft.com.

    Welche Rolle vergeben Sie, um administrative Tasks im Security & Compliance Center durchführen zu können?

3 Zugriff und Authentifizierung verwalten

Prüfungsanforderungen von Microsoft:

- Authentifizierung verwalten
- Multi-Faktor-Authentifizierung (MFA) implementieren
- Application Access konfigurieren
- Zugriff für externe Nutzer auf Microsoft 365 Workloads implementieren

Quelle: Microsoft

3.1 Einführung

Die Begriffe „Authentifizierung“ und „Autorisierung“ werden oft verwechselt. Sie sind aber sehr wichtig, um die Anmeldung an einer Domäne oder am Azure AD zu verstehen.

Betrachten wir zunächst beide Begriffe.

Authentifizierung

Dies ist die Überprüfung der Identität des Benutzers. Für diese Überprüfung werden die Anmeldeinformationen des Benutzers (häufig Benutzername und Kennwort) mit einer Liste von bekannten Daten abgeglichen. Wenn die Anmeldeinformationen korrekt sind, wird der Benutzer authentifiziert, andernfalls nicht.

Autorisierung

Dieser Vorgang findet nach der Authentifizierung des Benutzers statt und entscheidet über die Berechtigungen des Benutzers innerhalb der Anwendung.

Authentifizierung und Autorisierung

Es gibt verschiedene Arten der Authentifizierung, mit dem Microsoft-Konto, lokal an einer Domäne oder am Azure AD.

Betrachten wir zunächst die Authentifizierung und Autorisierung an einer Domäne.

In einer Domäne ist mindestens ein ausgewählter Computer nur dafür da, dass er eine Datenbank speichert, auf der alle Anmeldeinformationen von allen Benutzern zentral gespeichert sind.

Dieser Computer muss ein Serverbetriebssystem haben, wie Windows Server. Er wird Domänencontroller genannt und beinhaltet den LDAP-konformen Verzeichnisdienst Active Directory.

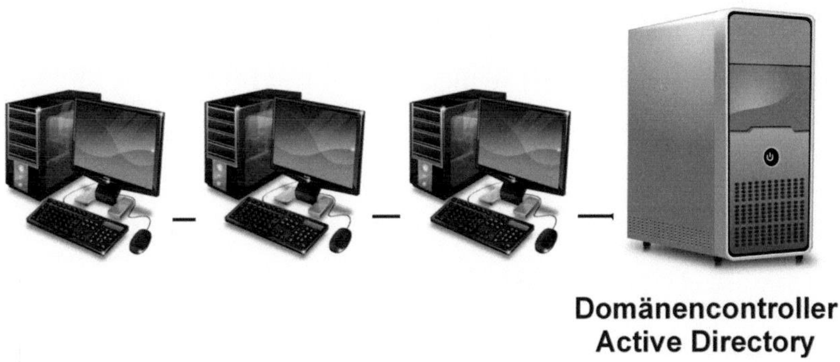

Abbildung 3.1: Die Domäne

Wenn eine Domäne eingerichtet worden ist, besteht die Möglichkeit, dass sich die Benutzer nicht lokal an der Maschine anmelden, also die Datenbank SAM benutzen, sondern sich „über das Netzwerk" anmelden und die Datenbank des Active Directory benutzen.

Da sich in diesem Fall alle Benutzer an einer Datenbank verifizieren, entfällt das mehrfache Pflegen der Anmeldeinformationen.

Lassen Sie uns nun die Authentifizierung betrachten, wenn eine Domäne an ein Azure AD mithilfe von AD-Connect angeschlossen worden ist.

3.2 Authentifizierung der Synchronisation verwalten

Wenn wir eine On-Premise Domäne mit Azure AD Connect angeschlossen haben, konnten wir während der Einrichtung des AD-Connect Servers zwischen verschiedenen Authentifizierungsmöglichkeiten wählen.

- Kennworthashsynchronisierung
- Passthrough-Authentifizierung
- Verbund mit AD FS
- Verbund mit PingFederate

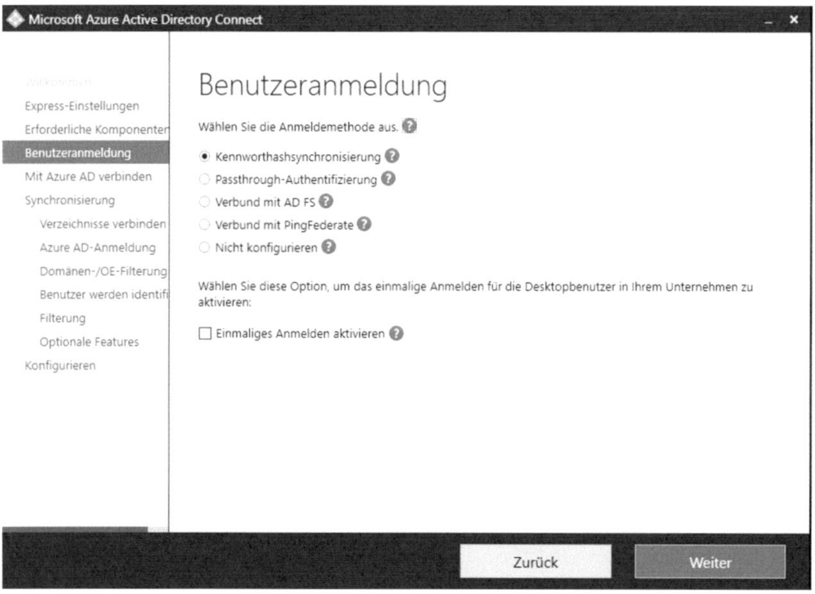

Abbildung 3.2: Arten der Authentifizierung

Alle diese Authentifizierungsmöglichkeiten sind für verschiedene Einsatzzwecke gedacht und haben verschiedene Vor- und Nachteile.

3.2.1 Kennworthashsynchronisierung

Die Kennworthashsynchronisation erlaubt, dass die Benutzer sich am Azure Active Directory anmelden können, auch wenn das lokale Active

Directory nicht zur Verfügung steht, da die Kennwörter auch direkt im Azure Active Directory gespeichert werden.

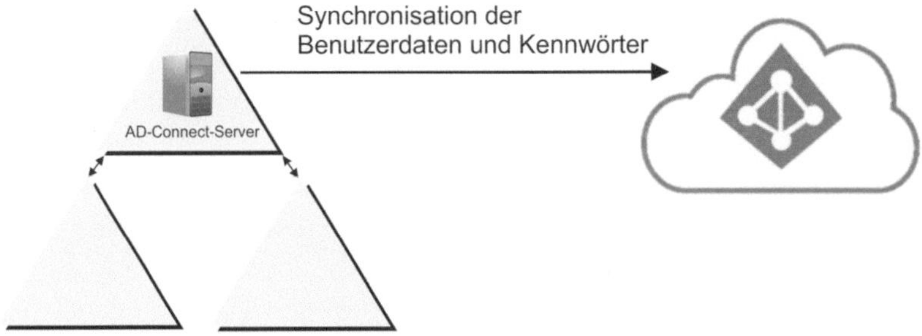

Abbildung 3.3: Kennworthashsynchronisation

Dadurch werden auch die Sicherheitseinstellungen für die Kennwörter aus den Sicherheitsrichtlinien des On-Premise Active Directory übernommen.

Ein Benutzer muss sich allerdings sowohl an der On-Premise Domäne als auch am Azure Active Directory getrennt anmelden, wenn auch mit dem gleichen Kennwort.

Das können Sie allerdings vermeiden, wenn Sie im unteren Teil des Fensters den Haken vor „Einmaliges Anmelden aktivieren“ setzen.

Betrachten wir die Hintergründe der Kennworthashreplikation genauer.

Das Kennwort wird auch in der Active-Directory On-Premise Domäne nie im Klartext gespeichert, sondern es wird lediglich ein sogenannter „Hashwert“ abgelegt.

Ein Hashwert ist ein Wert, der mit einer sogenannten Hashfunktion berechnet wird. Diese Hashfunktion basiert auf einem Hashalgorithmus.

Kerberos, der Authentifizierungsdienst, der in Active Directory benutzt wird, benutzt beispielsweise die Hash-Algorithmen MD4 (Message Digest 4), MD5 (Message Digest 5) oder SHA-1 (Secure Hash Algorithm).

Die Hashfunktion berechnet also mit einem Hashalgorithmus einen

Hashwert.

Wichtig an dieser Stelle ist, dass es Seiten gibt, mithilfe derer man die Kennwörter mit definierten Hashalgorithmen in Hashwerte umrechnen kann, das bedeutet, die Hashalgorithmen sind nicht geheim!

Nehmen wir beispielsweise die Benutzernamen

- Administrator

- User1

Wenn wir diese Benutzernamen mithilfe des Hashalgorithmus MD5 umrechnen, erhalten wir folgende Werte:

- Administrator

  7b7bc2512ee1fedcd76bdc68926d4f7b

- User1

  6b908b785fdba05a6446347dae08d8c5

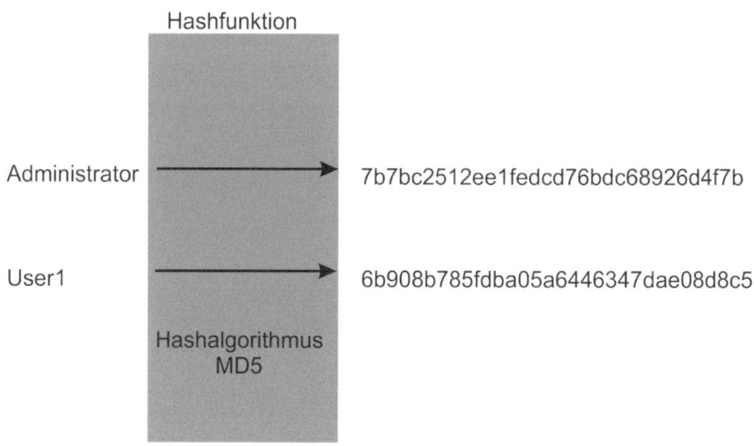

Abbildung 3.4: Hashfunktion

Nur dieser Hashwert wird im Active Directory gespeichert. Es ist nicht möglich, aus diesen Hashwerten das ursprüngliche Kennwort wieder zu errechnen.

Der Anmeldevorgang funktioniert deswegen folgendermaßen:

Der Benutzer gibt sein Kennwort ein.

Aus diesem Kennwort wird der Hashwert berechnet und mit dem gespeicherten Hashwert verglichen. Wenn er übereinstimmt, ist die Authentifizierung abgeschlossen und der Benutzer erhält Zugriff.

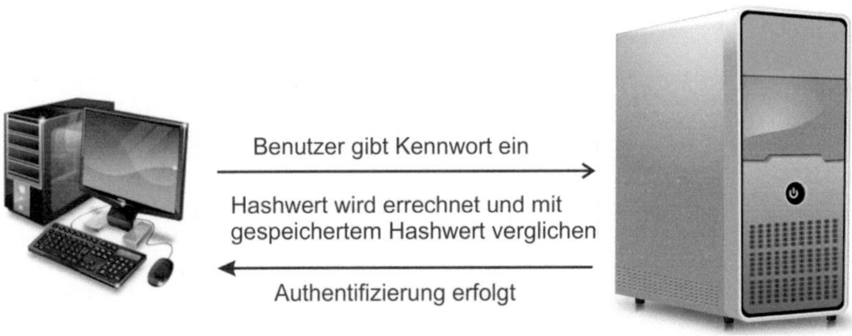

Abbildung 3.5: Anmeldevorgang

Übrigens:

Immer wieder hört man, dass Kennwörter „geknackt" worden sind, wie ist das denn möglich?

Nun, Angreifer haben eine Liste mit bekannten Kennwörtern, die gerne verwendet werden, wie „12345678" oder „qwert".

Da die Algorithmen bekannt sind, können die Hashwerte dieser Kennwörter berechnet werden. Wenn der Angreifer an die Hashdaten kommt, vergleicht er einfach seine Liste mit den gestohlenen Hashwerten, und kann so die ursprünglichen Kennwörter erfahren.

Deswegen sollten keine einfachen Kennwörter verwendet werden, die leicht zu erraten sind.

Aber zurück zu den Kennworthashwerten, die im Active Directory gespeichert sind.

Wenn Sie die Kennworthashsynchronisierung für Azure AD gewählt haben, werden diese Hashs aus dem On-Premise Active Directory kopiert und nach Azure AD synchronisiert.

Wir haben schon gehört, dass die Synchronisierung zwischen Active

Directory und Azure AD auf Attributebene stattfindet und dass Sie die Intervalle beeinflussen können.

Das gilt nicht für die Synchronisation des Kennworthashs!

Dieser wird alle zwei Minuten synchronisiert, und dies ist nicht änderbar. Der zuvor gespeicherte Kennworthash in der Cloud wird dann überschrieben.

Sie können die Kennwörter nur in der On-Premise Domäne ändern, diese Änderungen werden dann in die Cloud synchronisiert.

Wenn Sie versuchen, die Kennwörter in der Cloud-Konsole von Azure AD zu ändern, erhalten Sie eine Fehlermeldung.

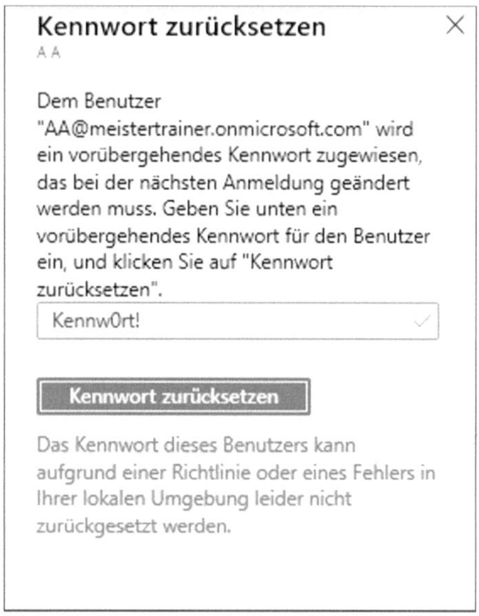

Abbildung 3.6: Fehlermeldung

Dies funktioniert nur, wenn Sie auch die Kennwortrückschreibung aktiviert haben. In diesem Fall können Sie die Kennwörter sowohl in der On-Premise Active Directory Domäne als auch im Azure Active Directory ändern.

Passthrough-Authentifizierung

Die Passthrough-Authentifizierung ist eine weitere Authentifizierungsmethode, für die Sie sich entscheiden können.

Hierbei wird das Kennwort aus der On-Premise Domäne nicht in Azure Active Directory synchronisiert, sondern nur die Active-Directory Benutzerkonten mit allen anderen Attributen.

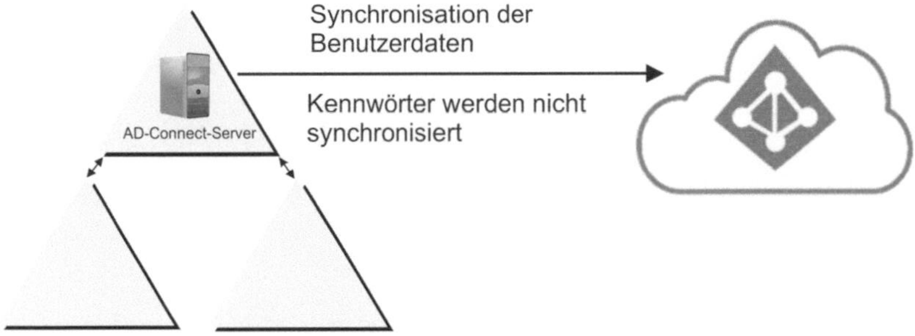

Abbildung 3.7: Passthrough Authentifizierung

Dabei ergibt sich die Frage, wie sich denn die Benutzer am Azure AD authentifizieren können, wenn dort die Kennworthashs der Konten die vom On-Premise Active Directory synchronisiert worden sind, nicht zur Verfügung stehen.

Die Antwort ist, dass jede Authentifizierung am Azure AD mit synchronisierten Konten immer den Umweg über die On-Premise Domäne nehmen muss, wobei hierfür ein Software-Agent verwendet wird, der auf mindestens einem Domänenserver installiert wird.

1. Der Benutzer stellt eine Authentifizierungsanfrage an das Azure AD.
2. Da Azure AD keine Kennwörter verwaltet, wird eine Anfrage an einen lokalen Software Agent gestellt. Dieser wird bei der Einrichtung der Passthrough-Authentifizierung automatisch auf dem AD-Connect Server installiert.
3. Der Software Agent fragt beim Active Directory nach, das Kennwort wird validiert.
4. Das Active Directory gibt diese Information an den Software-Agent weiter.
5. Der Software-Agent informiert Azure AD.
6. Azure AD authentifiziert den Benutzer für den Zugriff.

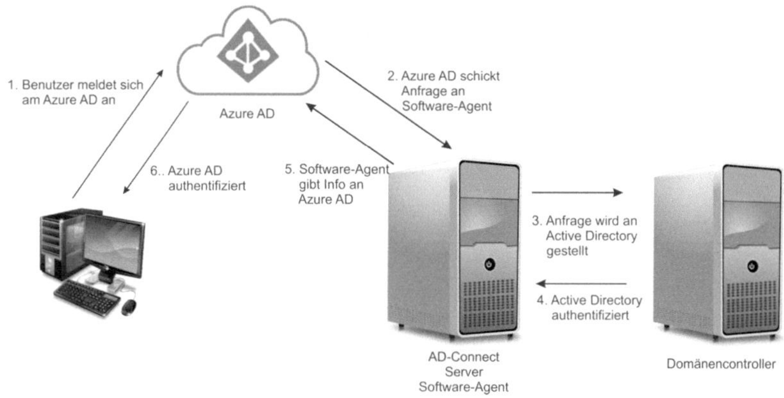

Abbildung 3.8: Anmeldevorgang

Die Passthrough-Authentifizierung hat natürlich den großen Vorteil, dass niemals Kennwörter in der Cloud gespeichert werden, auch nicht die Kennworthashs.

Dadurch ist der Schutz der Kennwörter natürlich größer als bei der Kennworthashauthentifizierung.

Allerdings ergibt sich dadurch auch der Nachteil, dass Sie keinen Zugriff auf die Cloud-Ressourcen haben, falls das On-Premise Active Directory nicht zur Verfügung steht.

Authentifizierung für einen Verbund mit AD FS oder PingFederate

Ein Verbund ist immer ein Zusammenschluss von mehreren Domänen, die miteinander in einer Vertrauensbeziehung stehen.

Es gibt also den Active Directory Verbunddienst oder auch als Fremdhersteller PingFederate.

Auch in diesem Fall findet keine Synchronisation der Kennwörter in die Cloud statt, es wird stattdessen ebenfalls lokal nach den Kennwörtern gesucht, in einer Instanz der Active Directory Verbunddienste.

Bei der Verbundauthentifizierung können Sie zusätzlich noch eine Smartcard-basierte Authentifizierung oder eine mehrstufige Authentifizierung durch Drittanbieter konfigurieren.

Somit ergibt sich für die Möglichkeiten, wo das Kennwort geändert werden kann folgende Tabelle:

	On-Premise Active Directory	**Azure AD**
Kennworthash-synchronisierung	X	
Kennworthash-synchronisierung mit Kennwort-rückschreibung	X	X
Passthrough-Authentifizierung	X	
Verbund mit AD FS oder PingFederate	X	

3.2.2 Implementieren und Verwalten des Azure AD Self-Service Passwort-Resets

Wenn die Kennwörter ausschließlich in Azure AD verwaltet werden, können Sie Ihren Mitarbeitern die Möglichkeit geben, selber die Kennwörter zurückzusetzen, ohne, dass Sie einen Administrator um Hilfe bitten müssen.

Um diese Funktion zu aktivieren, öffnen Sie das Microsoft 365 Admin-Center, und navigieren Sie zu Azure Active Directory.

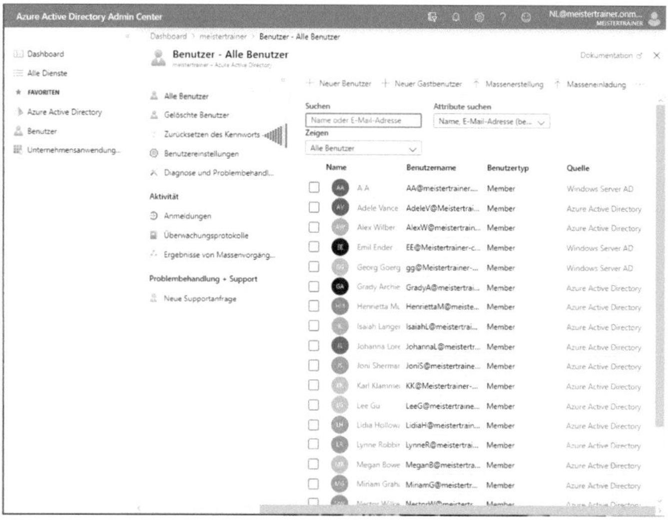

Abbildung 3.9: Zurücksetzen des Kennworts

- Hier wählen Sie
- Benutzer
- Alle Benutzer
- Zurücksetzen des Kennworts

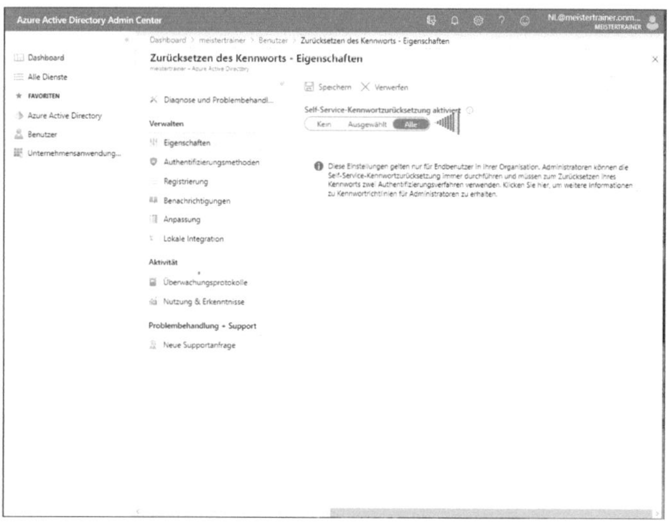

Abbildung 3.10: Aktivieren der Funktion

Hier wählen Sie „Alle“, wenn Sie die Self-Service Passwort-Reset Funktion für alle Kollegen verwenden wollen oder Sie wählen die gewünschten Benutzer aus.

Wenn der Benutzer sich nächstes Mal anmeldet, muss er noch einige Fragen beantworten:

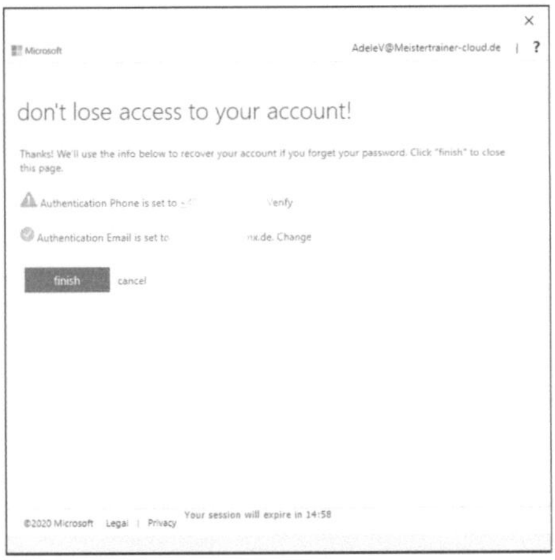

Abbildung 3.11: Erster Zugriff

Danach kann er sein Kennwort unter folgender URL selber ändern: https://passwordreset.microsoftonline.com

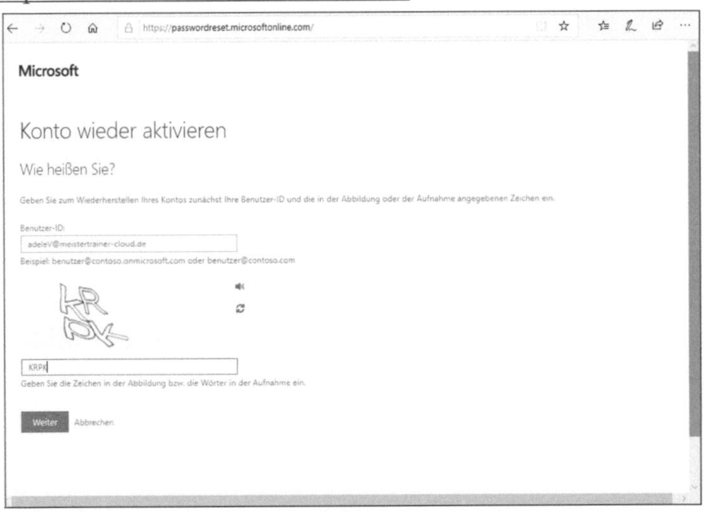

Abbildung 3.12: Zurücksetzen des Kennworts

3.2.3 Kennwortschutz

Jeder kennt das Problem: Kennwörter sind oft ein großes Sicherheitsproblem in der Firma.

Einerseits sollten sie hochkomplex sein, andererseits muss man sie sich aber merken können.

Meistens werden die Kennwörter so einfach wie möglich gewählt, da man sich einfach zu viele Kennwörter merken muss.

Ein Kennwortsafe kann hier eine Hilfe sein. Es gibt hierfür viele Hersteller, die eine verschlüsselte Datenbank anbieten, in der die Kennwörter gespeichert werden.

Zugriff auf diese Datenbank erhalten Sie nur, wenn Sie ein Masterkennwort eingeben.

Dies ist das einzige Kennwort, das Sie sich in diesem Fall merken müssen.

Diese Vorgehensweise hat den Vorteil, dass Sie hochkomplexe Kennwörter benutzen können, ohne sich alle merken zu müssen.

Leider ist in vielen Unternehmen der Einsatz eines Kennwortsafes nicht gestattet.

Dadurch kommt es immer wieder dazu, dass die Benutzer Kennwörter benutzen, die leicht zu erraten sind.

Eine Möglichkeit, die Benutzer daran zu hindern, ist der Einsatz des Tools „Kennwortschutz", das in Microsoft 365 zur Verfügung gestellt wird.

Hierbei wird eine Liste von den am häufigsten benutzten Kennwörtern geführt, sowie aller Variationen.

Aktivieren des Kennwortschutzes in Azure AD

Die Aktivierung und die Einrichtung des Kennwortschutzes nehmen Sie im Azure AD vor.

Navigieren Sie zu

- Sicherheit
- Authentifizierungsmethoden
- Kennwortschutz

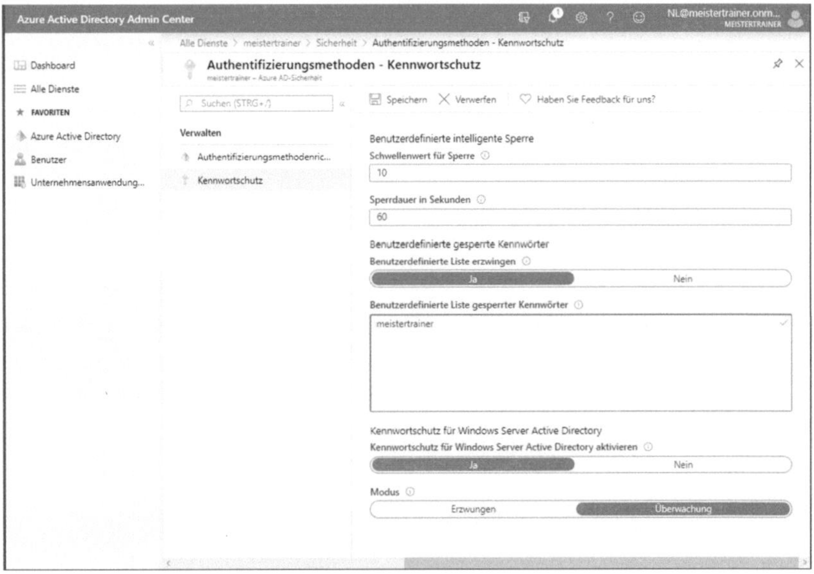

Abbildung 3.13: Kennwortschutz

Hier können Sie die Parameter für den Kennwortschutz einrichten.

Schwellenwert für Sperre

Hier legen Sie fest, wie viele fehlerhafte Anmeldeversuche akzeptiert werden, bevor ein Konto gesperrt wird.

Sperrdauer in Sekunden

Nach Ablauf dieser Zeit kann ein neuer Anmeldeversuch gestartet werden.

Benutzerdefinierte Liste erzwingen

Wenn Sie diese Option aktivieren, können Sie selber festlegen, welche Kennwörter nicht akzeptiert werden.

Hierbei werden nicht nur die Kennwörter verweigert, die direkt in der Liste stehen, sondern auch Kennwörter, die sehr ähnlich sind.

Zunächst werden für die Analyse alle Großbuchstaben in Kleinbuchstaben umgewandelt.

Danach werden häufig benutzte Zeichen in Buchstaben umgewandelt.

Zeichen	Buchstabe
0	o
1	l
$	s
@	a

Diese Zeichen werden häufig als Ersatz für Buchstaben benutzt.

Danach wird das Kennwort mit der Liste überprüft.

Kennwortschutz für Windows Server Active Directory konfigurieren

Mit dieser Option können Sie den Kennwortschutz auch auf eine angeschlossene Active Directory Domäne ausdehnen.

Dafür benötigen Sie allerdings noch zusätzliche Konfigurationsschritte, die wir im Anschluss betrachten.

Modus

Für den Kennwortschutz können Sie zwei verschiedene Modi aktivieren: Erzwungen und Überwachung.

Nur bei „Erzwingen“ wird diese Einstellung aktiv und der Benutzer wird am Anlegen unsicherer Kennwörter gehindert.

Bei der Auswahl „Überwachung“ wird nur protokolliert.

Microsoft empfiehlt, eine Einrichtung immer zunächst im Überwachungsmodus zu beginnen, und erst später, wenn Sie die Protokolle ausgewertet haben, zum Erzwingungsmodus zu wechseln.

Klicken Sie nun im oberen Teil auf „Speichern“, damit der Schutz aktiv wird.

Ausweitung des Schutzes auf ein On-Premise Active Directory

Nach dieser Einrichtung ist der Kennwortschutz auf das Azure AD begrenzt.

Wenn Sie die Funktion auch in einer On-Premise Domäne benutzen möchten, müssen Sie dort noch einige Konfigurationseinstellungen vornehmen.

ACHTUNG!
Es ist nicht erforderlich, dass Sie als Verzeichnissynchronisierung eine Kennworthashvariante wählen, die Kommunikation wird von den zusätzlichen Komponenten verwaltet.

Hierbei müssen folgende Softwareinstallationen vorgenommen werden:

- Proxydienst für Kennwortschutz auf einem beliebigen Server der Domäne
- DC-Agent-Software für den Azure AD-Kennwortschutz auf allen Domänencontrollern der Domäne

Warum auf allen Domänencontrollern?

Nun, in einer Domäne mit mehreren Domänencontrollern ist es nicht vorhersehbar, welcher Domänencontroller die Kennwortvalidierung übernehmen wird.

Um den Kennwortschutz in jedem Fall verfügbar zu haben, muss der DC-Agent natürlich auf allen Domänencontrollern installiert werden.

Die Installationsvoraussetzungen sind leicht zu erfüllen:

- Alle Server, auf denen die DC Agent-Software für Azure AD-Kennwortschutz installiert werden soll, müssen mindestens Windows Server 2012 als Betriebssystem benutzen
- .NET 4.5 muss auf allen benutzten Servern installiert sein
- Universal C-Runtime muss auf allen entsprechenden Servern installiert sein, auch auf Domänencontrollern. Diese Komponente ist normalerweise mit den Updates installiert und aktuell
- Folgende URL müssen für die Kommunikation freigegeben sein:
    - https://login.microsoftonline.com
    - https://enterpriseregistration.windows.net

Die zwei erforderlichen Agent-Installer für den Azure AD-

Kennwortschutz können Sie im Microsoft Download Center unter folgender URL herunterladen:

https://www.microsoft.com/en-us/download/details.aspx?id=57071

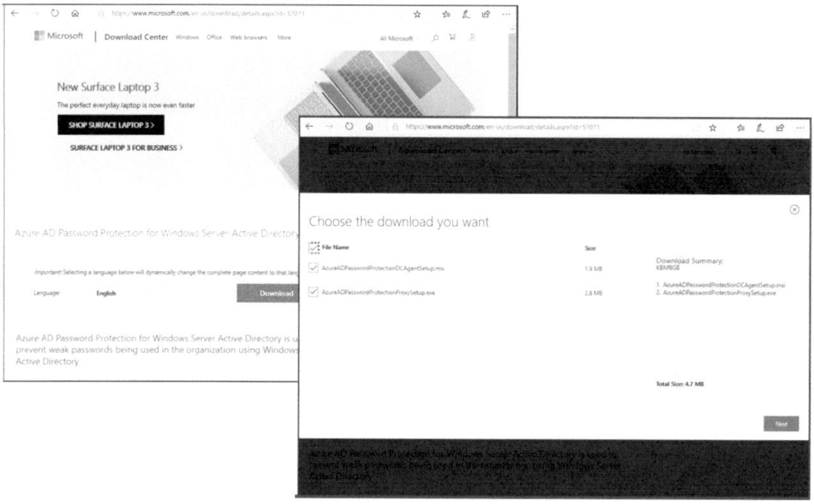

Abbildung 3.14: Download

Nun beginnen Sie mit der Installation.

Installation des Proxydiensts

Auf mindestens einem Server der Gesamtstruktur wird der Proxydienst für den Kennwortschutz installiert. Dieser Server kann ein Domänencontroller sein, was aber aus Sicherheitsgründen nicht empfohlen wird.

Für die Redundanz sollten Sie mindestens zwei Proxydienste installieren.

Abbildung 3.15: Installation Proxy

Import des neuen PowerShell Moduls

Nach der Installation steht ein neues PowerShell Modul zur Verfügung, das zunächst importiert werden muss.

Dafür öffnen Sie eine PowerShell im Administratormodus und führen folgendes Cmdlet aus:

Import-Module AzureADPasswordProtection

Sie können überprüfen, ob der Import auch funktioniert hat, indem Sie folgenden Befehl ausführen:

Get-Service AzureADPasswordProtectionProxy | fl

Das Ergebnis sollte einen Status „Wird ausgeführt" anzeigen.

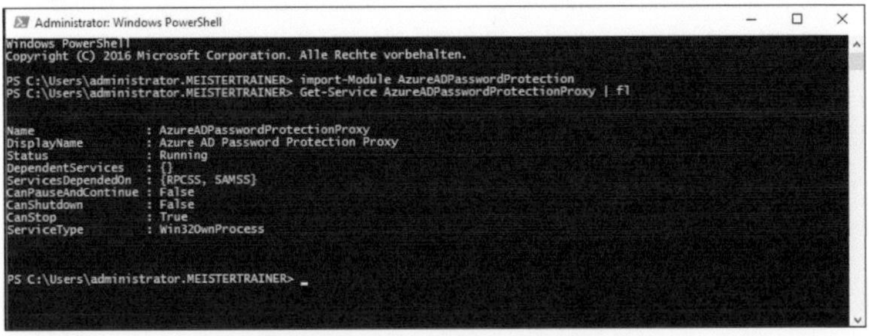

Abbildung 3.16: PowerShell Cmdlets

Nun ist der Proxydienst installiert.

Um die Kommunikation mit Azure AD ausführen zu können, muss der Dienst noch mit den benötigten Anmeldeinformationen konfiguriert werden.

Dazu geben Sie folgenden PowerShell Befehl ein:

Register-AzureADPasswordProtectionProxy

Sie müssen gleichzeitig die Anmeldeinformationen des globalen Administrators von Azure AD angeben. Damit lautet der Befehl folgendermaßen:

Register-AzureADPasswordProtectionProxy -AccountUpn 'yourglobaladmin@yourtenant.onmicrosoft.com'

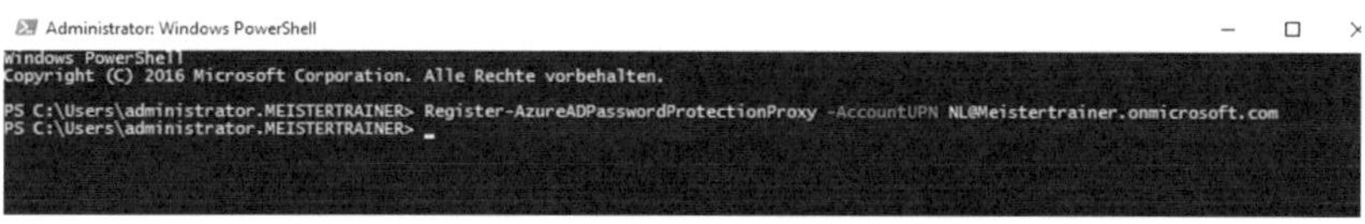

Abbildung 3.17: Registrieren mit Anmeldeinformationen

Für das Ausführen dieses Cmdlets müssen Sie als Administrator sowohl der Domäne als auch des lokalen Servers angemeldet sein. Dies ist meistens mit einem Domänenadmin-Konto gewährleistet.

Registrieren der Gesamtstruktur

Nun muss noch die Gesamtstruktur registriert werden.

Auch hier melden Sie sich mit einem Administratorkonto für Domäne und lokalen Server an und geben ein:

Register-AzureADPasswordProtectionForest -AccountUpn 'yourglobaladmin@yourtenant.onmicrosoft.com'

Abbildung 3.18: Registrieren der Gesamtstruktur

Installieren des DC-Agent-Diensts

Nun können Sie auf allen Domänencontrollern den DC-Agent installieren.

Abbildung 3.19: Installation auf DC

Danach wird ein Neustart angefordert.

Damit ist die Konfiguration abgeschlossen.

3.2.4 Authentifizierung überwachen

Natürlich haben Sie einige Möglichkeiten, die Authentifizierung zu überwachen.

Dafür wechseln Sie ins Azure Active Directory und scrollen zur Überschrift „Überwachung“.

Hier wählen Sie zunächst „Anmeldungen“.

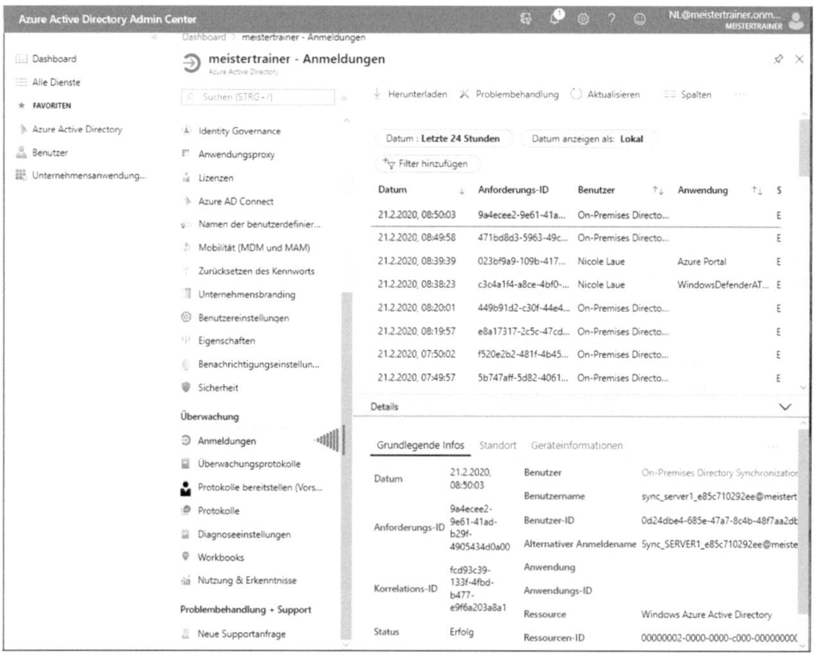

Abbildung 3.20: Anmeldungen

Hier können Sie alle Informationen über die Anmeldevorgänge sehen.

Etwas allgemeiner sind die Informationen, die Sie unter dem Punkt „Überwachungsprotokolle“ erhalten.

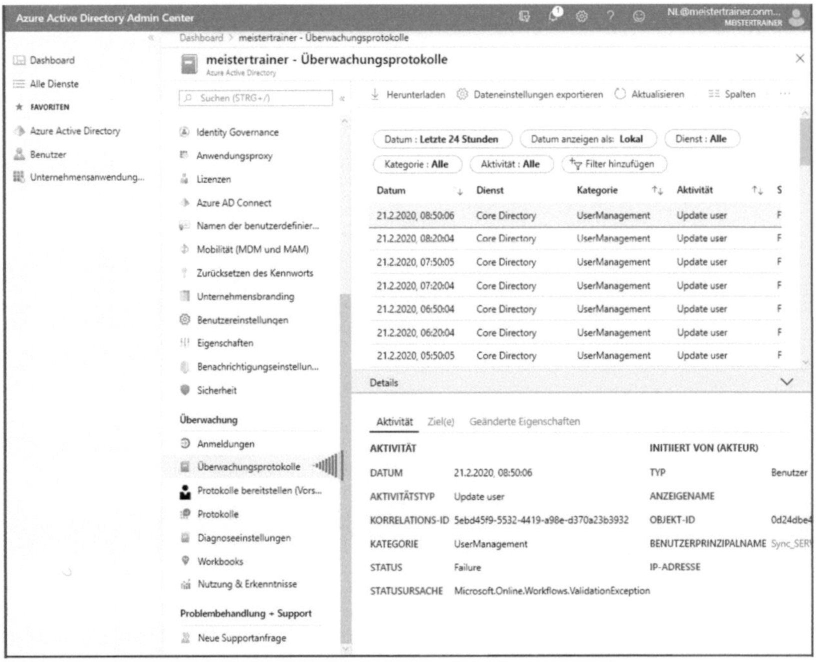

Abbildung 3.21: Überwachungsprotokolle

Sie erhalten einen Überblick über alle Aktionen, können aber Filter setzen, um Details zu erfahren.

Eine weitere interessante Stelle für die Überwachung finden Sie unter

- Active Directory
- Sicherheit
- Riskante Benutzer / Riskante Anmeldungen

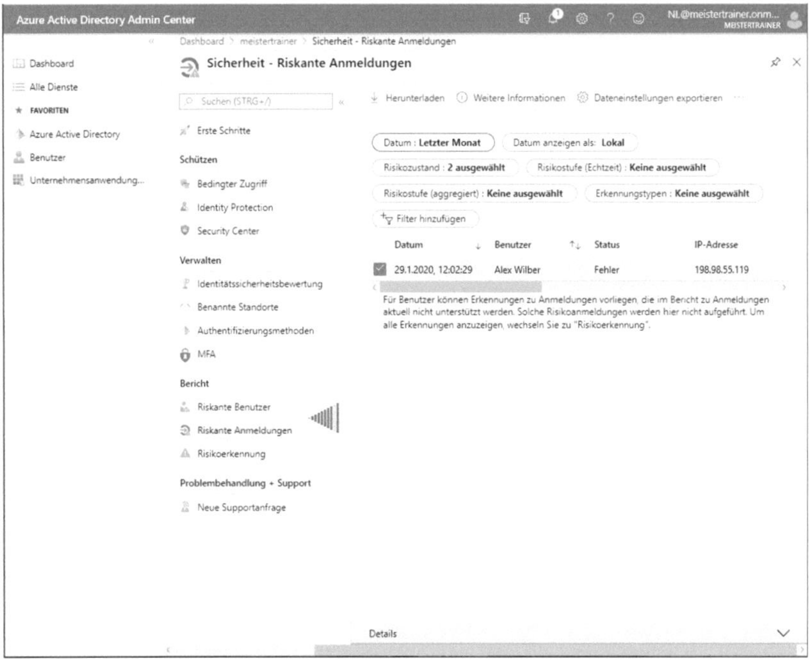

Abbildung 3.22: Riskante Benutzer / Riskante Anmeldungen

An dieser Stelle werden explizit die problembehafteten Anmeldungen und die entsprechenden Benutzer gezeigt und Sie können dem Problem detailliert auf den Grund gehen.

Wenn Sie die Kennwortzurücksetzungsaktionen betrachten möchten, wechseln Sie zu

- Active Directory
- Benutzer
- Zurücksetzen des Kennworts
- Überwachungsprotokolle

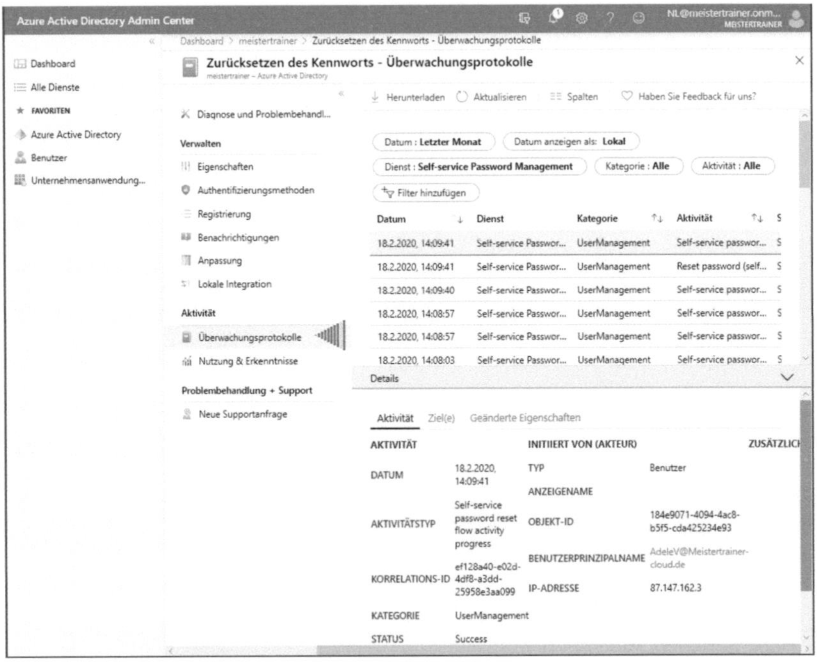

Abbildung 3.23: Überwachungsprotokolle über Zurücksetzung des Kennworts

Hier erhalten Sie alle Informationen über diesen Vorgang.

3.3 Multifaktor-Authentifizierung (MFA)

Die Authentifizierung, also der Anmeldevorgang, wird in den meisten Fällen durch die Eingabe eines Kennworts eingeleitet.

Dies ist die sogenannte „Einfache Authentifizierung".

Die Problematik der Kennwortspeicherung ist ja bereits bekannt, auch, wenn die Kennwörter nur als Kennworthash gespeichert werden, ist ein Diebstahl nicht ausgeschlossen.

Wenn dann noch dazu wenig komplexe Kennwörter benutzt werden, ist die Gefahr des Identitätsdiebstahls sehr groß.

Dies gilt in verstärktem Maße für Onlinedienste, da dort die Gefahr noch deutlich größer ist, als bei einer Offline-Speicherung.

Aus diesem Grund sollten Sie über eine Multi-Faktor-Authentifizierung nachdenken.

Bei einer Multi-Faktor-Authentifizierung wird die Identität nicht nur mithilfe eines Nachweises überprüft, wie das beim Kennwort der Fall ist, sondern es werden mehrere Berechtigungsnachweise verlangt.

Dadurch wird es deutlich schwerer, Identitäten zu stehlen.

Eine Multifaktor-Authentifizierung, auch gerne „Mehrstufige Authentifizierung“ genannt, kann auf folgenden Kategorien beruhen:

- Etwas, das Sie wissen
- Etwas, das Sie haben
- Etwas, das Sie sind

Die Kategorie „Etwas, das Sie wissen“ ist die älteste Kategorie und beinhaltet die am häufigsten genutzten Faktoren.

Allen voraus ist hier natürlich das Kennwort zu nennen, oder auch eine PIN.

Aber auch die Sicherheitsabfragen, die Sie schon von der Windows 10 Installation her kennen, fallen in diese Kategorie.

Die Kategorie „Etwas, das Sie haben“ ist eine neuere Kategorie.

Denken Sie hierbei an Ihr Smartphone, mit dem Sie einen Code empfangen können, den Sie eingeben müssen, oder auf dem eine App installiert sein kann, mit der Sie Barcodes scannen können. Dies wird inzwischen häufig für Online-Banking angewendet.

Eine weitere Möglichkeit ist eine Schlüsselkarte, die Sie in ein Kartenlesegerät stecken müssen.

Der Nachteil an dieser Kategorie ist, dass Sie das Gerät oder den Gegenstand immer bei sich tragen müssen und ihn nicht zuhause vergessen dürfen, da Sie sonst keinen Zugriff erhalten.

Die dritte Kategorie, „Etwas, das Sie sind“ ist in dieser Beziehung einfacher zu handhaben. Hierbei handelt es sich um biometrische Merkmale, wie Fingerabdrücke, einen Irisscan oder auch eine Stimmerkennung.

Da Sie diese Merkmale am Körper bei sich tragen, können Sie diese auch nicht vergessen.

Allerdings ist es möglich, dass sich solche Faktoren verändern, Sie können sich beispielsweise den Finger verbrennen und dadurch die Fingerabdrücke verändern.

Oder Sie haben ganz einfach eine Erkältung, und schon wird Ihr Stimmmuster nicht mehr erkannt.

Sie sehen, es gibt mehrere Kategorien, aus denen Faktoren herausgenommen werden können.

Wichtig ist, dass diese Faktoren voneinander völlig unabhängig sind, und dadurch auch nicht erraten werden können, wenn ein Faktor bekannt werden sollte.

Bisher haben wir nur ganz allgemein von der „Multi-Faktor-Authentifizierung“ gesprochen, die mit mehreren Faktoren arbeitet.

In den meisten Fällen wird Ihnen aber eine Zwei-Faktor-Authentifizierung begegnen, bei der Faktoren von zwei der drei Kategorien benutzt werden.

Oft kommt hier ein Kennwort (Etwas, das Sie wissen) und die Benutzung eines Smartphones (Etwas, das Sie haben) zum Einsatz, denn das Smartphone ist mittlerweile zum ständigen Begleiter geworden und wird normalerweise auch nicht vergessen.

Microsoft trägt diesen Anforderungen Rechnung, denn seit Kurzem ist die Multifaktor-Authentifizierung automatisch bei jedem neuen Office 365 Business- oder Microsoft 365 Business-Abonnement aktiviert.

Das bedeutet, dass jeder Benutzer die mehrstufige Authentifizierung einrichten muss.

Auch für einige Administratorrollen ist die mehrstufige Authentifizierung zwingend:

- Globaler Administrator
- SharePoint-Administrator
- Exchange-Administrator
- Administrator für bedingten Zugriff
- Sicherheitsadministrator
- Helpdesk- oder Kennwortadministrator

- Abrechnungsadministrator
- Benutzeradministrator
- Authentifizierungsadministrator

3.3.1 Einrichten der Multifaktor-Authentifizierung

Das Einrichten der Multifaktor-Authentifizierung ist relativ einfach. Sie wählen im Microsoft 365 Admin Center

- Benutzer
- Aktive Benutzer
- Mehrstufige Authentifizierung

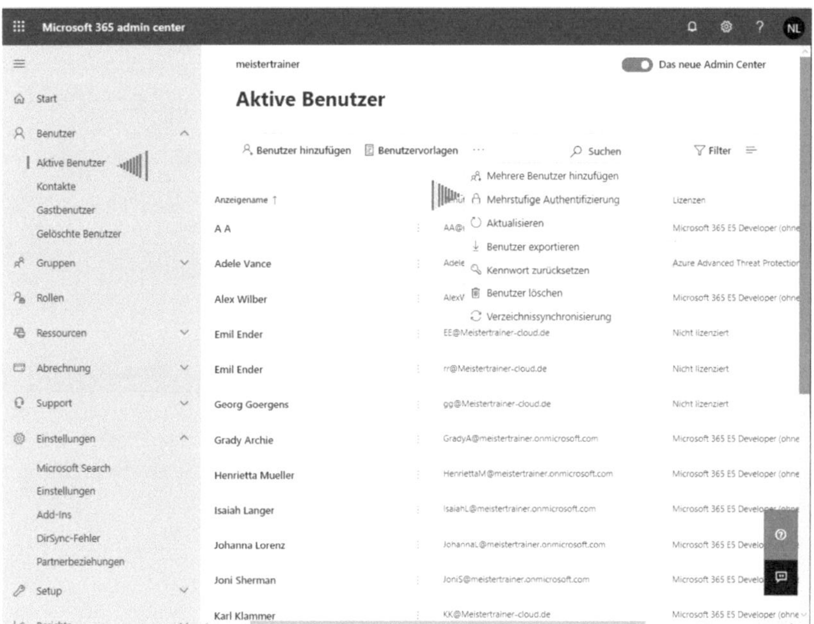

Abbildung 3.24: Auswahl

Auf der nächsten Seite wählen Sie einen oder mehrere Benutzer aus, die ab sofort eine Multifaktor-Authentifizierung vornehmen sollen.

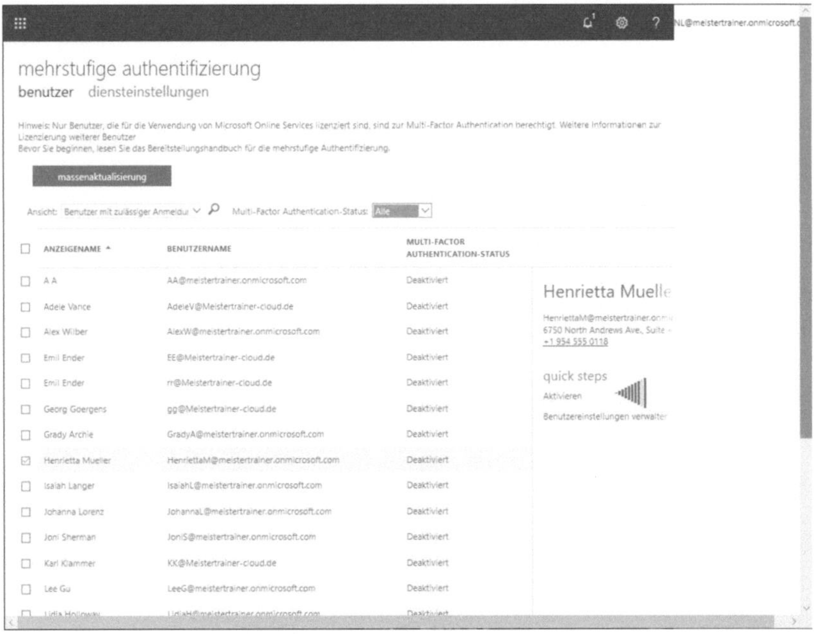

Abbildung 3.25: Auswahl Benutzer

Nun klicken Sie auf der rechten Seite auf „aktivieren“.

Danach ist die Multifaktor-Authentifizierung eingerichtet.

3.3.2 Diensteinstellungen der Multifaktor-Authentifizierung

In dieser Maske können Sie noch weitere Konfigurationseinstellungen vornehmen, indem Sie auf „Diensteinstellungen“ klicken.

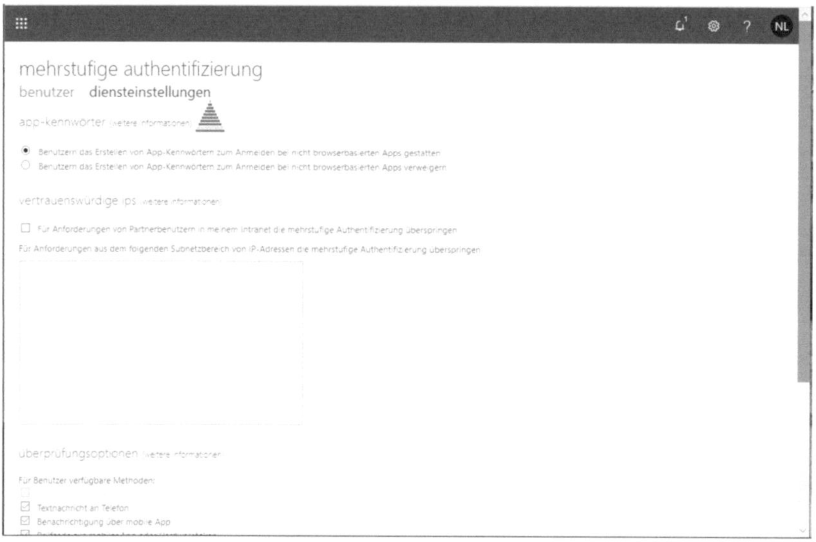

Abbildung 3.26: Diensteinstellungen

App-Kennwörter

Im oberen Teil können Sie Einstellungen für die App-Kennwörter festlegen.

Einige ältere Anwendungen unterstützen die Multifaktor-Authentifizierung nicht. Hier ist in erster Linie Office 2010 zu nennen.

Damit Sie auf diese Anwendungen trotzdem zugreifen können, nachdem die Multifaktor-Authentifizierung aktiviert ist, können Sie an dieser Stelle gestatten, dass für diese Apps ein eigenes Kennwort festgelegt werden darf.

Damit umgehen Sie die Multifaktor-Authentifizierung für diese Anwendungen.

Wenn die Benutzer sich nun zum ersten Mal bei Azure AD registrieren, haben Sie die Möglichkeit, App-Kennwörter festzulegen.

Vertrauenswürdige IPs

Diese Funktion wird in einem Verbundsystem verwendet. Hierbei wird die Multifaktor-Authentifizierung deaktiviert, wenn sich ein Benutzer innerhalb eines bestimmten IP4-Bereichs anmeldet.

Überprüfungsmethoden

Hier können Sie die Überprüfungsmethoden für die Multifaktor-Authentifizierung festlegen.

Multi- Faktor Authentication speichern

Es kann sehr nervtötend sein, wenn man dauernd seine Anmeldeinformationen erneut eingeben muss, bei einer Multifaktor-Authentifizierung trifft das umso mehr zu.

Aus diesem Grund finden Sie hier eine Möglichkeit, die Anmeldedaten auf bestimmten Geräten für eine gewisse Zeit zu speichern.

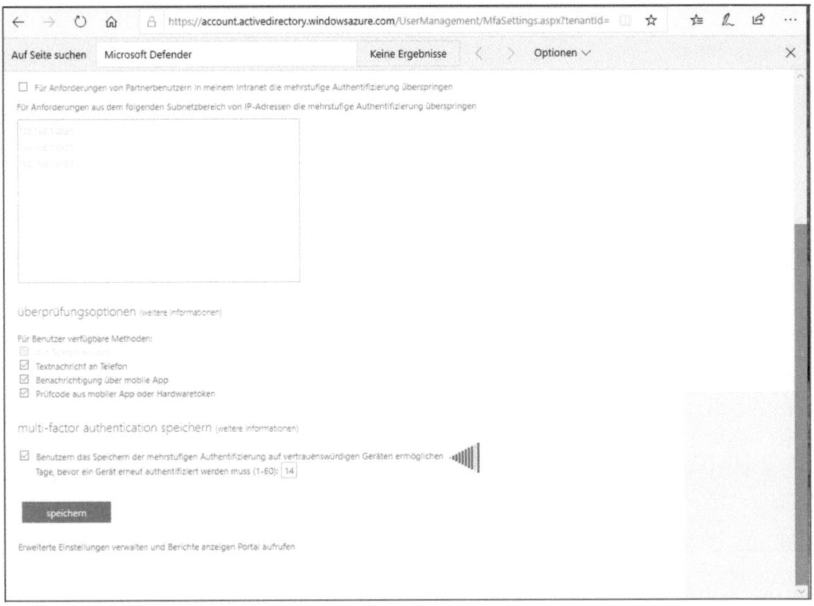

Abbildung 3.27: Multifaktor Authentication speichern

Wenn diese Funktion aktiviert ist, können Sie noch die Anzahl der Tage festlegen, innerhalb der die Anmeldeinformationen gespeichert bleiben.

Nach der Aktivierung kann der Benutzer bei der nächsten Anmeldung ein Gerät als vertrauenswürdig festlegen.

3.3.3 Multifaktor-Authentifizierung Einstellungen

Sie haben bisher die grundsätzlichen Einstellungen für die Multifaktor-Authentifizierung eingerichtet.

Es gibt eine weitere Stelle, an der Sie Konfigurationseinstellungen für die Multifaktor-Authentifizierung festlegen können.

Dazu navigieren Sie im Azure Active Directory zum Punkt

- Sicherheit
- MFA

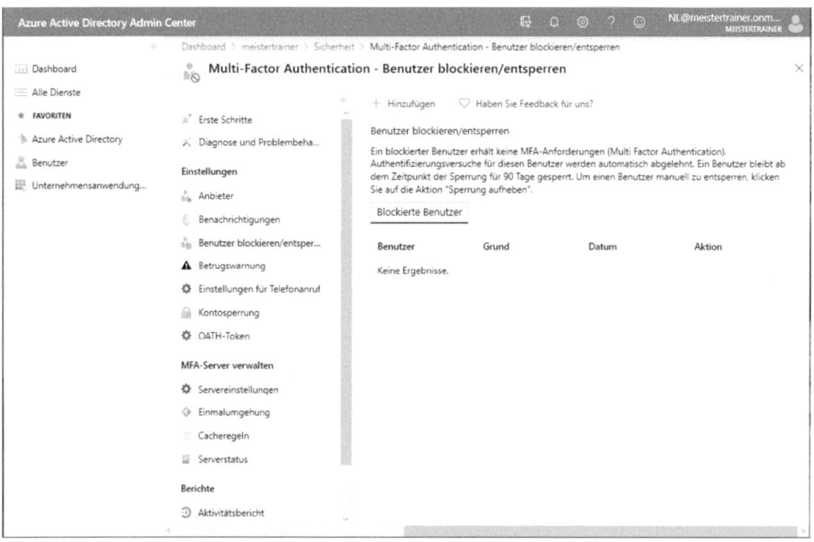

Abbildung 3.28: Einstellungen

Hier können Sie noch einige interessante Zusatzkomponenten konfigurieren.

Benutzer blockieren / Entsperren

An dieser Stelle können Sie Benutzer für 90 Tage sperren.

Betrugswarnung

Wenn Sie diese Funktion aktivieren, können Ihre Benutzer Betrugsversuche melden.

Diese Meldung erfolgt per Telefon.

Im Normalfall betätigt der Benutzer die #-Taste am Telefon, wenn er diesen Apparat für eine zweistufige Authentifizierung benutzt.

Wenn er einen Betrug melden will, gibt er vor dem Drücken der #-Taste einen Code ein, den Sie im unteren Teil des Fensters festlegen können.

Standardmäßig ist dieser Code „0".

Außerdem wird das Konto des Benutzers nach einer Betrugsmeldung gesperrt, und zwar 90 Tage lang oder bis ein Administrator die Sperre wieder aufhebt.

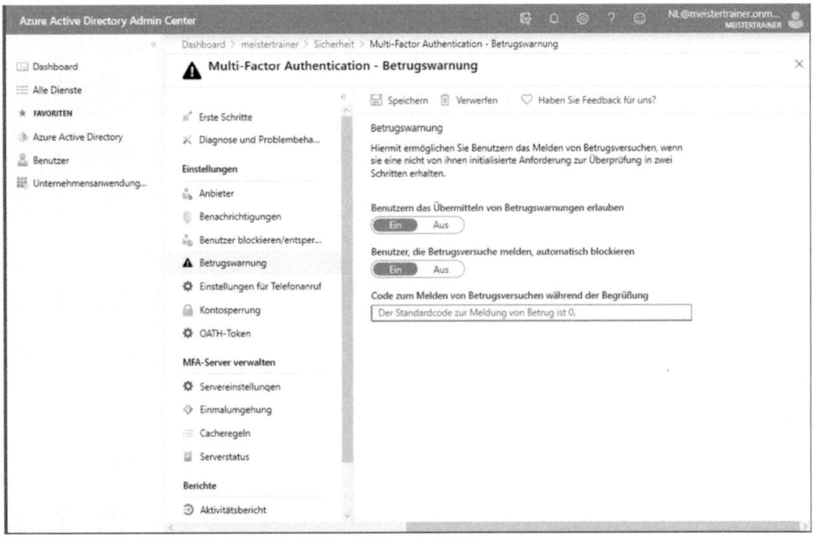

Abbildung 3.29: Betrugswarnung

Einstellungen für Telefonanruf

Bei der MFA-Anrufer-ID können Sie eine Nummer festlegen, die der Benutzer im Display des Telefons sehen wird. Leider sind hier nur Nummern aus den USA möglich.

Kontosperrung

Hier legen Sie fest, wann ein Benutzerkonto automatisch gesperrt wird, sowohl die Anzahl der gescheiterten MFA-Anmeldungen sowie die Rücksetzung des Zählers und die Rücksetzung der Sperrung.

3.3.4 Multifaktor-Authentifizierung nur für einige bestimmte Anwendungen

Mit dieser Art der Festlegung haben Sie die Multifaktor-Authentifizierung rigoros für alle Anwendungsgebiete festgelegt. Das ist zwar sehr sicher, aber nicht immer sehr anwenderfreundlich.

Eine andere Möglichkeit wäre es, die normale Anwendung ohne Multifaktor-Authentifizierung zu erlauben, aber für die Anmeldung an einigen kritischen Anwendungen doch die Multifaktor-Authentifizierung zu erzwingen.

Dafür eignet sich der Einsatz einer Richtlinie für den bedingten Zugriff.

Richtlinie für den bedingten Zugriff

Richtlinien für den bedingten Zugriff definieren zunächst den Geltungsbereich, also für welche Benutzer und welche Apps sie gelten sollen.

Im zweiten Schritt werden die Bedingungen festgelegt, also die Voraussetzungen, die erfüllt sein müssen.

Dies können beispielsweise sein:

- Geräteplattformen
- Gerätestandort
- Gerätezustand

Im dritten Schritt wird definiert, ob bei Erfüllung der Kriterien Zugriff gewährt oder verweigert wird.

Damit haben Sie die Möglichkeit, den Zugriff auf bestimmte Ressourcen von bestimmten Voraussetzungen abhängig zu machen, zum Beispiel von der Art der Authentifizierung.

Erstellen der Richtlinie für den bedingten Zugriff

Um eine Richtlinie für den bedingten Zugriff zu erstellen, gehen Sie in die Microsoft Intune Konsole und wählen

- Endpunktsicherheit
- Bedingter Zugriff
- Richtlinien

- Neue Richtlinie

Abbildung 3.30: Richtlinie erstellen

Geben Sie der Richtlinie einen Namen und wählen Sie bei „Benutzer und Gruppen“ die gewünschte Zuweisung aus.

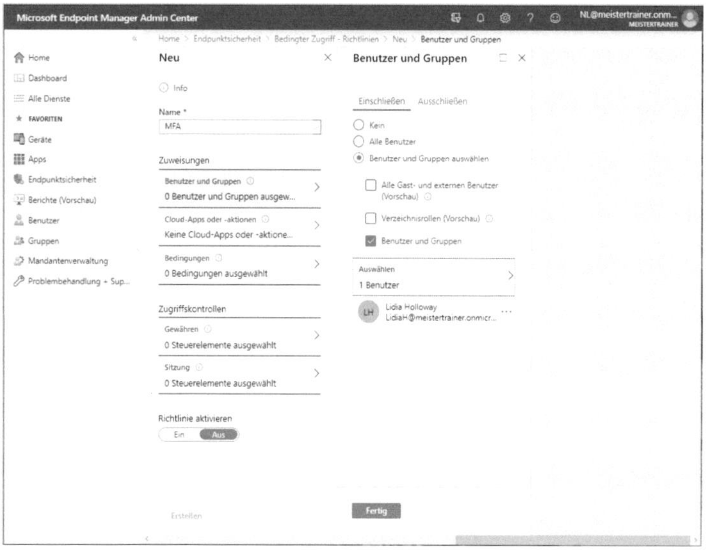

Abbildung 3.31: Auswahl Gruppen

Danach klicken Sie auf „Fertig“, um die Auswahl zu übernehmen.

Im nächsten Zug wählen Sie Apps aus, für die die Richtlinie gelten soll.

Eine wichtige Auswahl sind die Bedingungen.

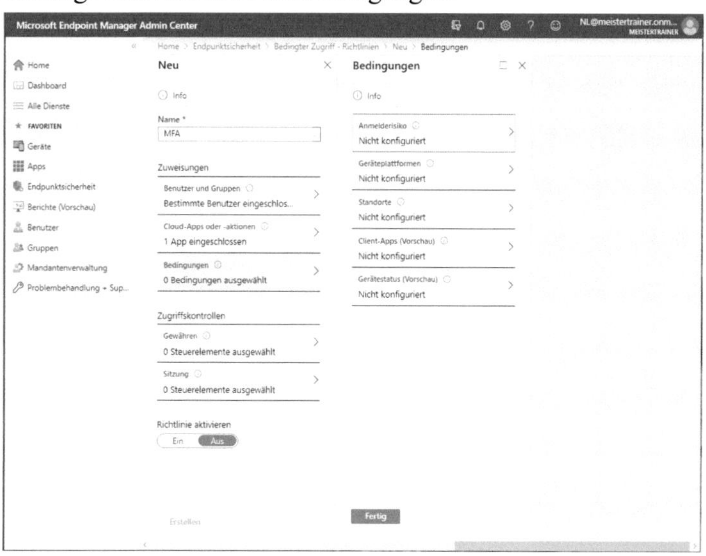

Abbildung 3.32: Bedingungen

Bedingungen sind die Voraussetzungen, die erfüllt sein müssen, damit diese Richtlinie überhaupt angewendet wird.

Folgende Bedingungen können Sie konfigurieren:

Anmelderisiko

Klicken Sie auf „Ja“, um das Azure AD Identity Protection-Feature zum Erkennen von Anmelderisiken mit dieser Richtlinie zu verwenden. Sie können die Risikoebenen auswählen, ab wann diese Richtlinie angewendet werden soll.

Azure AD Identity Protection ist in Azure Active Directory Premium P2 enthalten. Diese Funktion überprüft, ob ein Risiko besteht, dass ein Benutzerkonto eventuell missbräuchlich verwendet wird.

Geräteplattformen:

Hier können Sie Geräteplattformen, wie Android, IOS, Windows definieren, auf die diese Richtlinie angewendet werden soll.

Genauso können Sie natürlich Geräteplattformen ausschließen.

Standorte

Hier definieren Sie die Standorte, für die die Richtlinie gelten soll oder Sie schließen Standorte aus.

Client-Apps

Mit der Auswahl „Ja“ legen Sie fest, dass diese Richtlinie auf Browser-Apps, mobile Apps und Desktopclients angewendet werden soll.

Gerätezustand

Normalerweise gilt die Richtlinie für alle Gerätezustände.

Sie können aber bestimmte Zustände explizit ausschließen, wie „Gerät in Hybrid-Azure AD eingebunden“ oder „Gerät als konform markiert“.

Nun kommen wir zum Punkt „Zugriffskontrollen“.

Hier können Sie festlegen, ob der Zugriff „gewährt“ oder „blockiert“ werden soll.

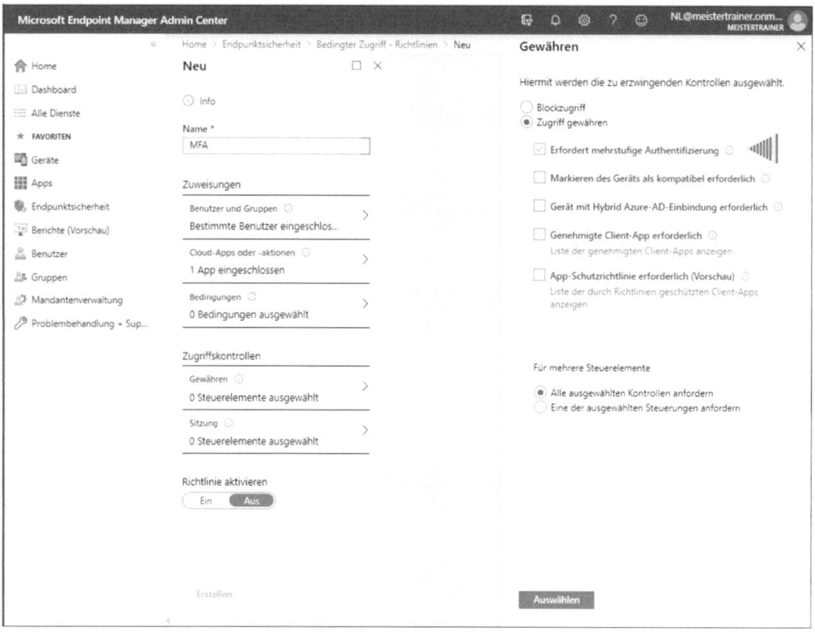

Abbildung 3.33: Zugriffskontrollen

Wenn Sie den Zugriff gewähren wollen, können Sie noch weitere Voraussetzungen festlegen.

An dieser Stelle können Sie auch die mehrstufige Authentifizierung konfigurieren.

Damit haben Sie für ausgewählte Benutzer und ausgewählte Apps die Multifaktor-Authentifizierung erzwungen.

Nun wählen Sie noch „Richtlinie aktivieren – Ein".

Abbildung 3.34: Erstellen

Und klicken dann auf „Erstellen".

Damit ist die Richtlinie erstellt und aktiviert.

3.3.5 Multifaktor-Authentifizierung aus Sicht des Benutzers

Nachdem Sie die Eckpunkte für die Multifaktor-Authentifizierung festgelegt haben, erhalten die entsprechenden Benutzer bei der nächsten Anmeldung ein neues Abfragemenü.

Betrachten wir eine Anmeldung am My Apps Portal, hierher gelangen Sie über die URL

https://myapps.microsoft.com

Nach der Eingabe der Anmeldedaten erhält der Benutzer folgende Meldung:

Abbildung 3.35: Meldung

Mit dieser Meldung werden Sie darauf hingewiesen, dass Sie nun festlegen müssen, wie in Zukunft die mehrstufige Authentifizierung stattfinden wird.

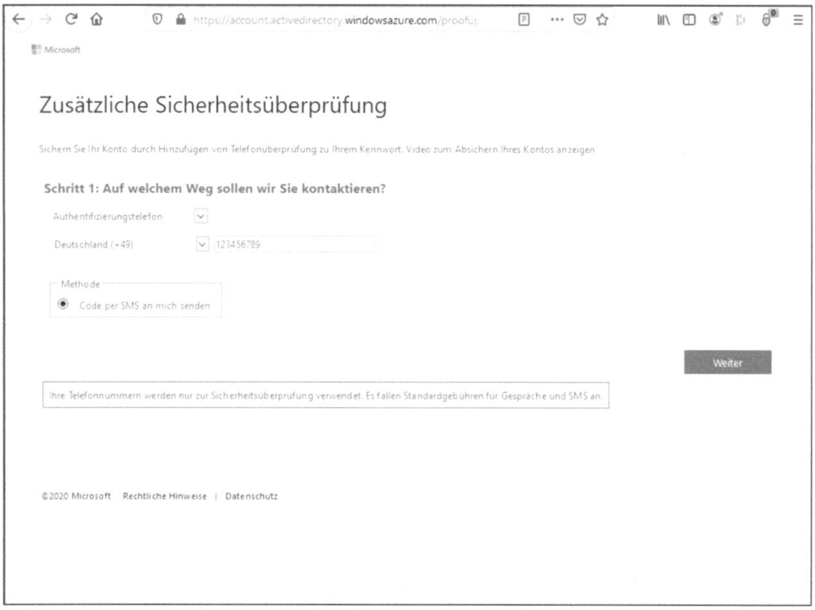

Abbildung 3.36: Auswahl

Auf der nächsten Seite können Sie wählen zwischen dem Authentifizierungstelefon, das bedeutet, dass Sie eine SMS mit einem Zahlencode erhalten, den Sie eingeben müssen, oder einer mobilen App.

Dies setzt voraus, dass Sie die Microsoft Authenticator-App auf Ihrem Smartphone installieren. Diese App ist in den verschiedenen App-Stores für Android, iOS und Windows Phone erhältlich.

Die Konfiguration der App können Sie vornehmen, indem Sie sich entweder für das Empfangen einer Benachrichtigung oder für einen Prüfcode entscheiden.

Danach sehen Sie einen QR-Code, den Sie mit Ihrem Smartphone scannen können.

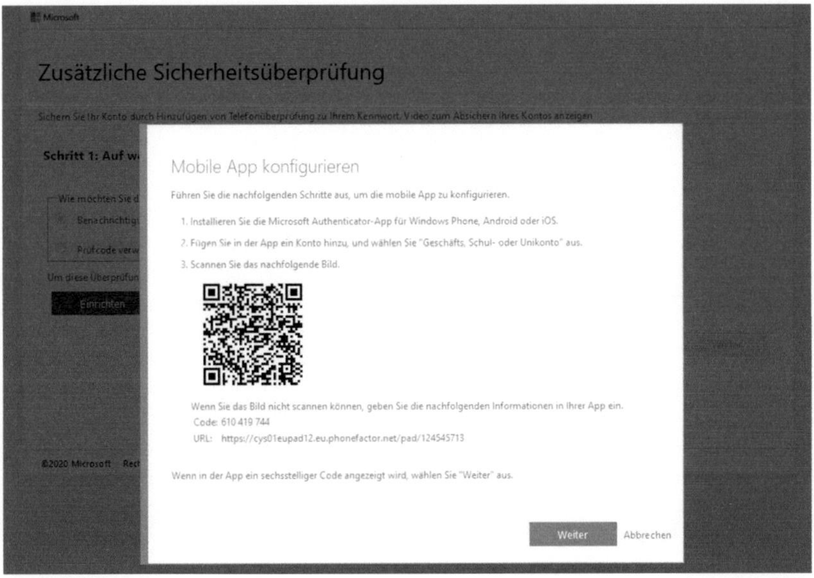

Abbildung 3.37: Einrichtung des Smartphones

Wenn Sie den Anweisungen folgen, wird die App automatisch eingerichtet und Sie können in Zukunft die Authentifizierung über die App vornehmen.

Aber egal, für welche Art der zusätzlichen Authentifizierung Sie sich entscheiden, nach der ersten Einrichtung müssen Sie sich ab sofort mit dem Kennwort und einem zusätzlichen Faktor über Ihr Smartphone authentifizieren.

3.4 Zugriff auf Unternehmensanwendungen

Unternehmensanwendungen sind prinzipiell erst einmal alle Anwendungen, die im Unternehmen zur Verfügung stehen.

Als erstes fällt einem hier immer das Office-Paket ein.

Die einzelnen Bestandteile sind natürlich Unternehmensanwendungen, denn kaum ein Unternehmen wird ohne die Office Produkte arbeiten.

Die Office-Produkte sind in Microsoft 365 bereits integriert und können dadurch alle Vorteile der Cloudverwaltung in Anspruch nehmen, wie beispielsweise das Single-Sign-On.

Aber es gibt noch eine ganze Reihe anderer Anwendungen, die in Firmen zum Einsatz kommen können.

Hierbei wäre es von großem Vorteil, wenn diese Anwendungen, die erst einmal unabhängig vom Azure AD betrieben werden, auch in die Cloudverwaltung integriert werden könnten, um auch alle Vorteile nutzen zu können.

Prinzipiell ist das möglich, die Anwendungen müssen dafür im Azure AD registriert werden.

Wichtig an dieser Stelle ist, dass es viele verschiedene Typen von Anwendungen gibt, die auch von Azure AD unterschiedlich verwaltet werden.

Betrachten wir zunächst diese verschiedenen Typen von Apps.

Azure AD-Kataloganwendungen

Azure AD bietet einen extrem großen Katalog mit Tausenden von integrierten Anwendungen an.

Mit großer Wahrscheinlichkeit sind in diesem Katalog viele der Anwendungen vorhanden, die Sie benötigen.

Wenn Sie Anwendungen aus diesem Katalog auswählen, werden diese automatisch in Azure AD integriert und können natürlich alle Funktionen benutzen, wie Single-Sign-On oder die Steuerung des Benutzerzugriffs durch Richtlinien.

Lokale Anwendungen

Viele Unternehmen haben ihre Umgebung komplett lokal aufgebaut, also mit der Benutzung von lokal installierten Anwendungen.

Wenn nun die On-Premise Domäne mit AD-Connect ans Azure AD angeschlossen wird, können diese lokal installierten Anwendungen zum Problem werden.

Sie müssen sicherstellen, dass nicht nur die an der On-Premise Domäne angemeldeten Benutzer Zugriff auf diese Anwendungen haben, sondern auch die Benutzer, die sich am Azure AD authentifiziert haben.

Schön wäre auch ein Single-Sign-On in einer Hybridumgebung.

Eine mögliche Lösung wäre die Migration der Anwendungen in die

Cloud, aber dies ist oft nicht möglich oder nicht gewünscht.

Für den Fall, dass diese Anwendungen On-Premise bleiben sollen, stellt Microsoft eine Möglichkeit der Identitätsverwaltung über einen sogenannten „Anwendungsproxy“ zur Verfügung.

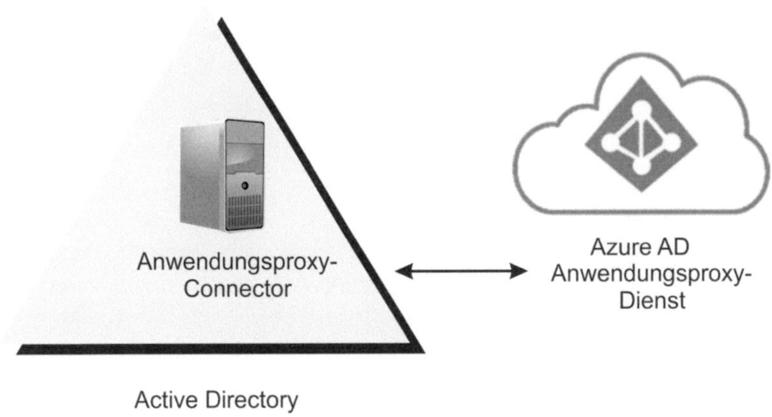

Abbildung 3.38: Anwendungsproxy

Der Anwendungsproxy besteht aus zwei Komponenten:

- Anwendungsproxy-Dienst, dieser wird im Azure AD ausgeführt
- Anwendungsproxy-Connector, dieser wird auf einem Server in der On-Premise Domäne installiert und ausgeführt

Der Anwendungsproxy kann in erster Linie für Webanwendungen eingesetzt werden.

Durch diesen Dienst können Sie einen Remotezugriff ohne VPN realisieren. Sie können auch alle Azure AD Funktionen benutzen, dabei steht das Single-Sign-On natürlich an erster Stelle.

Von Ihnen entwickelte Anwendung

Von Ihnen entwickelte Anwendungen sind alle Anwendungen, die von ihnen selber erstellt worden sind. Auch sie können in Azure AD eingebunden werden.

Nicht-Kataloganwendungen

Dies ist der Rest aller Anwendungen.

3.4.1 Unternehmens-Apps veröffentlichen

Nachdem Sie nun die Unterschiede zwischen den verschiedenen Unternehmens-Apps kennengelernt haben, betrachten wir, wie Sie eine App im Azure AD veröffentlichen können und damit Zugriff auf die Vorzüge erhalten und Single-Sign-On benutzen können.

Sie öffnen das Azure AD und wählen dort

- Unternehmensanwendungen

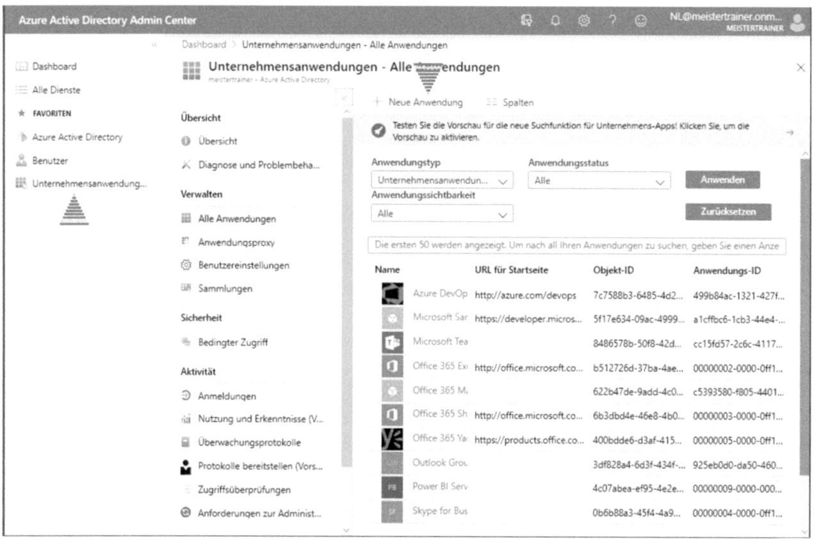

Abbildung 3.39: Unternehmensanwendungen

Im unteren Teil sehen Sie alle automatisch hinzugefügten Anwendungen, das sind alle Anwendungen, die ihr Microsoft 365 Abonnement enthält und alle Anwendungen, die Sie bereits hinzugefügt haben.

Im oberen Teil des Fensters klicken Sie auf „Neue Anwendung“ um eine App hinzuzufügen.

Ein weiteres Fenster öffnet sich.

Im oberen Teil können Sie wählen zwischen

- Von Ihnen entwickelte Anwendung
- Lokale Anwendung
- Nicht-Kataloganwendung

Im unteren Teil sehen Sie die Kataloganwendungen.

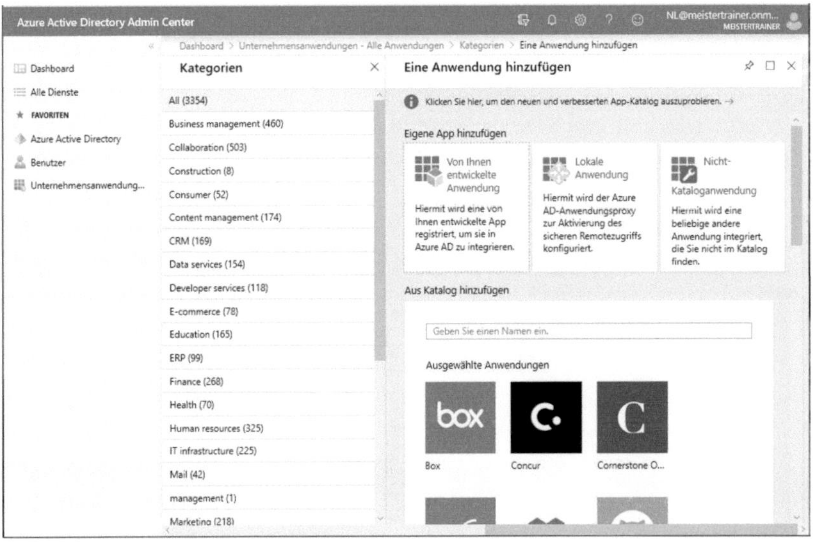

Abbildung 3.40: Auswahl

Im ersten Schritt möchte ich Ihnen zeigen, wie man eine Kataloganwendung hinzufügt, da die meisten individuell erstellten Anwendungen auch eine sehr individuelle Konfiguration benötigen.

Um eine Lokale Anwendung werden wir uns später kümmern.

Also betrachten Sie den unteren Teil des Fensters. Hier können Sie den umfangreichen Katalog erkennen, in dem Microsoft alle bereits für Azure AD optimierten Anwendungen zur Verfügung stellt.

Sie wählen eine Anwendung Ihrer Wahl aus.

Sie sehen, dass die relevanten Einstellungen bereits getroffen sind. Sie müssen nur noch mit „Hinzufügen“ bestätigen.

Danach ist diese Anwendung in der Liste zu erkennen.

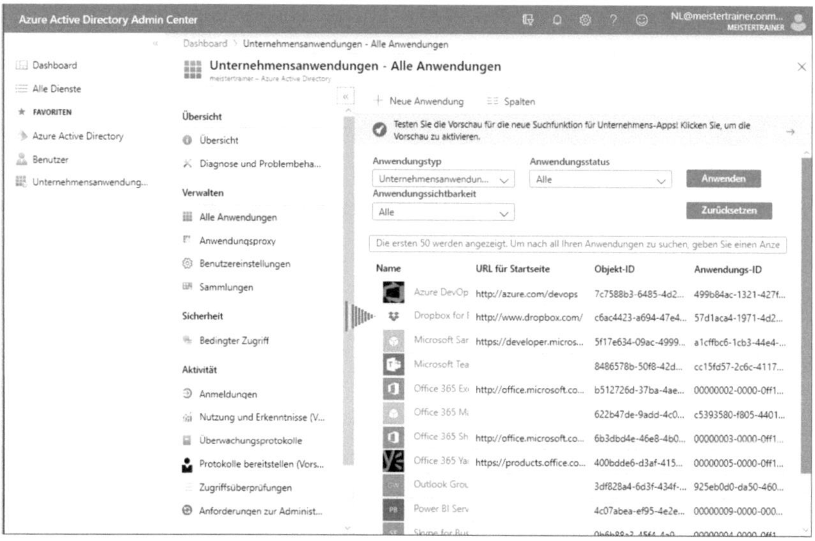

Abbildung 3.41: App ist hinzugefügt

3.4.2 Azure AD Anwendungsproxy

Nun kommen wir zu den „Lokalen Anwendungen“.

Um auf Anwendungen zugreifen zu können, die in der On-Premise-Domäne verwaltet werden, benötigen Sie die Azure AD Funktion des Anwendungsproxys.

Der Anwendungsproxy-Dienst ist in Azure AD bereits vorhanden, er muss nur nach der Installation des Anwendungsproxy-Connectors aktiviert werden.

Auf der On-Premise-Seite dagegen muss die zweite Komponente, der Anwendungsproxy-Connector zunächst auf einem Server installiert werden.

Voraussetzungen

Die Voraussetzungen für die Aktivierung des Anwendungsproxys sind folgende

- Azure AD Premium
- Windows Server 2012 R2 oder höher

- Für Server 2019 muss der Eintrag „HKEY_LOCAL_MACHINE\SOFTWARE\Microsoft\Windows \CurrentVersion\Internet Settings\WinHttp\EnableDefaultHttp2 (DWORD) Value: 0" in der Registry hinzugefügt werden
- Der Server muss Mitglied der angeschlossenen Domäne sein
- Der Server darf nicht auch den Proxy für den Azure AD-Kennwortschutz hosten
- Auf dem Server muss TLS 1.2 aktiviert werden

Aktivierung von TLS 1.2

Folgende Registrierungsschlüssel müssen Sie auf dem zukünftigen Anwendungsproxyserver bearbeiten:

- HKEY_LOCAL_MACHINE\SYSTEM\CurrentControlSet\Control\SecurityProviders\SCHANNEL\Protocols\TLS 1.2
- HKEY_LOCAL_MACHINE\SYSTEM\CurrentControlSet\Control\SecurityProviders\SCHANNEL\Protocols\TLS 1.2\Client
DisabledByDefault"=dword:00000000
Enabled"=dword:00000001
- HKEY_LOCAL_MACHINE\SYSTEM\CurrentControlSet\Control\SecurityProviders\SCHANNEL\Protocols\TLS 1.2\Server
DisabledByDefault"=dword:00000000
Enabled"=dword:00000001
- HKEY_LOCAL_MACHINE\SOFTWARE\Microsoft\.NETFramework\v4.0.30319
SchUseStrongCrypto"=dword:00000001

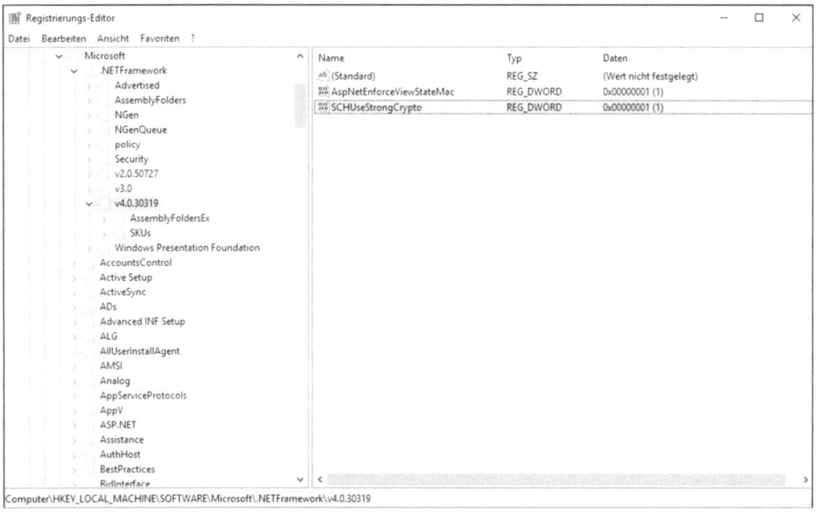

Abbildung 3.42: Registry Einträge

Danach starten Sie den Server neu.

Vorbereitung der lokalen Umgebung

Wie immer, müssen für webbasierte Kommunikation in der lokalen Umgebung einige Einstellungen getätigt werden.

Für die Firewall müssen die Ports

- 80
- 443

geöffnet sein.

Außerdem muss die Firewall für folgende URLs freigegeben sein:

URL	Verwendung
*.msappproxy.net *.servicebus.windows.net	Kommunikation zwischen dem Connector und dem Anwendungsproxy-Clouddienst
mscrl.microsoft.com:80 crl.microsoft.com:80 ocsp.msocsp.com:80 www.microsoft.com:80	Überprüfung von Zertifikaten

login.windows.net secure.aadcdn.microsoftonline-p.com *.microsoftonline.com *.microsoftonline-p.com *.msauth.net *.msauthimages.net *.msecnd.net *.msftauth.net *.msftauthimages.net *.phonefactor.net enterpriseregistration.windows.net management.azure.com policykeyservice.dc.ad.msft.net	Registrierung

Installieren des Connectors

Nun wird es Zeit, den Connector auf dem Server zu installieren.

Sie öffnen auf dem zukünftigen Anwendungsproxyserver die Microsoft 365 Konsole, navigieren zu Azure AD und wählen

- Anwendungsproxy

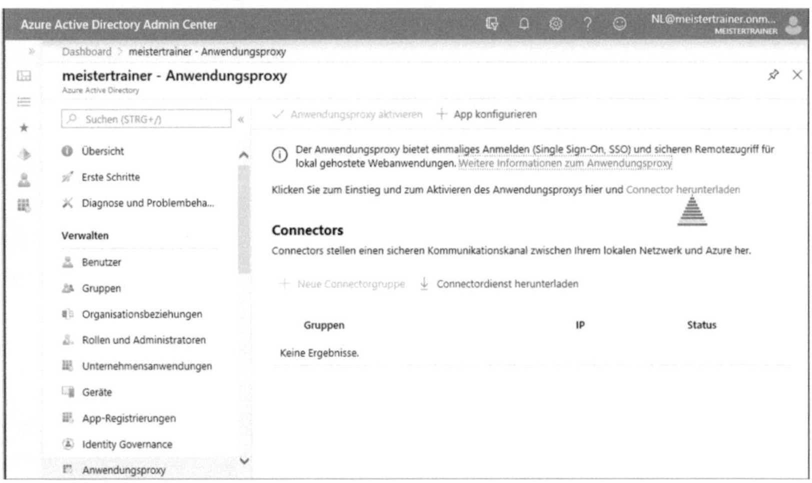

Abbildung 3.43: Anwendungsproxy

Hier wählen Sie „Connector herunterladen“ und installieren ihn danach auf dem Rechner.

Abbildung 3.44: Installation

Überprüfen der Installation

Auf dem Server können Sie kontrollieren, ob die beiden Dienste

- Microsoft AAD Application Proxy Connector
- Microsoft AAD Application Proxy Connector Updater

gestartet sind.

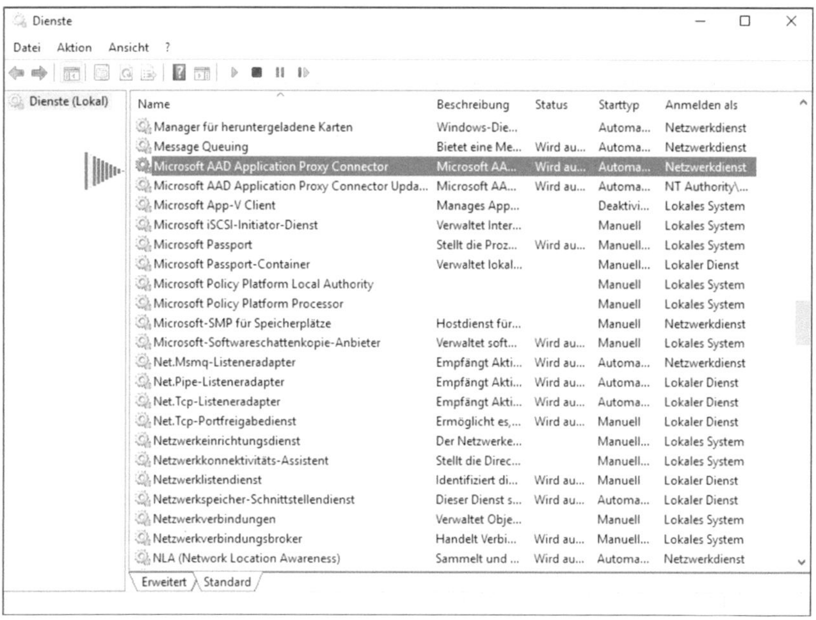

Abbildung 3.45: Dienste

In Azure AD können Sie auch sofort den Anwendungsproxy Connector erkennen.

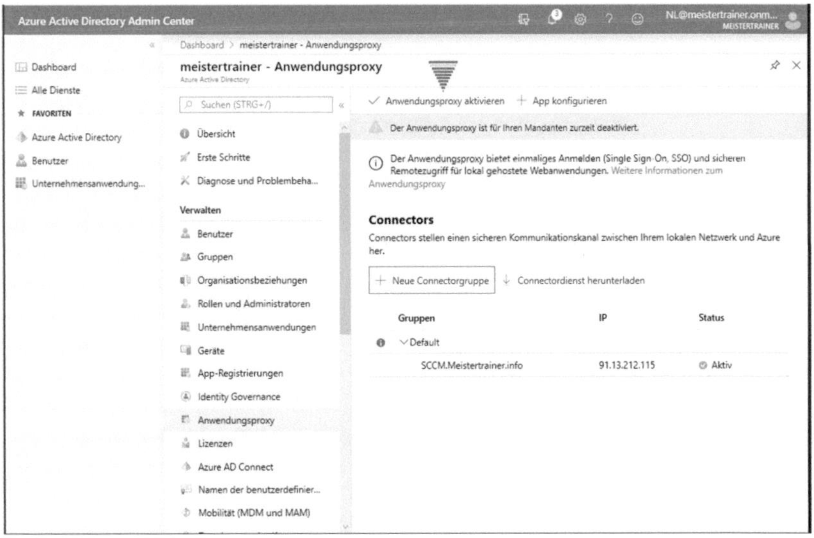

Abbildung 3.46: Connector

Zunächst ist die Funktion noch deaktiviert, aber mit einem Klick auf „Aktivieren“ können Sie die Funktion danach verwenden.

Hinzufügen einer lokalen App zu Azure AD

Nun endlich können Sie auch eine lokale Anwendung hinzufügen.

Sie wählen wieder

- Unternehmensanwendungen
- Neue Anwendung

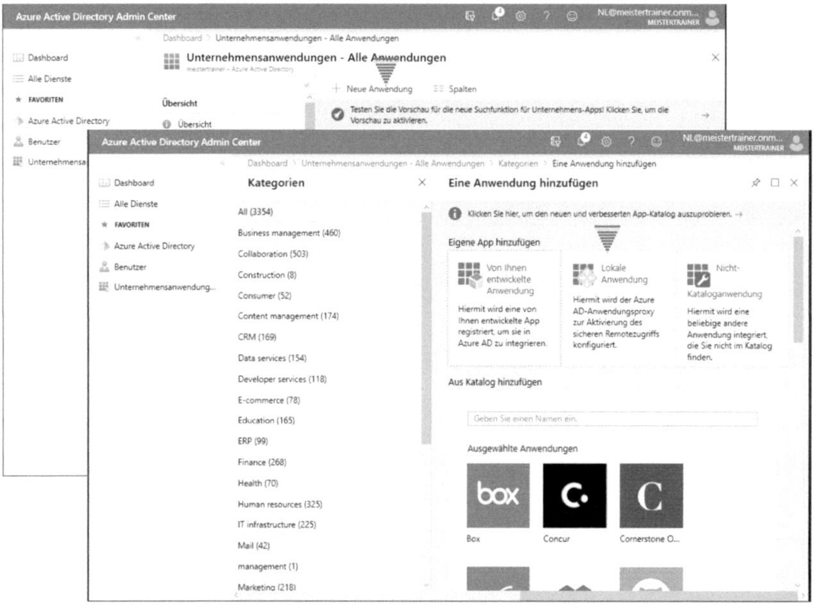

Abbildung 3.47: Lokale Anwendung

Diesmal entscheiden Sie sich für die „Lokale Anwendung".

Geben Sie der Anwendung nun einen Namen und konfigurieren Sie den Zugriff.

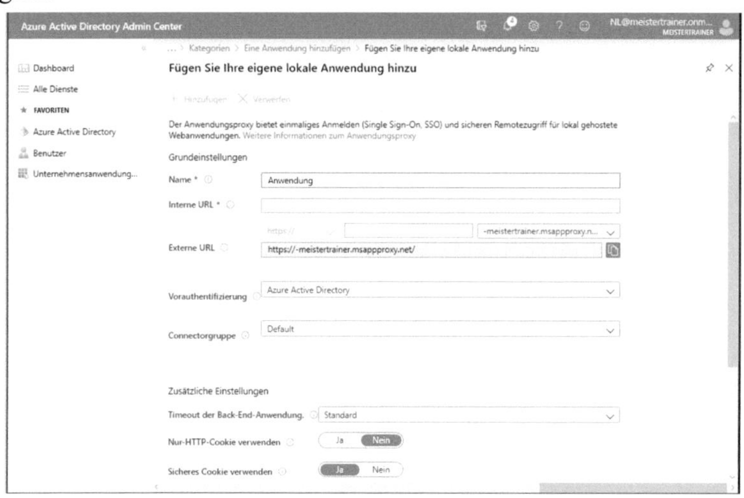

Abbildung 3.48: Konfiguration der Anwendung

Interne URL

Dies ist die URL zum Zugriff innerhalb Ihres Netzwerks.

Externe URL

Mit dieser URL können Benutzer von außerhalb des lokalen Netzwerks auf die Anwendung zugreifen.

Vorauthentifizierung

Definiert das Verfahren, mit dem die Benutzer überprüft werden, die über den Anwendungsproxy auf die Anwendung zugreifen wollen.

Hierbei haben Sie zwei Möglichkeiten:

Azure Active Directory

Der Anwendungsproxy leitet die Anmeldungen an Azure AD um.

Dies ist die Standardeinstellung und sollte in den meisten Fällen aktiviert bleiben, weil damit die Azure Funktionen benutzt werden können.

Passthrough

Hier ist keine Authentifizierung am Azure AD nötig.

Connectorgruppe

Connectorgruppen können definiert werden, um Zugriffe zu organisieren.

Gehen wir zu den „zusätzlichen Einstellungen".

Timeout der Back-End-Anwendung

Das Standard-Timeout liegt bei 85 Sekunden. Wenn Sie eine langsame Verbindung haben, können Sie diesen Wert auf „Lang" setzen, dann wird das Timeout auf 180 Sekunden gesetzt.

Nur-HTTP-Cookie verwenden

Wenn Sie diese Einstellung auf „Ja" setzen, enthält der HTTP-Antwortheader das Flag „HTTPOnly".

Damit schützen Sie diese App vor websiteübergreifendem Scripting (Cross-Site-Scripting, XSS).

Wenn Sie Remotedesktopdienste verwenden, legen Sie diese Option auf „Nein“ fest.

Sicheres Cookie verwenden

Bei „Ja“ werden Cookies über einen sicheren Kanal übertragen, wie HTTPS.

Beständiges Cookie verwenden

Hier ist die Standardeinstellung „Nein“. Diese Einstellungen sollten Sie nicht ändern, es sei denn, Sie benötigen Cookies für übergreifende Prozesse.

URLs übersetzen in Headern

Wenn Sie hier „Ja“ wählen, sucht der Anwendungsproxydienst nach internen Links für den Zugriff auf die Anwendung und übersetzt sie.

Damit ist der Zugriff schneller und zuverlässiger.

URLs übersetzen in Anwendungstext

Wählen Sie hier „Ja“, wenn Sie diese Anwendung mit Microsoft Cloud App Security (MCAS) überwachen möchten.

3.4.3 Konfigurieren des Zugriffs auf die App

Egal, welche Art der Anwendung Sie registriert haben, der nächste Schritt ist es, den Zugriff auf die App zu konfigurieren.

Dafür wählen Sie die entsprechende App aus und öffnen das Menü.

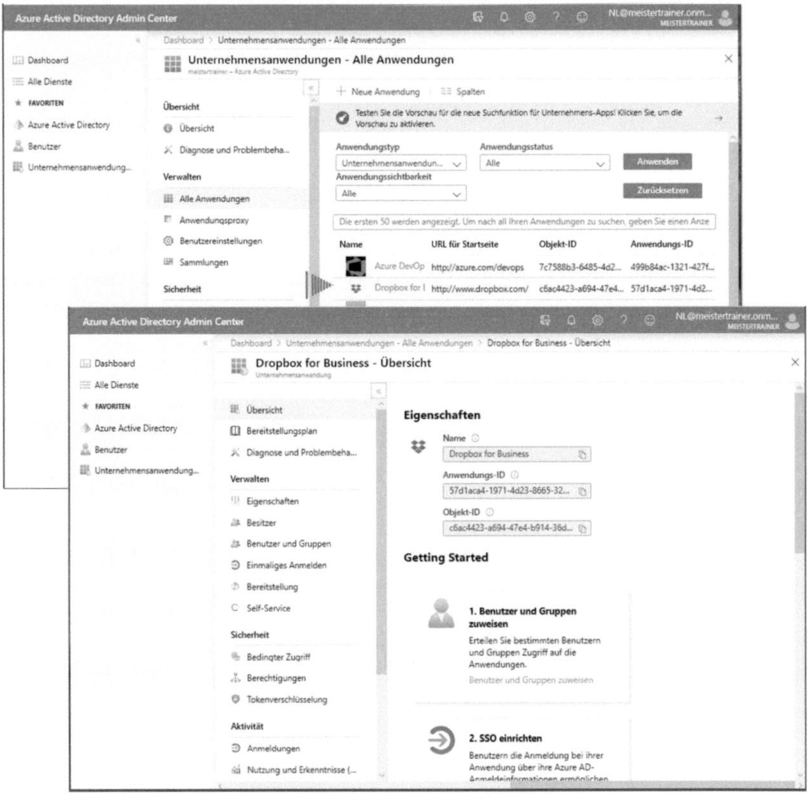

Abbildung 3.49: App konfigurieren

Hier haben Sie einige Möglichkeiten der Konfiguration.

Benutzer und Gruppen zuweisen

Dies ist die einfache Vorgehensweise der Zuweisung der Zugriffsberechtigungen für Benutzer oder Gruppen.

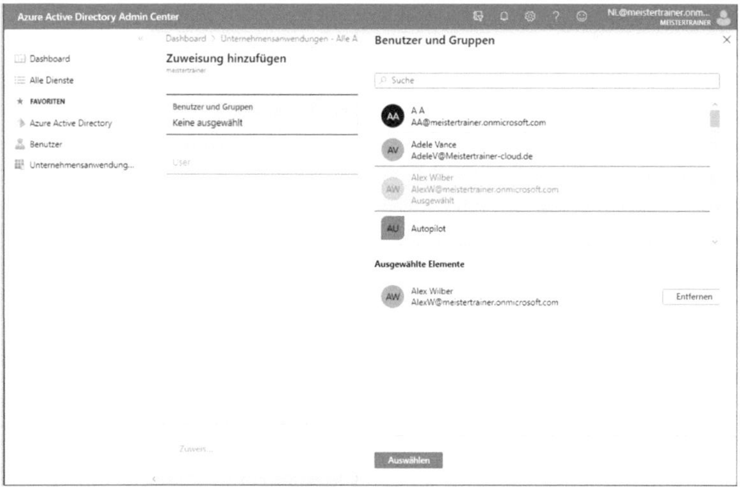

Abbildung 3.50: Zuweisung

Sie wählen die berechtigten Benutzer oder Gruppen aus und fügen sie hinzu. Damit ist der Zugriff genehmigt.

SSO einrichten

Im nächsten Schritt können Sie für die Benutzer das Single-Sign-On einrichten.

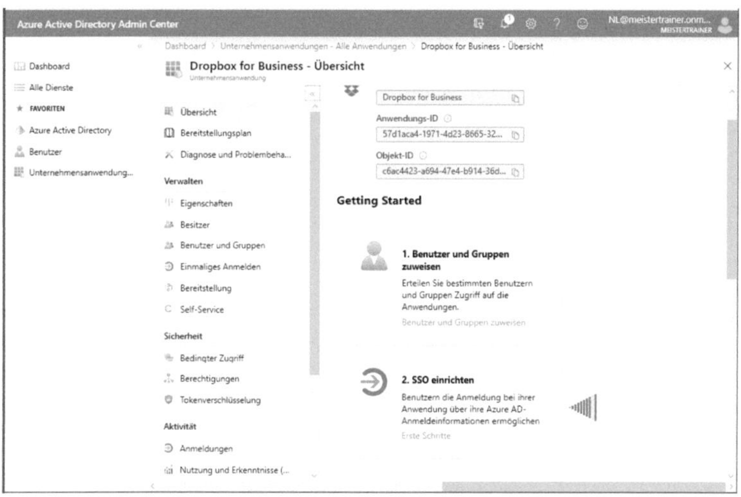

Abbildung 3.51: SSO einrichten

In der Standardeinstellung ist SSO deaktiviert.

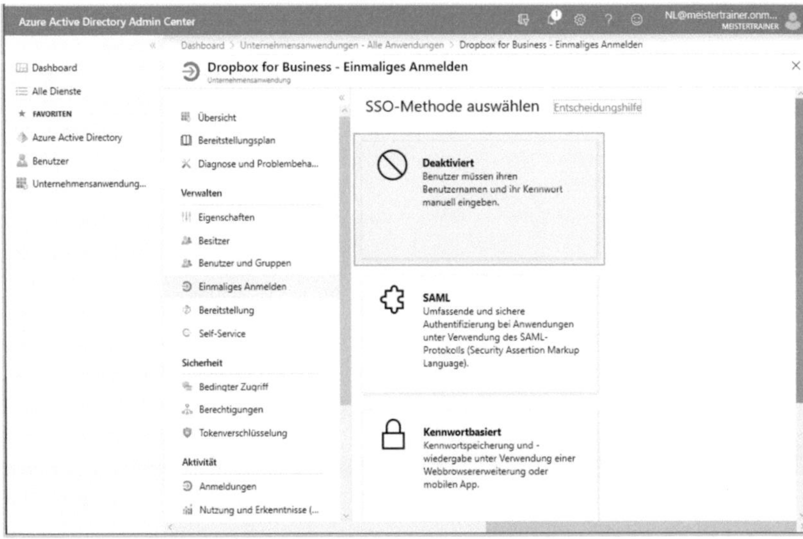

Abbildung 3.52: SSO deaktiviert

Sie haben folgende Möglichkeiten, das Single-Sign-On zu konfigurieren:

SAML

SAML-SSO (Security Assertion Markup Language) ist ein XML-Framework zum Austausch von Authentifizierungs- und Autorisierungsinformationen. Es ermöglicht eine umfassende und sichere Authentifizierung bei Anwendungen über das SAML-Protokoll.

Kennwortbasiert

Kennwortbasierte Anmeldungen sind über eine Webbrowsererweiterung oder eine mobile App möglich.

Verknüpft

Die Anmeldung per Link ermöglicht es Ihnen, im Azure Active Directory-Zugriffsbereich und/oder im Office 365-Anwendungsstarter für ausgewählte Benutzer einen Link zu einer Anwendung hinzuzufügen. Durch diese Option wird der Anwendung kein SSO hinzugefügt, aber möglicherweise ist das einmalige Anmelden bereits über einen anderen Dienst wie die Active Directory-Verbunddienste in der Anwendung implementiert.

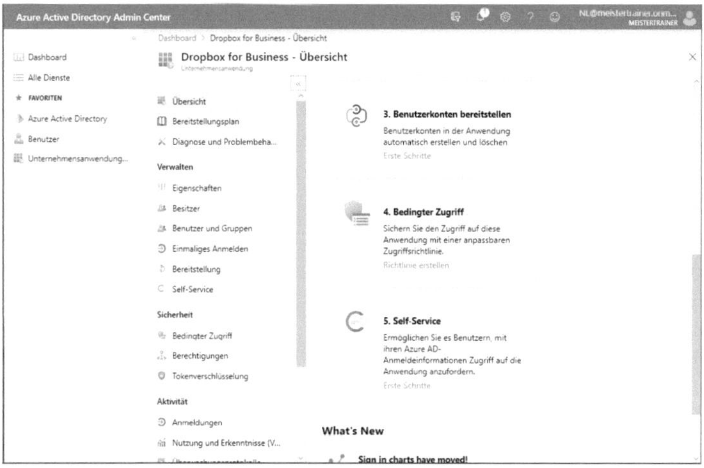

Abbildung 3.53: Weitere Auswahl

Benutzerkonten bereitstellen

Der Menüpunkt „Benutzerkonten bereitstellen" ist oft abhängig von der entsprechenden App.

Bedingter Zugriff

Ein wichtiger Punkt ist die Möglichkeit, den Zugriff auf diese App mithilfe einer Richtlinie für den bedingten Zugriff einzuschränken.

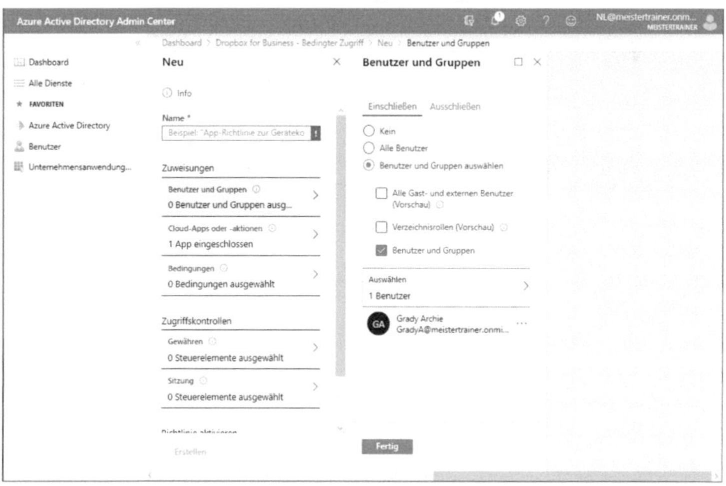

Abbildung 3.54: Bedingter Zugriff

Wie eine Richtlinie für den Bedingten Zugriff eingerichtet wird, haben wir schon zuvor besprochen.

Die Richtlinie für den bedingten Zugriff wird im Prinzip eingerichtet, wie bereits bekannt.

Sie wählen Benutzer oder Gruppen aus, für die diese Richtlinie gelten soll.

Bei Cloud-Apps oder Aktionen ist die entsprechende App bereits vorausgewählt, wenn Sie über diese Konsole gehen.

In den meisten Fällen werden die „Bedingungen" keine große Rolle spielen, dafür aber die Sektion „Zugriffskontrolle", in der Sie die Art des Zugriffs steuern können.

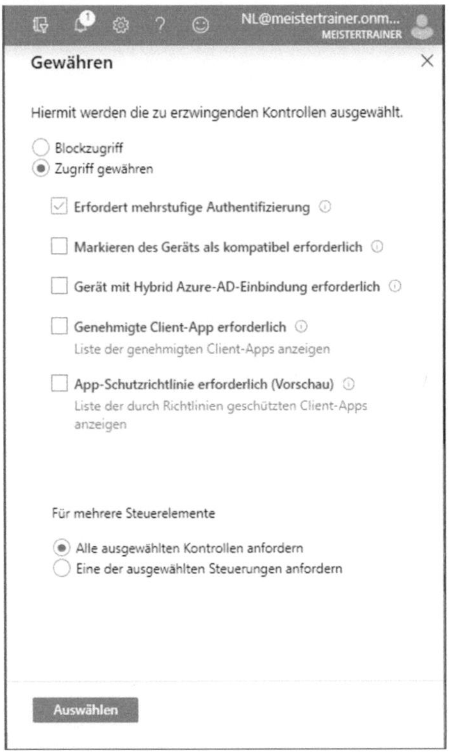

Abbildung 3.55: Zugriff

Danach muss die Richtlinie nur noch aktiviert werden.

Self-Service

Self-Service bedeutet, dass die Benutzer die Möglichkeit haben, ihre Anwendungen selber zu ermitteln und die Zugriffe bis zu einem bestimmten Punkt selber steuern können.

Damit erleichtern Sie die Arbeit der Administratoren.

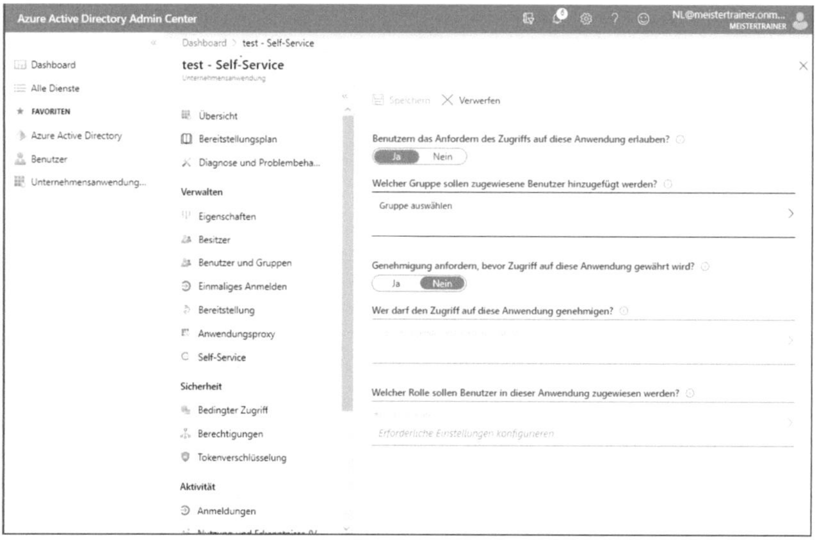

Abbildung 3.56: Self-Service

Voraussetzung für den Self-Service ist die Konfiguration von SSO.

3.4.4 Testen der Anwendung

Gerade die Einrichtung lokaler Anwendungen ist mit einem erhöhten Aufwand verbunden.

Deswegen macht es Sinn, nach der Erstellung eine solche App zunächst einmal zu testen.

Dafür wählen Sie die Anwendung

- Unternehmensanwendungen
- Anwendungsproxy

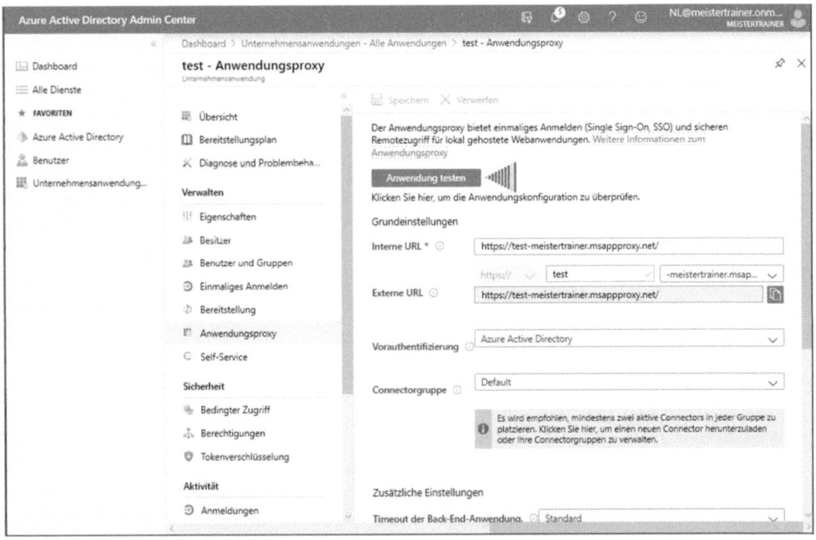

Abbildung 3.57: Testen einer Anwendung

Klicken Sie nun auf „Anwendung testen“ und folgen Sie den Anweisungen.

3.4.5 CloudApp Security

Wenn Sie Cloud-Apps benutzen, haben Sie viel für eine anwenderfreundliche Umgebung getan. Ihre Mitarbeiter können die Apps benutzen, egal, wo sie gerade sind. Das gibt ihnen ein Höchstmaß an Flexibilität.

Diese Benutzerfreundlichkeit hat aber auch Schattenseiten, denn Sie benötigen ein gutes Konzept für die Sicherheit der Apps und der Daten.

Ein erster Schritt in Richtung dieser Sicherheit ist eine genaue Überwachung der Zugriffe auf die Cloud-Apps.

Sie benötigen ein Tool, mit dem Sie alle Aspekte des Datenverkehrs überwachen können, die einen Hinweis auf eventuelle Bedrohungen geben könnten, wie beispielsweise Anmeldungen von unbekannten Orten oder häufige Anmeldeversuche.

Microsoft stellt hierfür ein Tool mit Namen „CloudApp Security“ zur Verfügung.

Sie öffnen dieses Tool unter folgender URL:
https://portal.cloudappsecurity.com

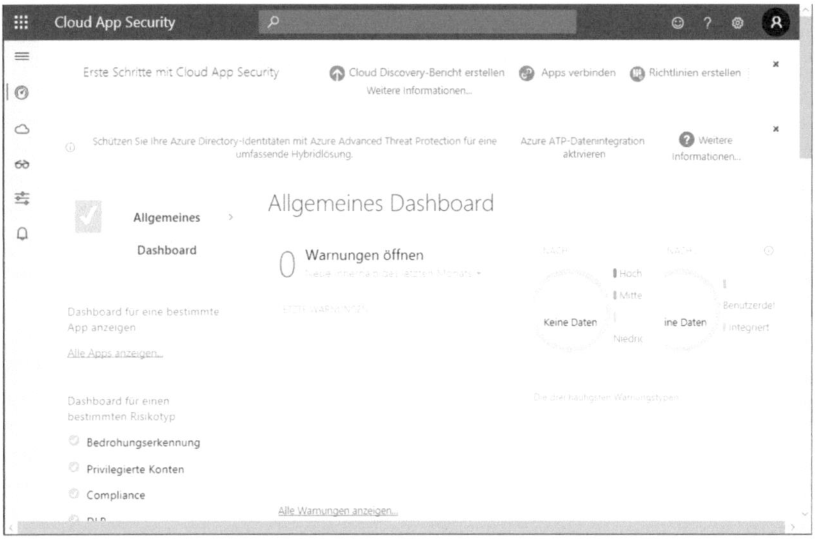

Abbildung 3.58: CloudApp Security

Die CloudApp Security ist von Haus aus vorkonfiguriert, damit sie folgende Dinge erkennen kann:

- Riskante IP-Adressen
- Anmeldefehler
- Administratoraktivität
- Inaktive Konten
- Speicherort
- Unmöglicher Ortswechsel
- Geräte- und Benutzer-Agent
- Aktivitätsrate

Allerdings benötigt diese Anwendung eine Zeitspanne von sieben Tagen. In dieser Zeit werden alle Ereignisse gesammelt und bewertet. Erst nach dem Ablauf einer Woche ist die Software in der Lage, alle Vorgänge richtig zu beurteilen.

Durch die Auswertung der Ereignisse werden Sicherheitswarnungen ausgelöst. Sie sollten diese Warnungen regelmäßig überprüfen.

Betrachten wir die Konsole.

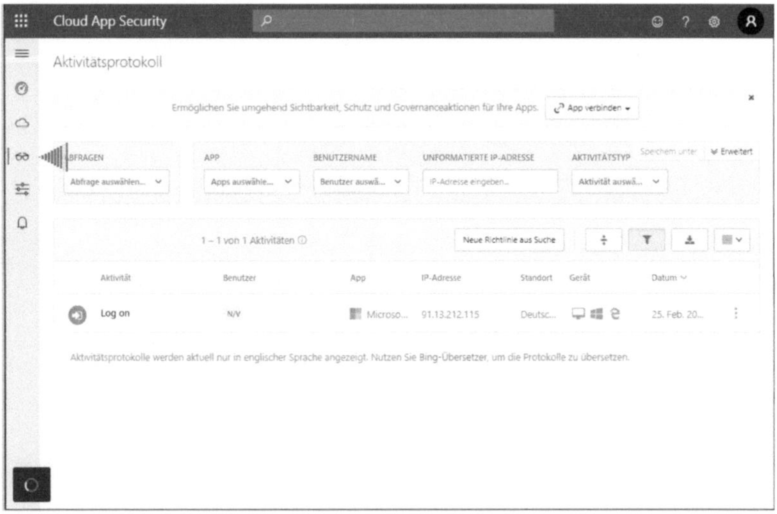

Abbildung 3.59: Untersuchen

Unter dem Menüpunkt „Untersuchen“ können Sie diverse Protokolle einsehen, die die Aktivitäten darstellen.

Der Menüpunkt „Steuern“ zeigt Ihnen die Richtlinien, auf denen die Auswertungen basieren.

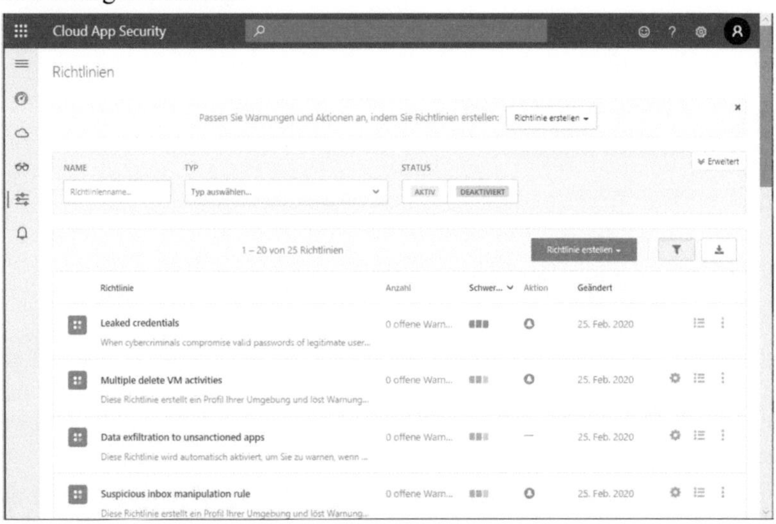

Abbildung 3.60: Steuern

Hier können Sie die Richtlinien nach Ihren Bedürfnissen konfigurieren.

Nehmen wir als Beispiel die Richtlinie „Impossible Travel“.

Diese Richtlinie überprüft den Anmeldeverkehr und löst dann eine Warnung aus, wenn eine Anmeldung örtlich und zeitlich nicht plausibel ist.

Dabei werden die Orte der Anmeldung betrachtet und der Zeitraum, den eine Reise zwischen beiden Orten in Anspruch nehmen würde.

Wenn der Zeitraum zwischen zwei solchen Anmeldungen zu kurz ist, könnte dies ein Hinweis darauf sein, dass eine andere Person versucht, sich mit dem Konto anzumelden.

Auch hier basieren die Auswertungen auf der siebentägigen Lernzeit.

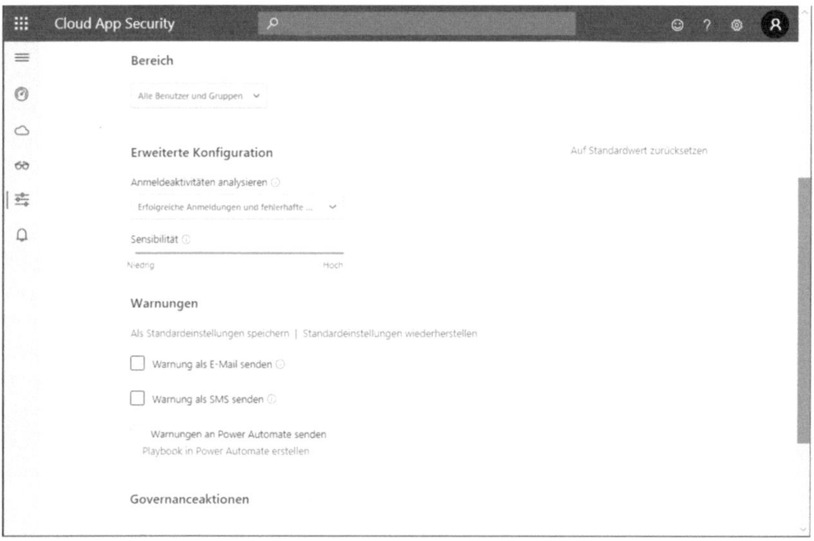

Abbildung 3.61: Konfiguration

In dieser Richtlinie können Sie nun einige Einstellungen vornehmen, zum Beispiel, ob Sie einen solchen Vorfall per E-Mail oder SMS erhalten möchten.

Dies gilt für die meisten Richtlinien, nehmen Sie sich die Zeit und betrachten Sie diese in Ruhe.

3.4.6 Zugriff auf die Unternehmensanwendungen

Wie kann nun auf die Unternehmensanwendungen zugegriffen werden?

Voraussetzung für einen Zugriff ist natürlich, dass die Anwendung registriert und einem Benutzer oder einer Gruppe zugewiesen ist.

Danach kann der Benutzer einfach sein Anwendungsportal öffnen unter der URL

https://myapplications.microsoft.com

und sich dort mit seinen Anmeldeinformationen validieren.

Nun sieht er eine Übersicht aller Anwendungen, die ihm zur Verfügung stehen.

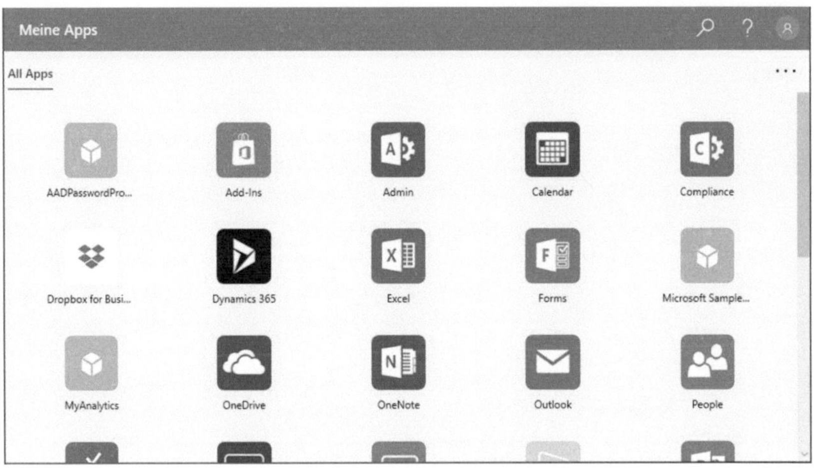

Abbildung 3.62: Anwendungen

3.5 Zugriff für externe Nutzer auf Microsoft 365 Workloads implementieren

Ein Unternehmen ist keine abgegrenzte Gemeinschaft, die niemals Kontakt zu anderen Personen hat.

Im Gegenteil, viele Unternehmen sind auf externe Mitarbeiter angewiesen, sei es für ein Projekt oder für eine dauerhafte Zusammenarbeit.

Ein wichtiges Thema hierbei ist es, diesen Personen Zugriff auf Ressourcen zu gewähren, aber diesen so weit wie möglich einzuschränken.

Außerdem sollte die Lösung verwaltbar sein und keinen großen Administrationsaufwand erfordern.

Azure Active Directory bietet hierfür eine Lösung an in Form von sogenannten „Gastkonten".

Gastkonten sind externe Konten, die nicht in Azure AD geführt werden, sondern nur angegliedert werden. Damit haben Sie keinen Verwaltungsaufwand.

Betrachten wir einige Möglichkeiten, bei denen Sie unter Umstanden Gäste in Ihr Unternehmen einladen möchten.

- Sie haben ein Projekt, an dem auch externe Berater arbeiten
- Sie möchten einem Servicetechniker Zugriff gewähren
- Sie haben eine zeitlich begrenzte Zusammenarbeit mit Mitarbeitern einer anderen Firma

Diese Aufzählung ist nicht vollständig, zeigt aber einige mögliche Szenarien an.

Die Vorgehensweise der Gäste-Verwaltung ist relativ einfach.

Berechtigte Personen Ihrer Firma können Einladungen an externe Benutzer schicken. Diese Einladungen werden an eine bestimmte E-Mail-Adresse versendet.

Der externe Gast antwortet auf diese Einladung.

Wenn der Gast auf diese Einladung antwortet, wird sein Konto in Azure AD als Gastkonto angelegt.

In den Zeiten des Homeoffices ist beispielsweise Microsoft Teams sehr populär, auch hier können externe Gäste mithilfe einer Einladung in Videokonferenzen einbezogen werden.

3.5.1 Hinzufügen eines Gastkontos

Betrachten wir das Hinzufügen eines Gastkontos.

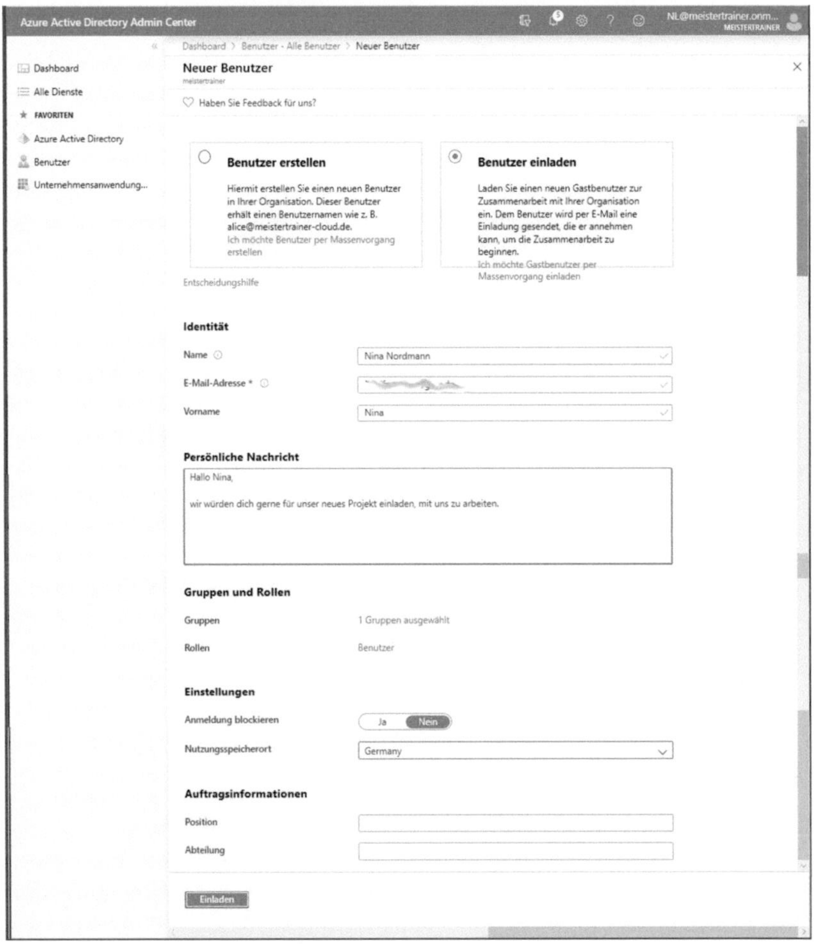

Abbildung 3.63: Benutzer einladen

Dazu wechseln wir ins Azure AD

- Benutzer
- Alle Benutzer
- Neuer Gastbenutzer

Hier können wir einen neuen Benutzer erstellen, der dann aber in Azure AD integriert wird.

Wir wählen „Benutzer einladen“.

Dazu geben wir die E-Mail Adresse des Partners ein.

An diese bekommt er eine Einladung geschickt, mit der er auf das Firmennetzwerk zugreifen kann.

Sie können eine persönliche Nachricht dazu formulieren und ebenfalls gleich die Gruppenzugehörigkeit und eine eventuelle Benutzerrolle festlegen.

Danach sollten Sie noch den Nutzungsspeicherort festlegen und darauf achten, dass die Anmeldung nicht blockiert ist.

Danach kann sich der neue Benutzer anmelden und erhält die ihm zugestandenen Rechte.

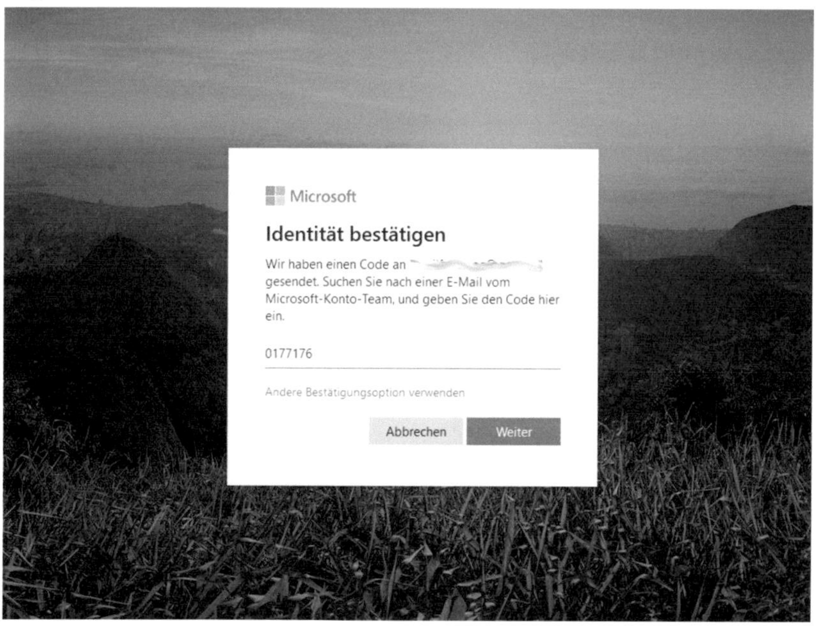

Abbildung 3.64: Anmeldung

Berechtigungen für das Senden von Einladungen

Das Senden von Einladungen ist natürlich eine heikle Sache, und Sie sollten steuern, wer dieses Recht hat und wer nicht.

Betrachten wir die Stelle, an der der Gastzugriff konfiguriert wird.

- Azure Active Directory
- Benutzer
- Benutzereinstellungen
- Externe Einstellungen zur Zusammenarbeit verwalten

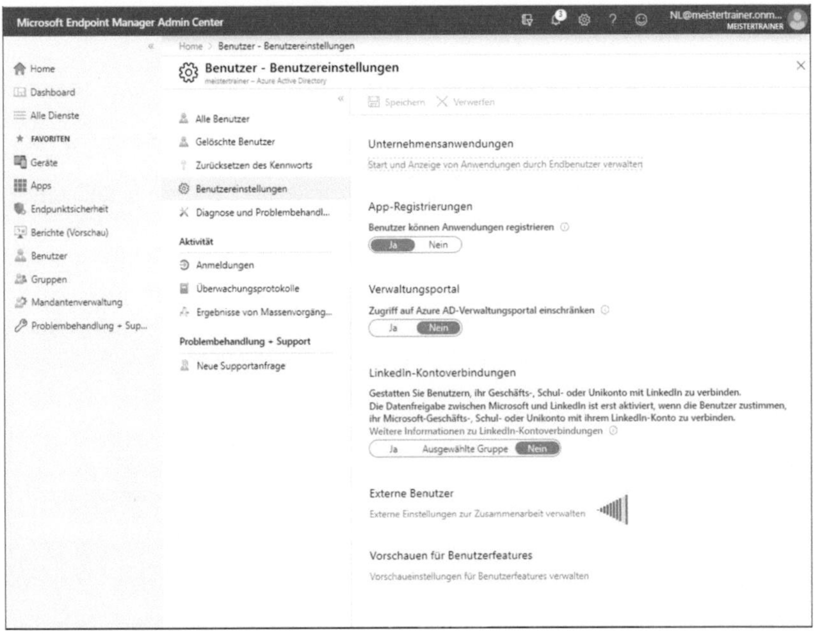

Abbildung 3.65: Externe Zusammenarbeit

Hier sehen Sie nun die Standardeinstellungen und können sie verändern.

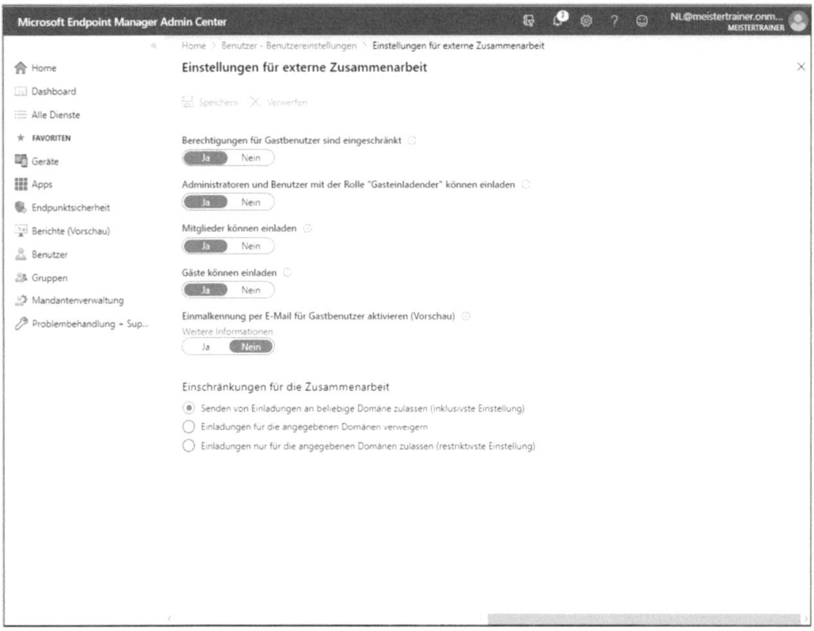

Abbildung 3.66: Einstellungen

Berechtigungen für Gastbenutzer sind eingeschränkt

Bei Auswahl dieser Option haben die Gäste keinen vollständigen Zugriff.

Administratoren und Benutzer mit der Rolle „Gasteinladender" können einladen

Bei „Ja“ können diese zwei Rollen Gäste einladen.

Mitglieder können einladen

Bei „Ja“ bedeutet das, dass alle Benutzer Gäste einladen können.

Dies ist die Standardeinstellung, und sollte geändert werden!

Gäste können einladen

Bei „Ja“ bedeutet das, dass alle Gäste weitere Gäste einladen können.

Dies ist die Standardeinstellung, und sollte geändert werden!

Einmalkennung per E-Mail für Gastbenutzer aktivieren (Vorschau)

Hier wird per E-Mail ein Einmalpasswort für den Zugriff verschickt, das 24 Stunden gültig ist.

Betrachten wir noch, wie das Gastkonto erstellt werden kann, wenn Sie die entsprechenden Berechtigungen haben.

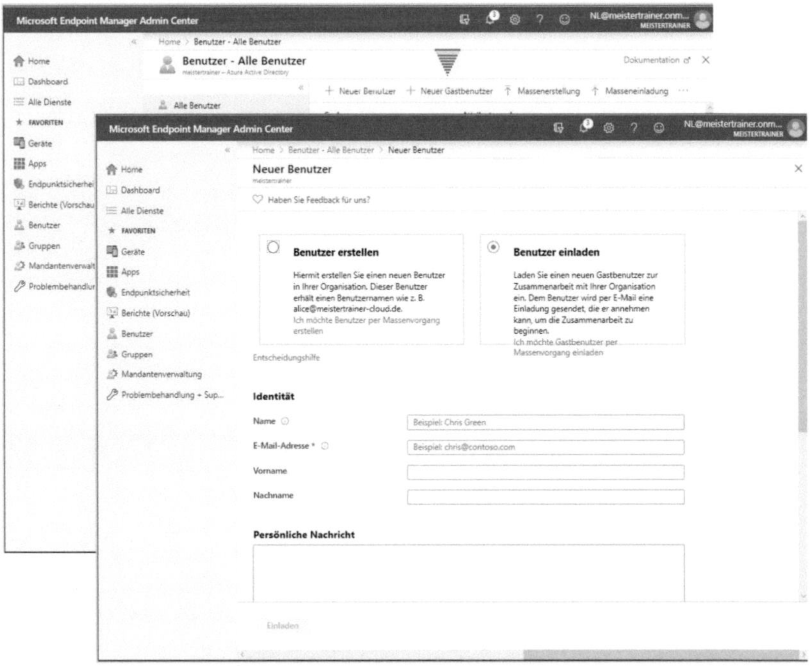

Abbildung 3.67: Gastbenutzer

Unter

- Benutzer
- Neue Gastbenutzer

können Sie ein Konto erstellen oder eine Einladung schicken.

Der externe Gast kann diese Einladung annehmen, indem er auf den Link in der E-Mail klickt.

Er kann dann auf die freigegebenen Ressourcen zugreifen.

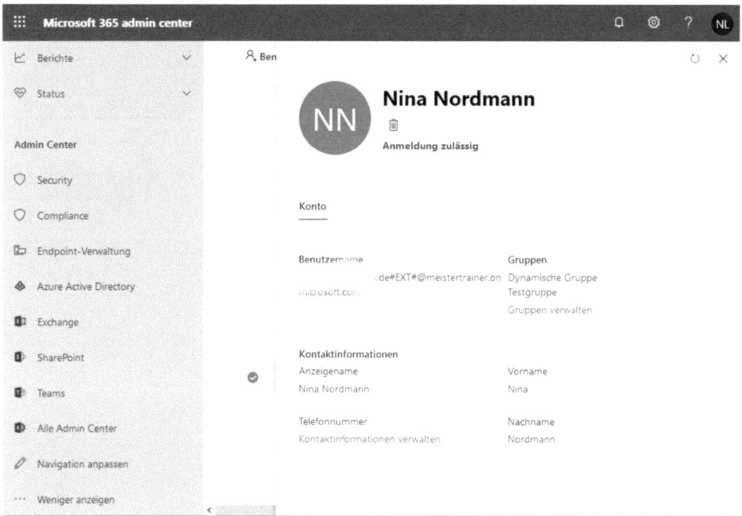

Abbildung 3.68: Konto des Gastes

Sie können in Microsoft 365 erkennen, dass das Gastkonto angelegt wurde. Sie erkennen dies auch an der Tatsache, dass es auf folgende Art gespeichert wird:

E-Mail Adresse des Gasts, wobei das „@“ gegen einen Unterstrich ausgetauscht wird, dann folgt #EXT#.

Daran wird das Suffix angehängt.

3.5.2 Externe Benutzer für SharePoint Online

Die grundsätzlichen Einstellungen reichen für SharePoint Online und OneDrive Online nicht aus, hier muss noch nachgebessert werden.

Die Standardeinstellung ist nämlich, dass jeder auf die Daten zugreifen kann. Das sollten Sie anpassen.

Dafür öffnen Sie

- Microsoft 365 Admin Center
- SharePoint
- Teilen

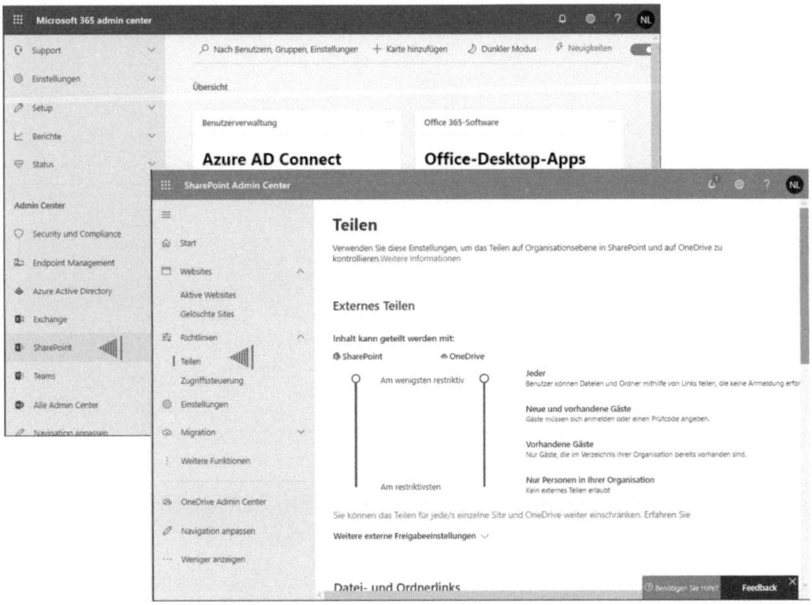

Abbildung 3.69: SharePoint Admin Center

Sie sehen an dieser Stelle, dass die Standardeinstellungen „Jeder“ für den Zugriff ist. Mithilfe der Schieberegler können Sie die Stufe anpassen.

ACHTUNG!
Wenn Sie eine niedrigere Stufe für SharePoint auswählen, wird die Stufe für OneDrive automatisch auch heruntergesetzt. OneDrive kann niemals weniger restriktiven Zugriff als SharePoint haben!

Überwachung

Generell ist es möglich, beinahe alle Aktionen, die in einem Office 365 Programm oder derer Verwaltung vorgenommen werden, zu überwachen.

Dazu öffnen Sie das Office 365 Security & Compliance Center

https://protection.office.com

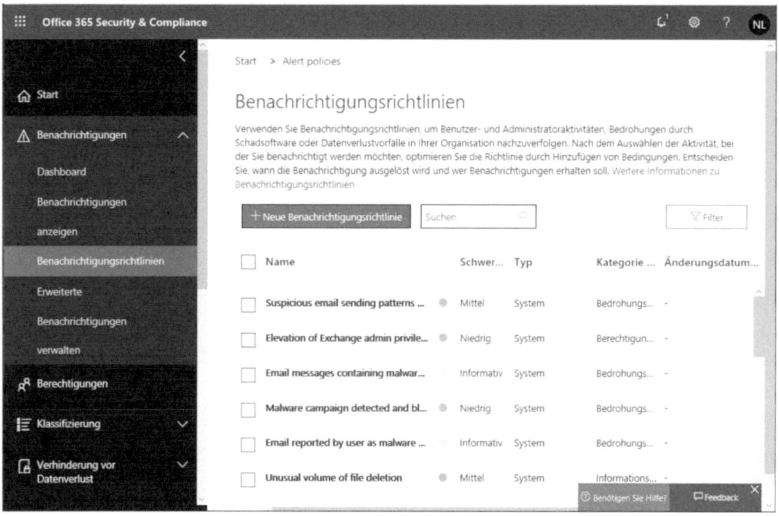

Abbildung 3.70: Office 365 Security & Compliance Center

Für eine Überwachung wechseln Sie hier auf

- Benachrichtigungen
- Benachrichtigungsrichtlinien

Hier können Sie nun alle gewünschten Aktivitäten überwachen.

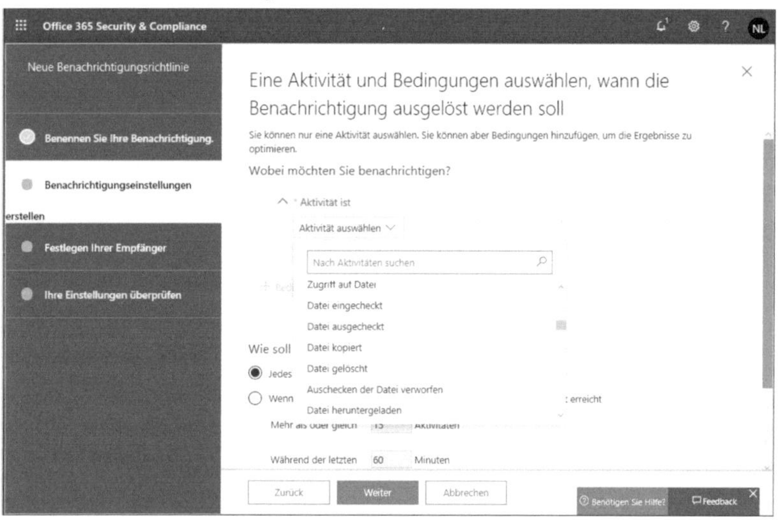

Abbildung 3.71: Überwachung

3.6 Zusammenfassung, Übungen / Aufgaben

3.6.1 Zusammenfassung

Die Begriffe „Authentifizierung“ und „Autorisierung“ werden oft verwechselt.

Authentifizierung

Dies ist die Überprüfung der Identität des Benutzers. Für diese Überprüfung werden die Anmeldeinformationen des Benutzers (häufig Benutzername und Kennwort) mit einer Liste von bekannten Daten abgeglichen. Wenn die Anmeldeinformationen korrekt sind, wird der Benutzer authentifiziert, andernfalls nicht.

Autorisierung

Dieser Vorgang findet nach der Authentifizierung des Benutzers statt und entscheidet über die Berechtigungen des Benutzers innerhalb der Anwendung.

Wenn wir eine On-Premise Domäne mit Azure AD Connect angeschlossen haben, können wir während der Einrichtung des AD-Connect Servers zwischen verschiedenen Authentifizierungsmöglichkeiten wählen.

- Kennworthashsynchronisierung
- Passthrough-Authentifizierung
- Verbund mit AD FS
- Verbund mit PingFederate

Eine Möglichkeit, die Benutzer daran zu hindern, leicht zu erratende Kennwörter zu benutzen, ist der Kennwortschutz.

Hierbei wird eine Liste von den am häufigsten benutzten Kennwörtern geführt, sowie aller Variationen.

Wenn Sie die Funktion auch in einer On-Premise Domäne benutzen möchten, müssen Sie dort noch einige Konfigurationseinstellungen vornehmen.

Natürlich haben Sie einige Möglichkeiten, die Authentifizierung zu überwachen.

Für die Verarbeitung der Authentifizierungsanfragen in die Cloud, also am Azure Active Directory, gibt es mehrere Möglichkeiten:

- Einfache Authentifizierung
- Multifaktor-Authentifizierung

Eine Multifaktor-Authentifizierung, auch gerne „Mehrstufige Authentifizierung" genannt, setzt zwei von drei Faktoren voraus:

- Etwas, das Sie wissen (Kennwort, PIN)
- Etwas, das Sie haben (ein persönliches Gerät, das nicht leicht in fremde Hände gerät, wie ein Smartphone)
- Etwas, das Sie sind (biometrische Merkmale, Fingerabdrücke)

Mit einer Richtlinie für den bedingten Zugriff können Sie die Multifaktor-Authentifizierung für einige kritische Anwendungen definieren.

Häufig reden wir von Office 365, wenn wir von Apps reden. Es gibt aber noch viele andere Apps, mit denen die Benutzer arbeiten möchten.

Diese Apps sollten auch eine Möglichkeit haben, alle Vorzüge der Verwaltung im Azure Ad zu benutzen, wie Single-Sign-On oder ähnliches.

Um genau diese Vorzüge zu benutzen, müssen Apps im Azure AD registriert werden.

Azure AD unterscheidet zwischen folgenden Typen von Apps:

- Azure AD-Kataloganwendungen
- Lokale Anwendungen
- Von Ihnen entwickelte Anwendungen
- Nicht-Kataloganwendungen

In vielen Unternehmen gibt es auch Anwendungen, die lokal gehostet werden.

Um auf diese Anwendungen zugreifen zu können, wird noch eine weitere Komponente benötigt: der Anwendungsproxy.

Um den Anwendungsproxy in Azure AD benutzen zu können, müssen Sie auf einem Server der lokalen Domäne einen Connector für den Anwendungsproxy installieren.

Um CloudApps zu überwachen, gibt es ein Tool mit Namen „CloudApp Security".

Ein Unternehmen ist keine abgegrenzte Gemeinschaft, die niemals Kontakt zu anderen Personen hat.

Im Gegenteil, viele Unternehmen sind auf externe Mitarbeiter angewiesen, sei es für ein Projekt oder für eine dauerhafte Zusammenarbeit.

Ein wichtiges Thema hierbei ist es, diesen Personen Zugriff auf Ressourcen zu gewähren, aber diesen so weit wic möglich einzuschränken.

Außerdem sollte die Lösung verwaltbar sein und keinen großen Administrationsaufwand erfordern.

Azure Active Directory bietet hierfür eine Lösung an in Form von sogenannten „Gastkonten".

Gastkonten sind externe Konten, die nicht in Azure AD geführt werden, sondern nur angegliedert werden. Damit haben Sie keinen Verwaltungsaufwand.

Das Senden von Einladungen ist natürlich eine heikle Sache, und Sie sollten steuern, wer dieses Recht hat und wer nicht.

Die grundsätzlichen Einstellungen reichen für SharePoint Online und OneDrive Online nicht aus, hier muss noch nachgebessert werden.

Die Standardeinstellung ist nämlich, dass jeder auf die Daten zugreifen kann. Das sollten Sie anpassen.

Generell ist es möglich, beinahe alle Aktionen, die in einem Office 365 Programm oder derer Verwaltung vorgenommen werden, zu überwachen.

Dazu öffnen Sie das Office 365 Security & Compliance Center.

3.6.2 Übungen

1. Aktivieren Sie den AD Self-Service Passwort-Reset.
2. Melden Sie sich am Rechner W-10 mit einem Azure AD Konto an und ändern Sie Ihr Kennwort.
3. Aktivieren Sie den Kennwortschutz mit von Ihnen gewählten Einstellungen.
4. Installieren Sie auf Server1 den Proxydienst für den Kennwortschutz.
5. Betrachten Sie die Möglichkeiten, die Authentifizierung zu überwachen.
6. Richten Sie für einen beliebigen Benutzer die Multifaktor-Authentifizierung ein.
7. Konfigurieren Sie die Multifaktor-Authentifizierung.
8. Erstellen Sie eine beliebige Richtlinie für den bedingten Zugriff, um MFA nur für bestimmte Apps zu erzwingen.
9. Veröffentlichen Sie eine Katalog- Unternehmensanwendung.
10. Installieren Sie den AD Anwendungsproxy. Benutzen Sie dafür Server 2.
11. Überprüfen Sie die Installation.
12. Fügen Sie eine lokale App zu den Unternehmensanwendungen hinzu, wenn Sie die Möglichkeit haben.
13. Konfigurieren Sie diese App.
14. Betrachten Sie die Möglichkeiten der „CloudApp Security“.
15. Fügen Sie ein Gastkonto hinzu.
16. Konfigurieren Sie den Zugriff bei SharePoint Online.
17. Betrachten Sie die Überwachungsmöglichkeiten im „Office 365 Security & Compliance Center“.

3.6.3 Aufgaben

1. Sie sind Administrator einer Microsoft 365 Subskription mit dem Namen Meistertrainer.onmicrosoft.com.

   Sie haben eine On-Premise Domäne mit Azure AD-Connect angeschlossen. Sie haben die Kennworthashsynchronisierung aktiviert, aber kein Single-Sign-On.

   Auf welche Ressourcen können die Benutzer zugreifen, wenn sie sich an der Active Directory Domäne angemeldet haben?
2. Sie sind Administrator einer Microsoft 365 Subskription mit dem Namen Meistertrainer.onmicrosoft.com.

   Sie haben eine On-Premise Domäne mit Azure AD-Connect angeschlossen. Sie haben die Kennworthashsynchronisierung aktiviert, aber kein Single-Sign-On.

   Auf welche Ressourcen können die Benutzer zugreifen, wenn Active Directory nicht verfügbar ist?
3. Sie sind Administrator einer Microsoft 365 Subskription mit dem Namen Meistertrainer.onmicrosoft.com.

   Sie wollen eine On-Premise Domäne mit Azure AD-Connect anschließen.

   Ihr Ziel ist, dass sich die Benutzer an Azure AD anmelden können, wenn die On-Premise Domäne nicht verfügbar ist.

   Welche Authentifizierung benutzen Sie?
4. Sie sind Administrator einer Microsoft 365 Subskription mit dem Namen Meistertrainer.onmicrosoft.com.

   Sie wollen eine On-Premise Domäne mit Azure AD-Connect anschließen.

   Folgende Bedingungen sind zu erfüllen:
   - Die Benutzer der On-Premise Domäne müssen auf Microsoft 365 zugreifen können
   - Keine Kennwörter in der Cloud

   Für welche Authentifizierung entscheiden Sie sich?

5. Sie sind Administrator einer Microsoft 365 Subskription mit dem Namen Meistertrainer.onmicrosoft.com.

   Sie wollen eine On-Premise Domäne mit Azure AD-Connect anschließen, aber eine Verbundauthentifizierung implementieren.

   Mit welchem Tool führen Sie das durch?
6. Sie sind Administrator einer Microsoft 365 Subskription mit dem Namen Meistertrainer.onmicrosoft.com.

   Sie möchten eine On-Premise Domäne mit Azure AD-Connect anschließen, wobei Sie eine Anmeldung über Smartcard möchten.

   Für welche Authentifizierung entscheiden Sie sich?
7. Sie sind Administrator einer Microsoft 365 Subskription mit dem Namen Meistertrainer.onmicrosoft.com.

   Sie haben eine On-Premise Domäne mit AD-Connect angeschlossen und die Kennworthashsynchronisierung aktiviert. Die Kennwortrückschreibung ist nicht aktiviert.

   An welchen Stellen können Sie die Kennwörter ändern?
8. Sie sind Administrator einer Microsoft 365 Subskription mit dem Namen Meistertrainer.onmicrosoft.com.

   Sie haben eine On-Premise Domäne mit AD-Connect angeschlossen und die Kennworthashsynchronisierung aktiviert. Die Kennwortrückschreibung ist nicht aktiviert.

   An welchen Stellen sind die Kennwörter gespeichert?
9. Sie sind Administrator einer Microsoft 365 Subskription mit dem Namen Meistertrainer.onmicrosoft.com.

   Sie haben die Multifaktor-Authentifizierung eingerichtet.

   Wie können Sie verhindern, dass die Benutzer bei jedem Zugriff auf Geräte jedes Mal eine Multifaktor-Authentifizierung vornehmen müssen?
10. Sie sind Administrator einer Microsoft 365 Subskription mit dem Namen Meistertrainer.onmicrosoft.com.

    Sie haben die Multifaktor-Authentifizierung eingerichtet.

    Sie haben die Betrugswarnungen eingerichtet.

    Wie kann ein Benutzer einen Betrugsversuch melden?

11. Sie sind Administrator einer Microsoft 365 Subskription mit dem Namen Meistertrainer.onmicrosoft.com.

    Sie haben die Multifaktor-Authentifizierung eingerichtet.

    Sie haben die Betrugswarnungen eingerichtet.

    Wie lange wird das Benutzerkonto nach einer Betrugsmeldung gesperrt?
12. Sie sind Administrator einer Microsoft 365 Subskription mit dem Namen Meistertrainer.onmicrosoft.com.

    Sie möchten die Multifaktor-Authentifizierung für einige Anwendungen einrichten.

    Wie gehen Sie vor?
13. Sie sind Administrator einer Microsoft 365 Subskription mit dem Namen Meistertrainer.onmicrosoft.com.

    Sie haben eine On-Premise Domäne mit Azure AD-Connect angeschlossen.

    Sie möchten nun eine lokale Anwendung für alle Benutzer verfügbar machen, die sich über Azure AD anmelden.

    Was müssen Sie in Ihrem Netzwerk installieren?
14. Sie sind Administrator einer Microsoft 365 Subskription mit dem Namen Meistertrainer.onmicrosoft.com.

    Sie haben eine On-Premise Domäne mit Azure AD-Connect angeschlossen.

    Sie haben eine Cloud-App in Azure AD freigegeben und möchten nun, dass einige Personen mit MFA auf diese App zugreifen können.

    Was konfigurieren Sie?
15. Sie sind Administrator einer Microsoft 365 Subskription mit dem Namen Meistertrainer.onmicrosoft.com.

    Sie haben eine On-Premise Domäne mit Azure AD-Connect angeschlossen.

    Sie haben eine Cloud-App in Azure AD freigegeben und verwenden das CloudApp Security Portal.

Sie möchten eine Benachrichtigung erhalten, wenn zwei Anmeldeversuche an zwei verschiedenen Orten schneller hintereinander erfolgen, als die Person von Ort zu Ort reisen könnte.

Was konfigurieren Sie?

16. Sie sind Administrator einer Microsoft 365 Subskription mit dem Namen Meistertrainer.onmicrosoft.com.

    Sie haben eine On-Premise Domäne mit Azure AD-Connect angeschlossen und haben eine lokale App als Unternehmensanwendung erstellt.

    Sie möchten die App vor websiteübergreifendem Scripting schützen.

    Was konfigurieren Sie?

17. Sie sind Administrator einer Microsoft 365 Subskription mit dem Namen Meistertrainer.onmicrosoft.com.

    Sie haben eine On-Premise Domäne mit Azure AD-Connect angeschlossen und haben eine lokale App als Unternehmensanwendung erstellt.

    Sie möchten Self-Service aktivieren.

    Was ist die Voraussetzung?

18. Sie sind Administrator einer Microsoft 365 Subskription mit dem Namen Meistertrainer.onmicrosoft.com.

    Sie haben eine On-Premise Domäne mit Azure AD-Connect angeschlossen und haben eine lokale App als Unternehmensanwendung erstellt.

    Sie möchten dass diese Anwendung den berechtigten Benutzern im Portal https://myapplications.microsoft.com angezeigt wird.

    Was ist dafür der erste Schritt?

19. Sie sind Administrator einer Microsoft 365 Subskription mit dem Namen Meistertrainer.onmicrosoft.com.

    Ein Benutzer möchte Gäste für ein gemeinsames Projekt einladen und versucht, dafür Konten zu erstellen.

    An welcher Stelle kann er das tun?

20. Sie sind Administrator einer Microsoft 365 Subskription mit dem Namen Meistertrainer.onmicrosoft.com.

    Ein Benutzer möchte Gäste für ein gemeinsames Projekt einladen und versucht, dafür Konten zu erstellen.

    Anhand welches Identifikationsmerkmals wird der externe Benutzer benachrichtigt?
21. Sie sind Administrator einer Microsoft 365 Subskription mit dem Namen Meistertrainer.onmicrosoft.com.

    Ein Benutzer möchte Gäste für ein gemeinsames Projekt einladen und versucht, dafür Konten zu erstellen.

    Er erhält eine Fehlermeldung.

    Was können Sie tun?
22. Sie sind Administrator einer Microsoft 365 Subskription mit dem Namen Meistertrainer.onmicrosoft.com.

    Sie stellen fest, dass es möglich ist, externe Benutzer einzuladen, und diese können dann auf SharePoint Daten zugreifen.

    An welcher Stelle können Sie diese Konfiguration ändern?
23. Sie sind Administrator einer Microsoft 365 Subskription mit dem Namen Meistertrainer.onmicrosoft.com.

    Sie haben im SharePoint Admin Center eine Anpassung der Freigaberichtlinie vorgenommen, und möchten in Zukunft benachrichtigt werden, wenn weitere Änderungen vorgenommen werden.

    Wo können Sie dies konfigurieren?

4 Office 365 Workloads und Anwendungen planen

Prüfungsanforderungen von Microsoft:

- Planen einer Office 365 Workload Bereitstellung
- Planen der Bereitstellung einer Office 365 App

Quelle: Microsoft

4.1 Einführung

Sowohl Office 365 als auch einige andere Produkte, wie Exchange Online sind Bestandteil von Microsoft 365.

In diesem Kapitel lernen Sie, wie Sie mit diesen Produkten umgehen können.

4.2 Planen einer Office 365 Workload Bereitstellung

Als erstes sollten wir die Frage beantworten, was eigentlich genau als „Office 365 Workload“ bezeichnet wird.

Die Übersetzung von „Workload“ ist „Arbeitslasten“.

Dies sind im Prinzip die Komponenten, die auch in einer On-Premise Domäne im Hintergrund laufen können, um das Arbeiten für alle Mitarbeiter zu ermöglichen.

Klassische Workloads sind

Microsoft Teams

Microsoft Teams ist eine Plattform für die Zusammenarbeit innerhalb der Firma, aber es können auch Personen von außerhalb der Firma integriert werden.

Mit Teams werden Chat, Besprechungen, Videokonferenzen und das gemeinsame Bearbeiten von Dateien kombiniert.

Microsoft Teams ist der Nachfolger von Skype for Business und wird Mitte 2021 das ältere Programm endgültig ersetzen.

Seit 2018 gibt es auch eine kostenlose Version von Microsoft Teams, die aber Einschränkungen in Funktionalität und Anzahl der Benutzer hat.

SharePoint und OneDrive

In SharePoint können Sie Dateien speichern, verwalten und freigeben. Auch SharePoint ist, wie Microsoft Teams, ein Tool für die Zusammenarbeit, allerdings mit anderem Focus.

Während Microsoft Teams in erster Linie für Konferenzen genutzt wird, und die Videostreams sehr wichtig sind, ist das Hauptaugenmerk von SharePoint Online die Sicherheit der Daten.

OneDrive for Business ist die Unternehmensimplementierung des bekannten OneDrive, also im Prinzip ein Onlinespeicher für Daten.

Exchange Online

Zuletzt ist noch Exchange Online zu erwähnen. Dies ist die Online-Variante des bekannten Backoffice-Produkts „Exchange Server".

4.2.1 Exchange Online

Den Exchange Server kennt beinahe jeder. Er ist ein Serverprodukt, das in einer Unternehmensumgebung die E-Mails verwaltet, Termine koordiniert und vieles mehr.

In einer On-Premise Domäne ist der Exchange Server ein Backoffice-Produkt, das in vielen Fällen schon seit vielen Jahren betrieben wird.

Microsoft 365 bietet mit Exchange Online die Cloud-Variante dieses Produkts.

Wenn Sie Ihre On-Premise Domäne mit Microsoft 365 verbinden, ist eine logische Konsequenz, dass Sie die lokale Infrastruktur des Exchange Servers auflösen und zu Exchange Online migrieren.

Dafür gibt es mehrere mögliche Wege. Die Hybridbereitstellung ist einer dieser Wege und wird für Exchange 2010 und Exchange 2013 mit mehr als 150 Postfächern empfohlen, wobei auch Exchange 2007 unterstützt wird.

Mit einer Hybridbereitstellung erweitertern Sie die lokale Microsoft Exchange Infrastruktur in die Cloud und es ist für die Benutzer nicht mehr nachvollziehbar, welche Elemente On-Premise und welche in der Cloud verwaltet werden.

Eine Hybridbereitstellung ist ein Zwischenschritt bei der Migration zu Exchange Online.

Einige Funktionen erlauben Ihnen den nahtlosen Übergang zur Online-Lösung:

- Postfächer können von der On-Premise-Lösung zur Cloud-Lösung und zurück verschoben werden
- Kalenderinformationen können von der On-Premise-Lösung zur Cloud-Lösung und zurück verschoben werden
- Sie können eine Cloudbasierte Nachrichtenarchivierung für lokale Postfächer aktivieren

Migration zu Exchange Online

Damit Sie zu Exchange Online migrieren können, müssen einige Voraussetzungen erfüllt sein.

Lokale Exchange 2010-Infrastruktur oder höher

Exchange 2010 wird für eine Hybridbereitstellung mindestens vorausgesetzt.

Da es verschiedene Möglichkeiten der Hybridbereitstellung gibt, sollten Sie immer die höchstmögliche wählen.

On-Premise Exchange-Umgebung	Exchange Hybrid-bereitstellung basierend auf Exchange 2019	Exchange Hybrid-bereitstellung basierend auf Exchange 2016	Exchange Hybrid-bereitstellung basierend auf Exchange 2013	Exchange Hybrid-bereitstellung basierend auf Exchange 2010
Exchange 2019	X	-	-	-
Exchange 2016	X	X	-	-
Exchange 2013	X	X	X	-
Exchange 2010	-	X	X	X

Aktueller Patchstand

Sie sollten immer das neueste kumulative Update oder Update-Rollup installiert haben.

Es wird auch die unmittelbar vorhergehende Version unterstützt.

Lokale Exchange-Serverrollen

Exchange 2016 und höher: mindestens ein Postfachserver muss installiert sein.

Exchange 2013 und älter: Die Postfach- und Clientserverrolle sollte auf einen Server installiert sein.

Die Hybridbereitstellung unterstützt auch Server auf denen die Edge-Transport-Serverrolle installiert ist.

Microsoft 365/Office 365

Alle Microsoft 365 Pläne, die eine Azure Active Directory-Synchronisierung unterstützen, sind möglich.

Benutzerdefinierte Domäne / AD Connect

Natürlich benötigen Sie eine benutzerdefinierte Domäne, die in Microsoft 365 registriert ist und einen Anschluss der on-Premise Domäne.

Danach können Sie mit der Hybrideinrichtung beginnen.

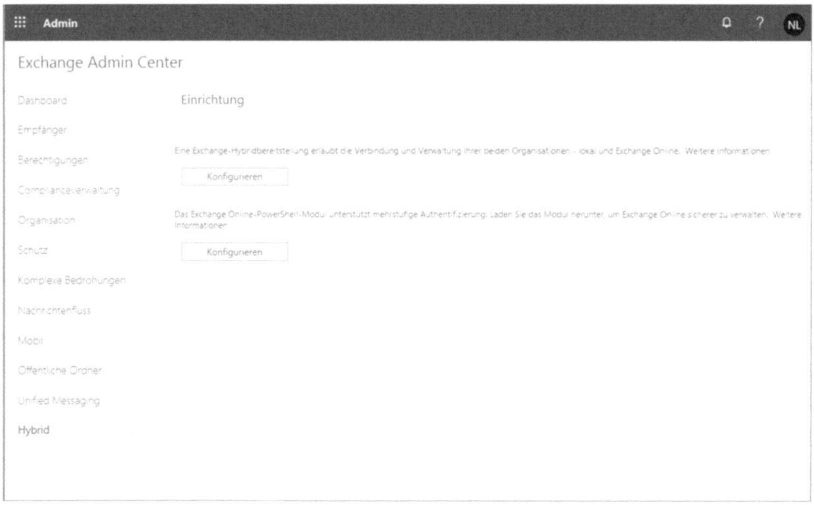

Abbildung 4.1: Hybrideinrichtung

Bitte beachten Sie:

Wenn Sie Exchange Online oder eine hybride Lösung benutzen, sollten Sie eine sehr gute Internetanbindung haben, da alle Zugriffe der lokalen Outlook-Clients für den Abruf der Mails über die Cloud auf den Exchange Server zugreifen.

Betreiben von Exchange Online

Wenn Exchange Online eingerichtet ist, egal ob als einzelne Lösung oder Hybrid, können Sie mit jedem Outlook Client auf die Postfächer zugreifen.

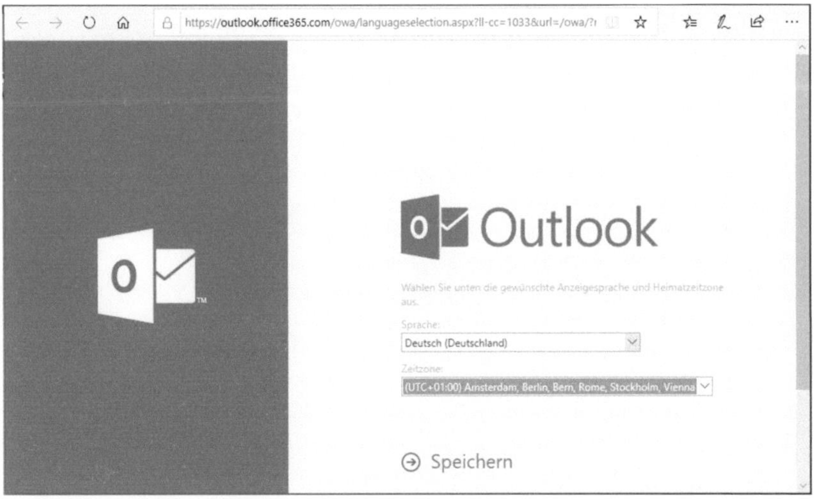

Abbildung 4.2: Outlook

Import von PST-Dateien

Es kann vorkommen, dass Sie PST-Dateien in Exchange-Online importieren müssen.

Dafür kann es viele Gründe geben. Zum einen können Sie auf diese Art sehr einfach Nachrichten archivieren und damit gesetzliche Anforderungen erfüllen.

Zum anderen erreichen Sie für die importierten E-Mails eine hohe Verfügbarkeit, da auf sie von jedem Standort aus zugegriffen werden kann.

Prinzipiell gibt es zwei Möglichkeiten, PST-Dateien in Exchange Online zu importieren:

Netzwerk-Upload

Hierbei laden Sie die PST-Datei manuell in die Cloud, zu einem temporären Speicherplatz.

Danach können Sie diese Datei sehr einfach in Ihre Umgebung importieren.

Laufwerkversand

In diesem Fall lassen Sie die Daten von Microsoft hochladen, indem Sie die PST-Datei auf eine mit BitLocker verschlüsselte Festplatte kopieren und diese zu Microsoft senden. Die Microsoft-Mitarbeiter laden diese Daten nun in die Cloud.

Die weitere Vorgehensweise ist identisch mit dem Netzwerk-Upload, Sie können die Dateien nun in Ihre Umgebung importieren.

Netzwerk-Upload

Der Netzwerk-Upload ist in mehreren Schritten vorzunehmen.

Download des PST-Importtools und des Schlüssels für den privaten Azure-Speicherort

Zum Download des benötigten Tools gehen Sie zum Security & Compliance Center

https://protection.office.com/

Hier navigieren Sie zu

- Information Governance
- Import

und klicken auf Import PST-Files.

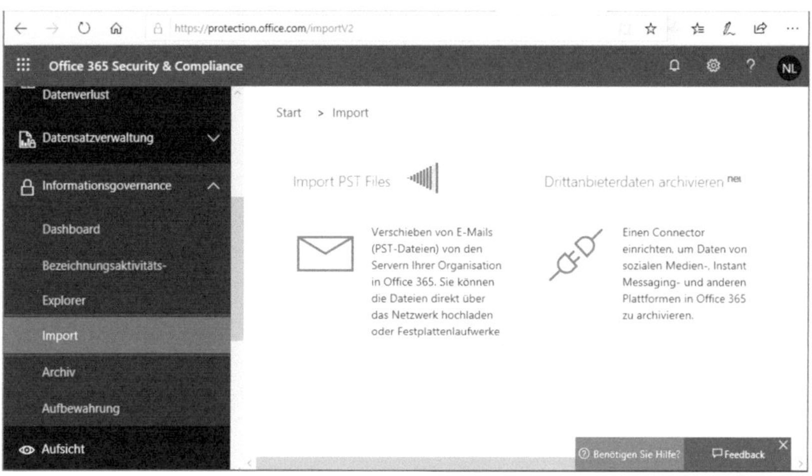

Abbildung 4.3: Import

Leider erhalten wir nun eine Fehlermeldung.

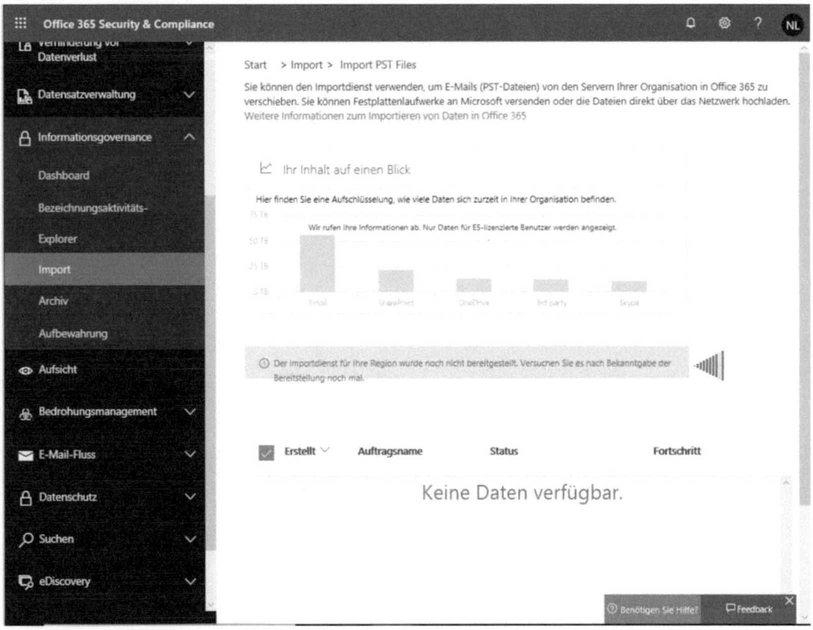

Abbildung 4.4: Fehlermeldung

„Der Importdienst für Ihre Region wurde noch nicht bereitgestellt. Versuchen Sie es nach Bekanntgabe der Bereitstellung noch mal."

Diese Fehlermeldung besagt leider, dass ein Netzwerk-Upload momentan in Europa nicht verfügbar ist.

Microsoft sagt zu diesem Thema:

„Der Netzwerkupload ist derzeit in den USA, Kanada, Brasilien, Großbritannien, Europa, Indien, Ostasien, Südostasien, Japan, der Republik Korea und Australien verfügbar. Der Netzwerkupload wird in Kürze in weiteren Regionen zur Verfügung gestellt."

Leider entspricht diese Aussage nicht ganz der Wahrheit, denn momentan ist er auch in Europa nicht verfügbar.

Deswegen besteht die einzige Möglichkeit für den Upload von PST-Dateien momentan darin, eine Festplatte zu Microsoft zu schicken.

Die weitere Vorgehensweise des Netzwerkuploads möchte ich Ihnen trotzdem nicht vorenthalten, und zumindest theoretisch erklären.

- Sie laden das Tool „AZCopy“ herunter und installieren es
- Sie kopieren die SAS-URL für Ihre Organisation

  Diese URL ist eine Kombination aus der Netzwerk-URL des Azure Storage-Speicherorts in der Microsoft-Cloud Ihrer Organisation und einem SAS-Schlüssel (Shared Access Signature). Sie wird für den nächsten Schritt benötigt
- Sie laden die PST-Datei in die Cloud
- Sie erstellen eine PST-Import-Zuordnungsdatei

  Hier geben Sie an, in welche Benutzerpostfächer die Daten importiert werden sollen
- Sie erstellen einen PST-Importauftrag

Einige Dinge sollten Sie beim Upload der PST-Datei beachten:

- Format

  PST-Dateien können in zwei Formaten vorliegen: ANSI und Unicode.

  Microsoft empfiehlt den Import von PST-Dateien im Unicode-Format.
- Speicherdauer

  Alle hochgeladenen PST-Dateien werden 30 Tage nach dem letzten Upload gelöscht. Importaufträge müssen also vor Ablauf dieser 30 Tage erstellt werden.
- Übertragungsrate

  PST-Dateien werden mit einer Übertragungsrate von mindestens 24 GB pro Tag in ein Office 365-Postfach importiert.
- Größenbeschränkung für Nachrichten

  Postfachelemente, die größer als 150 MB sind, werden beim Importvorgang übersprungen.
- Ebenenanzahl Ordnerhierarchie

  Die maximale Ebenenanzahl von geschachtelten Ordnern beträgt 300 Ebenen.

- Öffentliche Ordner

  PST-Dateien können nicht in öffentliche Ordner importiert werden.

Erstellen einer Organisationsbeziehung in Exchange Online

Im Geschäftsleben kommt es immer wieder vor, dass Sie Informationen für externe Geschäftspartner zur Verfügung stellen möchten.

Solche Informationen betreffen häufig Termine, die gemeinsam wahrgenommen werden sollen. Es liegt also auf der Hand, dass wir Kalenderinformationen auf einfache Weise freigeben können sollten.

In Exchange Online können Sie Kalenderinformationen für ein anderes Unternehmen freigeben, die entweder auch Exchange Online benutzen oder einen lokalen Exchange Server.

Dies wird über eine sogenannte Organisationsbeziehung eingerichtet.

Eine Organisationsbeziehung ist eine direkte Verbindung zu einer festgelegten externen Exchange-Instanz.

Beide Seiten können die Art der Beziehung definieren, also welche Kalenderinformationen für die andere Seite freigegeben werden. Dafür müssen diese Einstellungen auf beiden Seiten jeweils von den Administratoren eingerichtet werden.

Für alle Kalenderinformationen können Sie drei Zugriffsstufen definieren:

- Kein Zugriff
- Zugriff auf Frei/Gebucht-Kalenderinformationen nur mit Zeit
- Frei/Gebucht-Zugriff mit Zeit plus Betreff und Ort

Zum Einrichten Ihrer Seite einer Organisationsbeziehung öffnen Sie das Exchange Admin-Center und wählen

- Organisation
- Freigabe

Abbildung 4.5: Exchange Admin-Center

Hier tragen Sie den Namen der Organisation ein, die Zugriff auf die Kalenderdaten erhalten soll und die entsprechende Domäne.

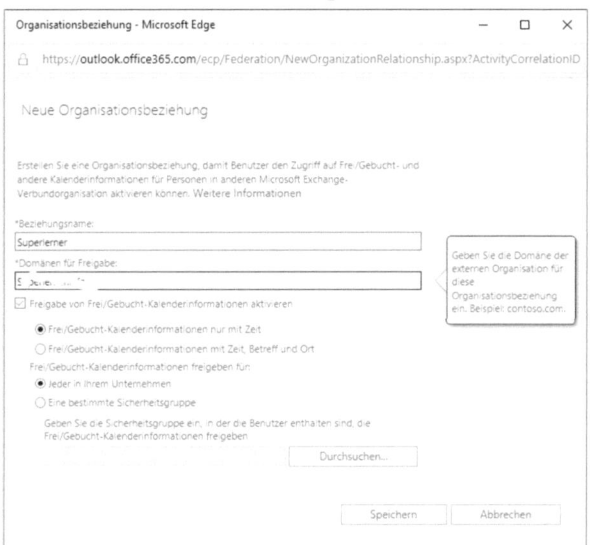

Abbildung 4.6: Organisation

Setzen Sie den Haken vor „Freigabe von Frei/Gebucht-Kalenderinformationen aktivieren“.

Treffen Sie dann die gewünschte Auswahl für die Frei/Gebucht Informationen.

Natürlich können Sie diese Einrichtung auch mithilfe der PowerShell vornehmen.

New-OrganizationRelationship -Name <Name> -DomainNames <Name der Domäne>, -FreeBusyAccessEnabled $true -FreeBusyAccessLevel LimitedDetails

4.2.2 SharePoint und OneDrive

Sowohl SharePoint als auch OneDrive sind Bibliotheken für die Speicherung von Dateien, wobei OneDrive die einfachere Variante ist, SharePoint dagegen die komplexere.

OneDrive und OneDrive for Business

Zunächst einmal möchte ich die Begriffe

- OneDrive
- OneDrive for Business

klären, denn hier kommt es immer wieder zu Verwechslungen.

OneDrive

Dies ist der Cloudspeicher für Privatanwender. Sie können dort Bilder und Dokumente speichern. Diese sind in erster Linie nur für Sie selber verfügbar, damit Sie von jeder Stelle der Welt darauf zugreifen können, wenn Sie eine Internetverbindung haben.

Sie haben auch die Möglichkeit, diese Daten gezielt für andere Personen freizugeben.

OneDrive for Business

Auch OneDrive for Business ist ein Cloudspeicher, aber er richtet sich in erster Linie an Geschäftskunden.

Die Technologiebasis ist hier kein einfacher Speicherplatz, sondern es wird die SharePoint Technologie verwendet, die deutlich mehr Möglichkeiten bietet.

Das hat den Vorteil, dass Dokumente auch gleichzeitig bearbeitet werden können, was bei einer reinen Speichertechnologie nicht möglich ist.

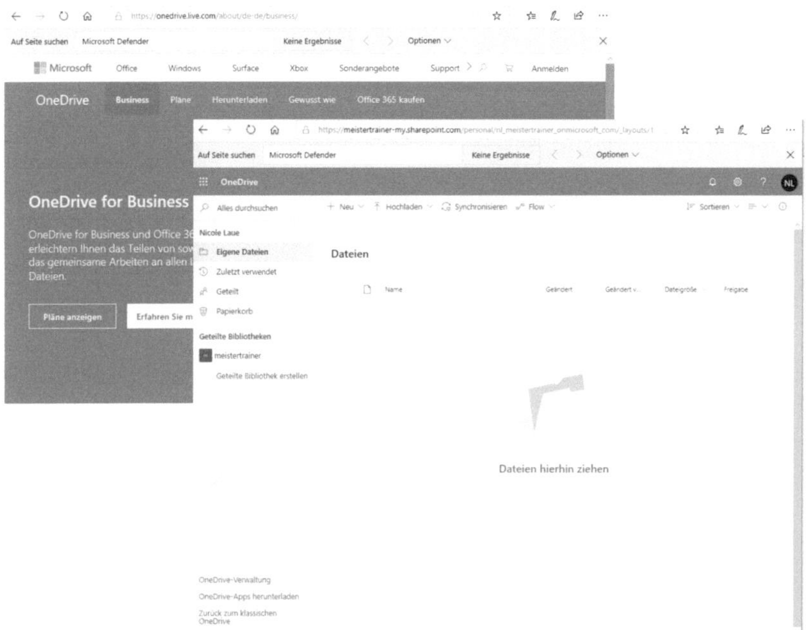

Abbildung 4.7: OneDrive for Business

Jeder Benutzer von Microsoft 365 kann sich bei OneDrive for Business mit seinen Anmeldeinformationen anmelden und die Möglichkeiten nutzen.

In beiden Tools, sowohl bei OneDrive als auch bei OneDrive for Business wird ein OneDrive-Ordner auf der Festplatte des Rechners angelegt. Alle Daten, die Sie dort speichern, werden in die Cloud synchronisiert.

SharePoint

SharePoint ist eine Plattform zur Zusammenarbeit im Unternehmen. Mithilfe von SharePoint können nicht nur gemeinsame Dateien verwaltet werden, sondern es kann auch ein komplettes Intranet aufgebaut werden, das beispielsweise Foren, Wissensdatenbanken, Kalender, Aufgabenlisten und vieles mehr enthält.

Man kann es als Content Management System für das Unternehmen bezeichnen. SharePoint kann in mehrere Sites unterteilt werden und erlaubt einen sehr komplexen Aufbau.

SharePoint Online

SharePoint Online ist die Cloud-Variante des SharePoint Servers, und kann mit Microsoft 365 benutzt werden.

Hier fügen wir nun die beiden Komponenten „SharePoint“ und „OneDrive for Business“ wieder zusammen:

OneDrive kann einerseits völlig getrennt von SharePoint eingesetzt werden, dient aber andererseits als die Standard-Dokumentbibliothek für die Dateiablage in SharePoint Online.

Hybridlösung

Wenn Sie von SharePoint Server zu SharePoint Online migrieren möchten, können Sie dies natürlich direkt vornehmen oder auch über eine zeitweise Hybridlösung.

Gerade, wenn Sie eine komplexe SharePoint Struktur haben, ist eine Migration über eine Hybridlösung ein Garant für ein unterbrechungsfreies Arbeiten.

Im Prinzip ist eine SharePoint Hybridlösung eine Verbindung zwischen dem On-Premise SharePoint Server oder der SharePoint Farm und SharePoint Online.

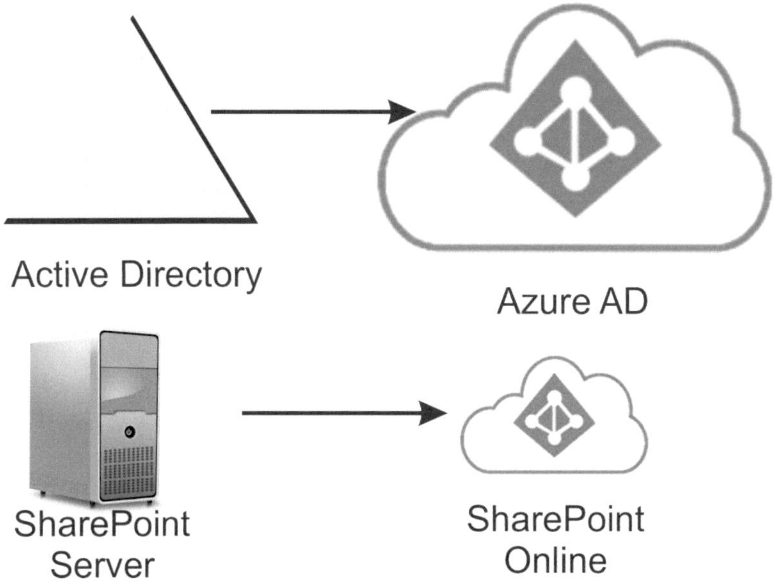

Abbildung 4.8: Prinzip der Hybridlösung

Diese Konstellation erlaubt Ihnen, einerseits die On-Premise Verwaltung von SharePoint nicht von einem Tag auf den anderen abschalten zu müssen, sondern eine langsame Migration vornehmen zu können.

Außerdem kommen Sie dadurch immer in den Genuss der neuesten Funktionen, denn Microsoft verfolgt konsequent die sogenannte „Cloud-first"-Strategie, die besagt, dass alle neuen Funktionen zuerst in der Online-Variante zur Verfügung gestellt werden.

Voraussetzungen für die Hybridlösung

Die Anforderungen für eine SharePoint Hybridlösung sind nicht sehr umfangreich.

Sie benötigen

- Eine Active Directory Domäne
- Eine lokale SharePoint Server Farm

- Einen Office 365 Mandanten mit entsprechender Lizenz
- Eine Internetdomäne
- Ein integriertes STS-Zertifikat oder ein öffentliches Zertifikat

Wenn alle diese Bedingungen erfüllt sind, können Sie die Einrichtung einer Hybridlösung mit anschließender Migration starten.

Im ersten Schritt legen Sie in SharePoint Online Sites und Bibliotheken an, in die die On-Premise Daten migriert werden sollen.
Dazu wechseln Sie ins SharePoint Admin Center und wählen

- Websites
- Aktive Websites
- Erstellen

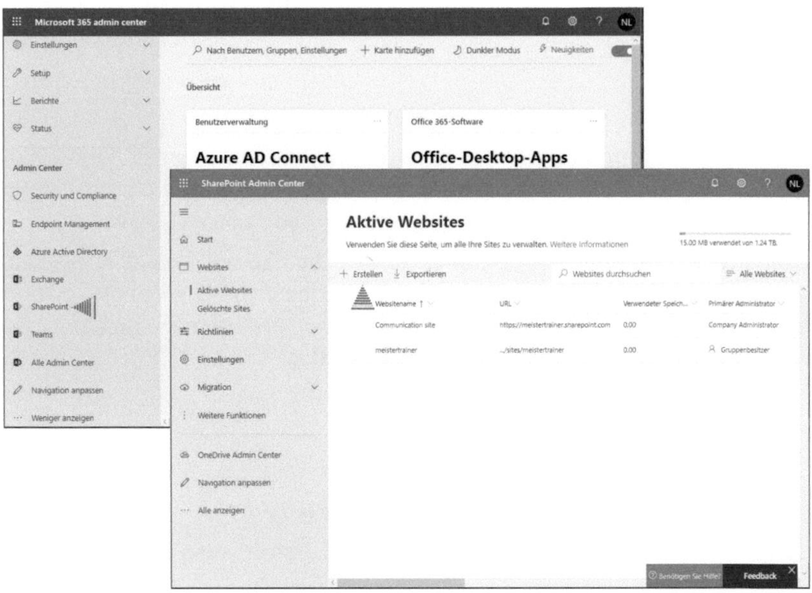

Abbildung 4.9: Erstellen einer Website

Im nächsten Schritt entscheiden Sie sich, ob Sie eine „Teamwebsite" oder eine „Kommunikationswebsite" erstellen möchten.

Abbildung 4.10: Teamwebsite oder Kommunikationswebsite

Teamwebsite

Eine Teamwebsite ist geeignet, um mit Benutzern Daten zu teilen. Auf dieser Seite können gemeinsame Daten gespeichert und bearbeitet werden.

Kommunikationswebsite

Eine Kommunikationswebsite ist geeignet, um Informationen zur Verfügung zu stellen.

Nun geben Sie der Website einen Namen und erstellen eine gemeinsame E-Mailadresse.

Abbildung 4.11: Konfigurieren der Site

Außerdem legen Sie einen Gruppenbesitzer und die richtige Sprache fest. Nach der Wahl von weiteren Administratoren wird die Site erstellt.

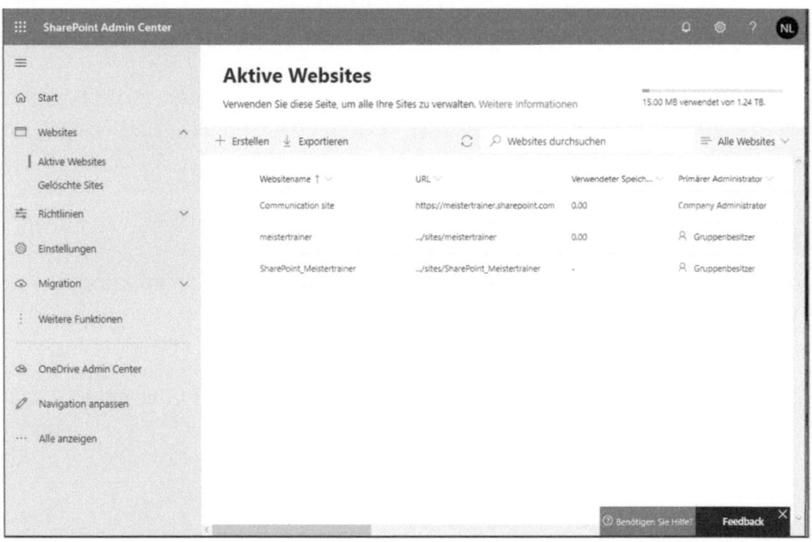

Abbildung 4.12: Site ist erstellt

Nun öffnen Sie die Website und fügen noch eine Bibliothek hinzu.

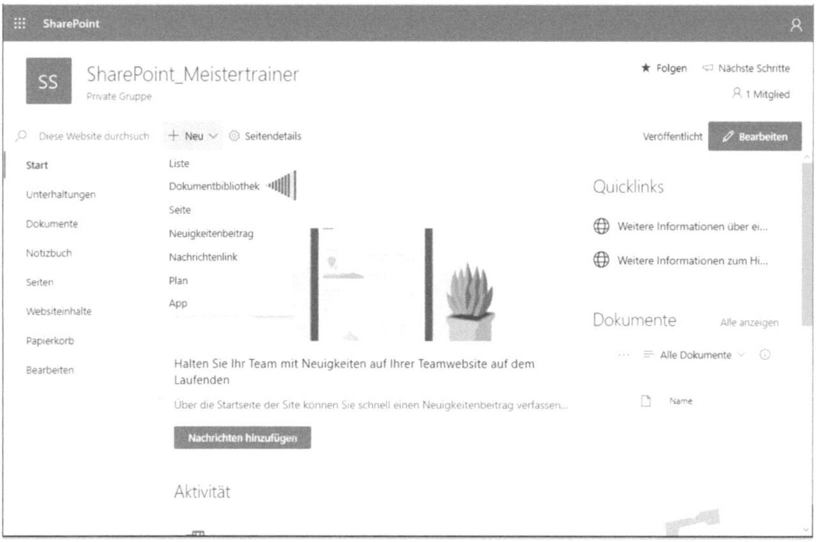

Abbildung 4.13: Bibliothek hinzufügen

Damit sind die Vorbereitungen auf der Seite SharePoint Online erledigt und die Einrichtung einer Hybridlösung kann beginnen.

Einrichten einer Hybridlösung

Bevor Sie eine Hybridlösung einrichten können, sollten Sie dafür sorgen, dass folgende URL über Ihre Firewall freigegeben sind:

- https://go.microsoft.com/
- https://login.microsoftonline.com/
- https://login.windows.net/
- https://outlook.office.com/
- https://outlook.office365.com/
- https://portal.office.com/
- https://tenantName.sharepoint.com/
- https://tenantName-admin.sharepoint.com/
- https://tenantName-my.sharepoint.com/
- https://www.microsoft.com/

All diese URL werden für eine saubere Kommunikation zwischen dem On-Premise SharePoint Server und SharePoint Online benötigt.

Für die Einrichtung öffnen Sie das SharePoint Admin Center und wechseln zu

- Migration
- Weitere Funktionen
- Hybridauswahl

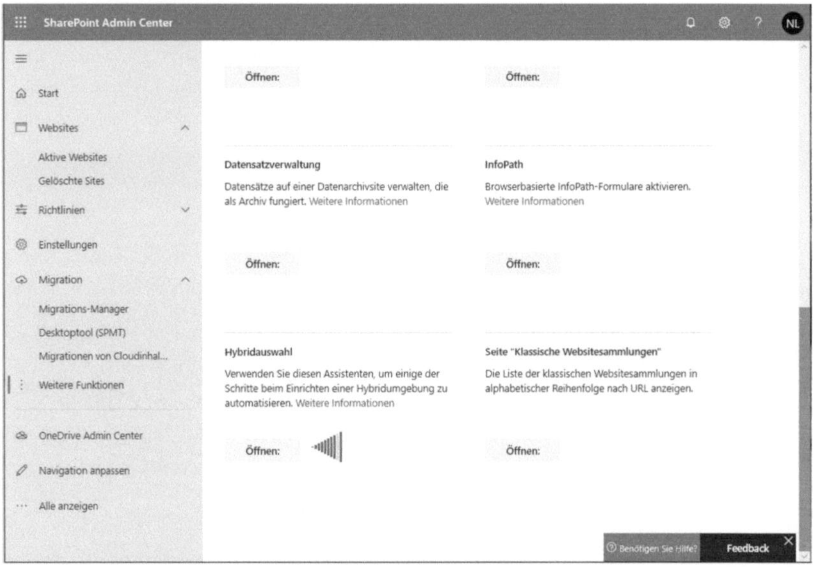

Abbildung 4.14: Hybridauswahl

Sie werden auf eine Downloadseite geleitet, von der aus Sie den Download des Assistenten beginnen können.

Abbildung 4.15: Download

Das gleiche Ergebnis erhalten Sie, wenn Sie auf der Zentraladministrationsseite den Assistenten starten.

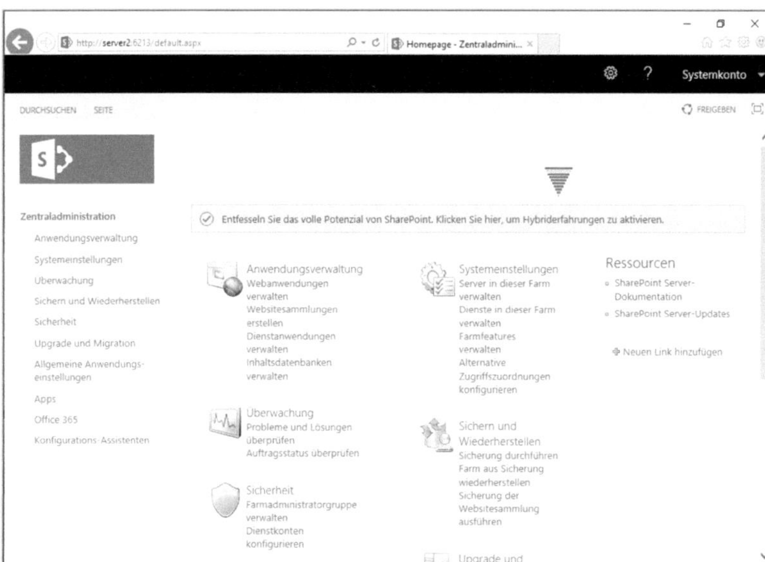

Abbildung 4.16: Hybrid

Den Assistenten führen Sie nun auf dem On-Premise SharePoint Server aus.

Abbildung 4.17: Ausführen des Assistenten

Im nächsten Schritt geben Sie die Anmeldeinformationen ein, sowohl für die On-Premise Server als auch für die Online-Variante.

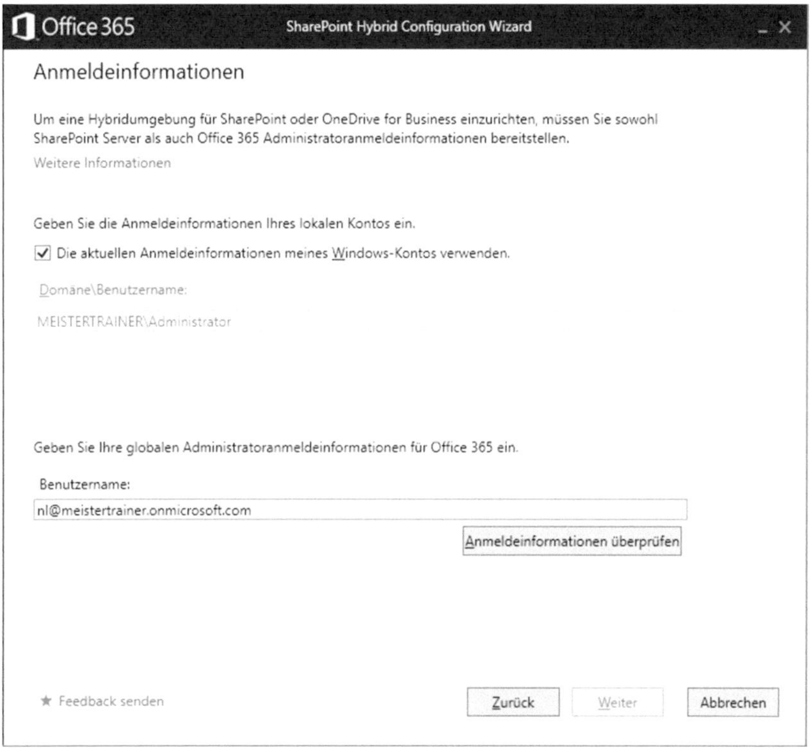

Abbildung 4.18: Anmeldeinformationen

Danach beginnt die Überprüfung der Voraussetzungen.

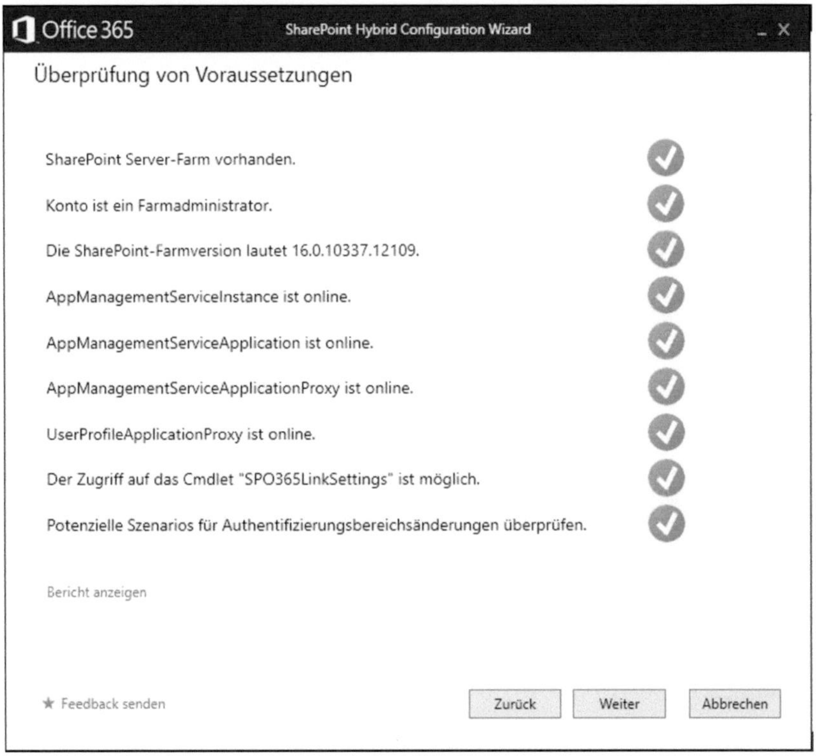

Abbildung 4.19: Überprüfung

Wenn alle Überprüfungen positiv ausgefallen sind, können Sie mit der Einrichtung fortfahren.

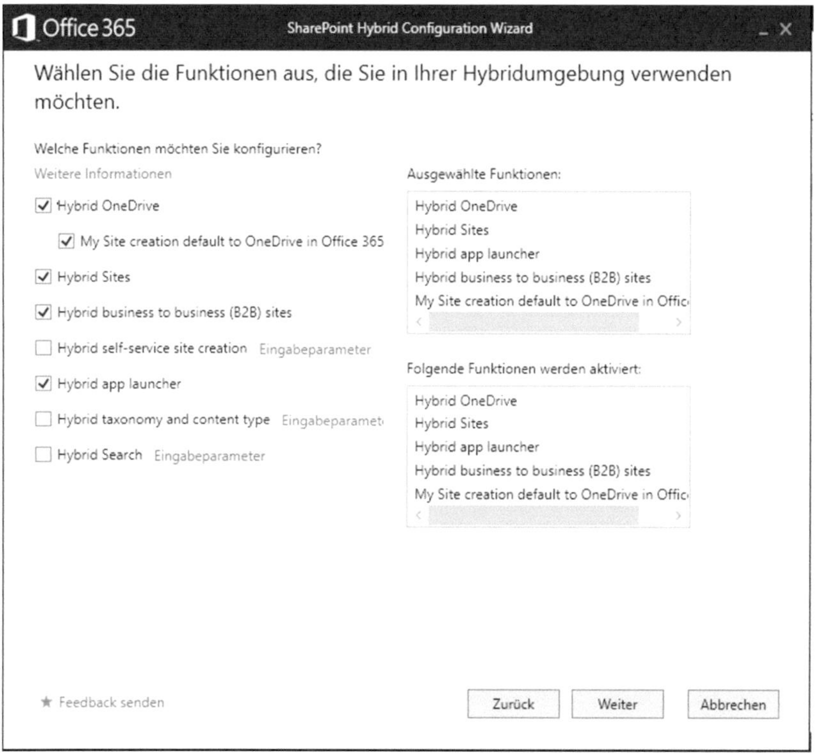

Abbildung 4.20: Einrichtung

Hybrid OneDrive

Mit dieser Auswahl leiten Sie lokale Websites zu SharePoint Online um.

My Site Creation default to OneDrive in Office 365

Diese Auswahl ermöglicht, dass neue „Meine Websites" Seiten direkt online gespeichert werden.

Hybrid Sites

Mit dieser Auswahl werden auch Hybridseiten in den Onlinespeicher geleitet.

Hybrid Business to Business (B2B) sites

Hiermit werden zusätzliche Komponenten zur Integration externer Websites installiert.

Hybrid self-service site creation

Die Self Service Standardseite wird umgeleitet.

Hybrid App launcher

Hiermit werden Kacheln, beispielsweise für den Videostart, auf der Startseite integriert.

Hybrid taxonomy and content type

Hiermit werden OneDrive for Business Profilumleitungen eingerichtet.

Hybrid search

Mit dieser Auswahl wird eine Cloudsuche in den On-Premise SharePoint Server integriert.

Abbildung 4.21: Zusammenfassung

Danach ist die Hybrideinrichtung beendet.

Migration von SharePoint

Ein weiterer Schritt ist die komplette Migration der Daten in die Cloud. Dazu bietet Microsoft unter der URL
https://spmtreleasescus.blob.core.windows.net/install/default.htm

den Download des SharePoint Migrationstools an.

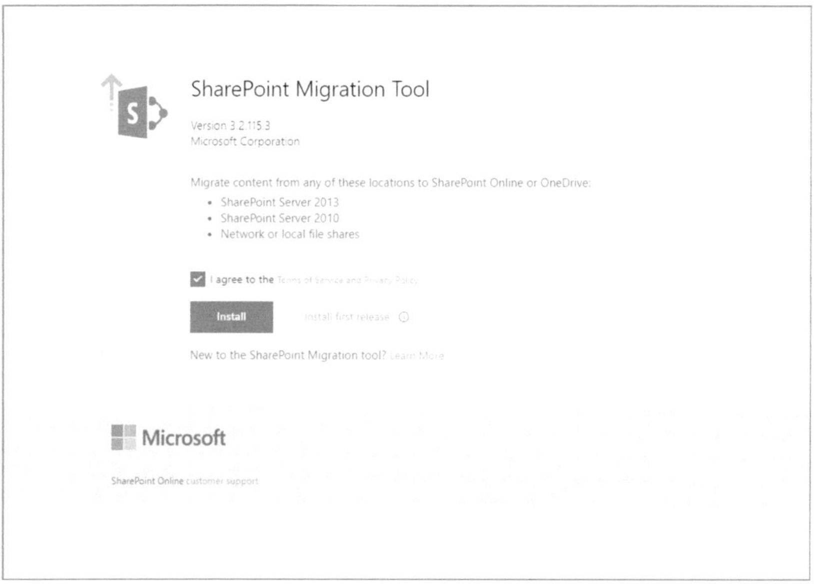

Abbildung 4.22: SharePoint Migrationstool

Momentan wird es nur für On-Premise SharePoint Server der Versionen 2010 und 2013 angeboten.

Sollten Sie einen SharePoint Server 2016 oder 2019 betreiben, funktioniert dieses Migrationstool momentan leider nicht.

Wenn Sie eine unterstützte Version von SharePoint haben, können Sie das Tool starten.

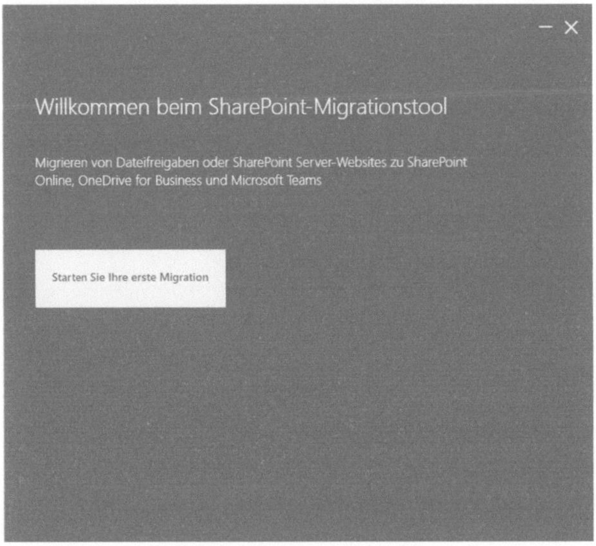

Abbildung 4.23: Tool starten

Danach wählen Sie aus, an welcher Stelle sich die Inhalte befinden, die Sie migrieren möchten.

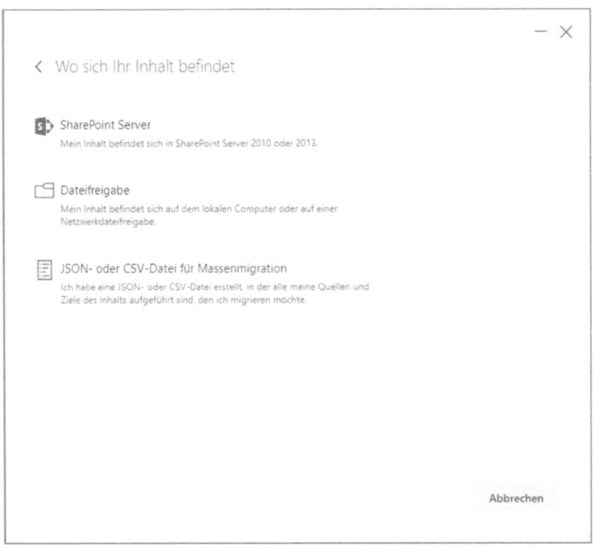

Abbildung 4.24: Ort der Inhalte

Wenn Sie einen SharePoint Server wählen, müssen Sie im nächsten Schritt die Website spezifizieren, auf der sich die Daten befinden.

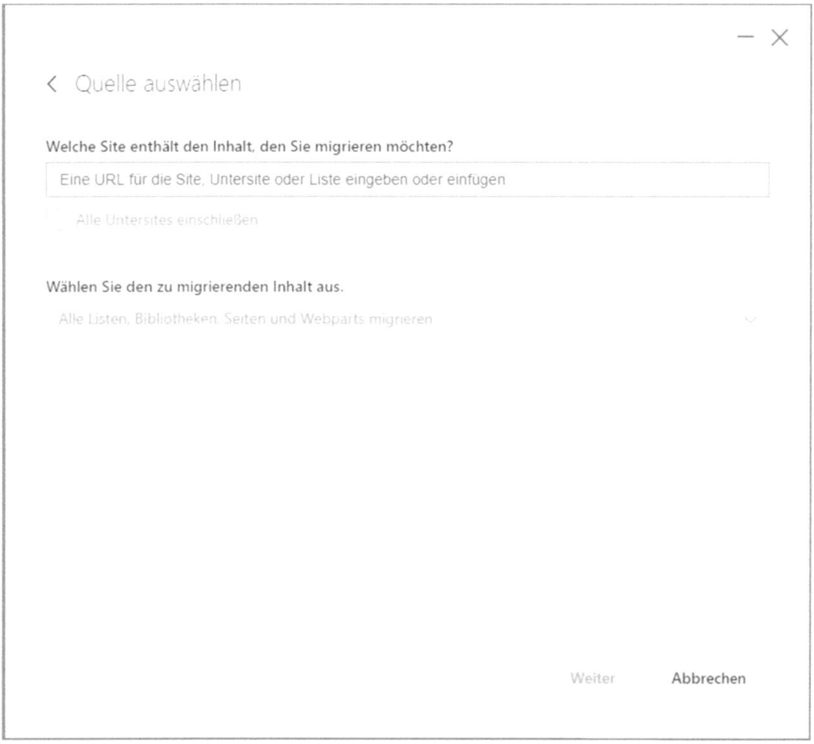

Abbildung 4.25: Website

Sie können aber auch Daten in eine Bibliothek von OneDrive Online migrieren, die lokal auf dem Server in einer Freigabe liegen.

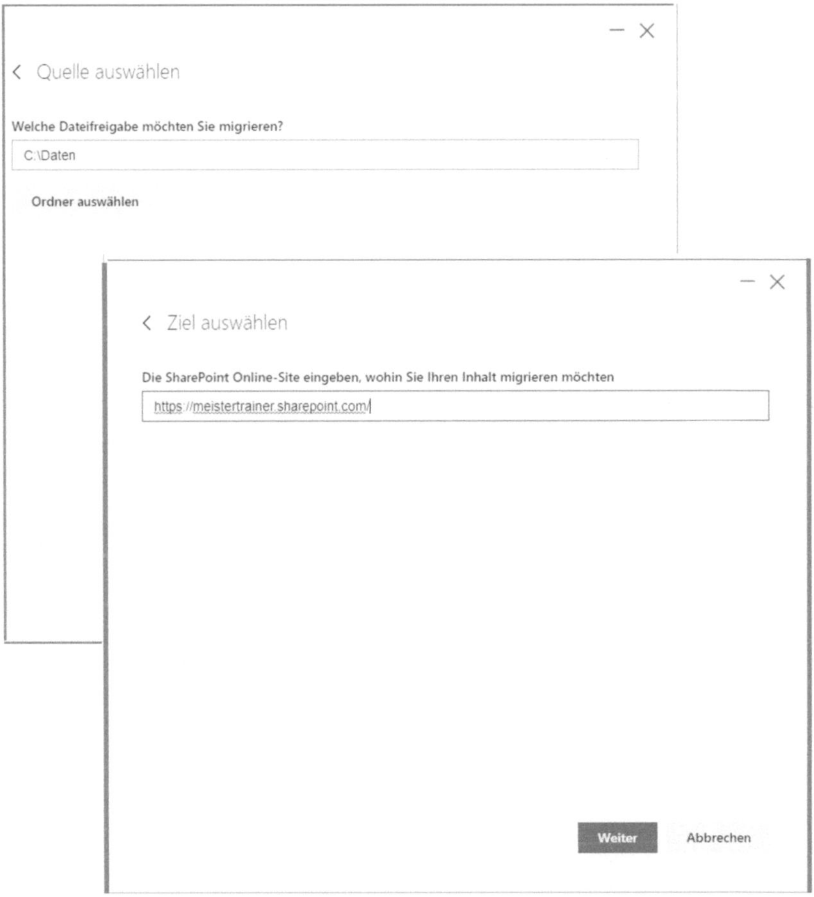

Abbildung 4.26: Migration von Freigaben

Auch hier wählen Sie zunächst den lokalen Speicherort und dann den Speicherort in der Cloud.

Hier wird noch der Unterordner spezifiziert.

Danach können Sie die Einstellungen für die Migration vornehmen.

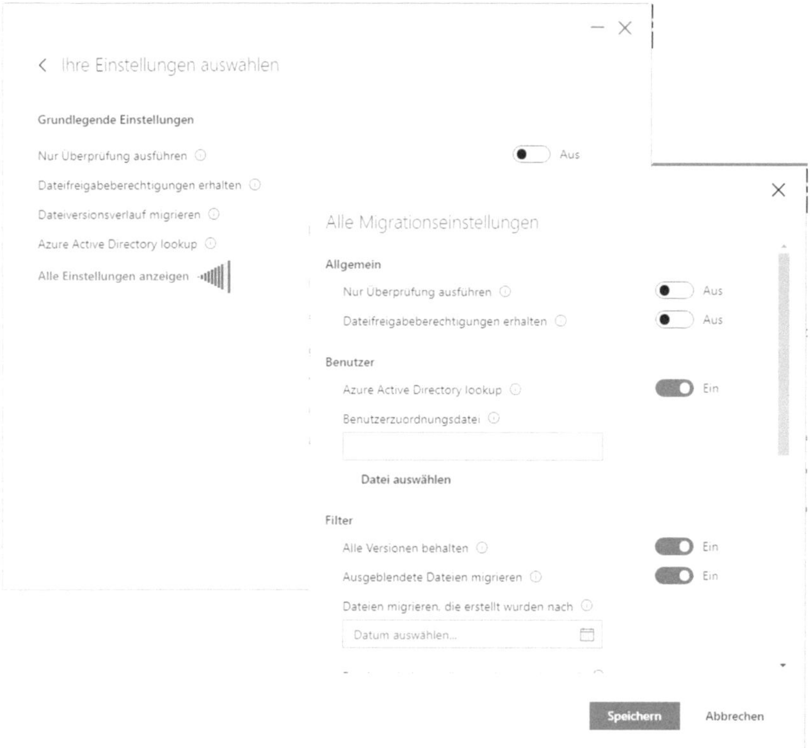

Abbildung 4.27: Einstellungen

Nur Überprüfung ausführen

Dabei wird keine Migration vorgenommen, sondern nur eine Simulation.

Dateifreigabeberechtigungen erhalten

Bei dieser Auswahl bleiben die Berechtigungen der Daten nach der Migration vorhanden und werden nicht durch die Rechtestrukturen in der Cloud ersetzt.

Azure Active Directory-Lookup

Hierbei werden Benutzer der lokalen Domäne zu Azure 365 Benutzern zugeordnet.

Benutzerzuordnungsdatei

Bei Auswahl wird diese Datei für die Zuordnung benutzt.

Filter

Hier können Sie diverse Migrationsfilter definieren, wie die Beibehaltung aller Versionen, dass auch ausgeblendete Dateien migriert werden oder dass nur Dateien migriert werden, die innerhalb einer bestimmten Zeitspanne erstellt worden sind.

Erweitert

Hier können Sie wählen, dass die Migration automatisch mehrmals ausgeführt werden soll oder dass ein benutzerdefinierter Azure Speicher gewählt werden soll.

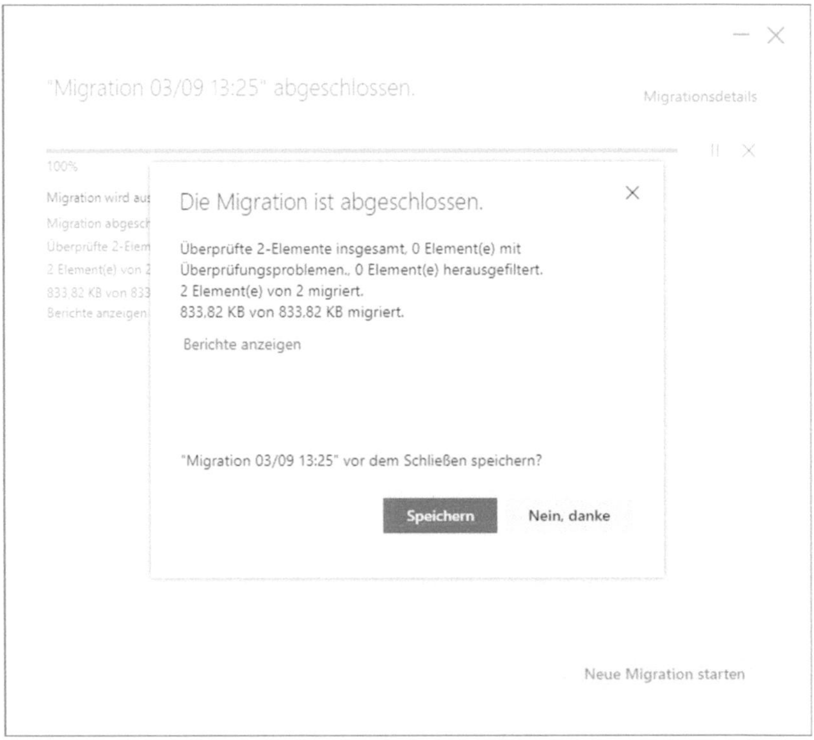

Abbildung 4.28: Abgeschlossene Migration

Danach ist die Migration abgeschlossen.

Steuern von OneDrive Dateien

Mit OneDrive und OneDrive for Business werden Daten gespeichert, egal, ob Sie den SharePoint Server zusätzlich verwenden oder nicht.

Deshalb ist es wichtig, die Einstellungen von OneDrive zentral in der Domäne verwalten zu können.

OneDrive benötigt lokal auf den Maschinen den OneDrive Client. Dieser steuert den lokalen Ordner, in dem die Daten gespeichert sind und natürlich die Synchronisation.

Dieser Client ist automatisch auf allen Windows 10 Computern installiert.

Wenn wir nun die Einstellungen von OneDrive zentral steuern wollen, können wir dies am besten über eine Gruppenrichtlinie in der Domäne vornehmen.

Alle Einstellungen, die Anwendungen betreffen, finden wir in einer Gruppenrichtlinie unter dem Menüpunkt „Administrative Vorlagen".

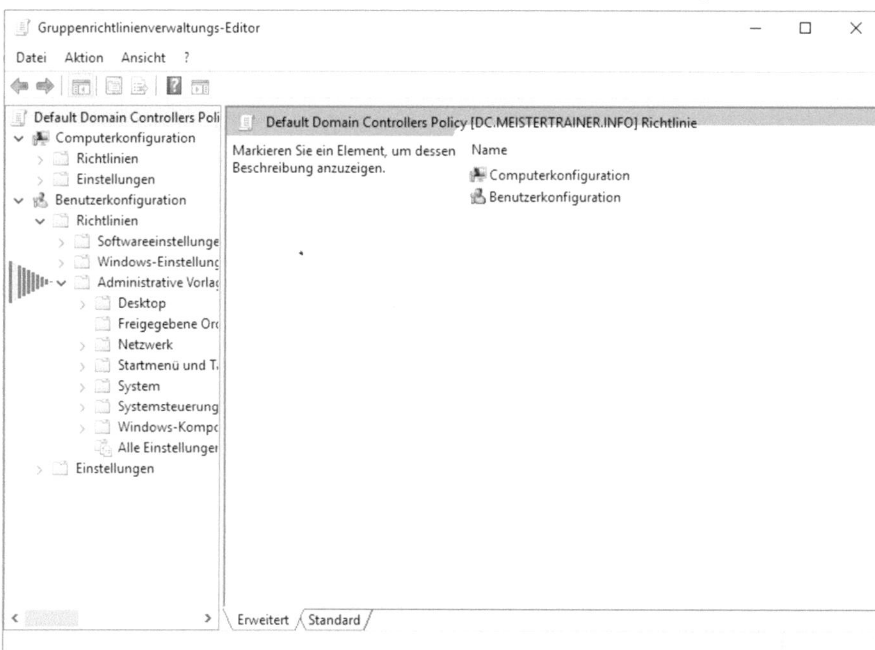

Abbildung 4.29: Administrative Vorlagen

Exkurs: Administrative Vorlagen

Die administrativen Vorlagen gibt es sowohl auf der Computer- als auch auf der Benutzerseite.

Die „Administrativen Vorlagen" sind individuell anpassbar. Sollten Sie beispielsweise ein Office-Produkt installiert haben, können Sie auch für die Einstellungen dieser Programme administrative Vorlagen herunterladen.

Daraus ergibt sich, dass sich der Menüpunkt „Administrative Vorlagen" aus mehreren individuellen Vorlagendateien zusammensetzt, und deswegen auch auf jedem Einzelplatzrechner oder in jeder Domäne unterschiedlich sein kann.

Das ist richtig. Die „Administrativen Vorlagen" sind eine Zusammenstellung aus mehreren .ADMX-Dateien, die auf XML basieren.

ADMX-Dateien werden erst seit Windows Server 2008 und Windows Vista verwendet. In den Vorgängerversionen kamen ADM-Dateien zum Einsatz, die nicht xml-basiert waren, und einige Nachteile hatten:

- ADM-Dateien waren sprachabhängig, das bedeutet, dass für jede Sprache eine eigene ADM-Datei erstellt werden musste
- ADM-Dateien mussten für jede einzelne Gruppenrichtlinie hinterlegt werden

Die neuen ADMX-Dateien sind hier bedeutend praktischer.

Sprachneutralität

ADMX-Dateien sind sprachneutral. Im Ordner der Vorlagendateien wird für jede benötigte Sprache ein zusätzlicher Ordner angelegt, hier de-DE. Dort werden die Sprachdateien gespeichert, die das Format ADML haben.

Zentrale Hinterlegung

Nach der Installation befinden sich alle ADMX-Dateien im Ordner %systemroot%\Windows\PolicyDefinitions. Von dort aus werden die Dateien in die Gruppenrichtlinie ausgelesen, was man an dem Kommentar „Vom lokalen Computer abgerufene Richtliniendefinitionen (ADMX-Dateien)" erkennen kann.

Dies ist eine gute Lösung für einen Einzelplatz, aber nicht für eine Domäne. Wenn wir das so lassen würden, müssten wir alle ADMX-

Dateien auf alle Domänencontroller kopieren.

Wenn wir die Domänenreplikation benutzen wollen, ist dies sehr einfach.

Wir erstellen einen Unterordner im Ordner %systemroot%\sysvol\domain\policies mit Namen PolicyDefinitions und kopieren dort alle ADMX-Dateien hinein.

Für alle benötigten Sprachen erstellen wir untergeordnete Sprachordner, z.B. de-DE für Deutsch, und kopieren dort alle vorhandenen deutschen ADML-Dateien hinein.

Ende Exkurs

Wie Sie sehen, gibt es in der Standardinstallation keine administrativen Vorlagen, mit denen das Verhalten von OneDrive gesteuert werden kann.

Normalerweise würde man diese ADMX und ADML-Dateien auf der Microsoft Downloadseite suchen und herunterladen.

Leider ist das bei diesen Vorlagen nicht der Fall.

Sie werden ausschließlich mit den Computern zusammen ausgeliefert, die den OneDrive Client bereits installiert haben.

Das sind die Windows 10 Rechner.

Also müssen wir folgenden Weg gehen:

Ich öffne auf einem Windows 10 Client den Pfad

%localappdata%\Microsoft\OneDrive\BuildNumber\adm

In meinem Beispiel ist das

C:\Users\administrator\AppData\Local\Microsoft\OneDrive\19.232.1124 .0008\adm

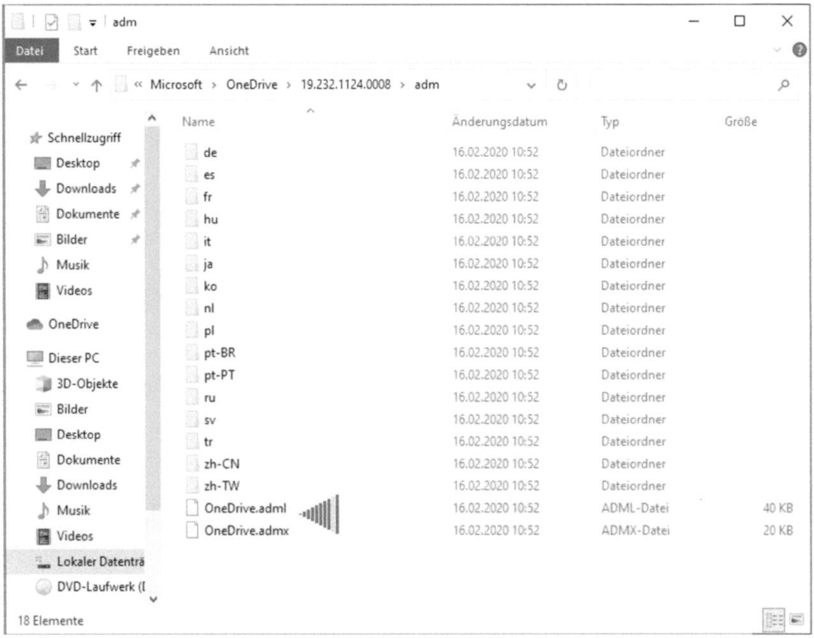

Abbildung 4.30: Dateien für administrative vorlägen

Hier sehen Sie die beiden Daten, um die es geht:

- OneDrive.adml
- OneDrive.admx

Diese kopiere ich nun auf den Domänencontroller.

Um beide Dateien an den richtigen Platz zu kopieren, gehe ich den Weg zum Pfad

C:\Windows\SYSVOL\sysvol\Meistertrainer.info\Policies

und erstelle dort einen Unterordner mit dem Namen „PolicyDefinitions“.

Abbildung 4.31: PolicyDefinitions

In diesen kopiere ich die Datei „OneDrive.admx".

Nun erstelle ich unterhalb dieses Ordners noch einen Ordner für die Sprachdateien, in unserem Fall

DE-DE

Dorthinein kopiere ich die Sprachdatei mit dem Namen „OneDrive.adml".

Wenn ich nun eine Gruppenrichtlinie öffne, kann ich bei den administrativen Vorlagen die Einstellungen für „OneDrive" erkennen, sowohl auf der Computerseite als auch auf der Benutzerseite.

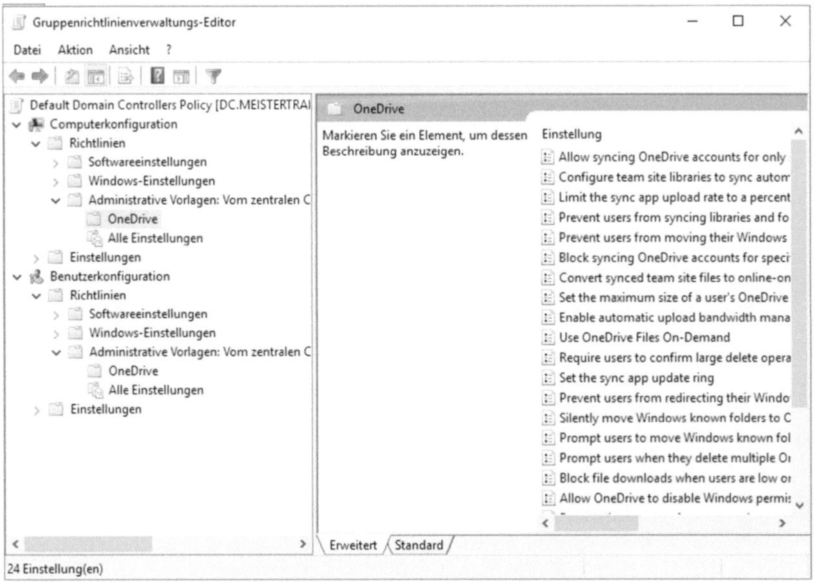

Abbildung 4.32: Vorlagen für OneDrive

Hier können Sie die Eigenschaften von OneDrive so konfigurieren, wie Sie es benötigen.

Sie sollten alle Einstellungsmöglichkeiten betrachten.

Nachdem Sie die Einstellungen geändert haben, sollten die Benutzer auf ihren Computern den Befehl „Gpupdate.exe /force" ausführen, damit die Änderungen so schnell wie möglich übernommen werden.

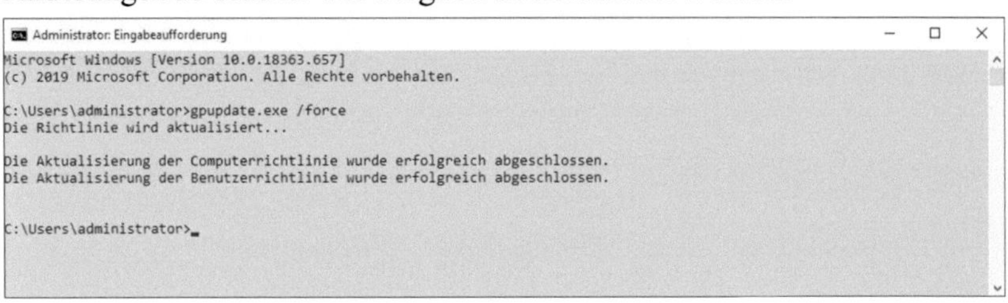

Abbildung 4.33: Gpupdate.exe /force

4.3 Planen der Bereitstellung einer Office 365 ProPlus

Kaum ein Unternehmen kann ohne die Office Produkte auskommen.

Aus diesem Grund ist Office 365 auch ein Kernbestandteil von Microsoft 365.

Insbesondere befassen wir uns hier mit Office 365 ProPlus, da dies in Microsoft 365 ab der Version E3 integriert ist.

In Office 365 ProPlus sind folgende Anwendungen enthalten:

- Word
- Excel
- Access
- Outlook
- PowerPoint
- OneNote
- Publisher
- Skype for Business
- Teams

Office 365 ProPlus ist auch unabhängig von einem Microsoft 365 Abonnement verfügbar.

Office 365 ProPlus ist den Offline-Versionen von Office sehr ähnlich, sowohl in den Hardwareanforderungen, als auch im Funktionsumfang. Es ist ebenfalls als 32- und als 64-Bit Variante verfügbar.

Ein weit verbreiteter Irrtum über Office 365 ProPlus ist, dass es nur cloudbasiert verfügbar wäre.

Das ist falsch, denn natürlich werden alle Office-Programme auf den lokalen Clients installiert. Die Benutzer können völlig unabhängig vom Internet arbeiten, nur hin und wieder muss Kontakt mit dem Internet aufgenommen werden, damit die Lizenz bestätigt wird.

Auch die sonstigen Konfigurationsmöglichkeiten unterscheiden sich nicht wesentlich von denen für die anderen Office-Versionen.

Ein großer Vorteil bei Office 365 ProPlus ist, dass es regelmäßig aktualisiert wird, wobei auch neue Funktionen hinzukommen.

Dadurch entfällt die Notwendigkeit, nach einigen Jahren neue Versionen kaufen zu müssen, wie es bei Office üblich war.

Die Häufigkeit der Funktionsupdates können Sie festlegen.

Außerdem ist die Grundvoraussetzung dafür, dass ein Benutzer Office 365 benutzen kann, eine Lizenz.

Mit einer zugewiesenen Lizenz können die Benutzer Office 365 ProPlus auf bis zu fünf Computern installieren.

Beginnen wir mit der Zuweisung der benötigten Lizenz.

Dies können wir im Endpoint-Management vornehmen.

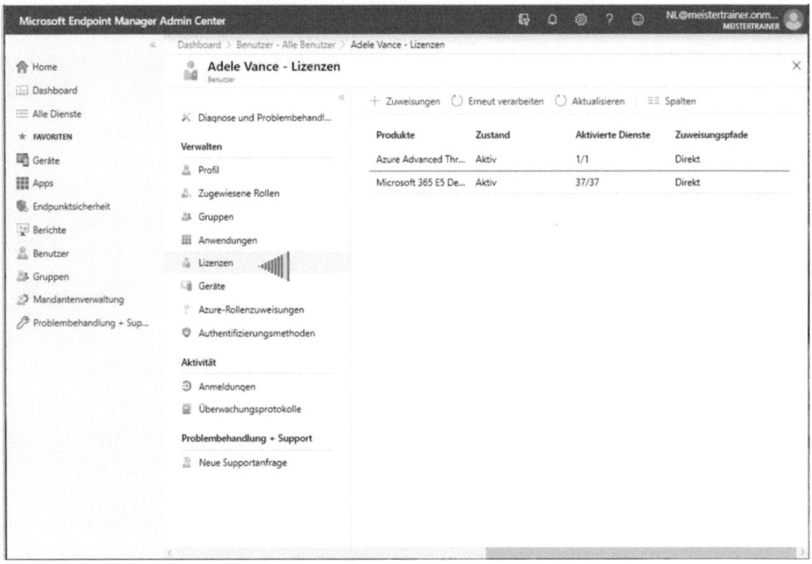

Abbildung 4.34: Lizenzen

Sie wählen den entsprechenden Benutzer aus und navigieren zu „Lizenzen“.

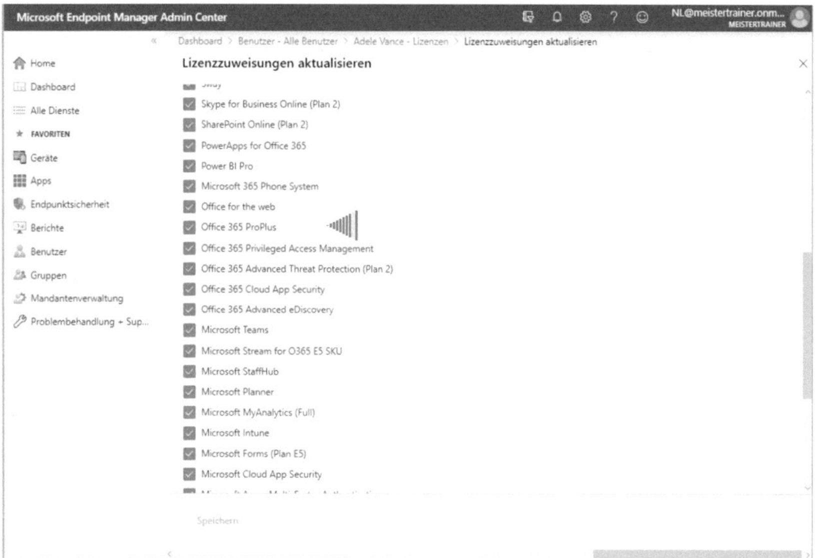

Abbildung 4.35: Details

Klicken Sie auf „Zuweisungen“ und bearbeiten Sie die benötigten Lizenzen.

Danach kann ein berechtigter Benutzer Office 365 ProPlus auf bis zu fünf Rechnern installieren.

Die Aktivierung erfolgt automatisch und wird auch automatisch verwaltet.

Die einzige Bedingung ist, dass jeder Benutzer mindestens alle 30 Tage eine Verbindung zum Internet aufbaut, damit die Lizenz bestätigt werden kann.

Nach dem Ablauf von 30 Tagen ohne Internetverbindung wechselt Office in den „Modus mit eingeschränkter Funktionalität“.

In diesem Modus kann der Benutzer Dokumente nur anzeigen und drucken, aber weder erstellen noch bearbeiten.

Es wird aber wieder zum vollen Funktionsumfang gewechselt, wenn eine Internetverbindung zur Verfügung steht.

4.3.1 Installation von Office 365 ProPlus

Um Office 365 auf den Clients zu installieren, gibt es viele Methoden.

Eine davon ist, das Office 365 Portal aufzurufen und sich dort anmelden.

https://portal.office.com

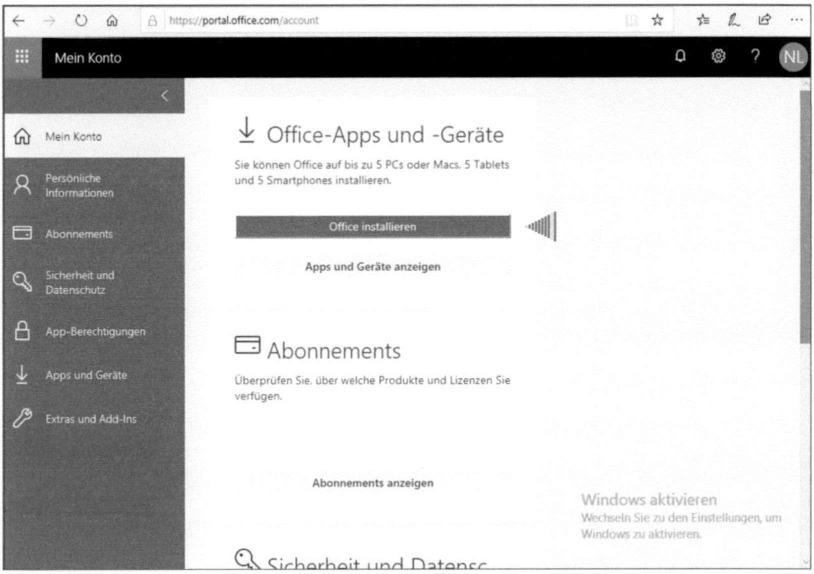

Abbildung 4.36: Office installieren

Hier können Sie die Installation von Office auswählen, wenn Sie die entsprechende Lizenz besitzen.

Office 365 ProPlus wird heruntergeladen und installiert.

4.3.2 Office 365 ProPlus bereitstellen

Diese Methode der händischen Installation ist allerdings in vielen Szenarien nicht geeignet.

Nicht immer werden alle Office Anwendungen von allen Personen benötigt, und manchmal ist auch eine Individualisierung der Installation gewünscht.

Ein wichtiger Aspekt ist natürlich auch, dass die Apps und deren Daten sicher vor unberechtigtem Zugriff geschützt werden müssen.

Eine Bereitstellung von Office 365 ProPlus über Microsoft Intune ist genauso einfach einzurichten wie das Bereitstellen anderer Programme.

Wichtig zu wissen ist, dass Office 365 Apps nur für Windows 10 und MacOS bereitgestellt werden können. Natürlich müssen Sie im Besitz einer gültigen Lizenz sein.

Bei all diesen Herausforderungen kann Ihnen das Microsoft Endpoint-Management, auch Microsoft Intune genannt, eine große Hilfe sein.

Abbildung 4.37: Prinzip Apps bereitstellen

> **ACHTUNG!**
> Über Microsoft Intune kann nur Office 365 ProPlus bereitgestellt werden, Office 365 Business Edition wird nicht unterstützt!

Auch sollten Sie daran denken, dass bereits auf den Geräten installierte Office Versionen vor der Bereitstellung von Office 365 ProPlus rückstandslos entfernt werden müssen, da sonst die Zuweisung über Microsoft Intune nicht funktionieren wird.

Readiness Toolkit for Office

Wenn Sie von einer älteren Version von Office auf Office 365 ProPlus migrieren wollen, und Sie benutzen viele VBA-Makros, sollten Sie den „Readiness Toolkit for Office add-ins and VBA“ herunterladen, den Microsoft kostenlos anbietet. Mit ihm können Sie für alle Office-Versionen seit 2003 nach VBA-Makros suchen.

Diese Daten werden dann untersucht und auf Kompatibilität zu Office 365 ProPlus überprüft.

Wenn Inkompatibilitäten erkannt werden, können Sie diese lösen.

Schritt 1: Definieren einer App

Für den ersten Schritt einer Bereitstellung öffnen Sie die Microsoft Intune-Konsole (Endpoint-Management).

- Apps
- Alle Apps
- Hinzufügen

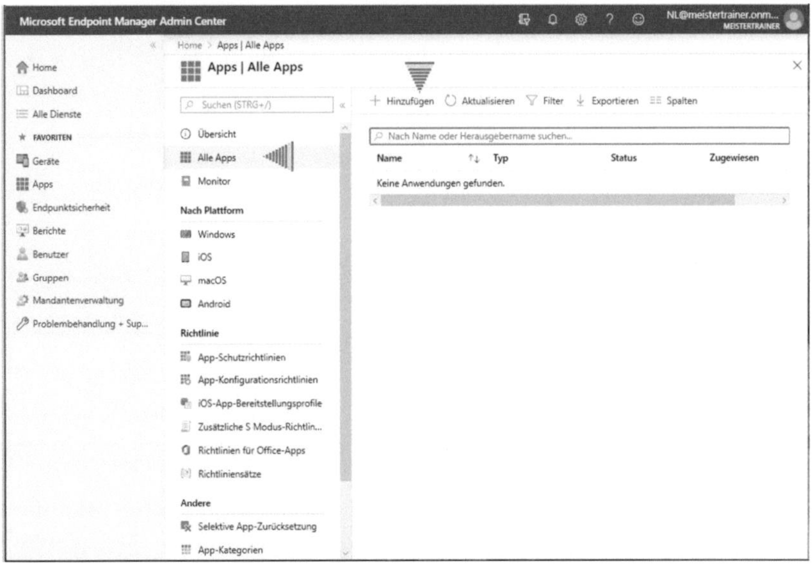

Abbildung 4.38: Apps hinzufügen

Nun wählen Sie aus, welche Art von App Sie hinzufügen wollen.

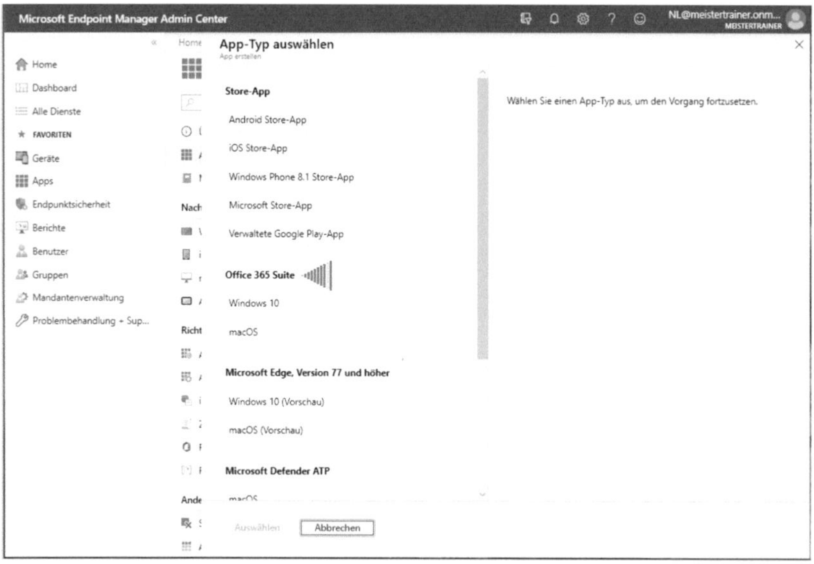

Abbildung 4.39: Auswahl App

Bei App-Typ wählen Sie „Office 365 Suite“ aus und das Betriebssystem, Windows 10 oder MacOS.

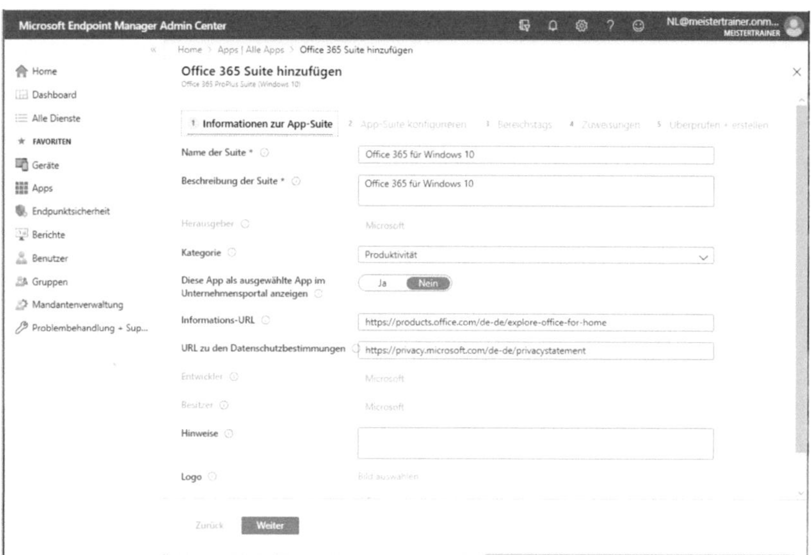

Abbildung 4.40: Informationen

Die nächste Seite gibt Ihnen weitere Konfigurationsmöglichkeiten, Sie können Namen und Beschreibung festlegen. Der Herausgeber ist Microsoft und kann natürlich nicht geändert werden.

Die Kategorie können Sie festlegen, dies macht Sinn, wenn Sie die App auch im Unternehmensportal zur Verfügung stellen wollen. Die Kategorie dient zu Sortierungszwecken.

Wenn Sie „Ja“ wählen bei „Diese App als ausgewählte App im Unternehmensportal anzeigen“, wird diese App auf der Hauptseite angezeigt.

Die Informations-URL und die URL zu den Datenschutzbestimmungen sind optional.

Nachdem Sie alle Einstellungen vorgenommen haben, klicken Sie auf „Weiter“.

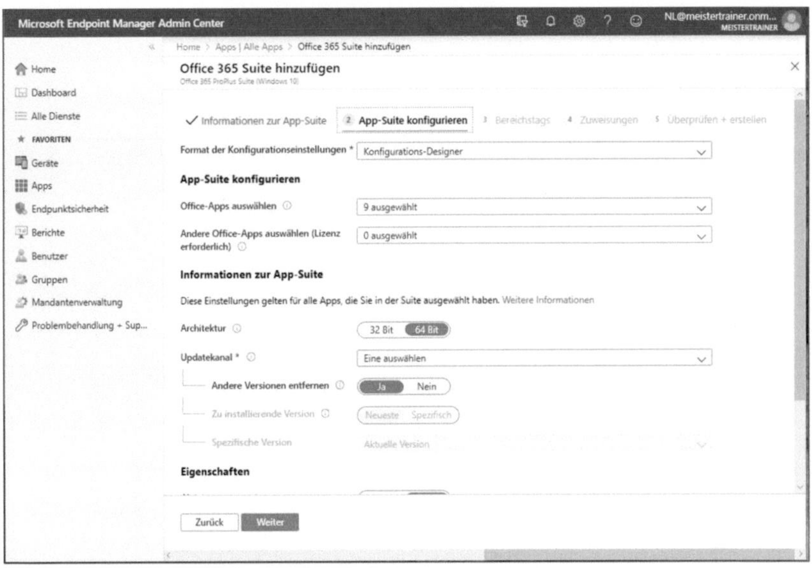

Abbildung 4.41: Konfigurieren

Nun entscheiden Sie sich, ob Sie die Konfigurationseinstellungen mithilfe einer xml-Datei vornehmen möchten, oder mit einem Assistenten.

In den meisten Fällen werden Sie den Konfigurations-Designer wählen, nur wenn Sie besondere Einstellungen haben, ist die xml-Datei besser.

Wenn Sie sich für den Konfigurations-Designer entschieden haben, können Sie nun die Einstellungen vornehmen.

Zunächst wählen Sie die Office-Apps aus, die Sie zuweisen möchten.

Auch Project und Visio kann zugewiesen werden, wenn dafür Lizenzen vorhanden sind.

Informationen zur App-Suite konfigurieren

Hier definieren Sie zunächst die gewünschte Architektur (32-Bit oder 64-Bit).

Danach wird der Updatekanal gewählt.

Hier haben Sie folgende Auswahlmöglichkeiten:

- Monatlich:

  neue Funktionen werden eingespielt, sobald sie zur Verfügung stehen.

- Monatlich (Ziel)

  Bietet die neuen Funktionen bereits früher an.

- Halbjährlich

  Neue Office Funktionen werden nur einige Male im Jahr bereitgestellt.

- Halbjährlich (Ziel)

  Dies ist wie der „halbjährige“ Zyklus, nur mit Preview Funktion.

Sie können noch wählen, ob vorherige Versionen entfernt werden sollen und einige Eigenschaften konfigurieren.

Danach klicken Sie auf „Weiter“.

Diese Seite ist nur dafür da, Bereichstags festzulegen. Dies sind Markierungen für einen bestimmten Bereich, auf die wir hier nicht weiter eingehen.

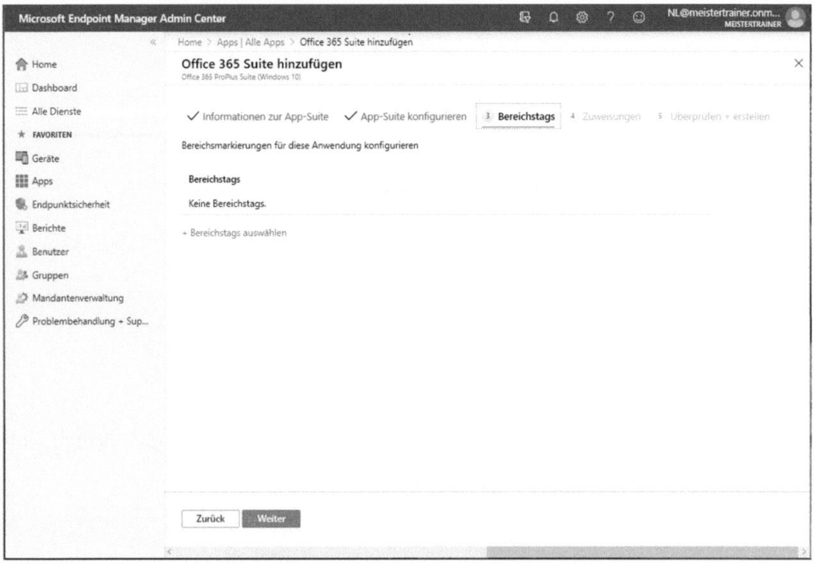

Abbildung 4.42: Bereichstags

Schritt 2: Zuweisen zu Gruppen

Im letzten Schritt müssen Sie noch mindestens eine Benutzergruppe oder eine Gerätegruppe hinzufügen, damit den Gruppenmitgliedern die Software zugewiesen werden kann.

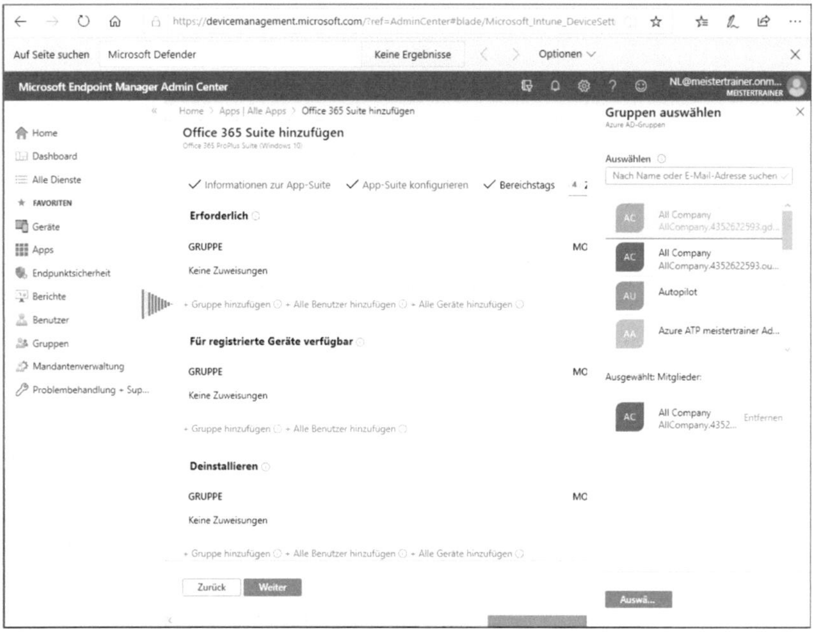

Abbildung 4.43: Gruppen

Sie haben auch eine Möglichkeit, die Office Programme zu deinstallieren.

Sie erhalten noch eine Zusammenfassung. Klicken Sie nun auf „Erstellen", damit die Konfiguration aktiv wird.

4.3.3 Bereitstellung von einer lokalen Installationsquelle

Manchmal aber muss die Bereitstellung von Office 365 ProPlus noch deutlich mehr individualisiert werden oder soll nicht über eine Internetverbindung stattfinden.

In diesem Fall können Sie die Installation von einem freigegebenen Netzwerkordner aus in Ihrer Firma starten.

Diese Methode ist sehr gut für eine individualisierte Installation.

Vorarbeiten

Bevor Sie beginnen, sollten Sie sich folgende Gedanken machen:

- Welche Architekturen benötige ich (32-Bit und/oder 64-Bit)
- Welche Updatekanäle möchte ich benutzen

Diese Vorüberlegungen benötigen Sie für die Erstellung der verschiedenen Freigaben auf dem Netzwerkpfad.

Wenn Sie beispielsweise beide Architekturen verwenden möchten und auch zwei Updatekanäle (monatlich für einen Teil der Benutzer und halbjährlich für einen anderen Teil), dann würden Sie vier Installationspakete schnüren:

- 32-Bit mit monatlichem Update
- 32-Bit mit halbjährlichem Update
- 64-Bit mit monatlichem Update
- 64-Bit mit halbjährlichem Update

Außerdem benötigen Sie noch eine weitere Freigabe für die Konfigurationsdateien, mit deren Hilfe Sie die endgültige Bereitstellung definieren.

Eine weitere Voraussetzung für die spätere Installation ist, dass der Benutzer auf seinem Client administrative Rechte benötigt.

Eine mögliche Ordnerstruktur wäre also

Freigabe	Darin gespeicherte Daten
\\Servername\Office365	Konfigurationsdateien
\\Servername\Office365\32-Monat	Office Installationspaket für 32-Bit und monatlichem Update
\\Servername\Office365\32-Halb	Office Installationspaket für 32-Bit und halbjährlichem Update
\\Servername\Office365\64-Monat	Office Installationspaket für 64-Bit und monatlichem Update
\\Servername\Office365\64-Halb	Office Installationspaket für 64-Bit und halbjährlichem Update

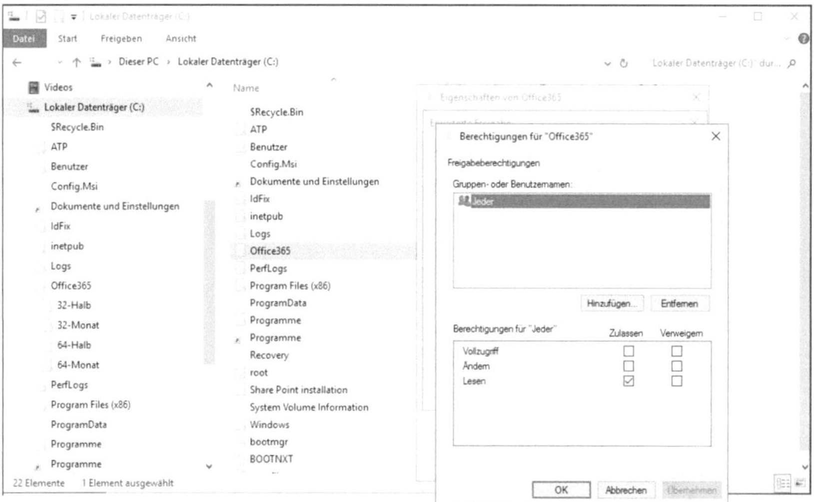

Abbildung 4.44: Freigaben

Außerdem müssen alle Benutzer Leseberechtigungen für diese Freigaben haben.

Das Office Bereitstellungstool (ODT)

Im nächsten Schritt laden Sie das Office Bereitstellungstool (Office Deployment Tool, ODT) von der Microsoft Downloadseite herunter.

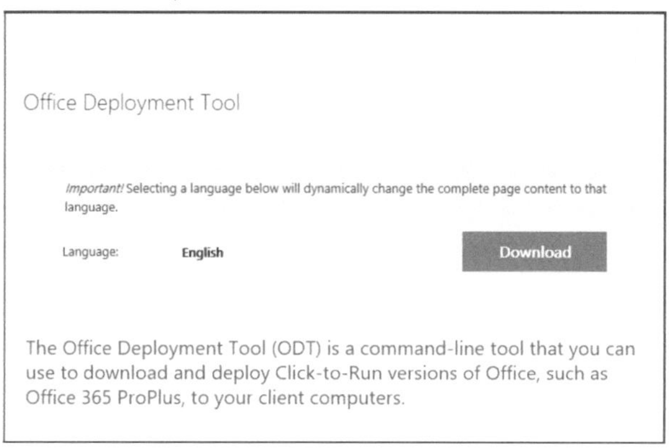

Abbildung 4.45: ODT

Es ist nur in englischer Sprache verfügbar.

Diese EXE-Datei starten Sie und entpacken die enthaltenen Dateien im Ordner für die Konfigurationsdateien, in unserem Fall also \\Servername\Office365.

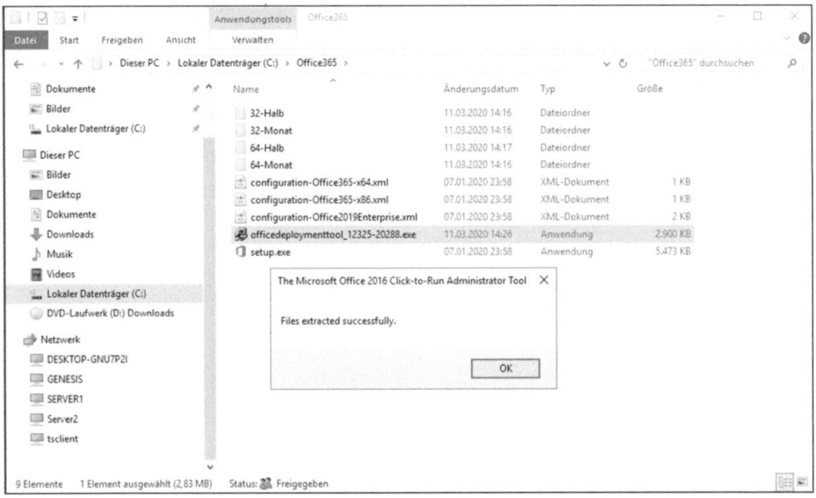

Abbildung 4.46: Entpackte Dateien

Sie erkennen die Datei „setup.exe“ und einige Beispieldateien im xml-Format.

Der nächste Schritt wäre, für alle vier geplanten Installationspakete die entsprechenden Konfigurationsdateien zu erstellen.

Dafür öffnen Sie das „Office-Anpassungstool“ unter der URL

https://config.office.com/

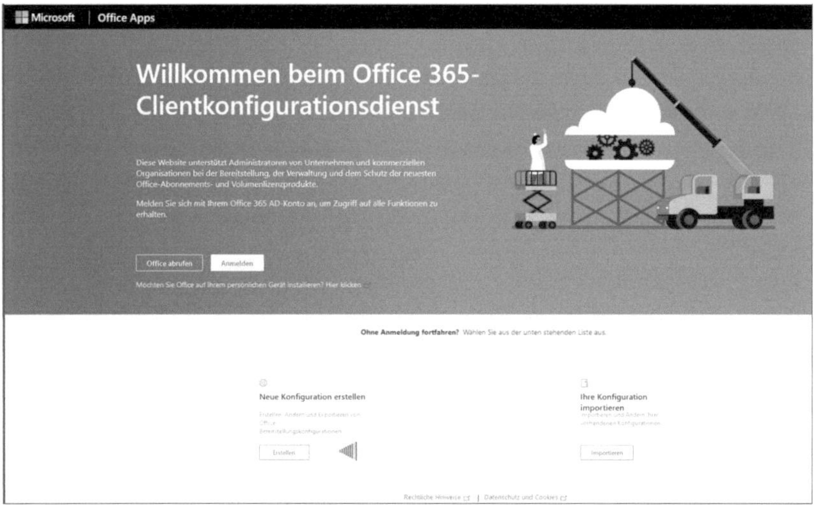

Abbildung 4.47: Konfiguration

Dort wählen Sie „Neue Konfiguration erstellen“.

Damit startet ein Assistent, der Sie durch die wichtigsten Konfigurationseinstellungen für Office 365 ProPlus führt.

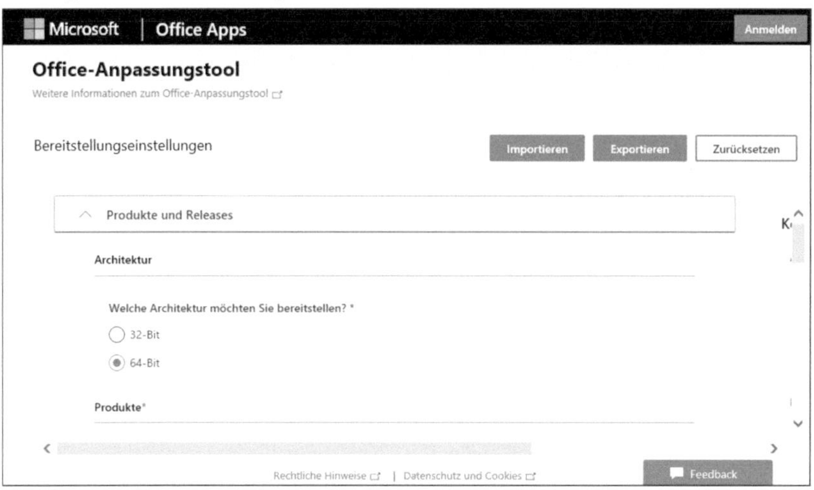

Abbildung 4.48: Einstellungen

Die Möglichkeiten sind riesig, Sie sollten sich die Zeit nehmen, dieses Tool zu erforschen.

Die wichtigsten Einstellungen sind

- Architektur
- Produkte
- Updatekanal
- Installationspfad
- Welche Einzelprodukte

Und vieles mehr

Wenn Sie die Einstellungen alle erstellt haben, können Sie sie herunterladen.

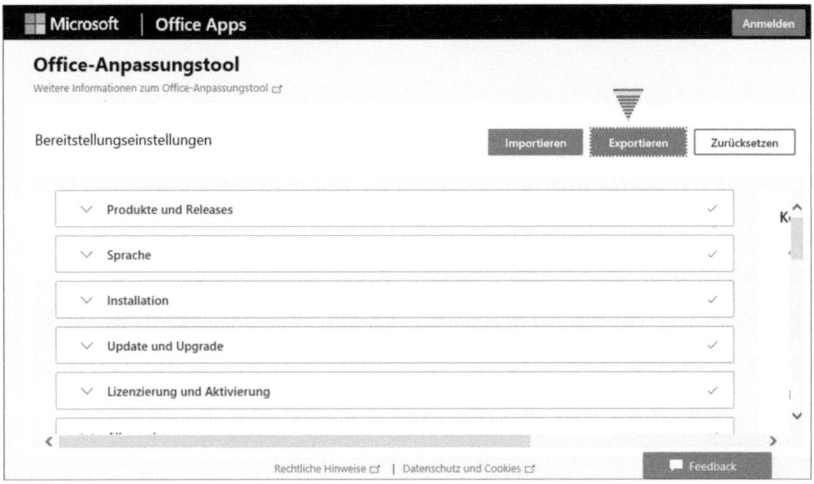

Abbildung 4.49: Export der Einstellungen

Diese Datei wird im Format .xml gespeichert.

Sie sollten sie im gleichen Ordner speichern, wie das ODT.

Die xml-Datei

Diese xml-Datei enthält also die kompletten Konfigurationseinstellungen für die Installation.

Lassen Sie uns diese Datei öffnen und betrachten.

Dies können Sie mit dem Editor oder mit WordPad vornehmen.

```xml
<Configuration ID="733d61f7-70b5-4b23-80c0-0f910d408653">
  <Add OfficeClientEdition="32" Channel="Monthly" SourcePath="\\Servername\Office365\32-Monat" AllowCdnFallback="TRUE">
    <Product ID="O365ProPlusRetail">
      <Language ID="de-de" />
      <ExcludeApp ID="Groove" />
    </Product>
    <Product ID="LanguagePack">
      <Language ID="de-de" />
      <ExcludeApp ID="Groove" />
    </Product>
  </Add>
  <Property Name="SharedComputerLicensing" Value="0" />
  <Property Name="PinIconsToTaskbar" Value="TRUE" />
  <Property Name="SCLCacheOverride" Value="0" />
  <Property Name="AUTOACTIVATE" Value="0" />
  <Property Name="FORCEAPPSHUTDOWN" Value="FALSE" />
  <Property Name="DeviceBasedLicensing" Value="0" />
  <Updates Enabled="TRUE" />
  <RemoveMSI />
</Configuration>
```

Abbildung 4.50: xml-Datei

Sie sehen, dass die relevanten Dinge hier gut erkennbar sind.

Es handelt sich um eine 32-Bit Variante mit dem monatlichen Updatekanal.

Der Pfad, aus dem die Installation später gestartet werden soll, ist angegeben, ebenso wie das Produkt Office 365 ProPlus.

Für die Auswahl der Updatekanäle gibt es folgende gültige Werte:

- Channel="Monthly"
- Channel="Broad" (halbjährlich)
- Channel="Targeted"(halbjährlich: Ziel)

Es kann auch ein Stichtag angegeben werden, bis zu dem alle Updates installiert sein müssen. Dies wird mit dem Attribut „Deadline“ vorgenommen.

Im weiteren Verlauf der Datei können noch weitere Einstellungen zu finden sein.

Was macht nun diese xml-Datei?

Nun, mit ihrer Hilfe können wir im nächsten Schritt die richtigen Installationsdateien ins richtige Verzeichnis herunterladen.

Genauso verfahren Sie auch mit den anderen drei xml-Dateien.

Download der angepassten Installationspakete

Nun können wir beginnen, die angepassten Installationspakete mithilfe des Office Bereitstellungstools und den angepassten xml-Dateien vorzunehmen.

Dazu öffnen wir eine Eingabeaufforderung, wechseln ins Verzeichnis, in das wir das Office Bereitstellungstool geladen haben und geben ein:

Setup.exe /Download <xml-Datei>

In unserem Beispiel wäre das der Befehl

Setup.exe /Download Konfiguration32_Monat.xml

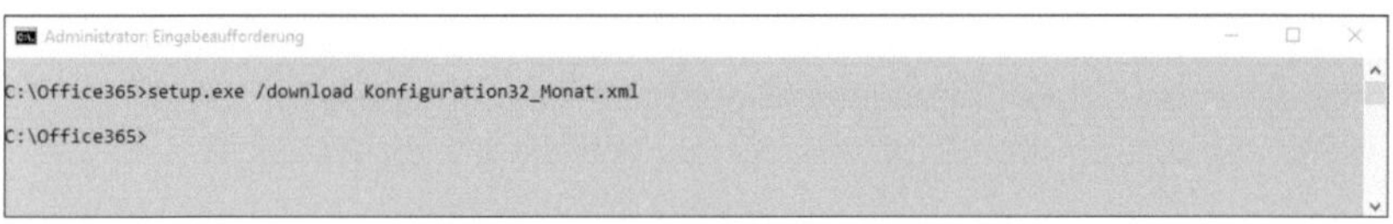

Abbildung 4.51: Aufruf des Downloads

Mit diesem Befehl werden alle benötigten Daten, inklusive aller in der xml-Datei angegebenen Dateien, wie beispielsweise Sprachpakete, in das Verzeichnis heruntergeladen, das in der xml-Datei angegeben worden ist.

In dem Verzeichnis wird ein Unterverzeichnis mit Namen „Office“ angelegt, in dem Sie nun die Daten finden.

Installation auf den Clients

Schon sind wir beim letzten Schritt angelangt, der Installation auf den Clients.

Hier gehen wir ähnlich vor, es wird eine Eingabeaufforderung mit Administratorrechten geöffnet, zum Pfad des Office Bereitstellungstools navigiert und die Datei Setup. exe aufgerufen, diesmal allerdings mit dem Parameter /configure.

In unserem Fall ist der Befehl also:

\\Server1\Office365\setup.exe /configure \\Server1\Office365\Konfiguration32_Monat.xml

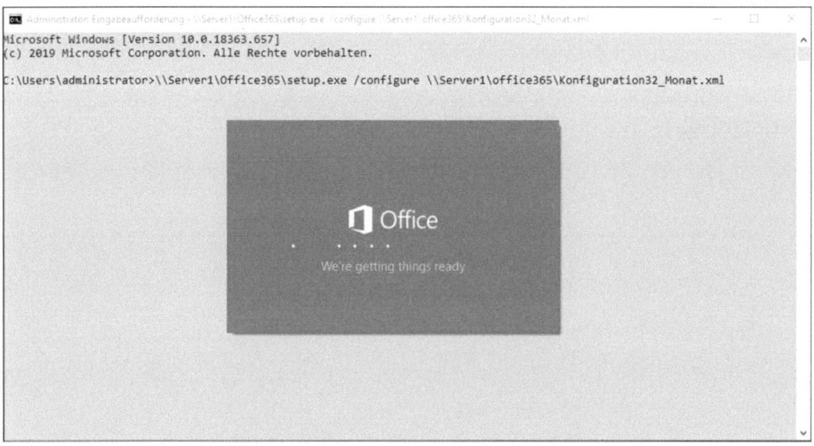

Abbildung 4.52: Installation von Office

Die Installation wird gestartet und Office wird nach Ihren Vorgaben installiert.

4.3.4 Überwachen von Office 365 mit dem Security & Compliance Center

Das Security & Compliance Center haben wir schon zuvor punktuell betrachtet.

Es ist eine zentrale Stelle, um sicherheits- und compliancerelevante Ereignisse darzustellen und auswerten zu können.

Wie bereits erwähnt, sind die Änderungen dieser Funktionen zur Zeit sehr dynamisch, denn Microsoft passt das Security & Compliance Center laufend an und möchte es als zentrale Stelle für alle Sicherheitsanforderungen ausbauen.

Deswegen lohnt es sich, das Security & Compliance Center genauer zu betrachten.

Im Security & Compliance Center werden folgende Analysemöglichkeiten bereitgestellt:

- Bedrohungsverwaltung von E-Mail-Filterung
- Geräteverwaltung
- Verhinderung von Datenverlust
- Datenkontrolle
- Suche und Untersuchung
- eDiscovery (elektronische Ermittlung von Informationen für Rechtsfälle)
- Archivierung

Das Security & Compliance Center ist immer verfügbar, wenn Sie einen Microsoft 365 Business- oder Enterprise Plan zur Verfügung haben.

Das Security & Compliance Center öffnen Sie, indem Sie im Microsoft 365 Admin Center wählen „Compliance“.

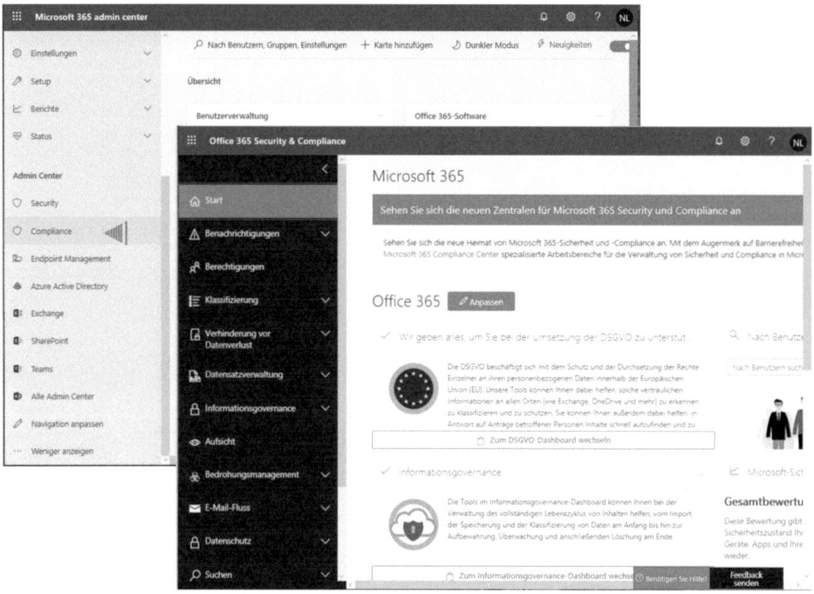

Abbildung 4.53: Öffnen des Security & Compliance Centers

Die Möglichkeiten des Security & Compliance Centers sind riesig, wir betrachten in Folge die wichtigsten und interessantesten Komponenten.

Benachrichtigungsrichtlinien

Eine sehr interessante Möglichkeit ist, dass Sie für wichtige Ereignisse Benachrichtigungen anzeigen lassen können.

Diese Benachrichtigungen können Sie einerseits danach im Security & Compliance Center betrachten, Sie können sich die Meldung aber auch per E-Mail zustellen lassen. Dies erleichtert die Gefahrenabwehr sehr stark.

Microsoft 365 wird bereits mit einigen vordefinierten Benachrichtigungen ausgeliefert.

Sie finden Sie unter

- Benachrichtigungen
- Benachrichtigungsrichtlinien

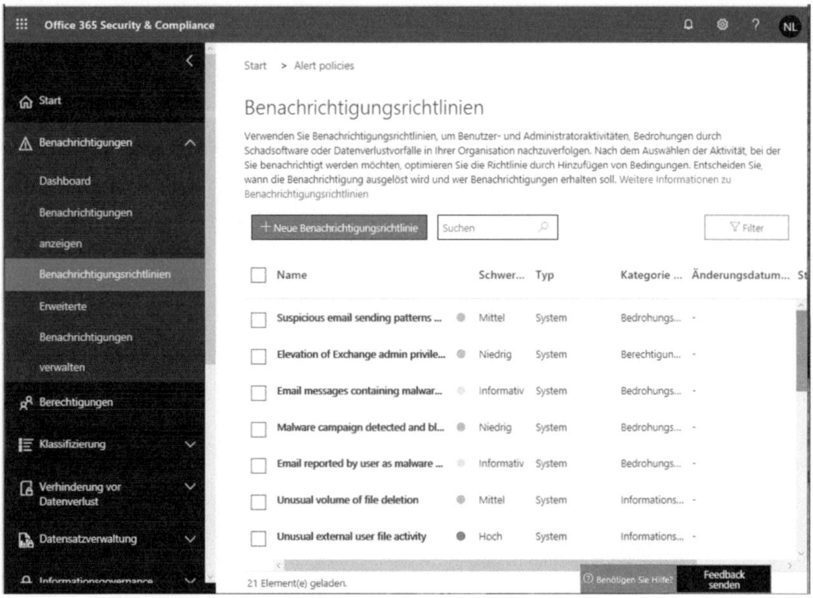

Abbildung 4.54: Vordefinierte Richtlinien

Diese Richtlinien sind sehr gut eingerichtet, sie umfassen die wichtigsten Probleme.

Nehmen Sie sich die Zeit und betrachten Sie die einzelnen Richtlinien, um deren Einsatzgebiet zu erkennen.

Natürlich können Sie auch eigene Richtlinien definieren.

Wenn Sie eine Richtlinie aktivieren möchten, wird angezeigt, dass Sie zunächst die Überwachung aktivieren müssen.

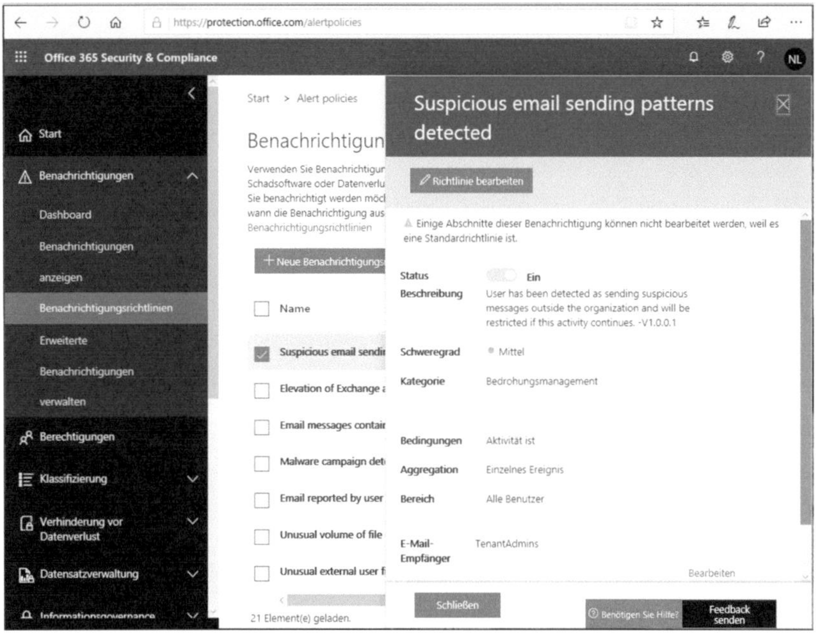

Abbildung 4.55: Überwachung muss aktiviert werden

Dies führen Sie aus, und nach kurzer Zeit können Sie die gewünschten Richtlinien aktivieren.

Im späteren Verlauf können Sie alle Vorfälle unter „Benachrichtigung anzeigen" erkennen.

Einen guten Überblick erhalten Sie auch immer im Dashboard.

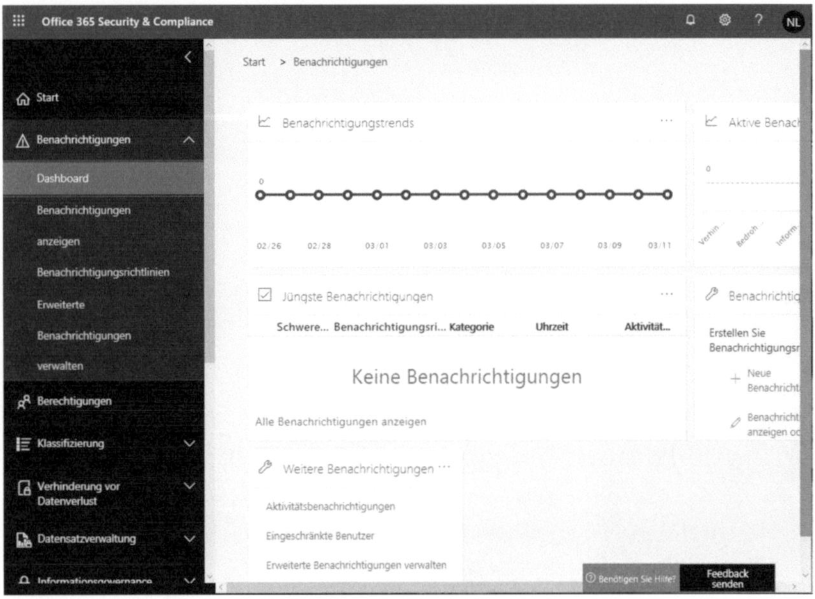

Abbildung 4.56: Dashboard

Aufsichtsrichtlinien

Aufsichtsrichtlinien geben Ihnen die Möglichkeit, die E-Mails der Mitarbeiter zu untersuchen.

Das ist relativ heikel, da Sie natürlich immer den Datenschutz beachten müssen.

Aber Microsoft 365 stellt diese Funktion zur Verfügung, ungeachtet der Vorschriften.

Um Aufsichtsrichtlinien zu erstellen müssen Sie in mehreren Schritten vorgehen.

1. Erstellen von Gruppen für die Überwachung

Zunächst einmal muss festgelegt werden, welche Personen überprüft werden sollen und welche Personen überprüfen dürfen.

Für wenige Personen können Sie diesen Schritt übergehen, aber es wird empfohlen, die Richtlinien von Haus aus richtig einzurichten, damit Sie später relativ einfach Anpassungen vornehmen können.

Sie sollten folgende Gruppen einrichten:

Für überwachte Benutzer: Verteilergruppe

Für Prüfer: E-Mail aktivierte Sicherheitsgruppe

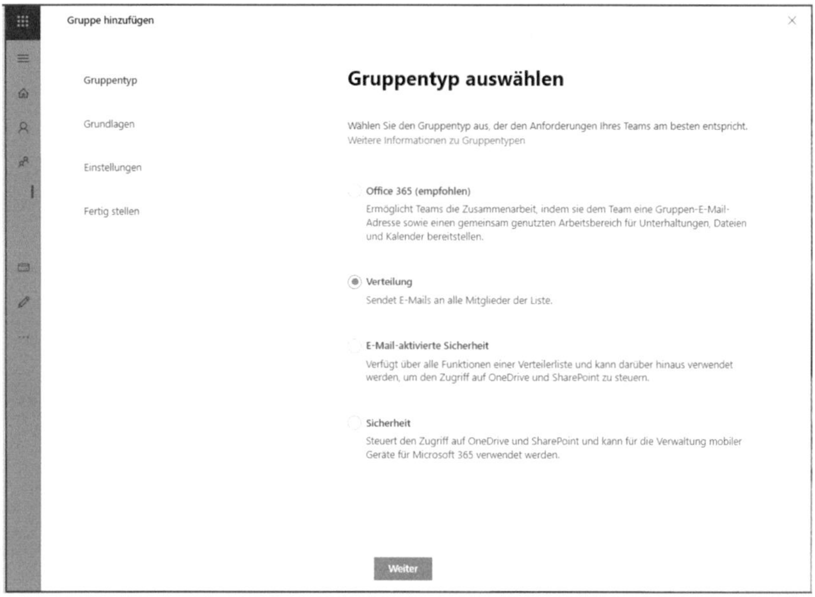

Abbildung 4.57: Gruppen erstellen

Danach weisen Sie den Gruppen die gewünschten Mitglieder zu.

2. Beaufsichtigung aktivieren

Wenn Sie im Security & Compliance Center nach dem Menüpunkt „Aufsicht" sehen, ist dieser nicht in allen Fällen bereits verfügbar.

Wenn Sie mit einem Konto angemeldet sind, das nicht der globale Administrator ist, müssen Sie die Beaufsichtigung noch aktivieren.

Dies nehmen Sie im Bereich „Berechtigungen" vor.

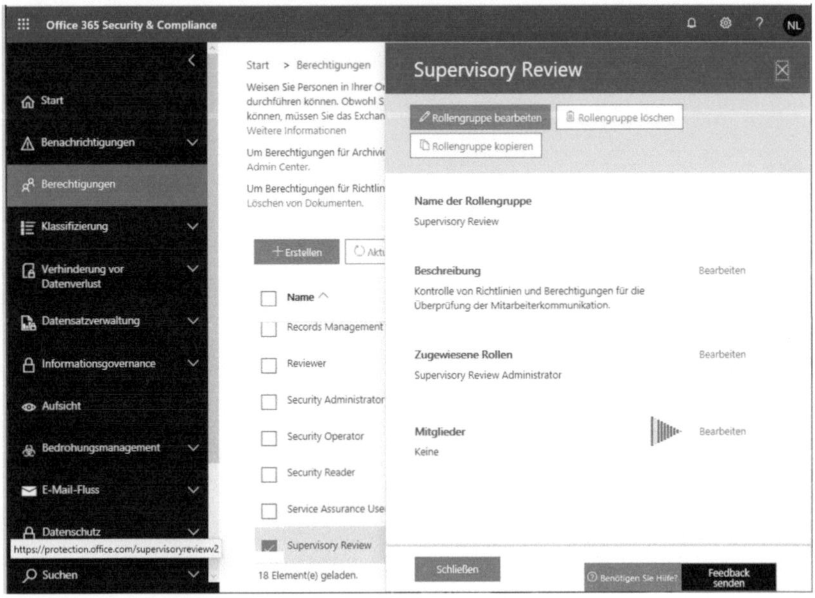

Abbildung 4.58: Berechtigungen

Suchen Sie die Rolle „Supervisory Review“ und weisen Sie dieser Rolle die gewünschten Benutzer zu.

3. Erstellen der Aufsichtsrichtlinie

Danach kann die Richtlinie erstellt werden.

Dazu navigieren Sie zu

- Aufsicht
- Erstellen

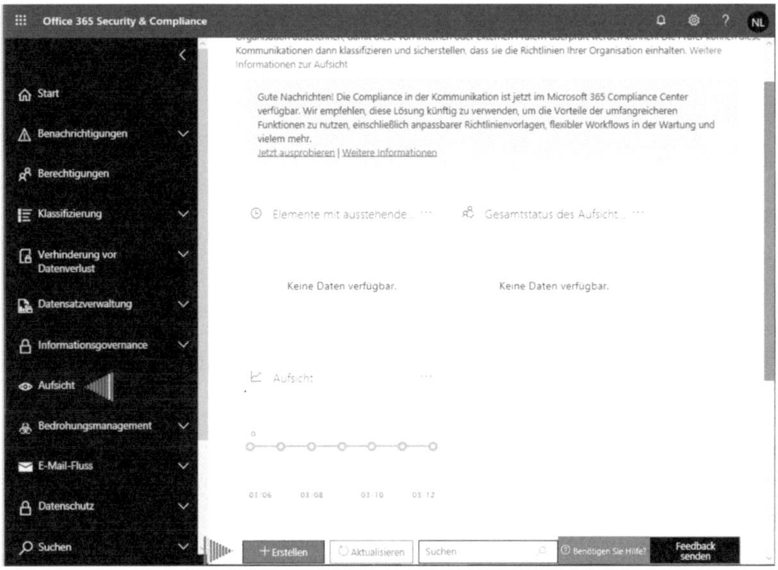

Abbildung 4.59: Erstellen einer neuen Aufsichtsrichtlinie

Geben Sie zunächst der Richtlinie einen Namen und eventuell eine Beschreibung.

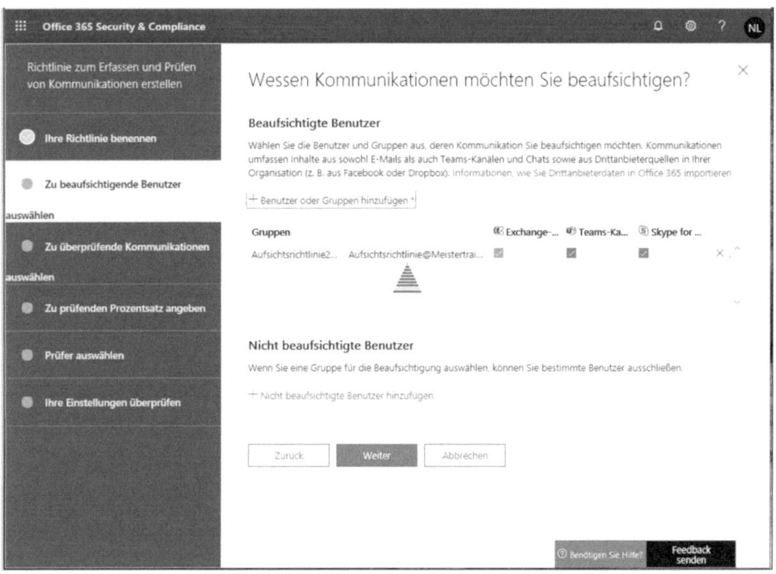

Abbildung 4.60: Beaufsichtigte Benutzer

Danach wählen Sie die „Beaufsichtigten Benutzer“ aus.

Sollten Sie zuvor hierfür eine Gruppe angelegt haben, können Sie diese nun wählen.

In diesem Fall können Sie im unteren Teil Benutzer aus dieser Gruppe ausschließen.

Aufgrund der Unübersichtlichkeit sollten Sie dics aber nicht tun.

Im nächsten Schritt legen Sie die Parameter für die Überwachung der Kommunikation fest.

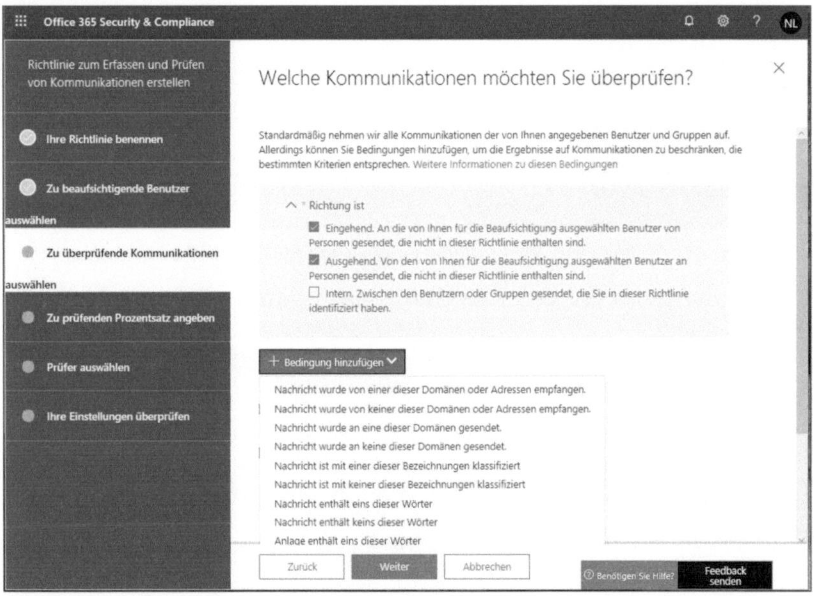

Abbildung 4.61: Parameter

Sie können die Richtlinie für den eingehenden, den ausgehenden, den internen Verkehr oder für eine Auswahl hiervon festlegen.

Im mittleren Teil der Seite können Sie „Bedingungen“ wählen.

Hier können Sie die Überwachung einschränken, zum Beispiel auf bestimmte Schlüsselwörter, die Sie an dieser Stelle auch gleich definieren können.

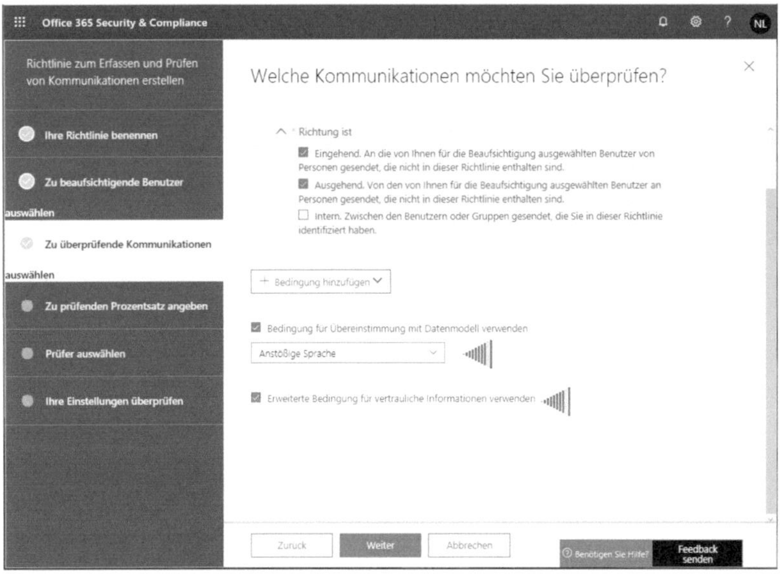

Abbildung 4.62: Weitere Parameter

Sie können auch eine Filterung in Bezug auf eine anstößige Sprache definieren oder zuvor definierte vertrauliche Informationen.

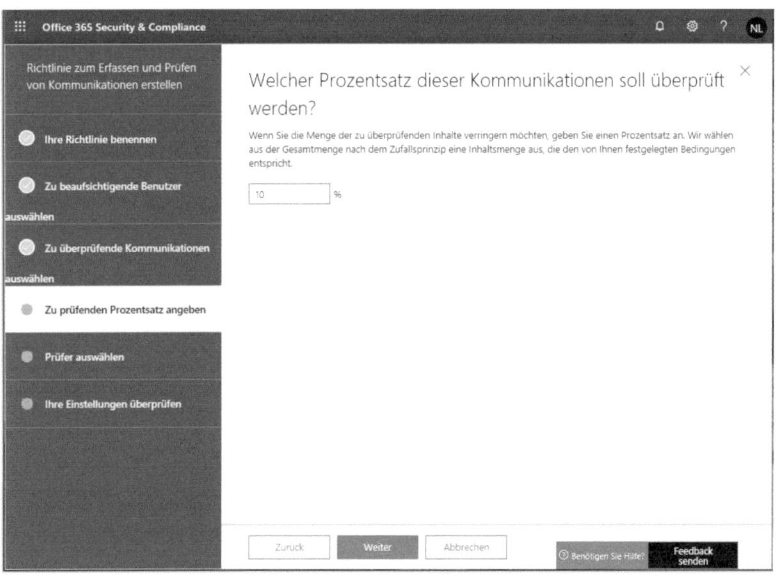

Abbildung 4.63: Prozentsatz

Im nächsten Schritt können Sie festlegen, welcher Prozentsatz des Nachrichtenverkehrs überwacht werden soll.

Danach wählen Sie noch den oder die Prüfer aus.

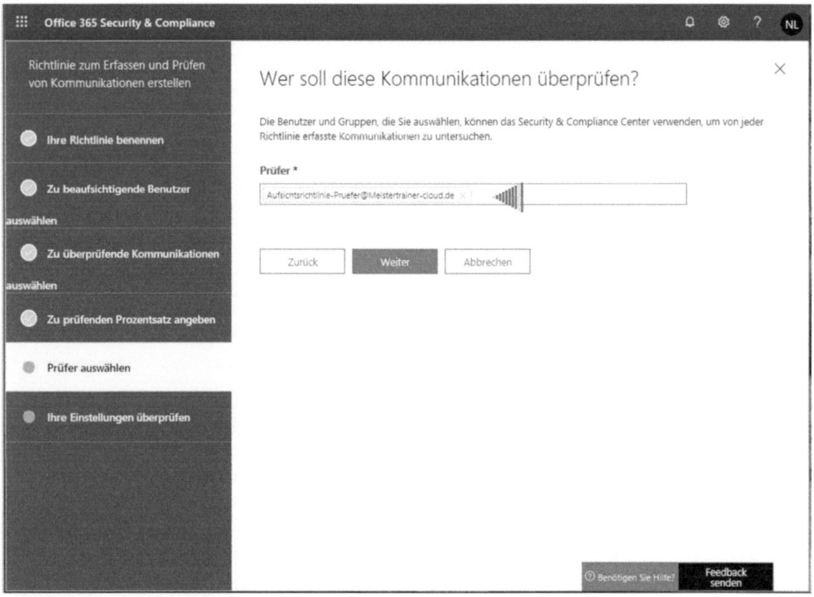

Abbildung 4.64: Prüfer

Wenn Sie hierfür eine Gruppe definiert haben, können Sie diese hier angeben.

Danach wird die Aufsichtsrichtlinie erstellt.

Aufbewahrungsrichtlinien

Betrachten wir die Aufbewahrungsrichtlinien.

Im Geschäftsleben besteht eine gesetzliche Verpflichtung, Dokumente für eine bestimmte Zeit aufzubewahren.

Mit den Aufbewahrungsrichtlinien, die Sie im Security & Compliance Center erstellen können, haben Sie die Möglichkeit, folgende verbindliche Tasks festzulegen:

- Aufbewahrungszeitraum

  Vor Ablauf dieses Zeitraums können die entsprechenden Daten nicht gelöscht werden
- Zeitpunkt des Löschens

  Nach Ende des Aufbewahrungszeitraums werden die Daten endgültig gelöscht

Natürlich können Sie die Richtlinien auch anpassen, also beispielsweise Schlüsselwörter generieren, damit die Richtlinie nur angewendet wird, falls eines der Schlüsselwörter in der Datei vorhanden ist.

Prinzipiell funktioniert die Aufbewahrung folgendermaßen:

Wenn Inhalte gelöscht oder verändert werden, wird eine Kopie der Datei ins Dokumentenarchiv verschoben.

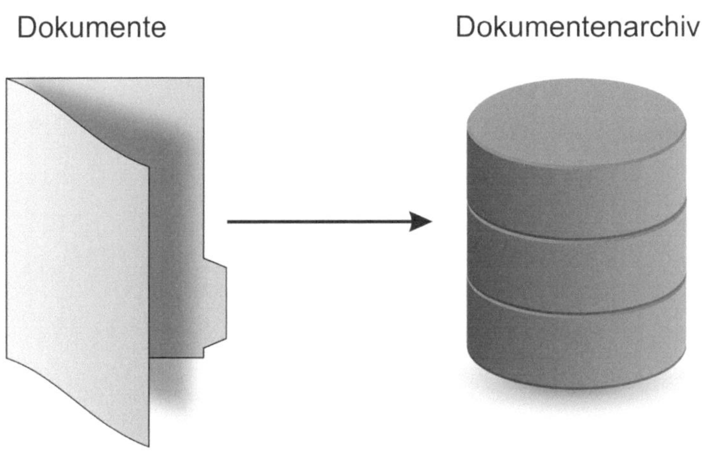

Abbildung 4.65: Verschieben ins Dokumentenarchiv

Hier bleibt diese Datei für den Aufbewahrungszeitraum.

Sollte sie erneut geändert werden, wird wieder eine Kopie der Datei vor der Änderung ins Dokumentenarchiv gelegt.

Nach Ablauf der Aufbewahrungszeit wird das Dokument in den Papierkorb gelegt.

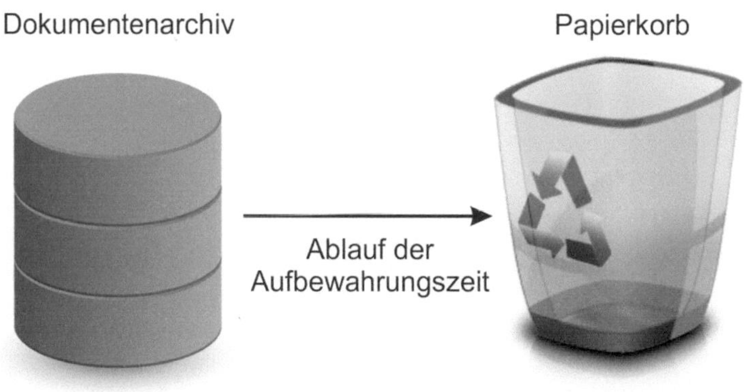

Abbildung 4.66: Dokument wird in den Papierkorb gelegt

Betrachten wir, wie eine solche Aufbewahrungsrichtlinie konfiguriert werden kann.

Dafür wechseln wir zu

- Informationsgovernance
- Aufbewahrung

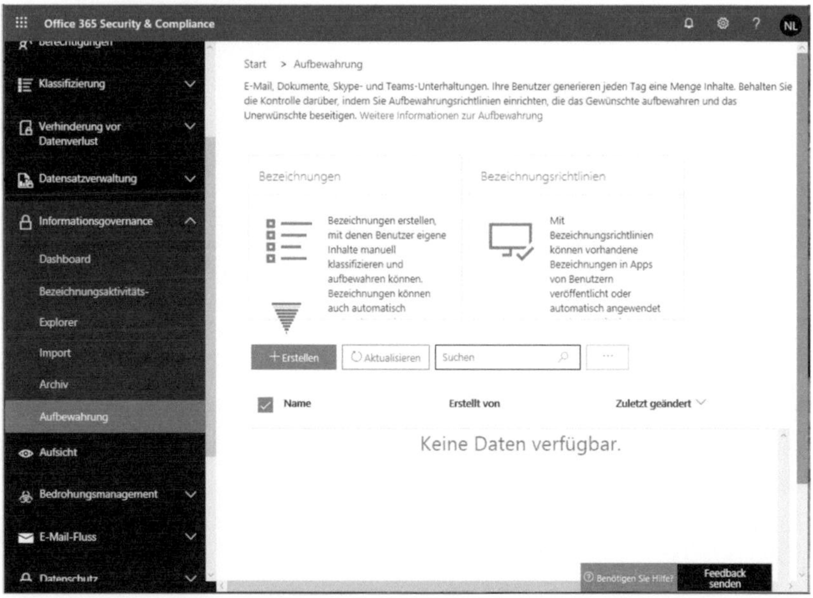

Abbildung 4.67: Aufbewahrung

Hier wählen wir „Hinzufügen“.

Zunächst geben wir der neuen Richtlinie einen Namen und gegebenenfalls eine Beschreibung.

Auf der Seite „Einstellungen“ wählen Sie, wie lange Sie die Daten aufbewahren wollen, und entscheiden sich bei der Abhängigkeit, ob Sie den Timer laufen lassen wollen in Abhängigkeit von

- Erstellungsdatum der Datei
- Letztes Änderungsdatum der Datei

Ebenfalls können Sie sich gleich für die Löschung nach Ablauf des Aufbewahrungszeitraums entscheiden.

Wenn Sie „Nein“ wählen, wird die Datei nicht gelöscht, Sie müssen sie manuell entfernen, wenn Sie das möchten.

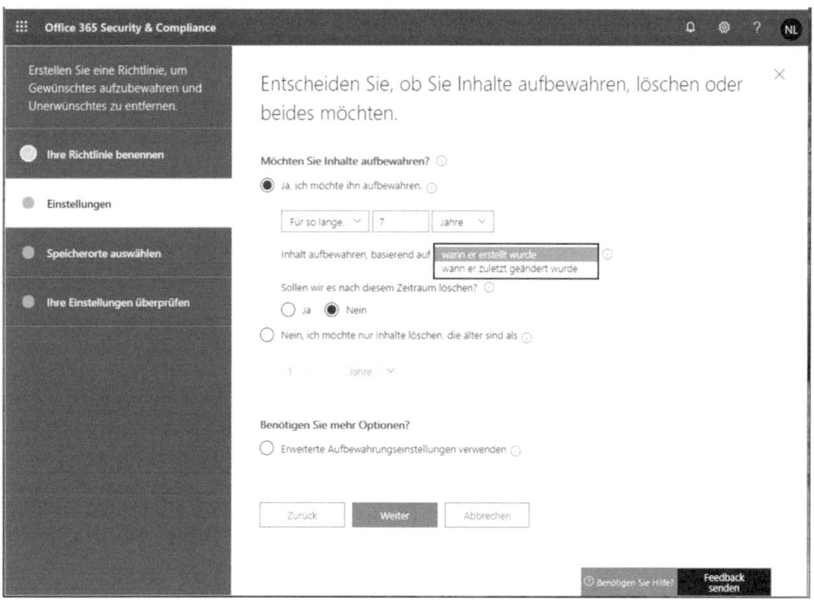

Abbildung 4.68: Einstellungen

Im mittleren Teil der Seite können Sie eine Löschung aller Dokumente vornehmen, die ein bestimmtes Alter erreicht haben, ebenfalls wieder in Abhängigkeit vom Erstellungsdatum der Datei oder letztem Änderungsdatum

Im unteren Teil können Sie erweiterte Optionen definieren.

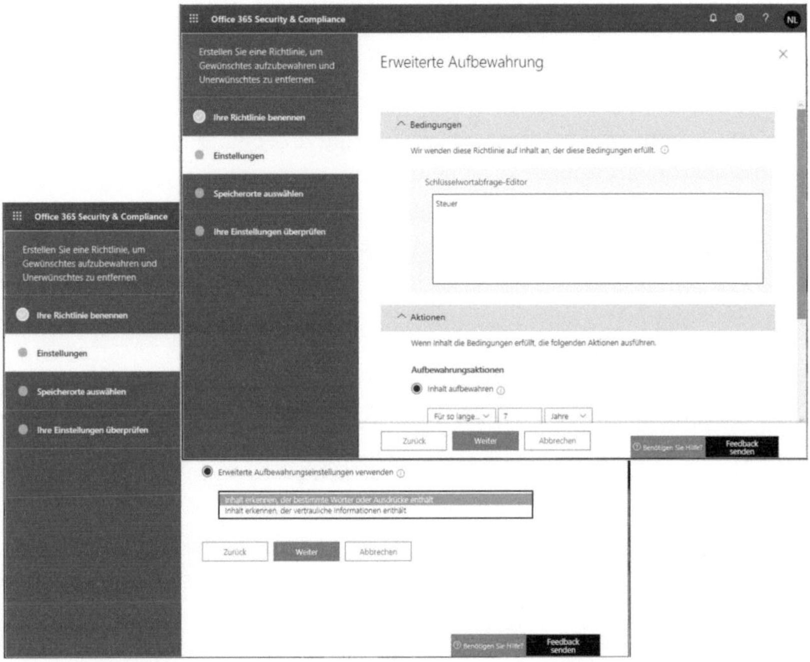

Abbildung 4.69: Wörter oder Ausdrücke

Wenn Sie wählen „Inhalt erkennen, der bestimmte Wörter oder Ausdrücke enthält“, können Sie diese Richtlinie für Daten anwenden, in deren Inhalt bestimmte Phrasen zu finden sind.

Auf der nächsten Seite legen Sie diese Wörter oder Ausdrücke fest.

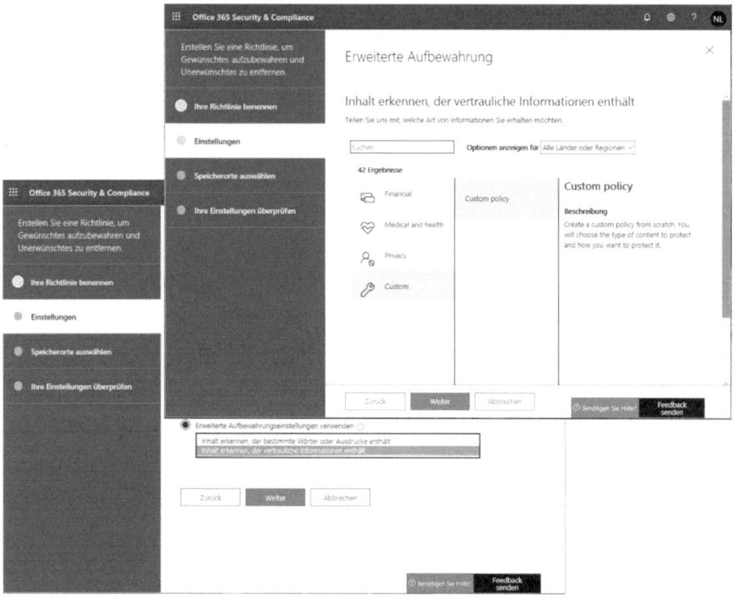

Abbildung 4.70: Vertrauliche Informationen

Sie können auch wählen „Inhalt erkennen, der vertrauliche Informationen enthält".

Hier können Sie Daten aufgrund ihres getagten Inhalts erkennen.

Auf der nächsten Seite wählen Sie diese Inhalte aus.

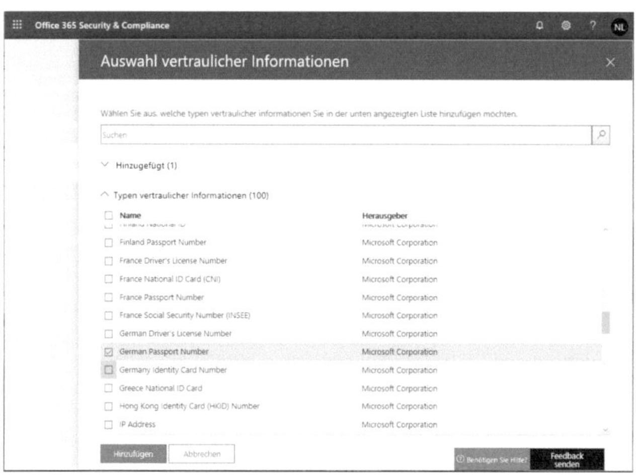

Abbildung 4.71: Auswahl der Inhalte

Die nächste Seite ist unabhängig von allen Vorauswahlen immer dieselbe. Hier legen Sie fest, für welche Speicherorte die Richtlinie gelten soll.

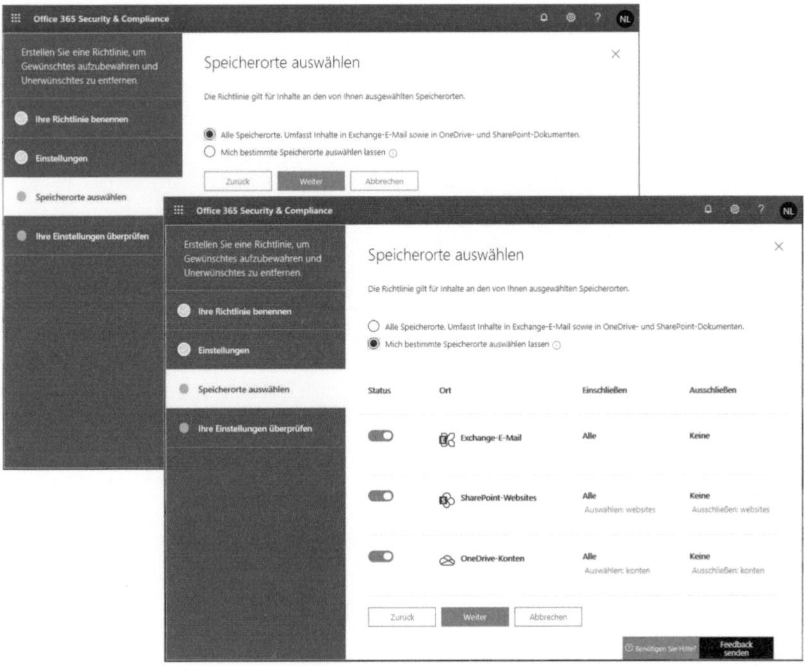

Abbildung 4.72: Speicherorte

Die Standardeinstellung ist, dass sie auf alle Speicherorte angewendet wird, also auf alle Exchange E-Mails und alle OneDrive- und SharePoint Daten.

Sie können aber die Speicherorte auch manuell konfigurieren.

Danach erhalten Sie noch eine Zusammenfassung Ihrer Auswahl mit dem wichtigen Hinweis, dass es sieben Tage dauert, bis diese Richtlinie angewendet wird.

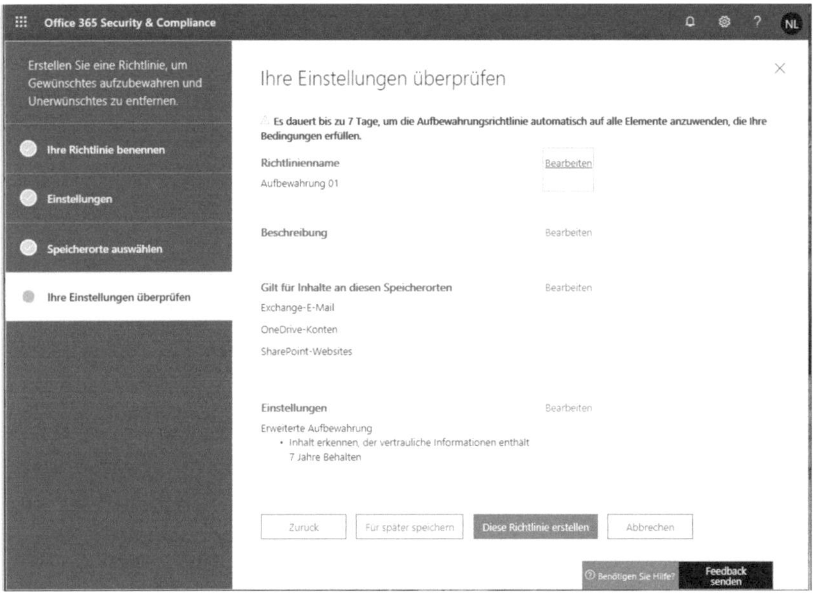

Abbildung 4.73: Zusammenfassung

Nach einem Klick auf „Diese Richtlinie erstellen“ beginnt die Einrichtung.

Überschneidung von mehreren Aufbewahrungsrichtlinien

Natürlich ist es möglich, dass Sie mehrere Aufbewahrungsrichtlinien erstellen.

Was ist aber, wenn auf die gleiche Datei mehrere Aufbewahrungsrichtlinien angewendet werden, wie wird mit den sich eventuell überschneidenden Einstellungen umgegangen?

Das ist sehr einfach, es gibt dafür einige wenige Regeln. Die wichtigste ist

Aufbewahrung hat Vorrang vor Löschung

Lassen Sie uns dafür ein Beispiel betrachten, in dem für eine Datei sowohl Richtlinie 1 als auch Richtlinie 2 gültig sind.

Richtlinie 1: Aufbewahrung drei Jahre, dann Löschung

Richtlinie 2: Aufbewahrung vier Jahre, dann Löschung

Ergebnis: Die Datei wird nach drei Jahren aus den Dokumenten des Benutzers entfernt und in das Dokumentenarchiv verschoben. Dort bleibt sie bis zum Ablauf von vier Jahren, dann wird sie gelöscht.

Verhinderung vor Datenverlust (DLP)

Ein weiteres mögliches Problem in einer Unternehmensumgebung ist, dass vertrauliche Informationen nicht nach draußen gelangen dürfen.

Dies können Finanzdaten sein, oder Personalakten oder auch geheime Konstruktionsdaten.

Sie müssen auf jeden Fall eine Lösung dafür haben, dass diese Daten die Firma nicht unbefugt verlassen können.

Microsoft bietet mit den Richtlinien zur Verhinderung von Datenverlust (Data Loss Prevention, DLP) hierfür ein Konzept an.

Wenn Sie eine DLP-Richtlinie erstellen, können Sie mit dieser folgende Tasks erledigen:

Vertrauliche Daten ermitteln

Beispielsweise können Sie Dokumente finden, die einen definierten Inhalt haben, zum Beispiel eine Personalausweisnummer.

Diese Daten sind an allen Speicherorten von Exchange Online, SharePoint Online, OneDrive for Business und Microsoft Teams identifizierbar.

Unbefugte Freigabe vertraulicher Daten verhindern

Sie können anhand von diversen Kriterien Daten ermitteln, die bestimmte Inhalte haben und diese Daten für definierte Personen zugänglich machen. Ein Versenden per E-Mail können Sie verbieten.

Schutz auch in den Desktopversionen von Office

Auch in den Desktopversionen können DLP-Richtlinien angewendet werden.

Information über versuchtes Versenden von vertraulichen Informationen

Sollte ein Benutzer versuchen, eine geschützte Datei zu versenden, erhalten Sie eine Benachrichtigung und können das Versenden bei Bedarf erlauben.

Im ersten Schritt sollten Sie überlegen, welche Schlüsselwörter Sie für die Identifikation von vertraulichem Inhalt verwenden möchten.

Diese legen Sie dann als „Typ vertraulicher Informationen" fest.

- Klassifizierung
- Typen vertraulicher Informationen

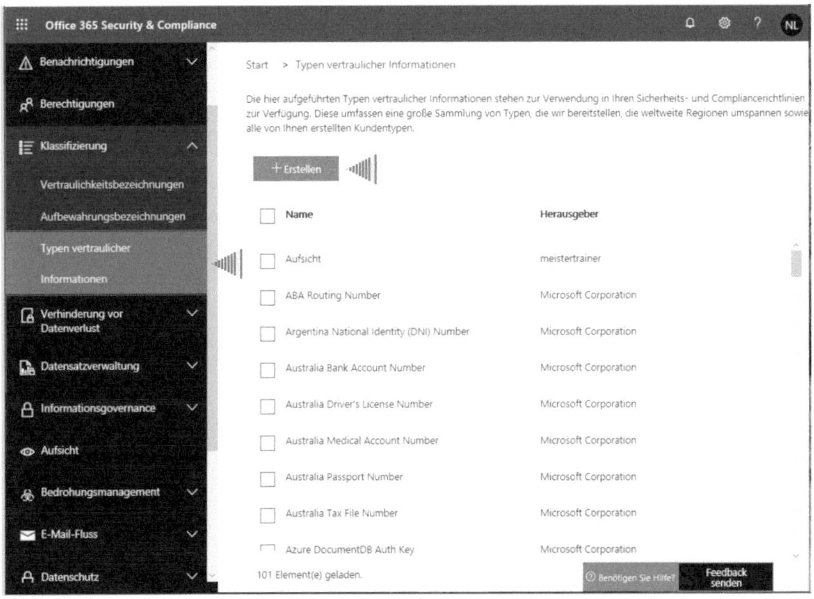

Abbildung 4.74: Typen vertraulicher Informationen

Sie sehen, hier sind schon einige Typen definiert, dies werden wir später wiedersehen.

Legen Sie alle Schlüsselwörter so fest, wie Sie es möchten.

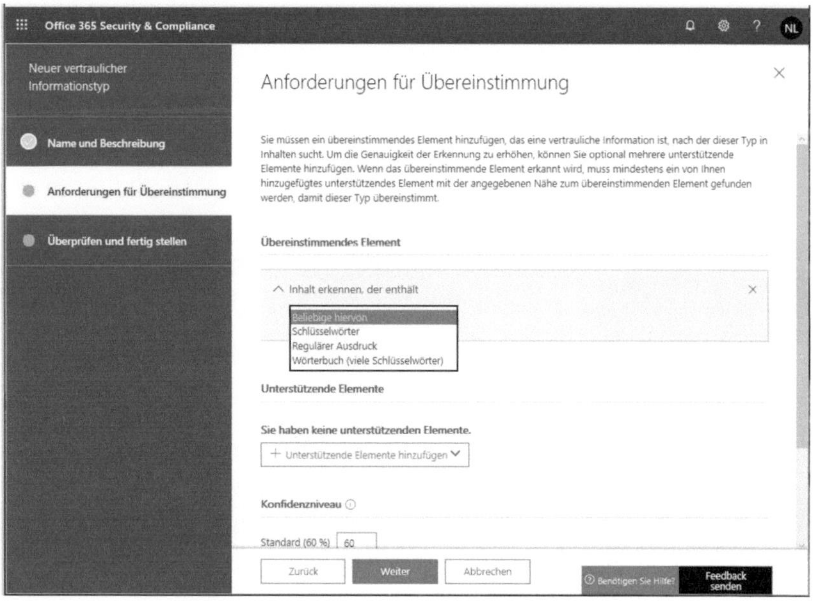

Abbildung 4.75: Definition

Danach können Sie eine DLP-Richtlinie erstellen.

Sie wählen im Security & Compliance Center

- Verhinderung von Datenverlust
- Richtlinie
- Richtlinie erstellen

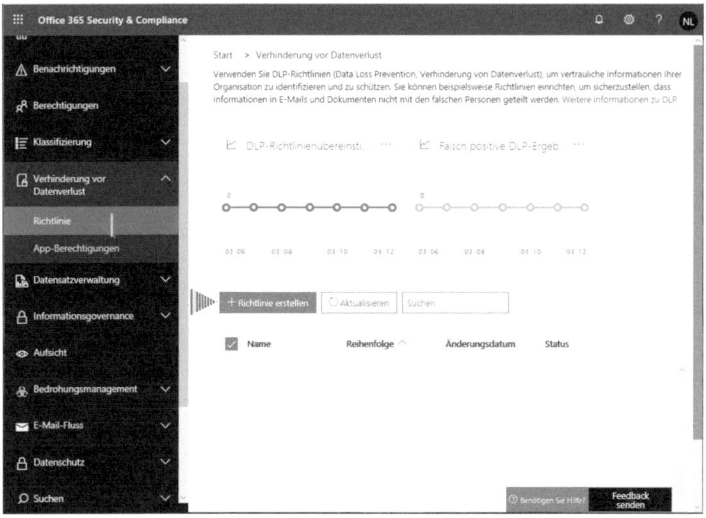

Abbildung 4.76: DLP-Richtlinie erstellen

Im ersten Schritt wählen Sie die Inhalte aus, nach denen die Richtlinie in den Daten suchen soll.

Sie können einige vordefinierte Vorlagen wählen, von denen die meisten leider nicht gut für deutschsprachige Länder geeignet sind.

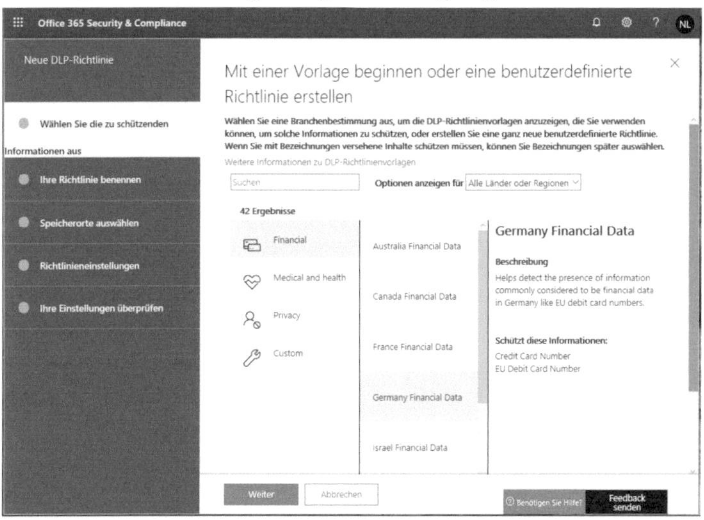

Abbildung 4.77: Germany Financial Data

Unter „Custom“ können Sie auch eine eigene Vorlage für diese verwalteten Eigenschaften erstellen.

In diesem Beispiel wähle ich aus der Kategorie „Financial“ „Germany Financial Data“ aus.

Dabei wird der Inhalt nach Kreditkartennummern und Nummern von Debit-Karten durchsucht.

Auf der nächsten Seite geben Sie der Richtlinie eincn Namen, Sie können auch den vorgeschlagenen Namen akzeptieren.

Der nächste Schritt ist das Festlegen der zu untersuchenden Speicherorte.

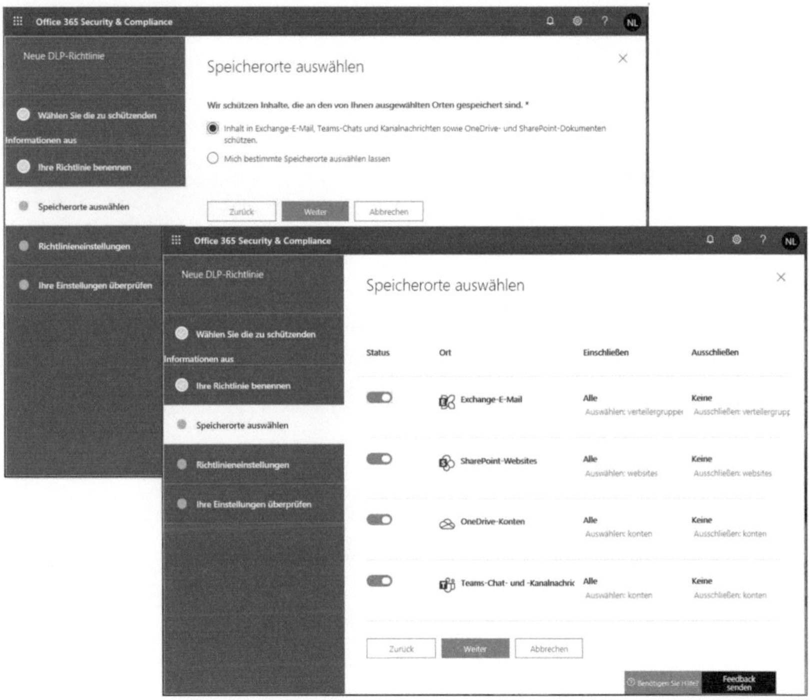

Abbildung 4.78: Speicherorte

Sie können entweder alle bekannten Orte wählen oder die gewünschten Orte einzeln definieren.

Nun geht es weiter mit dem Anpassen.

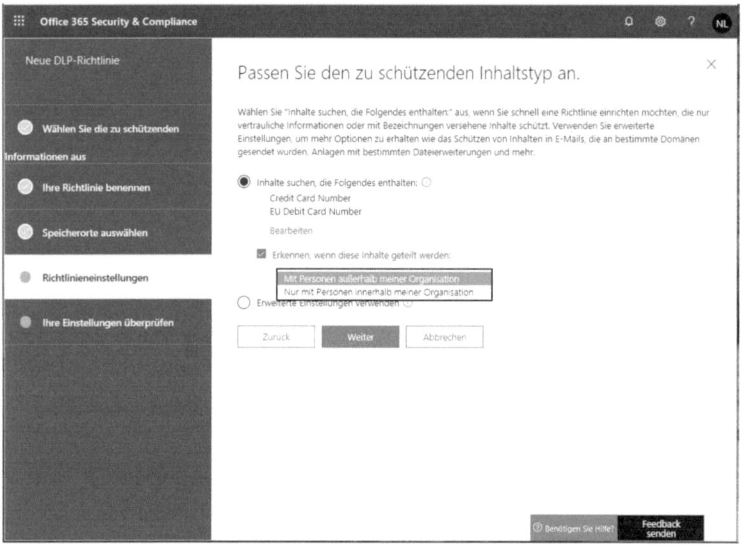

Abbildung 4.79: Anpassen

Sie sehen die Inhalte, nach denen gesucht werden soll.

Sie können festlegen, ob nach diesen Inhalten gesucht werden soll, wenn die Kommunikation innerhalb oder außerhalb der Firma stattfindet.

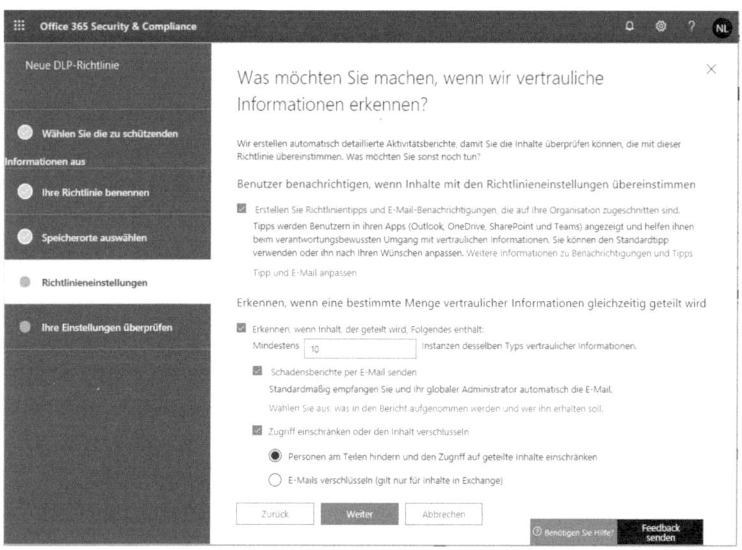

Abbildung 4.80: Reaktionen

Wenn Sie diese Auswahl der festgelegten Inhalte getroffen haben, sehen Sie auf der nächsten Seite die Reaktionen auf eine Erkennung von den festgelegten Inhalten.

Sie können festlegen, dass der Benutzer eine E-Mail erhält, wenn er versucht, geschützte Daten zu senden.

Die Details dieser Mails können Sie natürlich auch festlegen.

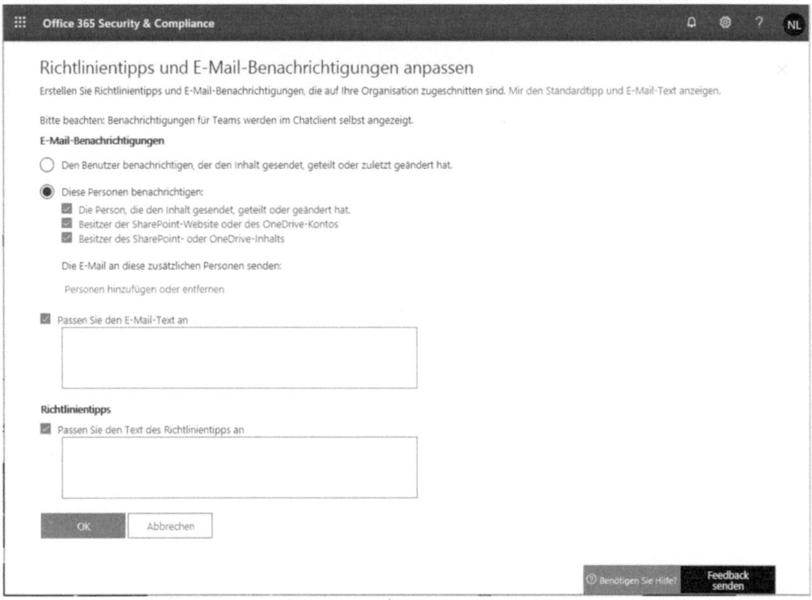

Abbildung 4.81: Mail Details

Im mittleren Teil legen Sie die Menge fest, die mindestens gesendet werden muss, bis die Richtlinie eingreift.

Im unteren Teil definieren Sie, wer alles zusätzlich zum globalen Administrator eine Meldung über diesen Schaden bekommen soll.

Außerdem legen Sie fest, ob die Person am Teilen gehindert werden soll und ob der Inhalt verschlüsselt werden soll, was aber nur beim Exchange Server möglich ist.

Sollten Sie zuvor „Erweiterte Einstellungen verwenden“ gewählt haben, erhalten Sie eine Auswahl mit einer oder mehreren Regeln, die Sie individuell anpassen können.

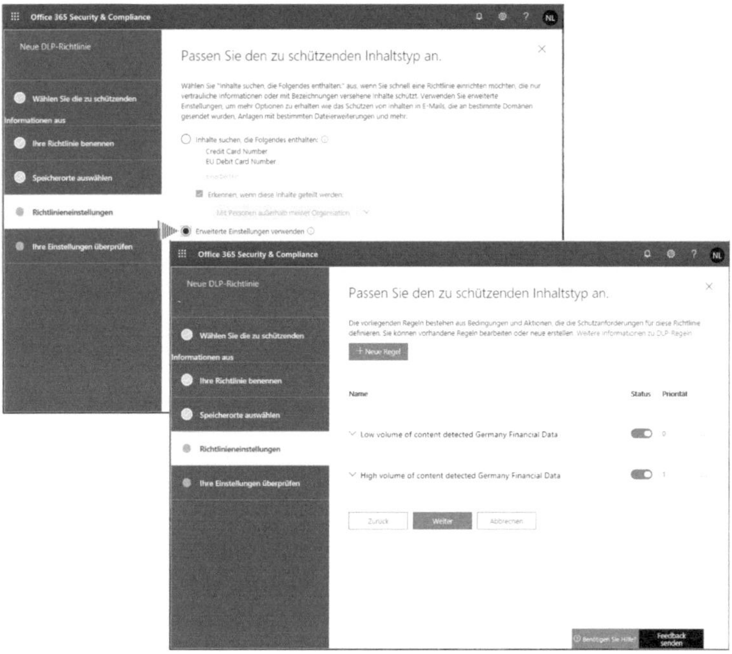

Abbildung 4.82: Erweiterte Einstellungen

Sie öffnen dazu die jeweilige Regel und klicken auf „Regel bearbeiten“.

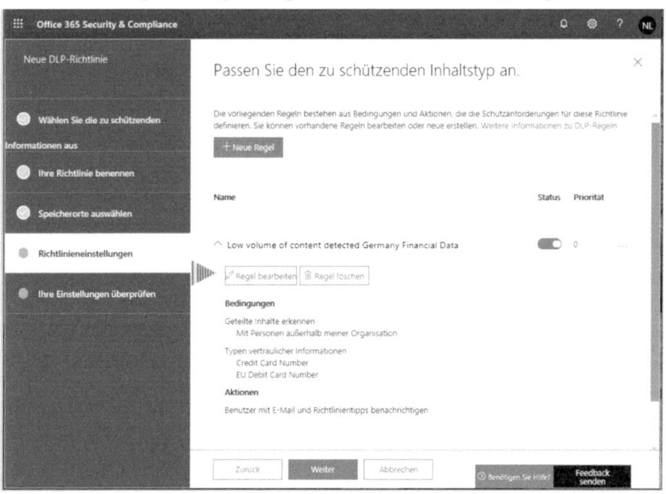

Abbildung 4.83: Regel bearbeiten

Nun erhalten Sie sehr viele detaillierte Konfigurationsmöglichkeiten.

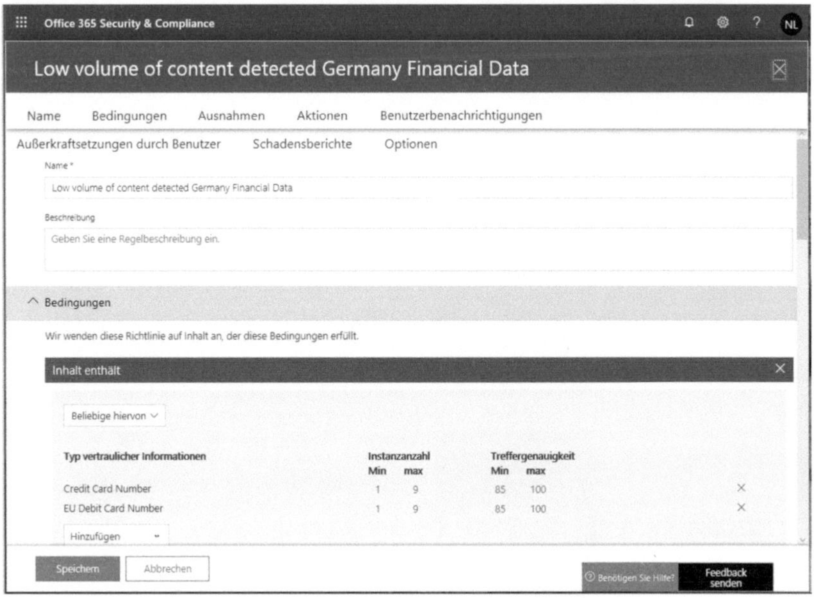

Abbildung 4.84: Konfigurationsmöglichkeiten

Inhalt enthält

Hier sehen Sie die definierten Inhalte, die an dieser Stelle auch angepasst werden können.

Hier gibt es eine Besonderheit.

Wenn Sie wählen

+ Gruppe hinzufügen

können Sie weitere Typen vertraulicher Informationen auswählen und diese mit den Logik-Operatoren „und“ beziehungsweise „oder“ verknüpfen.

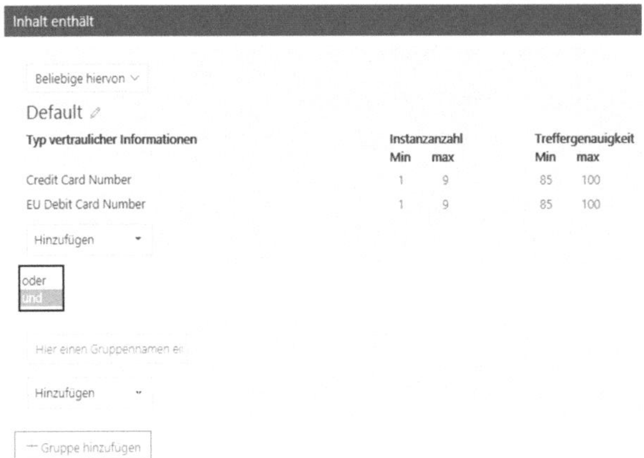

Abbildung 4.85: Logikoperatoren

Bei „und“ wird die Richtlinie nur angewendet, wenn alle Inhaltstypen erfüllt sind, eine „oder“-Verknüpfung würde eine Auswahl unterstützen.

Inhalt ist geteilt

Das ist die bereits bekannte Auswahl von Personen innerhalb oder außerhalb der Organisation

Ausnahmen

Hier können Sie festlegen, dass die Richtlinie für bestimmte Ziele nicht gelten soll. So können Sie beispielsweise eine bestimmte Domäne, einen bestimmten IP-Bereich, einen bestimmten Empfänger oder vieles mehr als Ausnahme definieren.

Aktionen

An dieser Stelle können Sie festlegen, was geschehen soll, wenn die festgelegten Bedingungen erfüllt worden sind.

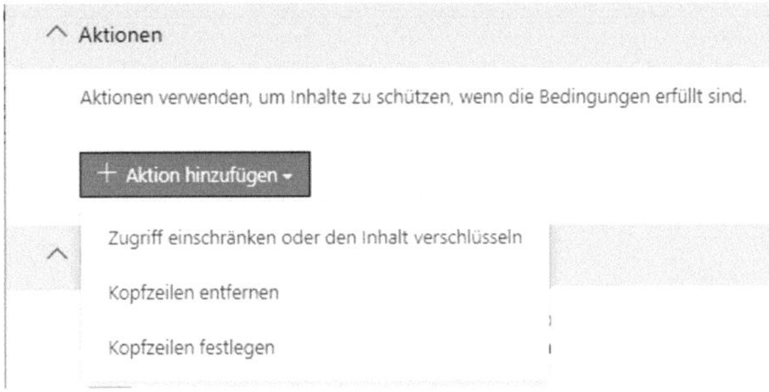

Abbildung 4.86: Aktionen

Benutzerbenachrichtigung

Dies sind die gleichen Einstellungen wie in der verkürzten Version

Außerkraftsetzung durch Benutzer

Wenn diese Option aktiviert ist, kann der Benutzer die Einstellungen außer Kraft setzen.

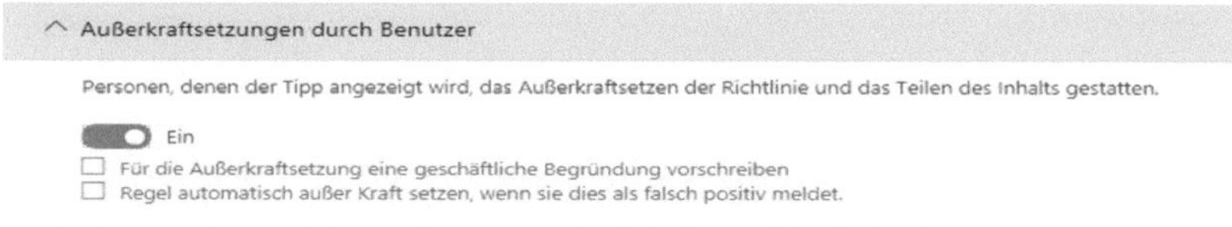

Abbildung 4.87: Außerkraftsetzung

Dies ist in den meisten Fällen nicht erwünscht.

Schadensberichte

Auch dies ist identisch mit den Schadensberichten in der verkürzten Version.

Optionen

Zum Schluss können Sie festlegen, ob die weiteren Regeln, die in der Reihenfolge danach kommen, noch abgearbeitet werden sollen oder nicht.

Die sofortige Beendung wird aber nur von Exchange unterstützt.

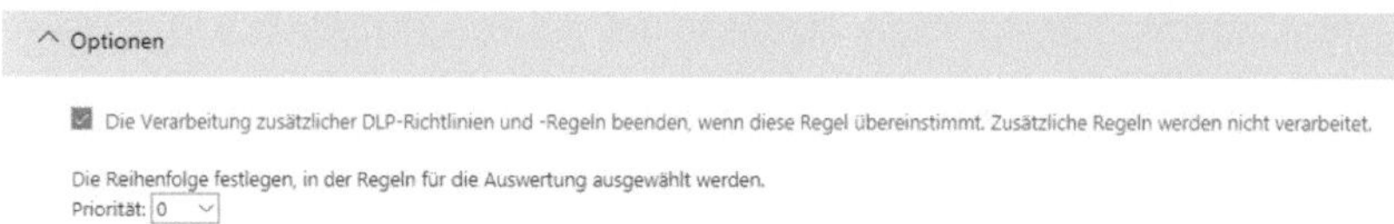

Abbildung 4.88: Optionen

Hier können Sie auch die Priorität festlegen.

Danach müssen Sie sich noch entscheiden, ob die Richtlinie sofort aktiv sein soll oder ob Sie sie erst testen wollen.

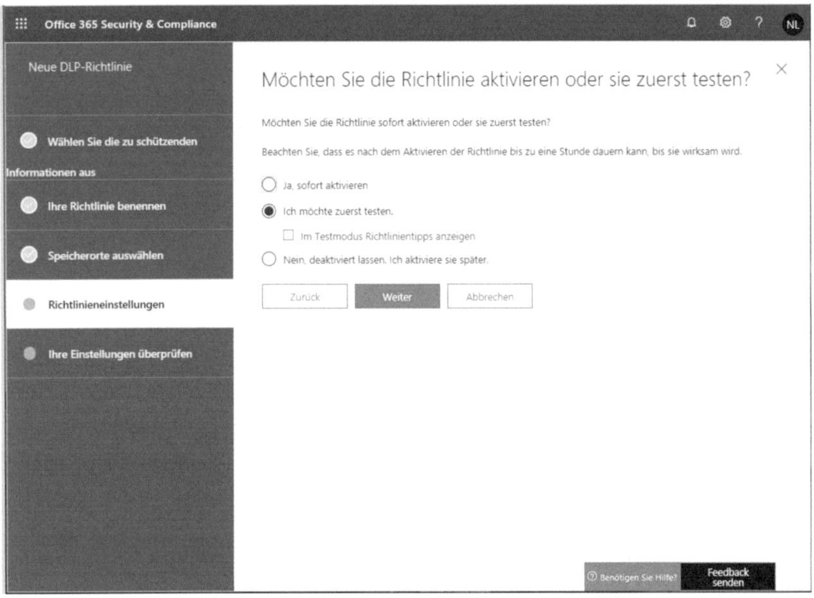

Abbildung 4.89: Aktivierung oder Test

Danach wird die DLP-Richtlinie erstellt.

eDiscovery

eDiscovery, oder auch „electronic Discovery" ist das Suchen von Informationen, die juristisch relevant sein könnten.

In Microsoft 365 können Sie eDiscovery benutzen, um nach Inhalten in Exchange Online Postfächern, Office 365 Gruppen, Microsoft Teams, SharePoint Online und OneDrive für Unternehmen Websites sowie Skype for Business Unterhaltungen zu suchen.

Um einen eDiscovery Fall zu erstellen, müssen Sie Mitglied in der Rollengruppe „ eDiscovery-Manager" sein.

Dafür bearbeiten Sie diese Rolle im Security & Compliance Center.

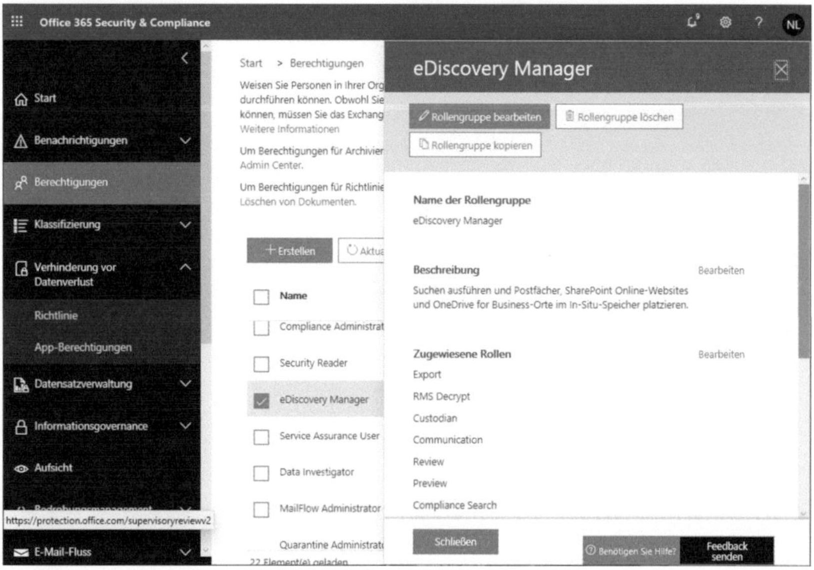

Abbildung 4.90: eDiscovery-Manager

Erstellen eines eDiscovery-Falls

Um nach bestimmten Inhalten zu suchen, müssen Sie zunächst einen eDiscovery Fall erstellen.

Dazu wechseln Sie zu

- eDiscovery
- Fall erstellen

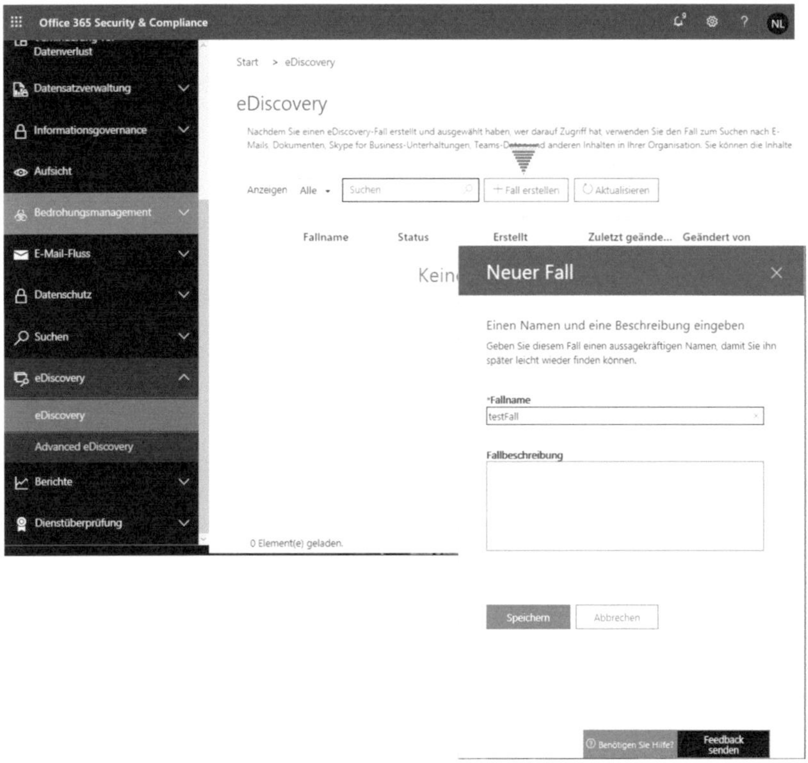

Abbildung 4.91: Fall erstellen

Zunächst geben Sie dem neuen Fall einen Namen und eine Beschreibung.

Dieser neue Fall wird nun in der Übersicht angezeigt.
Der nächste Schritt ist, diesem Fall Mitglieder hinzuzufügen.

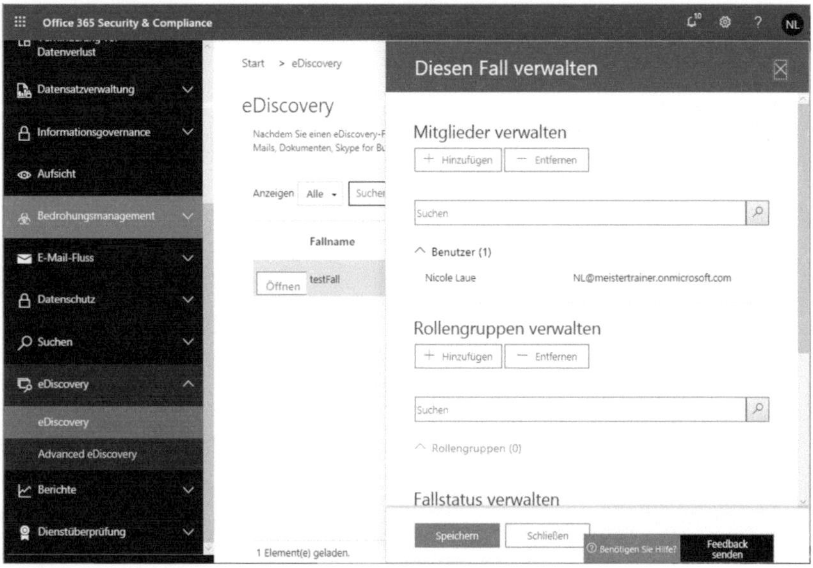

Abbildung 4.92: Mitglieder

Mitglieder bedeutet, dass diese Personen den Fall auswerten können. Deswegen muss jedes Mitglied, das Sie hinzufügen, die Rolle eDiscovery-Manager erhalten.

Sie als Ersteller sind schon automatisch hinzugefügt.

Nun erstellen Sie eine sogenannte „Aufbewahrung“.

In einer Aufbewahrung werden alle Daten aufbewahrt, die mit den von Ihnen festgelegten Kriterien übereinstimmen.

ACHTUNG!

Nach der Festlegung der Aufbewahrung dauert es bis zu 24 Stunden, bis die entsprechenden Daten wirklich gesammelt werden!

Zum Erstellen einer Aufbewahrung öffnen Sie den zuvor erstellten Fall.

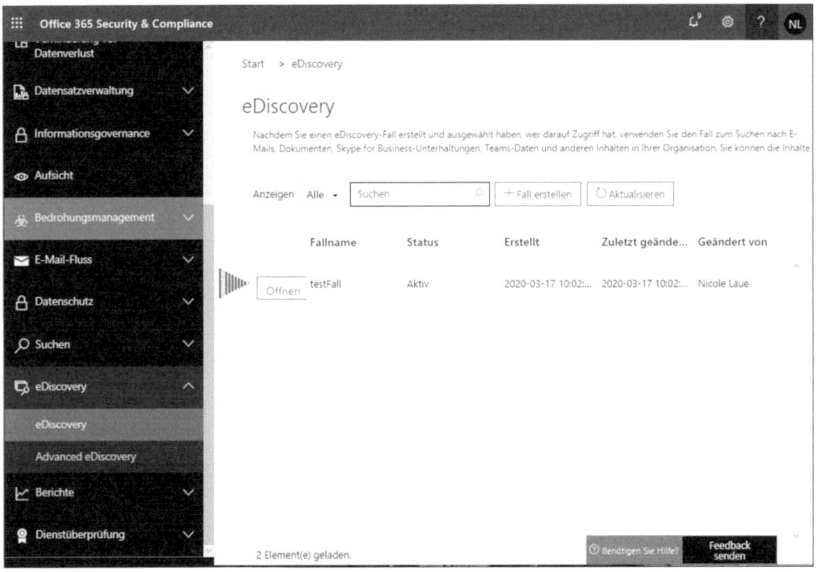

Abbildung 4.93: Öffnen des Falls

Nun navigieren Sie zu „Aufbewahrung“ und wählen „+Erstellen“.

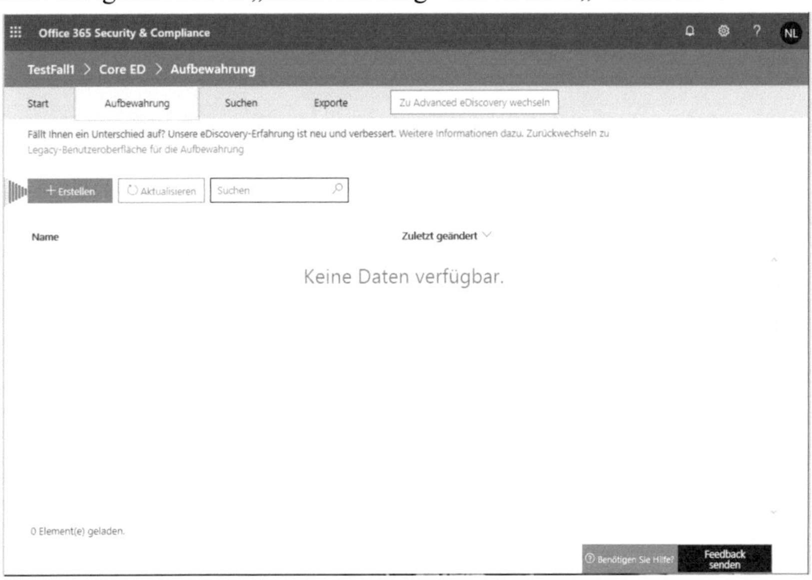

Abbildung 4.94: Erstellen einer Aufbewahrung

Die neue Aufbewahrung, die Sie nun erstellen, benötigt natürlich auch einen Namen und optional eine Beschreibung.

Nun wählen Sie die Speicherorte aus, die durchsucht werden sollen.

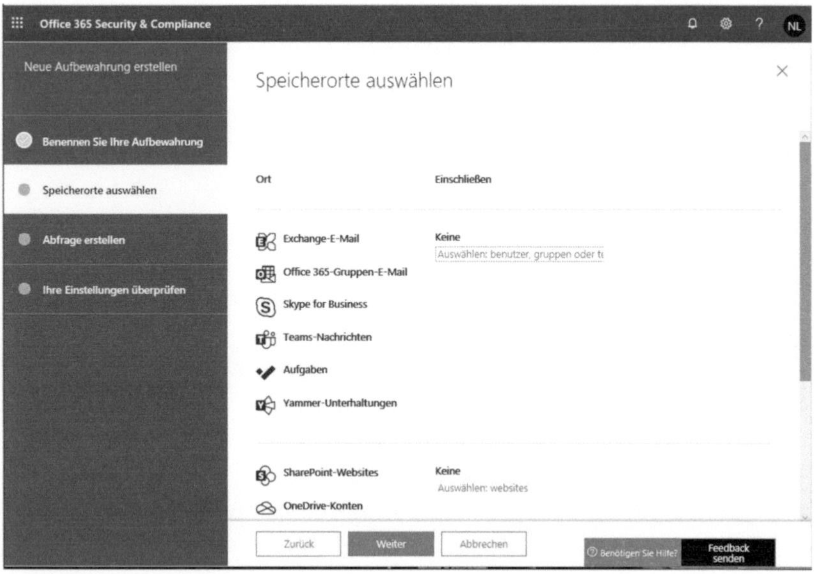

Abbildung 4.95: Speicherorte

Danach klicken Sie auf „Weiter".

Der nächste Schritt ist das Erstellen der Abfragebedingungen.

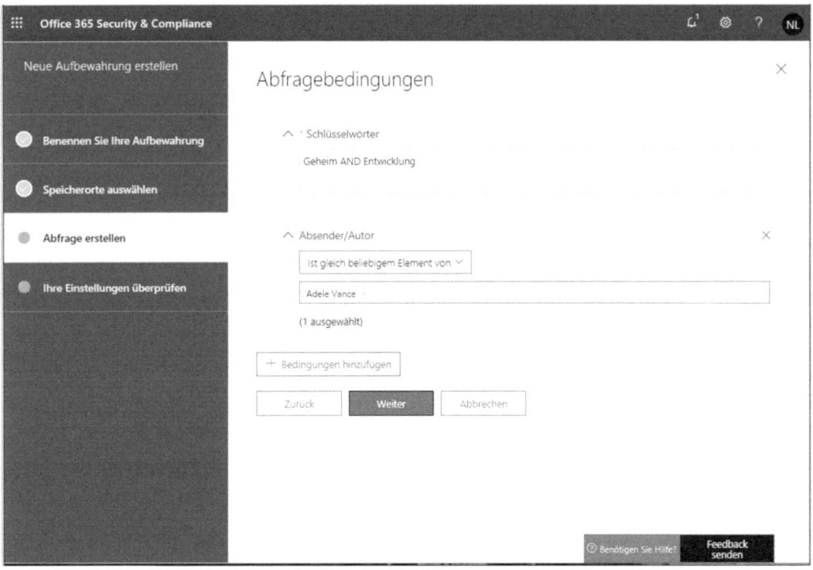

Abbildung 4.96: Abfragebedingungen

Im oberen Teil können Sie Schlüsselwörter definieren.

In diesem Fall werden nur Inhalte in der Aufbewahrung gespeichert, die die definierten Schlüsselwörter beinhalten.

Sie können auch Logikoperatoren verwenden, also

- AND
- OR
- NOT

ACHTUNG!

Wenn Sie keine Schlüsselwörter definieren, werden alle Elemente, die sich an den definierten Speicherorten befinden, aufbewahrt.

Sie können auch Abfragebedingungen definieren.

Hier haben Sie sehr viele Filtermöglichkeiten, um die Menge der aufbewahrten Daten sinnvoll einzuschränken.

ACHTUNG!

Die Bedingungen werden mit „AND“ mit den zuvor definierten Schlüsselwörtern verbunden, das bedeutet, dass beide Bedingungen erfüllt sein müssen!

Nach einem Klick auf „Weiter“ wird die Aufbewahrung erstellt.

Die Aufbewahrung enthält nach spätestens 24 Stunden alle Elemente, die den zuvor festgelegten Kriterien entsprechen.

Innerhalb dieser Aufbewahrung können Sie nun gezielt nach Elementen suchen.

Dafür öffnen Sie wieder den Fall und wechseln auf die Karte „Suchen“ und erstellen eine „Neue Suche“.

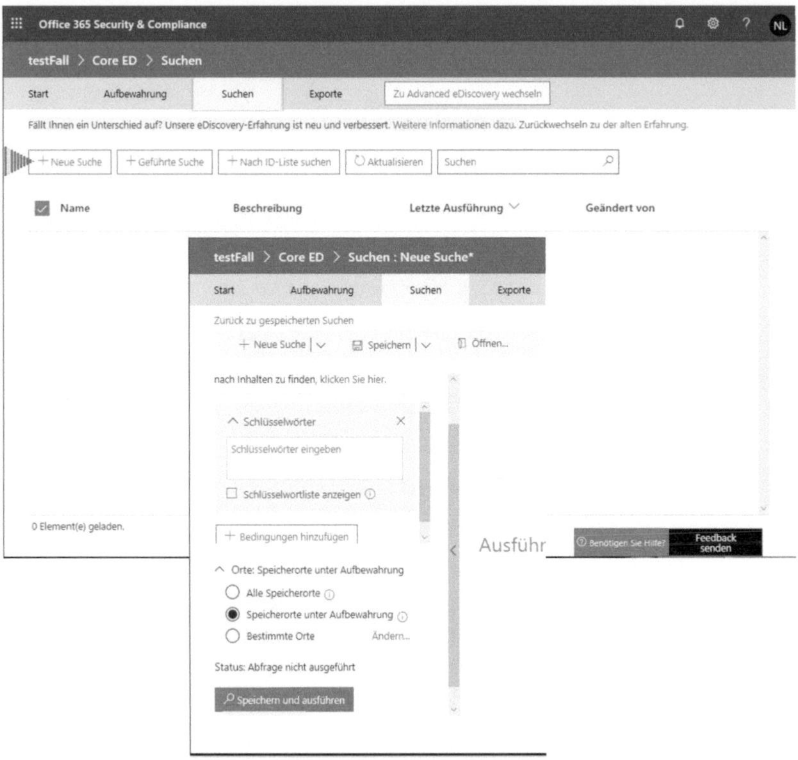

Abbildung 4.97: Neue Suche

Die Vorgehensweise des Erstellens einer Suche ist selbsterklärend, Sie können mit Schlüsselwörtern und Bedingungen die Aufbewahrung durchforsten.

Im letzten Schritt können die hier generierten Daten natürlich auch exportiert werden.

Dieser Export stellt Ihnen dann Offline einzelne Dateien oder pst-Dateien zur Verfügung.

Dafür führen Sie eine Suche aus und wählen diese Suche.

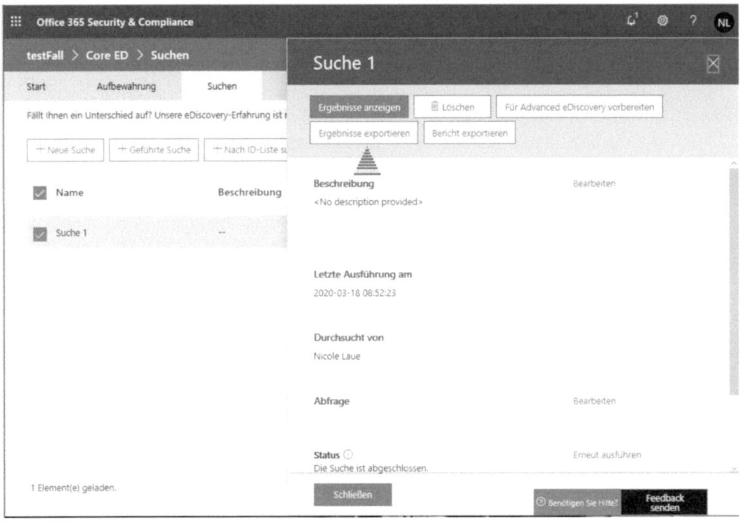

Abbildung 4.98: Export

Sie wählen „Ergebnisse exportieren“.

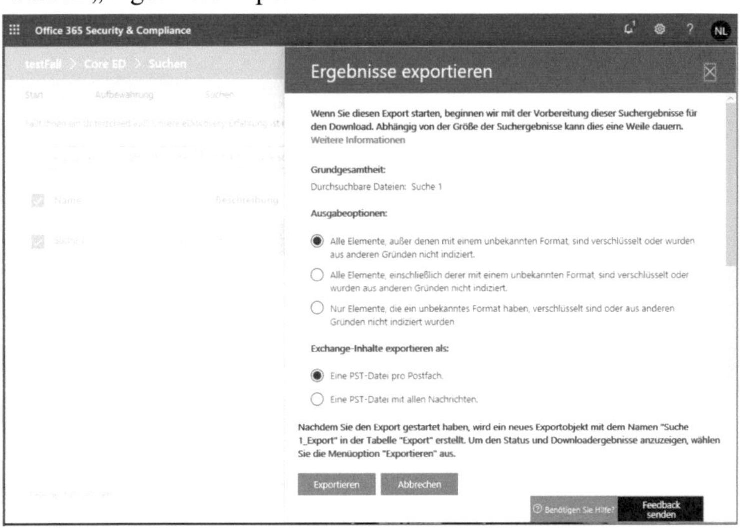

Abbildung 4.99: Optionen

Im nächsten Schritt wählen Sie, welche Elemente exportiert werden sollen und in welchem Format.

Nachdem der Export ausgeführt worden ist, finden Sie ihn im Reiter „Exporte“.

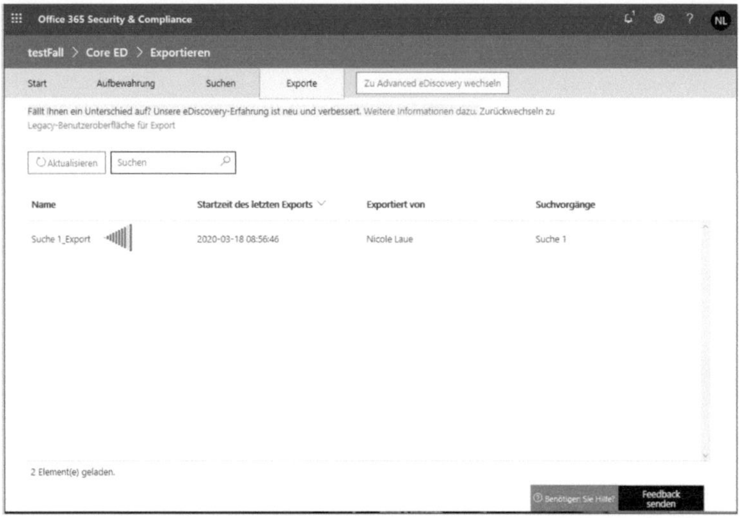

Abbildung 4.100: Exporte

Er hat den Namen <Namen der Suche>_Export

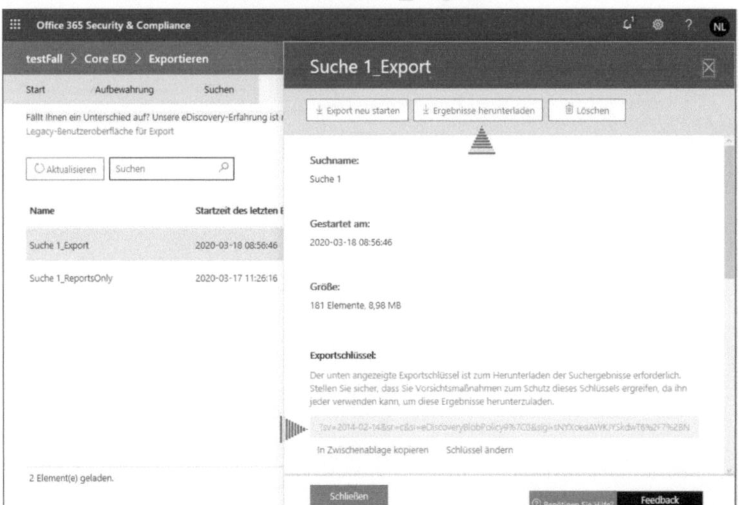

Abbildung 4.101: Ergebnisse herunterladen

Wählen Sie diesen Export aus.

> **ACHTUNG!**
> Sie sehen im unteren Teil des Fensters einen Exportschlüssel. Dieser wird benötigt, um die heruntergeladenen Dateien zu öffnen. Bewahren Sie diesen Schlüssel sicher auf!

Klicken Sie nun auf „Ergebnisse herunterladen“.

Wenn Sie zum ersten Mal Ergebnisse auf diesen Rechner herunterladen, wird auf der Maschine ein Tool installiert.

Abbildung 4.102: Tool

Dies ist das „Microsoft Office 365 eDiscovery Export Tool“.

Es wird direkt nach der Installation gestartet.

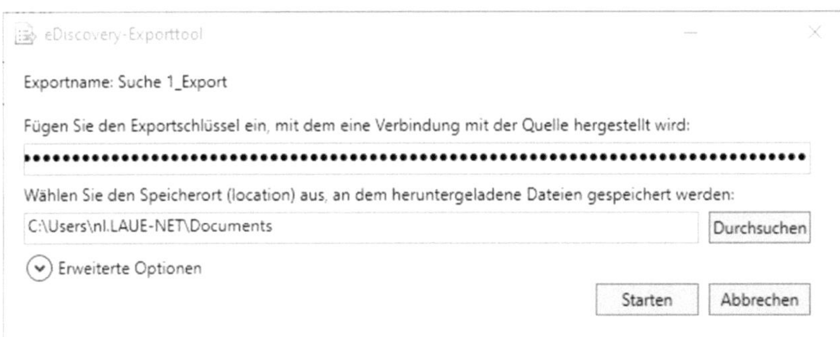

Abbildung 4.103: Tool wird gestartet

Hier müssen Sie den zuvor gespeicherten Schlüssel angeben, dann können Sie die Daten lokal auf Ihrem Rechner speichern.

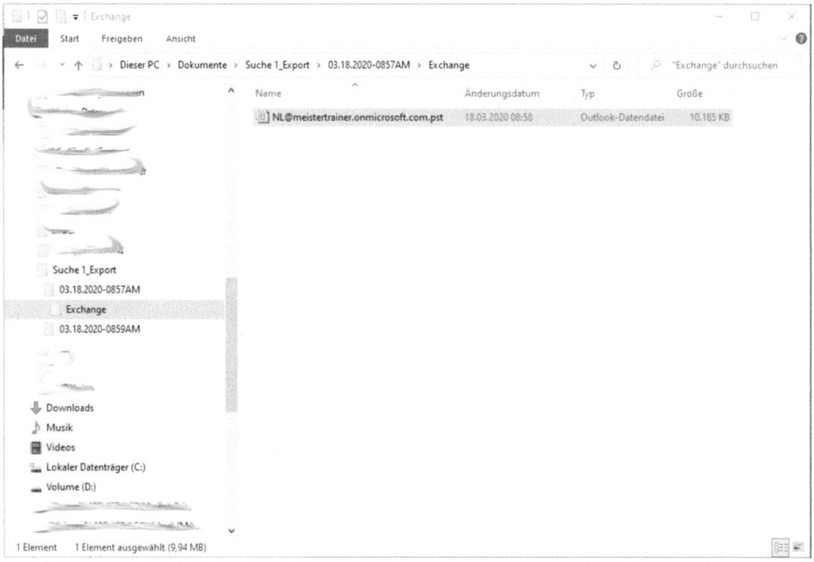

Abbildung 4.104: Daten lokal

4.4 Zusammenfassung, Übungen / Aufgaben

4.4.1 Zusammenfassung

Die Übersetzung von „Workload“ ist „Arbeitslast“.

Dies sind im Prinzip die Komponenten, die auch in einer On-Premise Domäne im Hintergrund laufen können, um das Arbeiten für alle Mitarbeiter zu ermöglichen.

Klassische Workloads sind

- Exchange Online
- SharePoint und OneDrive
- Skype for Business
- Microsoft Teams
- Lync Server

Damit Sie zu Exchange Online migrieren können, müssen einige Voraussetzungen erfüllt sein.

Wenn Exchange Online eingerichtet ist, egal ob als einzelne Lösung oder Hybrid, können Sie mit jedem Outlook Client auf die Postfächer zugreifen.

Es kann vorkommen, dass Sie PST-Dateien in Exchange Online importieren müssen.

Prinzipiell gibt es zwei Möglichkeiten, PST-Dateien in Exchange Online zu importieren:

- Netzwerk-Upload
- Laufwerkversand

Der Netzwerk-Upload ist in mehreren Schritten vorzunehmen, unter anderem dem Download des PST-Importtools und des Schlüssels für den privaten Azure-Speicherorts.

Im Geschäftsleben kommt es immer wieder vor, dass Sie Informationen für externe Geschäftspartner zur Verfügung stellen möchten.

Solche Informationen betreffen häufig Termine, die gemeinsam wahrgenommen werden sollen. Es liegt also auf der Hand, dass wir

Kalenderinformationen auf einfache Weise freigeben können sollten.

Sowohl SharePoint als auch OneDrive sind Bibliotheken für die Speicherung von Dateien, wobei OneDrive die einfachere Variante ist, SharePoint dagegen die komplexere.

Die Anforderungen für eine SharePoint Hybridlösung sind nicht sehr umfangreich.

Sie benötigen

- Eine Active Directory Domäne
- Eine lokale SharePoint Server Farm
- Einen Office 365 Mandanten mit entsprechender Lizenz
- Eine Internetdomäne
- Ein integriertes STS-Zertifikat oder ein öffentliches Zertifikat

Wenn alle diese Bedingungen erfüllt sind, können Sie die Einrichtung einer Hybridlösung mit anschließender Migration starten.

Die Hybridlösung wird im SharePoint Admin Center eingerichtet.

Ein weiterer Schritt ist die komplette Migration der Daten in die Cloud. Dafür bietet Microsoft das SharePoint Migrationstool an.

Momentan wird es nur für On-Premise SharePoint Server der Versionen 2010 und 2013 angeboten.

Mit OneDrive und OneDrive for Business werden Daten gespeichert, egal, ob Sie den SharePoint Server zusätzlich verwenden oder nicht.

Deshalb ist es wichtig, die Einstellungen von OneDrive zentral in der Domäne verwalten zu können.

Kaum ein Unternehmen kann ohne die Office Produkte auskommen.

Aus diesem Grund ist Office 365 auch ein Kernbestandteil von Microsoft 365.

Grundvoraussetzung dafür, dass ein Benutzer Office 365 benutzen kann, ist eine Lizenz.

Sie können Office 365 händisch vom Office 365 Portal installieren.

Eine Bereitstellung von Office 365 ProPlus über Microsoft Intune ist genauso einfach einzurichten wie das Bereitstellen anderer Programme.

Wenn Sie von einer älteren Version von Office auf Office 365 ProPlus migrieren wollen, und Sie benutzen viele VBA-Makros, sollten Sie den

„Readiness Toolkit for Office add-ins and VBA“ herunterladen, den Microsoft kostenlos anbietet. Mit ihm können Sie für alle Office-Versionen seit 2003 nach VBA-Makros suchen.

Diese Daten werden dann untersucht und auf Kompatibilität zu Office 365 ProPlus überprüft.

Manchmal aber muss die Bereitstellung von Office 365 ProPlus noch deutlich mehr individualisiert werden oder soll nicht über eine Internetleitung stattfinden.

In diesem Fall können Sie die Installation von einem freigegebenen Netzwerkordner aus in Ihrer Firma starten.

Dafür sollten Sie überlegen, welche verschiedenen Office-Variationen Sie benötigen und auf einem Server die entsprechende Verzeichnisstruktur erstellen.

Im nächsten Schritt laden Sie das Office Bereitstellungstool (Office Deployment Tool, ODT) von der Microsoft Downloadseite herunter.

Die erstellte xml-Datei enthält die kompletten Konfigurationseinstellungen für die Installation.

Danach werden die angepassten Installationspakete mithilfe des Office Bereitstellungstools und den angepassten xml-Dateien heruntergeladen.

Danach kann Office 365 auf den Clients installiert werden.

Das Security & Compliance Center ist eine Sammlung von sicherheitsrelevanten Tools, wie

- Bedrohungsverwaltung von E-Mail-Filterung
- Geräteverwaltung
- Verhinderung von Datenverlust
- Datenkontrolle
- Suche und Untersuchung
- eDiscovery (elektronische Ermittlung von Informationen für Rechtsfälle)
- Archivierung

Das Security & Compliance Center ist immer verfügbar, wenn Sie einen Microsoft 365 Business- oder Enterprise Plan zur Verfügung haben.

Eine sehr interessante Möglichkeit ist, dass Sie für wichtige Ereignisse Benachrichtigungen erzeugen lassen können.

Diese Benachrichtigungen können Sie einerseits danach im Security &

Compliance Center betrachten, Sie können sich die Meldung aber auch per E-Mail zustellen lassen. Dies erleichtert die Gefahrenabwehr sehr stark.

Aufsichtsrichtlinien geben Ihnen die Möglichkeit, die E-Mails der Mitarbeiter zu untersuchen.

Das ist relativ heikel, da Sie natürlich immer den Datenschutz beachten müssen.

Aber Microsoft 365 stellt diese Funktion zur Verfügung, ungeachtet der Vorschriften.

Betrachten wir die Aufbewahrungsrichtlinien.

Im Geschäftsleben besteht eine gesetzliche Verpflichtung, Dokumente für eine bestimmte Zeit aufzubewahren.

Mit den Aufbewahrungsrichtlinien, die Sie im Security & Compliance Center erstellen können, haben Sie die Möglichkeit, folgende verbindliche Tasks festzulegen:

- Aufbewahrungszeitraum
- Zeitpunkt des Löschens

Ein weiteres mögliches Problem in einer Unternehmensumgebung ist, dass vertrauliche Informationen nicht nach draußen gelangen dürfen.

Dies können Finanzdaten sein, oder Personalakten oder auch geheime Konstruktionsdaten.

Sie müssen auf jeden Fall eine Lösung dafür haben, dass diese Daten die Firma nicht unbefugt verlassen können.

Microsoft bietet mit den Richtlinien zur Verhinderung von Datenverlust (Data Loss Prevention, DLP) hierfür ein Konzept an.

eDiscovery, oder auch „electronic Discovery” ist das Suchen von Informationen, die juristisch relevant sein könnten.

In Microsoft 365 können Sie eDiscovery benutzen, um nach Inhalten in Exchange Online Postfächern, Office 365 Gruppen, Microsoft Teams, SharePoint Online und OneDrive für Unternehmen Websites sowie Skype for Business Unterhaltungen zu suchen.

4.4.2 Übungen

1. Betrachten Sie die Möglichkeiten für eine Exchange Hybridbereitstellung.
2. Starten Sie einen Netzwerk-Upload für den Import von PST-Dateien zu Exchange Online.
3. Stellen Sie einem externen Geschäftspartner Exchange Online Kalenderinformationen zur Verfügung.
4. Bereiten Sie SharePoint Online für eine Hybridbereitstellung vor.
5. Richten Sie von SharePoint auf Server2 aus eine Hybridbereitstellung ein.
6. Laden Sie das SharePoint-Migrationstool auf Server2 herunter.
7. Migrieren Sie eine Datenfreigabe nach SharePoint Online.
8. Kopieren Sie die administrativen Vorlagen für OneDrive von W10 auf DC.
9. Richten Sie diese administrativen Vorlagen in der Default Domain Policy ein.
10. Sorgen Sie dafür, dass alle Benutzer Lizenzen für Office 365 ProPlus haben.
11. Installieren Sie Office 365 ProPlus mithilfe des Office 365 Portals auf W10.
12. Deinstallieren Sie Office 365 wieder.
13. Erstellen Sie in Microsoft Intune eine Bereitstellung für Office 365.
14. Überlegen Sie eine Bereitstellungsstrategie für eine Installation von Office 365 von einer lokalen Installationsquelle.
15. Erstellen Sie die entsprechende Ordnerstruktur.
16. Laden Sie das ODT auf Server1 herunter.
17. Erstellen Sie mit dem Office-Anpassungstool mindestens eine xml-Datei.
18. Betrachten Sie alle Einstellungsmöglichkeiten in dieser xml-Datei.
19. Laden Sie die angepassten Installationspakete herunter.
20. Installieren Sie eine Office 365 Variante auf W10.
21. Erstellen Sie eine Benachrichtigungsrichtlinie.

22. Erstellen Sie eine Aufsichtsrichtlinie.
23. Erstellen Sie eine Aufbewahrungsrichtlinie.
24. Erstellen Sie eine DLP-Richtlinie.
25. Erstellen Sie einen eDiscovery-Fall.

4.4.3 Aufgaben

1. Sie sind Administrator einer Microsoft 365 Subskription mit dem Namen Meistertrainer.onmicrosoft.com.

   Sie haben eine On-Premise Domäne mit Azure AD-Connect angeschlossen. In dieser Domäne betreiben Sie einen Exchange Server 2007.

   Sie möchten eine Hybridbereitstellung von Exchange Server implementieren.

   Was müssen Sie zuerst machen?
2. Sie sind Administrator einer Microsoft 365 Subskription mit dem Namen Meistertrainer.onmicrosoft.com.

   Sie haben eine On-Premise Domäne mit Azure AD-Connect angeschlossen. In dieser Domäne betreiben Sie einen Exchange Server 2013.

   Sie möchten eine Hybridbereitstellung von Exchange Server implementieren.

   Was sollten Sie beachten, damit alle Benutzer jederzeit ihre E-Mails abrufen können?
3. Sie sind Administrator einer Microsoft 365 Subskription mit dem Namen Meistertrainer.onmicrosoft.com.

   Sie betreiben Exchange Online und möchten eine PST-Datei hochladen.

   Was müssen Sie tun, um die Datei hochladen zu können?
4. Sie sind Administrator einer Microsoft 365 Subskription mit dem Namen Meistertrainer.onmicrosoft.com.

   Sie betreiben Exchange Online und haben eine PST-Datei hochgeladen.

   Als Sie versuchen, diese zu importieren, stellen Sie fest, dass sie gelöscht worden ist.

   Was ist die Ursache?

5. Sie sind Administrator einer Microsoft 365 Subskription mit dem Namen Meistertrainer.onmicrosoft.com.

   Sie betreiben Exchange Online und möchten Kalenderinformationen für eine Partnerfirma freigeben.

   An welcher Stelle können Sie das konfigurieren?
6. Sie sind Administrator einer Microsoft 365 Subskription mit dem Namen Meistertrainer.onmicrosoft.com.

   Sie möchten eine SharePoint Website zu SharePoint Online migrieren, wobei Sie über eine Hybridbereitstellung gehen möchten.

   Welche Auswahl müssen Sie im Assistenten treffen, damit eine Onlinesuche im On-Premise SharePoint Server angeboten wird?
7. Sie sind Administrator einer Microsoft 365 Subskription mit dem Namen Meistertrainer.onmicrosoft.com.

   Sie möchten eine SharePoint Website zu SharePoint Online migrieren, und verwenden dafür das SharePoint Migrationstool.

   Wie können Sie die Dateiberechtigungen vom On-Premise Speicherort an den Onlinespeicherort mitnehmen?
8. Sie sind Administrator einer Microsoft 365 Subskription mit dem Namen Meistertrainer.onmicrosoft.com.

   Sie möchten einige Ordner auf OneDrive verschieben.

   Wie machen Sie dies?
9. Sie sind Administrator einer Microsoft 365 Subskription mit dem Namen Meistertrainer.onmicrosoft.com.

   Sie haben auf allen Clientcomputern Office 365 ProPlus installiert.

   Die Mitarbeiter einer bestimmten Abteilung müssen aus internen Gründen in nächster Zeit ohne Internetverbindung arbeiten.

   Wie lange ist das möglich, ohne die Funktionalität von Office 365 ProPlus zu gefährden?

10. Sie sind Administrator einer Microsoft 365 Subskription mit dem Namen Meistertrainer.onmicrosoft.com.

    Sie möchten Office 365 von einer Netzwerkfreigabe aus installieren.

    Sie laden das Office Bereitstellungstool herunter.

    Was sind die weiteren Schritte?

11. Sie sind Administrator einer Microsoft 365 Subskription mit dem Namen Meistertrainer.onmicrosoft.com.

    Sie möchten Office 365 von einer Netzwerkfreigabe aus installieren.

    Sie laden das Office Bereitstellungstool herunter.

    Ein Kollege hat bereits eine xml-Datei erstellt.

    Was können Sie über Version und Updatekanal sagen?

```
<Configuration ID="733d61f7-70b5-4b23-80c0-0f910d408653">
 <Add OfficeClientEdition="32" Channel="Monthly" SourcePath="\\Server1\Office365\32-Monat" AllowCdnFallback="TRUE">
   <Product ID="O365ProPlusRetail">
     <Language ID="de-de" />
     <ExcludeApp ID="Groove" />
   </Product>
   <Product ID="LanguagePack">
     <Language ID="de-de" />
```

12. Sie sind Administrator einer Microsoft 365 Subskription mit dem Namen Meistertrainer.onmicrosoft.com.

    Sie möchten diverse Aktionen überwachen, die im Zusammenhang mit dem Löschen von Daten in OneDrive stehen.

    An welcher Stelle können Sie das tun?

13. Sie sind Administrator einer Microsoft 365 Subskription mit dem Namen Meistertrainer.onmicrosoft.com.

    Sie möchten einen Teil des E-Mail Verkehrs Ihrer Mitarbeiter in Bezug auf bestimmte Schlüsselwörter überwachen.

    Was richten Sie ein?
14. Sie sind Administrator einer Microsoft 365 Subskription mit dem Namen Meistertrainer.onmicrosoft.com.

    Sie haben diverse Aufbewahrungsrichtlinien eingerichtet.

    Bei einer Datei greifen zwei Richtlinien, Richtlinie 1 besagt, dass die Datei jetzt gelöscht wird, Richtlinie 2 besagt, dass die Datei in zwei Jahren gelöscht wird.

    Wann wird diese Datei gelöscht?
15. Sie sind Administrator einer Microsoft 365 Subskription mit dem Namen Meistertrainer.onmicrosoft.com.

    Sie möchten eine DLP-Richtlinie erstellen.

    Was sollte der erste Schritt sein?
16. Sie sind Administrator einer Microsoft 365 Subskription mit dem Namen Meistertrainer.onmicrosoft.com.

    Sie möchten eine DLP-Richtlinie erstellen.

    Wie können Sie festlegen, dass aller Inhalt, der nach extern geschickt wird, untersucht wird, außer mit dem Ziel einer bestimmten Domäne?
17. Sie sind Administrator einer Microsoft 365 Subskription mit dem Namen Meistertrainer.onmicrosoft.com.

    Sie möchten eine DLP-Richtlinie erstellen.

    Sie haben zwei Typen vertraulicher Informationen erstellt und möchten, dass die Bedingung erfüllt ist, wenn eine der beiden Elemente erfüllt ist.

    Wie machen Sie das?

18. Sie sind Administrator einer Microsoft 365 Subskription mit dem Namen Meistertrainer.onmicrosoft.com.

    Sie haben eine DLP-Richtlinie erstellt.

    Sie stellen fest, dass Benutzer die Richtlinie umgehen können und festgelegte Inhaltstypen trotzdem versenden können.

    Woran liegt das?
19. Sie sind Administrator einer Microsoft 365 Subskription mit dem Namen Meistertrainer.onmicrosoft.com.

    Sie möchten aus rechtlichen Gründen eine Kopie aller E-Mails aufbewahren, die das Wort „Rechtsanwalt“ beinhalten.

    Was erstellen Sie?
20. Sie sind Administrator einer Microsoft 365 Subskription mit dem Namen Meistertrainer.onmicrosoft.com.

    Sie haben einen eDiscovery Fall erstellt. Nun möchten Sie den Inhalt einer Suche exportieren.

    Was benötigen Sie dafür?

Anhang A:

Lösungen zu den Aufgaben

Lösungen Kapitel 1

1. Für jede Domäne einen TXT- oder MX-Eintrag.
2. Einen benutzerdefinierten Domänennamen hinzufügen

   Die Domäne überprüfen und einrichten

   Die Benutzernamen ändern
3. Jede Zweigstelle sollte einen eigenen Zugang zum Internet haben. Die einfachste Möglichkeit ist, die Namensauflösung in jeder Zweigstelle direkt an einen externen DNS-Server zu leiten.
4. 1000
5. Die höchste Priorität
6. Wipe and Load
7. Windows Autopilot
8. Windows Autopilot
9. Microsoft 365 Admin Center, Dienststatus

   Mobiles Microsoft 365 Admin Center, Dienststatus
10. Microsoft 365 Admin Center, Nachrichtencenter

    Mobiles Microsoft 365 Admin Center, Nachrichtencenter
11. Sie erstellen unter „Bedingtem Zugriff“ einen Eintrag über „Benannte Standorte“ und geben dort die IP-Bereiche der Zweigstelle an.
12. MAM oder MDM Benutzerbereich

    App-Schutzrichtlinie
13. Das Verschieben von geschützten Daten ist möglich, der Vorgang wird protokolliert.
14. Geschützte Daten können das Unternehmen nicht verlassen, der Schutz ist vollständig.

15. Mit einer Gerätekonformitätsrichtlinie
16. Benutzerberechtigungen einer Gruppe oder Person zuweisen

    Inhaltsablauf 20 Tage
17. Die entsprechenden Dokumente werden inhaltlich untersucht.

    Das Label wird auf alle Dateien angewendet, bei denen die Zeichenkette „drei“ im Inhalt vorhanden ist.
18. Sie machen einen Massenimport mithilfe einer .csv-Datei.
19. Entweder einen TXT-Eintrag oder einen MX-Eintrag
20. Konfiguration des DNS-Servers

    Einrichten der Verzeichnissynchronisation

    Beginn der Migration
21. Übernahmemigration
22. IMAP-Migration
23. Mit dem SharePoint Migrationstool
24. Identity Protection

Lösungen Kapitel 2

1. Sie müssen eine Domäne kaufen und diese in Microsoft 365 anmelden.
2. Sie müssen entweder die lokale Domäne umbenennen oder UPN-Suffixe hinzufügen.
3. Sie kaufen eine Domäne und verifizieren diese in Microsoft 365.

   Sie erstellen in der On-Premise Domäne benutzerdefinierte

   Suffixe mit dem gekauften Domänennamen.

   Sie ändern die Anmeldenamen mit dem neuen Suffix.
4. Sie müssen bei den Benutzerkonten in der on-Premise Domäne die Suffixe für diese drei Personen ändern.
5. Die benötigten URL in die Liste der zulässigen Domänen aufnehmen.

6. Die IssuerUri ändern mit einem PowerShell Befehl und dem Parameter *SupportMultipleDomain*
7. Sie wählen, je nach Art der Attribute, entweder Azure AD-App- und Attributfilterung oder Verzeichniserweiterungen – Attributsynchronisation und wählen die gewünschten Attribute aus.
8. Sie benötigen zwei Server, auf denen Azure AD-Connect ausgeführt wird, für jedes Azure AD einen.
9. PowerShell, Set-ADSyncScheduler --SyncCycleEnabled $false
10. PowerShell, Start-ADSyncSyncCycle mit dem entsprechenden Parameter
11. Einen AD-Connect Server, der synchronisiert und mindestens einen Staging Server.
12. Einen Azure-AD-Connect Server

    Mehrere Server mit alleinstehendem Authentifizierungs-Agenten
13. Erstellen einer Gerätesammlung im SCCM und Hinzufügen der gewünschten Geräte.
14. Nur Windows 10 Geräte
15. Mit einer Gruppenrichtlinie oder mit einem SCP
16. Idfix
17. Onboarding
18. W10: Onboarding

    Server 2016: Microsoft Monitoring Agent
19. Azure ATP-Standalone-Sensor mit Portspiegelung
20. 24 h
21. Offboarding der Maschine
22. Neu registrieren mit PowerShell

    Register-AzureADConnectHealthSyncAgent -AttributeFiltering $false -StagingMode $false

    oder gegebenenfalls neu installieren
23. Schwellenwert für Sperre: 3

    Sperrdauer in Sekunden: 120
24. Nein, denn die Ziffer „0“ wird bei der Bewertung zu einem „o“ umgewandelt.

25. Installieren und konfigurieren mindestens eines Proxydiensts für Kennwortschutz

    Installieren des DC-Agents für den Azure AD-Kennwortschutz auf allen Domänencontrollern der Domäne
26. Nein, das ist keine Funktion des Kennwortschutzes.
27.
    a. Azure AD
    b. Active Directory
28. Sicherheitsgruppe
29. Mit einer Azure AD Zugriffsprüfung
30. Microsoft 365 E5
31. Azure AD – Lizenzen
32. Benutzern und Gruppen

    Bei Gruppenverschachtelung erhalten nur die Mitglieder der obersten Gruppenebene Lizenzen.
33. Nutzungsspeicherort
34. Benutzer 1 behält seine Lizenz, da sie ihm direkt zugewiesen wurde.
35. $userUPN="<user sign-in name (UPN)>"

    $userLoc="<ISO 3166-1 alpha-2 country code>"

    Set-AzureADUser -ObjectID $userUPN -UsageLocation $userLoc
36. Kennwortadministrator
37. Dienstadministrator
38. Microsoft 365 Admin-Center
39. Rolle „Einkäufer“ im Store
40. Compliance Administrator

Lösungen Kapitel 3

1. Auf die Ressourcen, die in der Domäne sind.

   Für Cloudressourcen müssten Sie sich zusätzlich an Azure AD anmelden.
2. Nur auf die Cloudressourcen, wenn Sie sich in der Cloud angemeldet haben.
3. Kennworthashsynchronisierung, denn nur mit dieser stehen die Kennwörter in der Cloud zur Verfügung.
4. Passthrough Authentifizierung
5. Azure AD Connect
6. Verbundauthentifizierung AD FS
7. On Premise Active Directory
8. On Premise Active Directory

   Azure AD
9. Sie aktivieren Multifaktor-Authentifizierung speichern und bestätigen bei der Anmeldung das Gerät.
10. Per Telefon, indem er einen Code eintippt.
11. 90 Tage
12. Sie erstellen eine Richtlinie für den bedingten Zugriff.
13. Anwendungsproxy-Connector
14. Sie erstellen eine Richtlinie für den bedingten Zugriff.
15. Richtlinie „Impossible Travel“

    Warnung als E-Mail senden
16. Nur-http-Cookies „Ja“
17. Aktiviertes SSO
18. Eine Registrierung der Apps
19. Im Azure Portal, Benutzer, Alle Benutzer
20. E-Mail Adresse
21. Sie überprüfen die „Einstellungen zur Zusammenarbeit“ und vergeben die Rechte.

    Entweder an Mitglieder oder Gäste (nicht empfohlen) oder an Administratoren und Benutzer mit der Rolle "Gasteinladender".

Dann müssen Sie nur noch die Rolle „Gasteinladender" an den Benutzer zuweisen.

22. SharePoint Admin Center
23. Office 365 Security & Compliance Center

Lösungen Kapitel 4

1. Auf Exchange Server 2010 aktualisieren, Exchange 2007 funktioniert nicht für eine Hybridbereitstellung.
2. Sie sollten eine gute und zuverlässige Internetanbindung haben.
3. Sie laden das Tool „AZCopy" herunter und installieren es.

   Sie kopieren die SAS-URL für Ihre Organisation.

   Sie laden die PST-Datei in die Cloud

   Sie erstellen eine PST-Import-Zuordnungsdatei.

   Sie erstellen einen PST-Importauftrag.
4. PST-Dateien werden nach 30 Tagen gelöscht.
5. Organisationsbeziehung im Exchange Admin Center
6. Hybrid search
7. In den Einstellungen des Migrationstools definieren Sie „Dateifreigabeberechtigungen beibehalten".
8. Die Administrativen Vorlagen für OneDrive an die richtige Stelle kopieren.

   In der Gruppenrichtlinie die Einstellung vornehmen.

   Die Benutzer müssen gpupdate.exe /force ausführen.
9. 30 Tage
10. Erstellen der xml-Datei

    Auf dem Server: setup.exe /download

    Auf dem Client: setup.exe /configure
11. Version: Office 32-Bit

    Updatekanal: Monat
12. Im Security & Compliance Center
13. Eine Aufsichtsrichtlinie
14. In zwei Jahren.
15. Erstellen eines „Typs vertraulicher Informationen"

16. Ausnahmen – bestimmte Domäne
17. Inhalt enthält

    Beide Typen mit „Oder“ verbinden
18. Außerkraftsetzung durch Benutzer aktiviert
19. Einen eDiscovery Fall
20. Einen Exportschlüssel

Anhang B:

Einrichten Zugang Office 365

Um mit Microsoft 365 arbeiten zu können, wird im ersten Schritt ein Zugang für Azure Active Directory benötigt.

Diesen können Sie beispielsweise erlangen, indem Sie sich einen Testzugang für Office 365 erstellen.

Zunächst öffnen Sie folgende Webseite:

https://businessstore.microsoft.com/en-us/create-account/signup?OfferId=101bde18-5ffb-4d79-a47b-f5b2c62525b3&dl=ENTERPRISEPREMIUM&culture=en-US&country=US&ali=1&alo=1&products=cfq7ttc0k5jn:0005

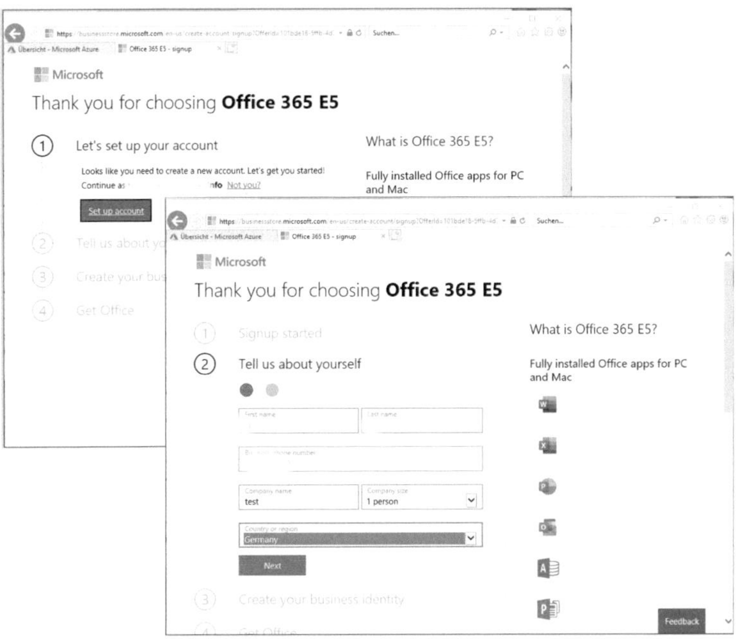

Abbildung B.1: Zugang

Sie benötigen eine E-Mail-Adresse, an die Informationen geschickt werden können und eine Telefonnummer. Dies ist im Idealfall eine Handynummer, mit der Sie dann einen Freischaltcode empfangen können.

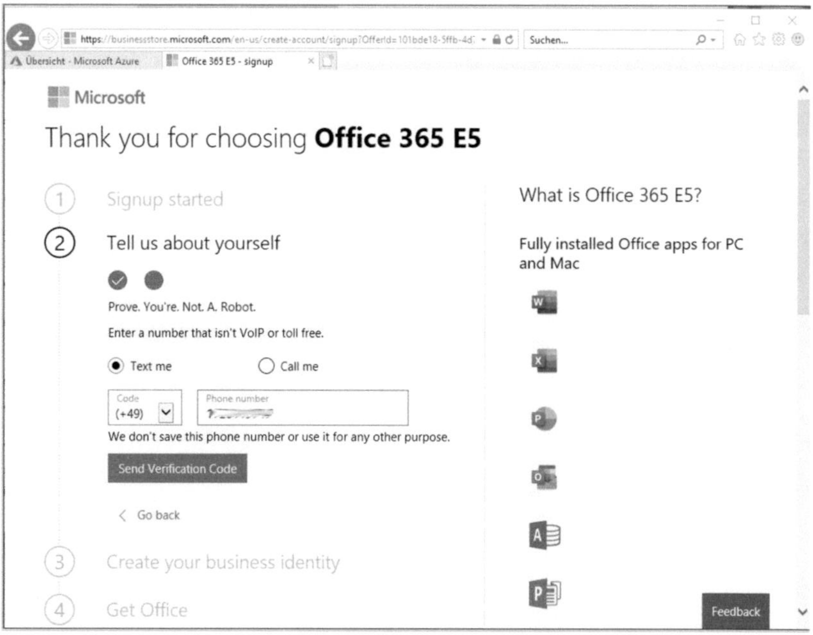

Abbildung B.2: Verifikation

Nachdem Sie einen Code empfangen und eingegeben haben, wählen Sie einen Domänennamen aus. Damit haben Sie den Namen Ihres Azure Active Directorys definiert.

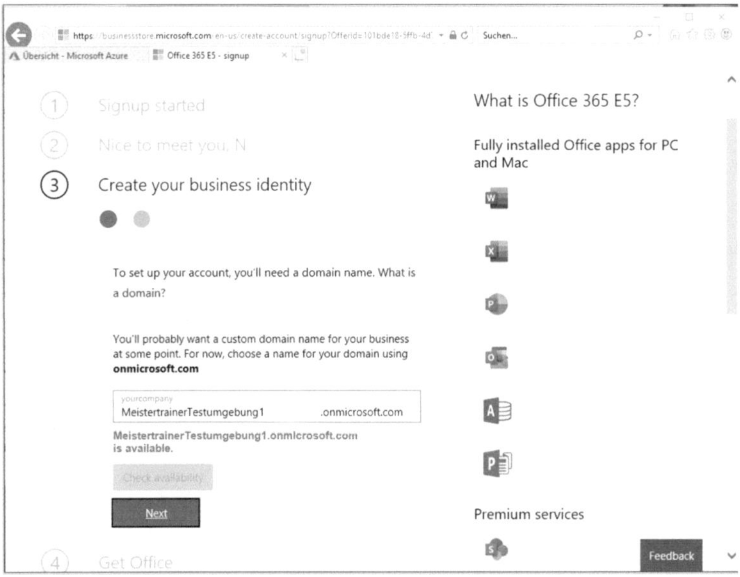

Abbildung B.3: Domänenname

Nun können Sie einen Benutzer erstellen, in Form einer E-Mail-Adresse.

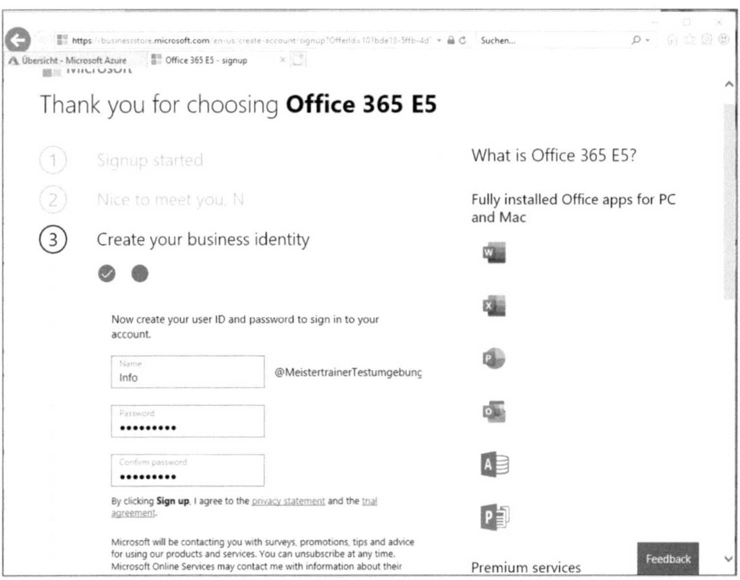

Abbildung B.4: Benutzer

Dieser Benutzer hat administrative Rechte, mit diesem Namen und diesen Anmeldeinformationen melden Sie sich in Zukunft an.

Einrichten Testzugang „Microsoft 365“

Mit genau diesen Anmeldeinformationen melden Sie sich nun an folgender URL an:

https://admin.microsoft.com

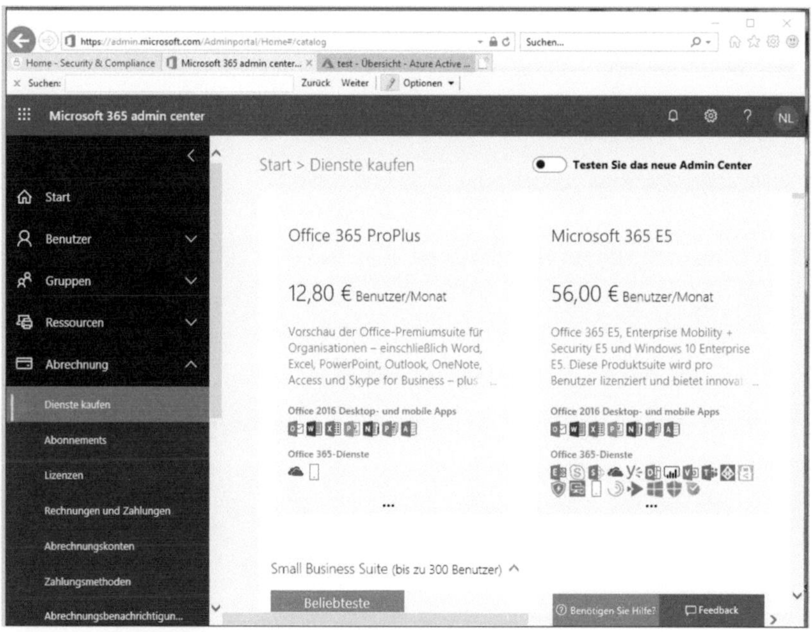

Abbildung B.5: Microsoft 365

Hier wählen Sie

- Abrechnung
- Dienste kaufen
- Microsoft 365 E5 Testzugang

Auch hier erfolgt wieder eine Abfrage mit einem Freischaltcode.

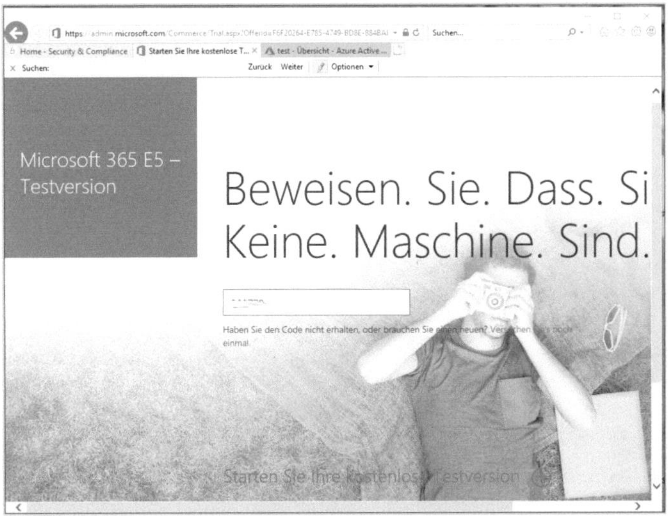

Abbildung B.6: Freischaltcode

Danach haben Sie Zugriff auf das Microsoft 365 Center mit allen Funktionen.

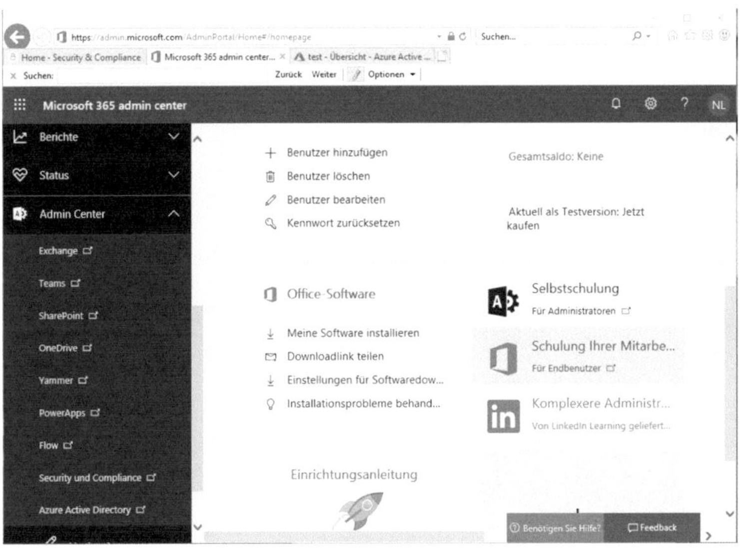

Abbildung B.7: Zugang ist erstellt

Einrichten Microsoft Store für Unternehmen

Um Zugriff auf den Microsoft Store für Unternehmen zu erlangen, gehen Sie auf die Seite https://www.microsoft.com/business-store .

Dort melden Sie sich mit den gleichen Anmeldedaten, wie für das Microsoft 365 Center an.

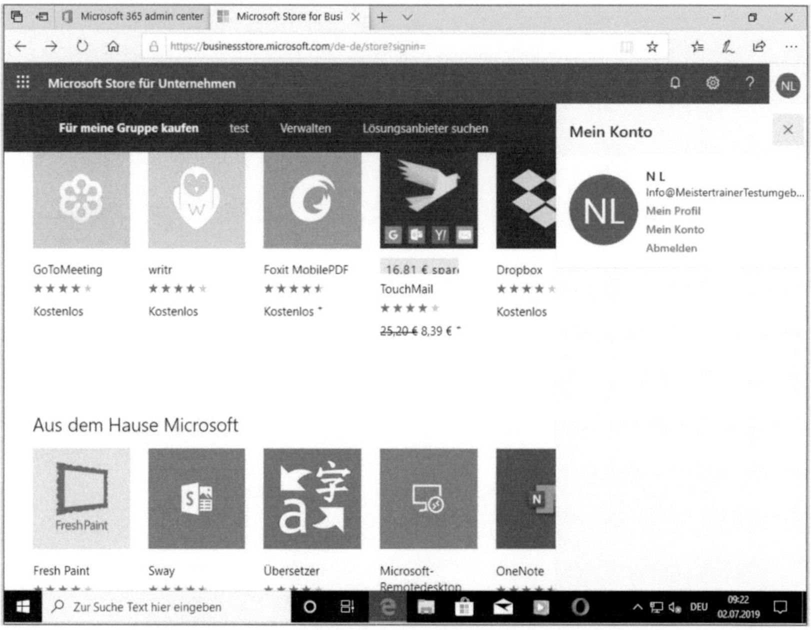

Abbildung B.8: Anmeldung am Store für Unternehmen

Einrichten Microsoft Intune

Microsoft Intune wird zunächst im Azure Active Directory aktiviert.

Dazu wählen Sie

- Mobilität (MDM und MAM)
- Microsoft Intune

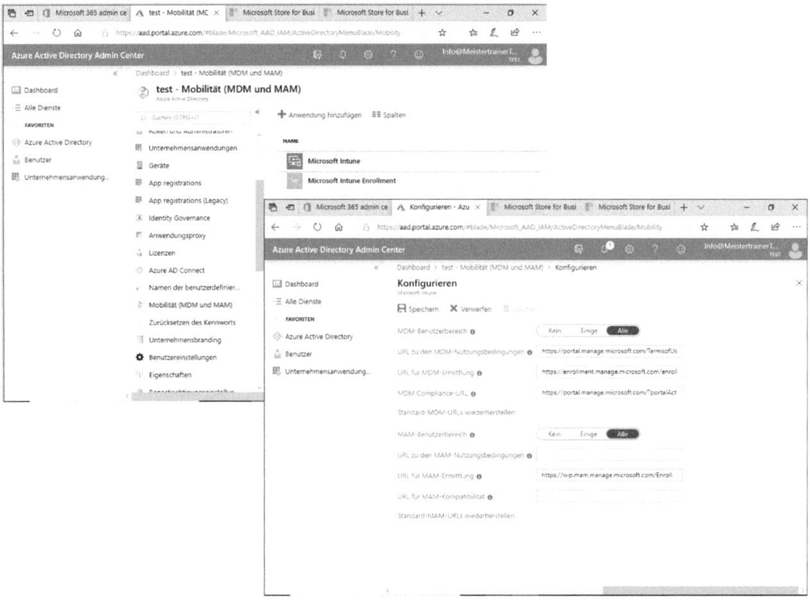

Abbildung B.9: Microsoft Intune aktivieren

Hier stellen Sie alle Auswahlmöglichkeiten auf „Alle“.

Danach können Sie die Microsoft Intune Konsole öffnen unter

https://aka.ms/Microsoft Intuneportal

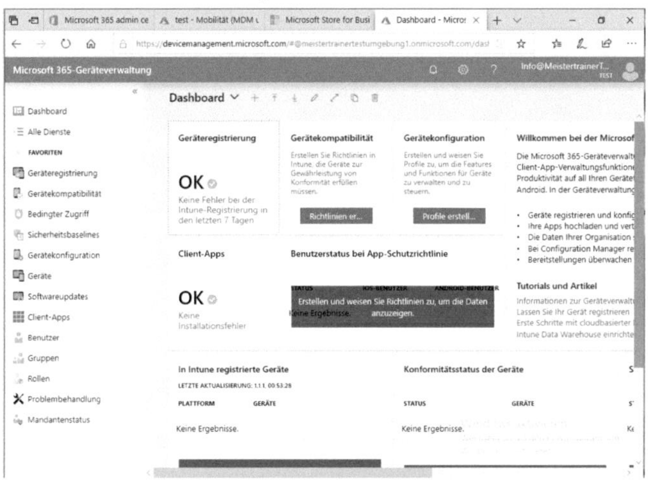

Abbildung B.10: Konsole

Hier melden Sie sich ebenfalls mit den gleichen Anmeldedaten wie für das Microsoft 365 Center an.

Einrichten von Azure Log Analytics

Um Log Analytics einzurichten, gehen Sie zur Website https://azure.microsoft.com/de-de/pricing/details/monitor/

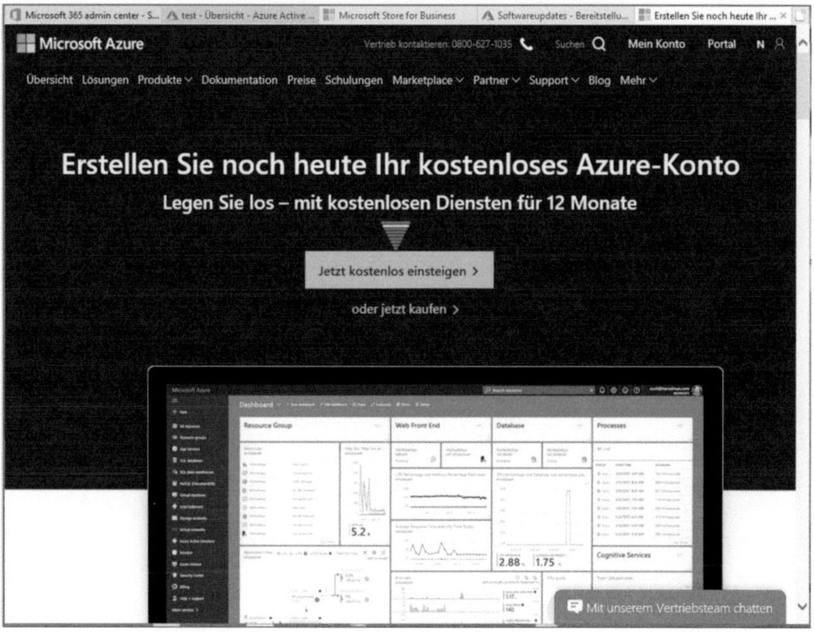

Abbildung B.11: Log Analytics

Sie melden sich wieder für einen Testzugang an, bestätigen die SMS-Abfrage.

Diesmal müssen Sie allerdings eine Kreditkarte angeben, die aber nicht belastet wird, wenn Sie nach Ablauf von 30 Tagen kein Upgrade buchen.

Achten Sie deshalb auf eventuelle Anfragen, ob Sie das kostenlose Abo verlängern möchten, denn dann kann es kostenpflichtig werden!

Zugriff erhalten Sie danach unter der URL:

https://aad.portal.azure.com/#blade/Microsoft_AAD_IAM/ActiveDirectoryMenuBlade/Overview

Anhang C:

Installation des System Configuration Managers

Für die Installation eines System Configuration Managers müssen einige Voraussetzungen erfüllt sein.

Es wird mindestens ein Windows Server 2008 vorausgesetzt, der in einer Domäne läuft.

Er muss 8 GB RAM besitzen, da auch ein SQL-Server (mindestens 2012) installiert werden muss. Der SCCM selber verlangt nicht einen so großen Arbeitsspeicher, aber für den Betrieb des SQL-Servers ist es notwendig.

Installation des Betriebssystems und Beitritt zur Domäne

Installieren Sie einen Windows Server.

Nach der Installation vergeben Sie eine statische IP-Adresse, einen aussagekräftigen Computernamen und treten der Domäne bei.

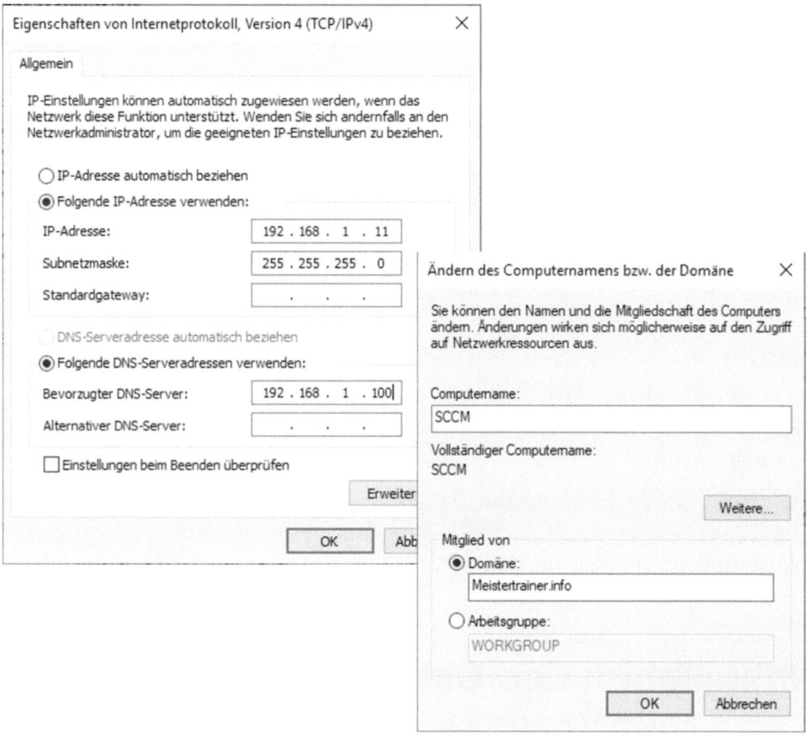

Abbildung C.1: Einstellungen

Erweitern des Active Directory Schemas

Wechseln Sie auf den Domänencontroller.

Dort müssen Sie eine Schemaerweiterung vornehmen.

Führen Sie dazu auf dem Installationsmedium vom SCCM die Datei \SMSSetup\Bin\x64\Extadsch.exe aus.

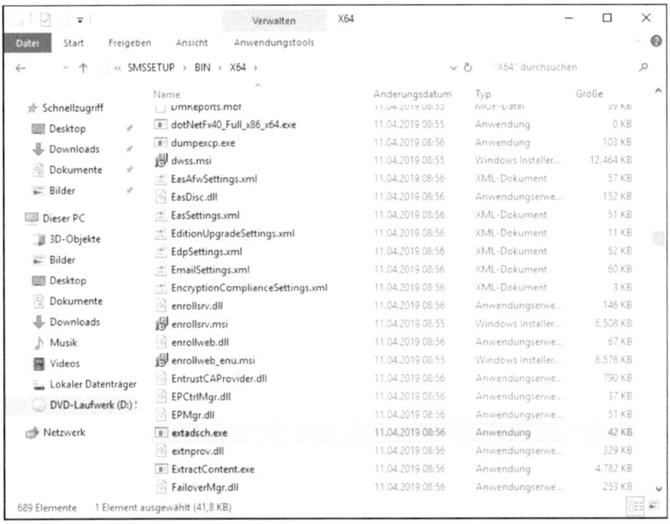

Abbildung C.2: Datei ausführen

Es wird eine Log-Datei erstellt: C:\ExtADSch.log.

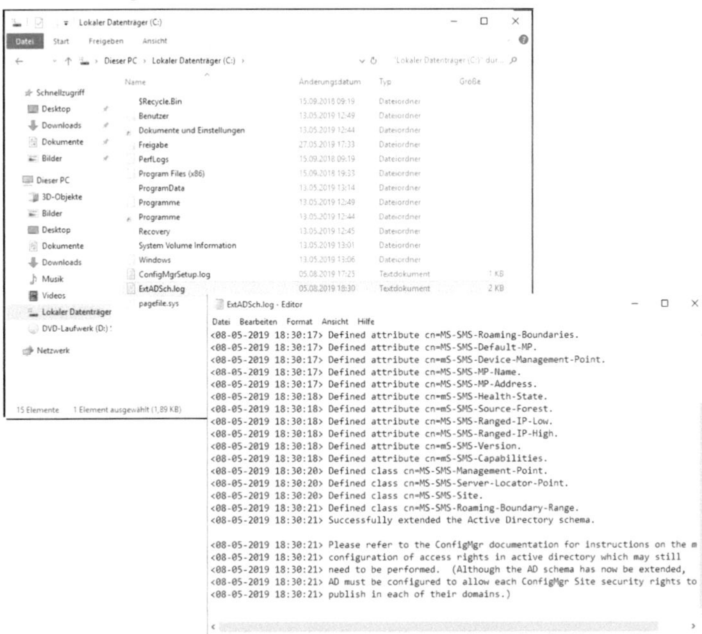

Abbildung C.3: Log-Datei

Erstellen eines Active-Directory Containers

Öffnen Sie auf dem Domänencontroller das Tool ADSI-Edit.

Fügen Sie unter der OU „System“ ein neues Objekt vom Typ „Container“ hinzu.

Geben Sie ihm die Bezeichnung „System-Management“.

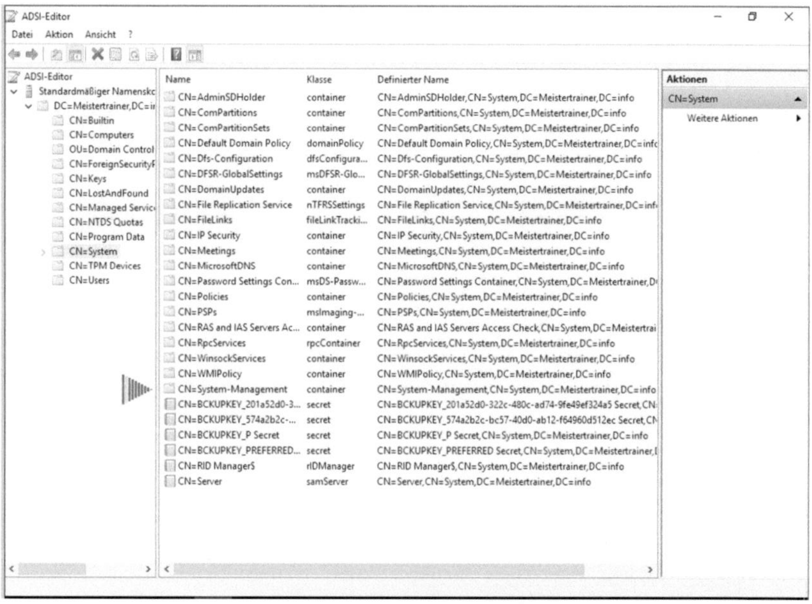

Abbildung C.4: Container hinzufügen

Öffnen Sie die Eigenschaften des eben erstellten Containers und wechseln Sie auf die Registerkarte „Sicherheit“.

Fügen Sie das Computerkonto des Rechners, auf dem SCCM installiert werden soll, hinzu.

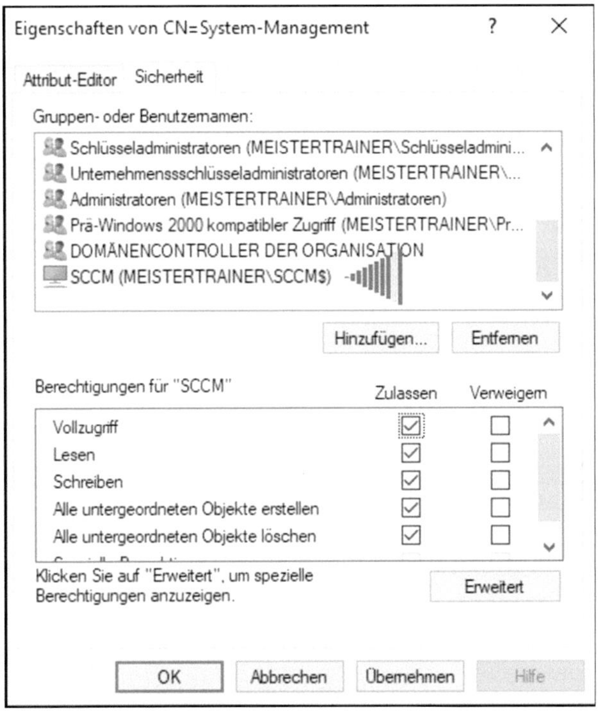

Abbildung C.5: Computerkonto

Gewähren Sie dem Konto „Vollzugriff“.

Klicken Sie auf „Erweitert“.

Öffnen Sie das Computerobjekt und wählen Sie bei „Anwenden auf“ „Dieses und alle untergeordneten Objekte“ aus.

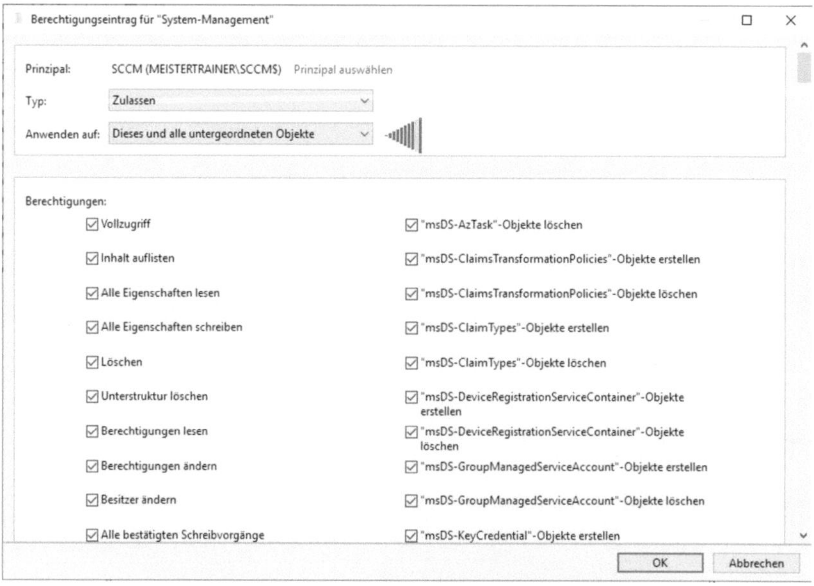

Abbildung C.6: Dieses und alle untergeordneten Objekte

Installation der benötigten Features und Rollendiensten

Auf dem Rechner, der als SCCM arbeiten soll, müssen Sie noch folgende Rollen und Features installieren:

- Remotedifferenzialkomprimierung
- Intelligenter Hintergrundübertragungsdienst (Background Intelligent Transfer Service, BITS)
- .NET Version 3.5 und 4.5
- ASP.NET

Bitte alle abhängigen Features mitinstallieren!

Nach dem klicken auf „Weiter“ werden die Rollendienste für den IIS gewählt.

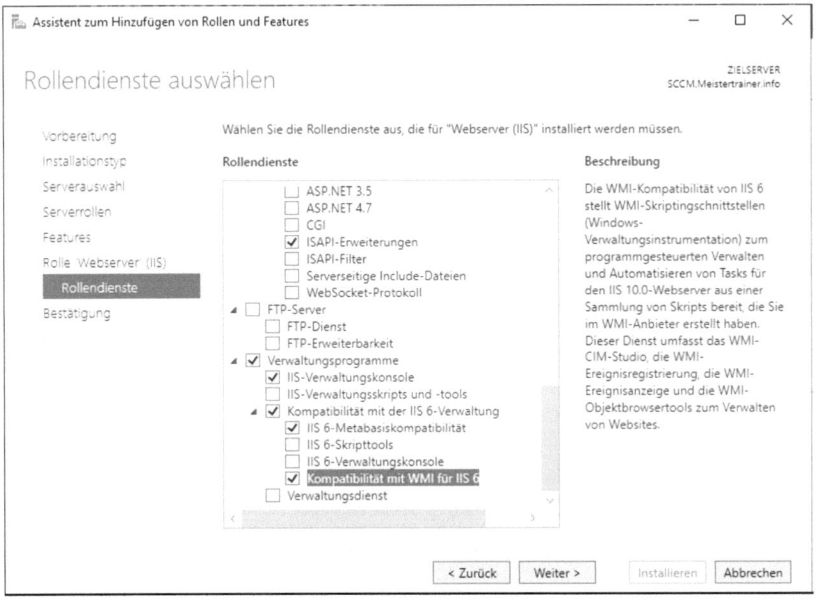

Abbildung C.7: Rollendienste

- ASP.NET
- Windows-Authentifizierung
- Verwaltungsprogramme => Kompatibilität mit der IIS-6-Verwaltung => IIS-6-Metabasiskompatibilität und Kompatibilität für WMI für IIS 6

Installation des ADK

Im nächsten Schritt muss das Windows Assessment and Deployment Toolkit (ADK) auf dem zukünftigen SCCM-Server installiert werden.

Sie können das ADK komplett installieren, mindestens müssen folgende Komponenten vorhanden sein:

- Bereitstellungstools
- Windows-Vorinstallationsumgebung (Windows PE)
- EasyTransfer (USMT)

Installation des SQL-Servers

Nun wird auf dem zukünftigen SCCM-Server der SQL-Server installiert.

Sie können eine Standardinstallation vornehmen, lediglich bei der Sortierung müssen Sie darauf achten, dass „SQL_Latin1_General_CP1_CI_AS" eingestellt ist.

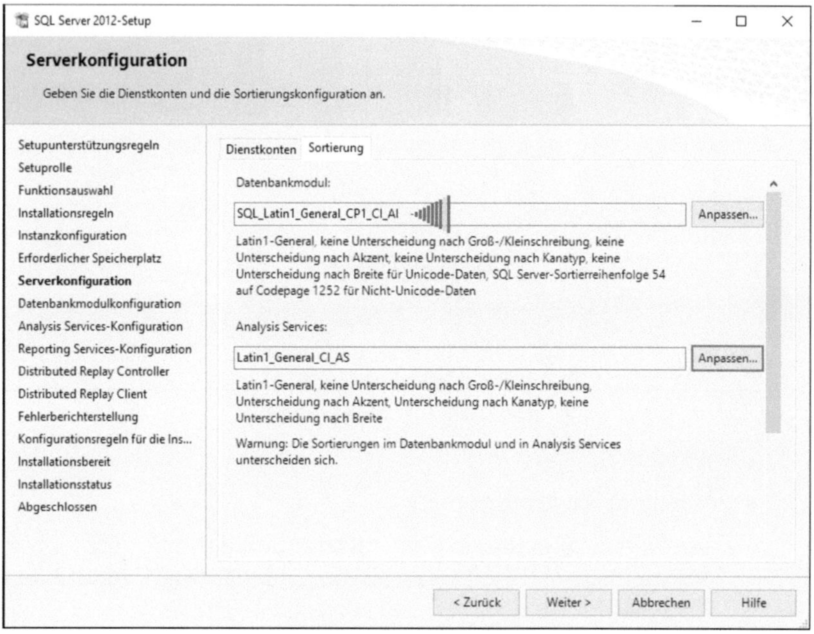

Abbildung C.8: Sortierung

Nach der Installation muss der SQL-Server so eingerichtet werden, dass er mit einem Systemkonto läuft.

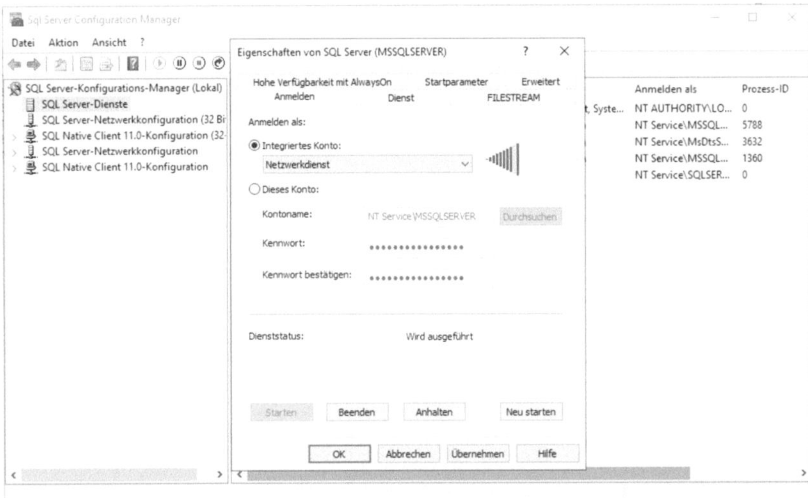

Abbildung C.9: Konto

Dazu öffnen Sie den SQL Server Configuration Manager und ändern die Eigenschaften des SQL Server Diensts auf „Integriertes Konto-Netzwerkdienst".

Installation des SCCM

Nun können Sie endlich beginnen, den SCCM zu installieren.

Sie starten die Datei „Splash.htm" auf der Installations-DVD und wählen „Installieren".

Dann wählen Sie „Typische Installationsoptionen für eigenständigen primären Standort verwenden".

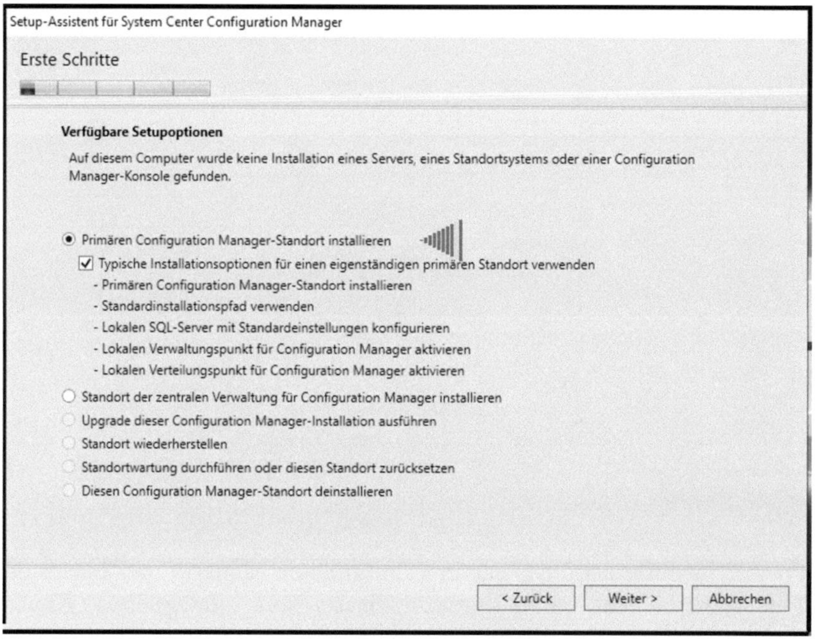

Abbildung C.10: Auswahl

Nun werden die Installationsdateien heruntergeladen.

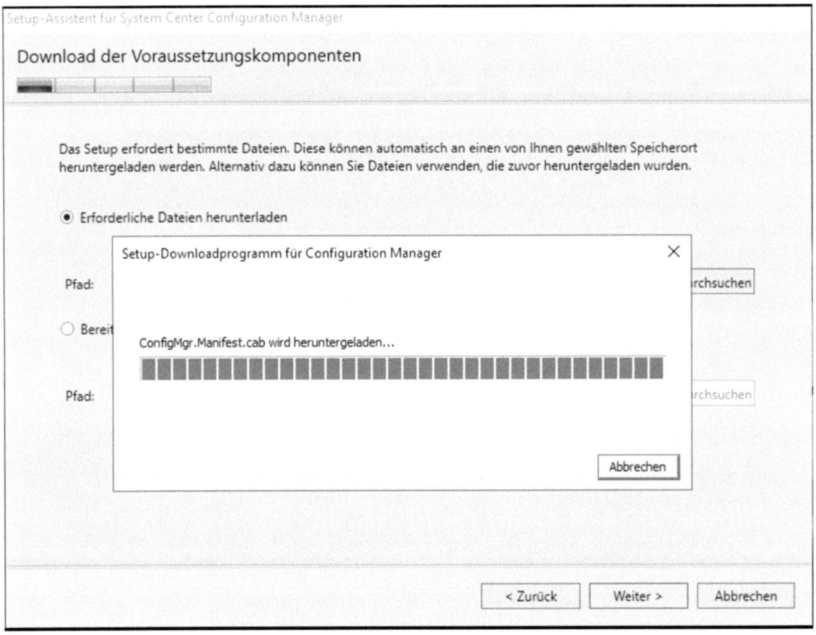

Abbildung C.11: Download der Dateien

Das hat den Vorteil, dass Sie auf diese gespeicherten Dateien zugreifen können, falls Sie die Installation erneut starten müssen.

Auf der nächsten Seite geben Sie einen dreistelligen Standortcode und den Namen des Standorts ein.

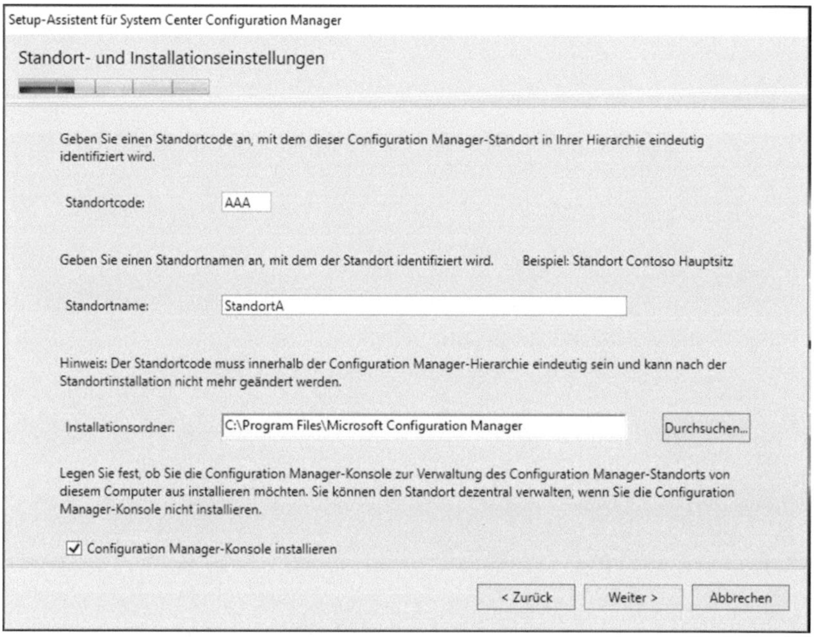

Abbildung C.12: Standort

Wichtig ist, dass der Haken vor „Configuration Manager-Konsole installieren“ gesetzt ist.

Wenn alle Voraussetzungen erfüllt sind, können Sie die Installation starten.

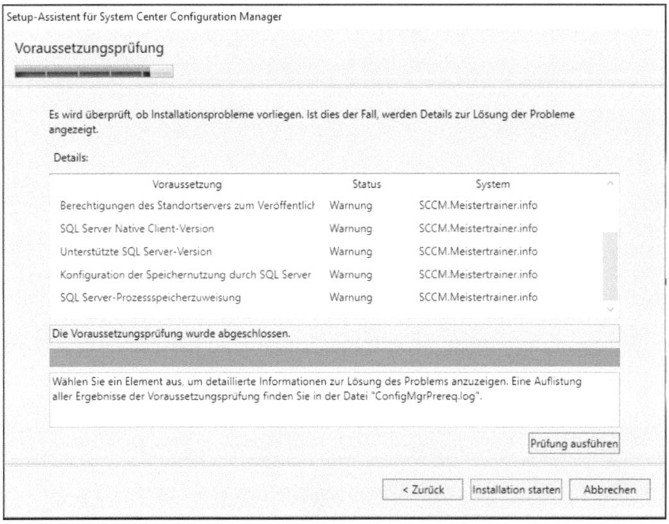

Abbildung C.13: Start der Installation

Nach einer Weile ist die Installation abgeschlossen und Sie können die Konsole des Configuration Managers starten.

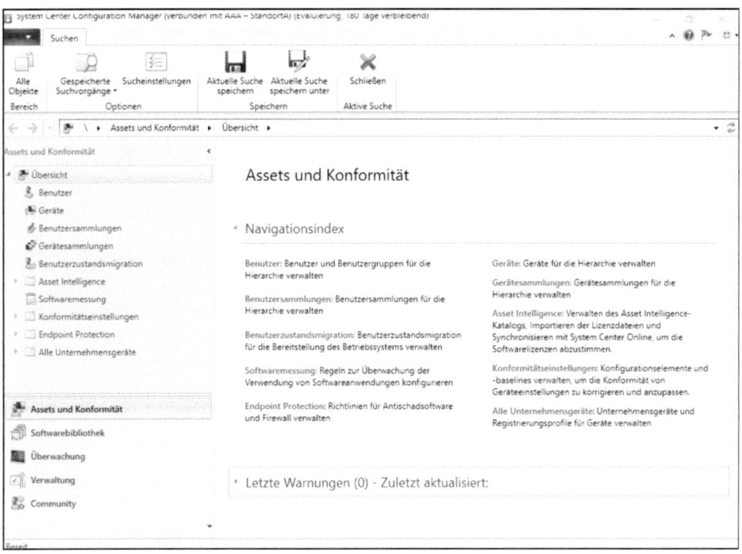

Abbildung C.14: Konsole

Index